Klaus Held

Die Geburt der Philosophie
bei den Griechen

VERLAG KARL ALBER

Klaus Held

Die Geburt der Philosophie bei den Griechen

Eine phänomenologische Vergegenwärtigung

Verlag Karl Alber Baden-Baden

Klaus Held

The Birth of Philosophy among the Greeks

A Phenomenological Re-Presentation

Using the phenomenological methods of the founder, E. Husserl, and phenomenology's most influential reformer, M. Heidegger, the first part of the book develops a new interpretation of the birth of philosophy: It was the centre of a comprehensive intellectual awakening among the ancient Greeks and was accompanied by the first steps of science and democracy. The guiding principle of the interpretation is the self-understanding of that originary thought, which, by distinguishing itself from the pre-philosophical human attitude, opened itself up to the whole of the world. Guided by today's newly awakened interest in the natural life-world, the second part sketches a phenomenological explanation of the ancient European cosmology of the four elements based on ancient texts.

The author:

Klaus Held, studied philosophy and classical philology; doctorate 1961 and habilitation 1970 at the University of Cologne. 1971–1974 Professor of Philosophy at RWTH Aachen, since 1974 at Bergische Univ. Wuppertal. 1987–1994 President of the German Society for Phenomenological Research. Visiting professorships in East Asia and North and South America. Emeritus in 2001.

Klaus Held
Die Geburt der Philosophie bei den Griechen
Eine phänomenologische Vergegenwärtigung

Mit Denkmitteln der Phänomenologie bei ihrem Begründer E. Husserl und ihrem einflussreichsten Reformer M. Heidegger entwickelt das Buch im I. Teil eine neue Interpretation der Entstehung der Philosophie: Sie bildete das Zentrum eines umfassenden geistigen Aufbruchs bei den Griechen der Antike, und die ersten Schritte von Wissenschaft und Demokratie flankierten sie. Leitfaden der Interpretation ist das Selbstverständnis des anfänglichen Denkens, das sich durch seine Selbstabgrenzung von der vorphilosophischen Einstellung der Menschen für das Ganze der Welt öffnete. Vom heute neu erwachten Interesse an der natürlichen Lebenswelt geleitet entwirft der II. Teil anhand der antiken Zeugnisse eine phänomenologische Erklärung der alteuropäischen Kosmologie der vier Elemente.

Der Autor:

Klaus Held, Studium der Philosophie und klass. Philologie; Promotion 1961 u. Habilitation 1970 an der Univ. Köln. 1971–1974 Philosophie-Prof. RWTH Aachen, seit 1974 Bergische Univ. Wuppertal. 1987–1994 Präsident der Deutschen Gesellschaft für phänomenolog. Forschung. Gastprofessuren in Ländern Ostasiens u. Nord- u. Südamerikas. 2001 emeritiert.

Zur Abbildung auf dem Cover:
Mosaik aus dem römischen Trier (2./3. Jh. n. Chr.): Anaximander aus Milet. Er galt in der Antike als Erfinder der Sonnenuhr und ist deshalb auf bildlichen Darstellungen daran erkennbar, dass er ein solches Instrument in Händen hält.

© VERLAG KARL ALBER –
ein Verlag in der Nomos Verlagsgesellschaft, Baden-Baden 2022

Alle Rechte, auch die des Nachdrucks von Auszügen,
der fotomechanischen Wiedergabe und der Übersetzung, vorbehalten.

Satz: SatzWeise, Bad Wünnenberg
Gesamtverantwortung für Druck und Herstellung bei der
Nomos Verlagsgesellschaft mbH & Co. KG

Gedruckt auf alterungsbeständigem Papier (säurefrei)
Printed on acid-free paper

www.verlag-alber.de

ISBN 978-3-495-49209-3 (Print)
ISBN 978-3-495-99962-2 (ePDF)

Vorwort

Ebenso wie andere alte Leitworte unserer Kultur wird auch der Begriff »Philosophie« seit langem mit völliger Beliebigkeit verwendet. Neben der Philosophie, die vor zweieinhalb Jahrtausenden bei den Griechen als eine Weise menschlichen Denkens begann und damals ihren Namen erhielt, gibt es heute »Philosophien« ohne Zahl – angefangen von der »Philosophie« der Fußball-Nationalmannschaft bis zur »Philosophie« der Werbestrategie für einen Kosmetikkonzern oder der Fahrpreisgestaltung der Deutschen Bahn. Eine kleine Chance, die Erinnerung an die ursprüngliche Bedeutung des Begriffs wachzuhalten, liegt darin, dass wir die Gedanken, die einst bei der Entstehung der Philosophie gedacht wurden, noch einmal denken, aber nicht in der Form, die durch die damalige Gestalt unserer Kultur bedingt war; das wäre der Ausstellung von Ausgrabungsfunden in einem Museum vergleichbar. Worauf es ankommt, ist eine »Vergegenwärtigung« in der wörtlichen Bedeutung dieses Begriffs: Überlegungen, die zu einem besseren Verständnis der Lebensverhältnisse in unserer gegenwärtigen, von Katastrophen heimgesuchten Welt beitragen können und im Dienst dieser Aufgabe auch Gedanken aus alter Überlieferung in entsprechend erneuerter Form wieder aufgreifen.

Für einen solchen Brückenschlag zwischen Antike und Moderne scheint mir das phänomenologische Denken, das zu Beginn des 20. Jahrhunderts entstand und bis heute von bedeutenden Philosophen in immer neuen Umgestaltungen kreativ weitergeführt wurde, in besonderer Weise geeignet. Ein Grund dafür ist die Nähe dieses Denkens zum Anfang der Philosophie im antiken Griechenland, die allerdings von den maßgebenden Vertretern der Phänomenologie – ausgenommen Martin Heidegger – nur selten und mit wenig Nachdruck zur Sprache gebracht wurde. Das vorliegende Buch soll die innere Verbundenheit der Phänomenologie mit den Anfängen eindringlicher verdeutlichen, als es bisher geschehen ist. Dabei liegt mir zunächst daran, die wenig beachtete Affinität der Grundgedanken

Vorwort

von Edmund Husserl, dem Gründer der Phänomenologie, zum frühen philosophischen Denken herauszustellen, die er selbst nur bruchstückhaft und undeutlich gesehen hat.

Wie der Untertitel dieses Buches anzeigt, hat sein erster Teil[1] die Aufgabe, Grundzüge der anfänglichen Philosophie mit den Denkmitteln der Phänomenologie neu zu vergegenwärtigen. Einen Versuch in diese Richtung hatte ich 1995 schon in einem italienischen Buch unternommen. Dem Kollegen Fausto Fraisopi danke ich dafür, dass er mich ermuntert hat, die damaligen Gedanken nun in einem deutschen Buch wieder aufzunehmen. In den vorliegenden Untersuchungen, die auf diese Weise entstanden sind, gehe ich von Husserls Phänomenologie-Verständnis aus, aber an den Problemstellen greife ich auf Gedanken aus der hermeneutischen Umgestaltung der Phänomenologie zurück, die Martin Heidegger in *Sein und Zeit* entwickelt hat, und mit der mir geboten erscheinenden Vorsicht lasse ich mich auch durch sein seinsgeschichtliches Denken nach der »Kehre« anregen. Das gibt mir zugleich Gelegenheit zu erklären, warum ich den Grundüberzeugungen der beiden Ahnväter der Phänomenologie, die das Bewusstsein bzw. das Sein für die »Sache« der Philosophie hielten, nicht folge und lieber der »Welt« solch zentrale Bedeutung für die Phänomenologie und für die Philosophie überhaupt zuspreche.

In die Richtung, in die das Stichwort »Welt« weist, werden wir heute schon vor aller Philosophie durch viele Zusammenhänge gedrängt, die man nur verstehen kann, wenn man die Augen dafür öffnet, dass sie das Ganze der Welt betreffen. Die unaufhaltsam fortschreitende »Globalisierung« macht uns weltweit, ob uns das passt oder nicht, wechselseitig voneinander abhängig. Das gilt »im Guten wie im Bösen«. Vorausgesetzt, dass die politisch Verantwortlichen nicht durch den gegenwärtig wiederkehrenden Nationalismus verblendet waren, konnten sie jüngst aus den schlimmen Erfahrungen der »Corona«-Pandemie die Lehre ziehen, dass wir mit der sicher zu erwartenden Wiederholung solcher Katastrophen auf die Dauer nur leben können, wenn wir ihnen nicht mit dem Partikularismus einer »America first«-Einstellung begegnen, sondern mit der Bereitschaft

---

[1] Der I. Teil geht zurück auf die deutsche Vorlage für die italienische Übersetzung einer Vortragsreihe, die ich 1994 am Istituto Italiano per gli Studi Filosofici in Neapel hielt und die als Buch mit dem Titel *La fenomenologia del mondo e i Greci*, Mailand 1995, veröffentlicht wurde. Die alte Vorlage habe ich aber in solchem Maße überarbeitet und erweitert, dass ein völlig neuer Text entstanden ist.

zu einem Verhalten, das der unaufhebbaren globalen Interdependenz entspricht.

Was den phänomenologischen Charakter dieses Buches betrifft, so möchte ich zeigen, wie sich die bei den Griechen beginnende Philosophie und Wissenschaft und ebenso die untergründig damit verbundene Erfindung der Demokratie besser mit den Denkmitteln einer Phänomenologie der Welt als mit dem traditionellen Instrumentarium der Darstellungen der Philosophiegeschichte verständlich machen lassen. In besonderer Weise dient der zweite Teil[2] dieser Absicht.

Hier umreiße ich in den Grundzügen eine auf die natürliche Lebenswelt bezogene Interpretation der alteuropäischen Vier-Elemente-Kosmologie von den Anfängen des griechischen Denkens bis Aristoteles. Das soll der im ersten Teil entworfenen Vergegenwärtigung der Geburt der Philosophie mit den Mitteln einer Weltphänomenologie als eine Art Bewährungsprobe dienen. Zugleich kann diese Umrisszeichnung helfen, verborgene geistige Hintergründe der gegenwärtigen Umweltkrise ans Licht zu bringen und auf diese Weise Grundlagen für ihre sachgerechte philosophische Beurteilung zu gewinnen.

An dieser Stelle droht aber ein Missverständnis. Mit der Erhellung und Erläuterung solcher Hintergründe erhebt die Weltphänomenologie nicht den Anspruch, Anweisungen für die praktische »Bewältigung« der sich gegenwärtig anbahnenden Umweltkatastrophe zu liefern. Alle Versuche, philosophischen Konzeptionen unmittelbar in der gesellschaftlichen Praxis Wirklichkeit zu verleihen, angefangen von Platons Versuch einer umfassenden Reform des politischen Zusammenlebens in der antiken Polis Syrakus bis hin zur Konstruktion eines in sich selbst dialektisch-philosophischen Geschichtsgangs in Richtung auf das Ziel der kommunistischen Gesellschaft bei Karl Marx sind gescheitert.

Dem Geist des philosophischen Engagements in einer revolutionären Praxis ist die Einstellung der ursprünglichen Husserl'schen Phänomenologie, die Haltung der gelassenen Beschreibung und Analyse vorgefundener Gegebenheiten, diametral entgegengesetzt. Nach meiner Auffassung hat die Philosophie nach zweieinhalb Jahrtausenden nur durch die Einnahme und Bewahrung dieser Grundhaltung noch eine Zukunft. Deshalb enden die Untersuchungen dieses Buchs

---

[2] Der II. Teil beruht auf dem teilweise ebenfalls stark überarbeiteten Text einer Vorlesungsreihe über den Beginn von Philosophie und Wissenschaft bei den Griechen der Antike, die ich 2007 in Seoul an der National-Universität von Korea gehalten habe.

ohne ein »praktisch verwertbares« Ergebnis. Trotzdem kann man aus ihnen – so hoffe ich – »etwas lernen«, nämlich viele zur vermeintlichen Selbstverständlichkeit gewordene Interpretationsmuster in der sokratischen Einstellung radikaler Fragebereitschaft kritisch zu überdenken.

Da ich mich seit Jahrzehnten immer wieder bemüht habe, durch phänomenologische Interpretationen die Entstehung der Philosophie bei den Griechen besser zu verstehen, konnte es nicht ausbleiben, dass sich Gedanken in diesem Buch mit Überlegungen in früheren Publikationen decken oder treffen. Es gibt in der Tat Problemzusammenhänge, die in solchen Veröffentlichungen differenzierter und dadurch auch befriedigender als in diesem Buch erläutert wurden. Ich musste das in Kauf nehmen, weil die Fülle der Themen, die bei einer Darstellung der Entstehung der Philosophie berücksichtigt werden müssen, eine gedrängte Erörterung der Einzelprobleme erforderlich macht, bei der die feinste Stufe der Differenzierung oft nicht erreicht werden kann. Gelegentlich gab es aber auch das Umgekehrte: Frühere Überlegungen bedurften einer Modifikation, einer Ergänzung oder auch der Korrektur. Die dadurch gebotenen »Retraktationen« habe ich selbstverständlich vorgenommen und auch eigens darauf hingewiesen. Dabei ging es mir in erster Linie um ein sachlich überzeugenderes Verständnis der Entstehung der Philosophie, aber Hand in Hand damit auch um eine fortschreitende Klärung und Vertiefung des Selbstverständnisses der Phänomenologie im Zeitalter der Globalisierung.

Es kann gut sein, dass Menschen sich deshalb für dieses Buch interessieren, weil sie sich durch die populäre Darstellung von Fragen des antiken Denkens in meinem philosophischen Reiseführer *Treffpunkt Platon* angenehm unterhalten gefühlt haben. Es kann aber auch Interessenten geben, die von diesem Buch eine Fortsetzung der strengen Analysen erwarten, mit denen ich in Büchern und Aufsätzen versucht habe, zur Lösung von Sachproblemen der Phänomenologie beizutragen. Das vorliegende Buch bietet weder das eine noch das andere in reiner Form. Ich hoffe, dass diejenigen, denen eigentlich nur an den professionellen Beiträgen zur Phänomenologie gelegen ist, es nicht als unpassend empfinden, sich gelegentlich durch die Reminiszenzen eines »Zeitzeugen« ein wenig unterhalten zu lassen. Und bei den philosophischen Laien habe ich die Hoffnung, dass der neuartige Reiz, der von einer gelassenen phänomenologischen Auseinandersetzung mit den Problemen ausgeht, den einen oder anderen Leser dieses Buchs dazu verführen kann, sich einmal in das Vorgehen eines Autors zu vertiefen, der eine den Leser interessierende Sachfrage in einem Vortrag, einem Aufsatz oder einem Kapitel eines Buchs auf phänomenologische Weise erörtert.

Zum Schluss möchte ich nicht unerwähnt lassen, dass es schon ein Buch gibt, dessen Titel mit den ersten Worten des Titels, den die vorliegenden Untersuchungen tragen, identisch ist: *Die Geburt der Philosophie* von Gerhard Nebel aus dem Jahre 1967. Nebel, ein promovierter Philosoph und heute fast vergessener Autor, lebte zu der Zeit, als ich in meiner Heimatstadt Wuppertal das Gymnasium besuchte, zehn Jahre in dieser Stadt. Vielleicht ist das der Grund dafür, dass ich früh auf ihn aufmerksam wurde. Obwohl ich seine Auffassungen zu Politik und Kultur keineswegs immer teilte, habe ich eine ganze Reihe seiner Schriften wegen ihrer Anregungskraft mit Genuss und Gewinn gelesen und in meine Bibliothek aufgenommen.

Aber warum nehme ich dann in diesen neuen Untersuchungen nirgendwo auf sein Buch Bezug? Wenn man, wie das Gerhard Nebel tut, das frühe Denken lieber in die Nachbarschaft von Orakelsprüchen rückt, als dahinter Argumente zu suchen, fehlt ihm die Art von Überzeugungskraft, durch die es überhaupt die Bezeichnung »Philosophie« verdient. Von der durch diese Bezeichnung geforderten Gedankenstrenge muss man auch in einer essayistischen und populären Darstellung der geistigen Welt der »Vorsokratiker« noch etwas spüren. Man wird philosophischen Gedanken nicht gerecht, wenn man sie gleichsam von außerhalb ihrer geistigen Welt betrachtet und »über« sie so redet, als seien sie so etwas wie exotische Lebewesen. Man muss sich vielmehr mit dem eigenen Denken in ihre Geisteswelt hineinbegeben und ihre Gedanken so mitdenken, als käme man selbst gerade zum ersten Mal auf sie. Aber das setzt voraus, dass man diese Gedanken von vornoherein als Behauptungen kennenlernt, über deren Haltbarkeit man mit Argumenten streiten kann. Wer phänomenologisch denkt, wird an dieser Stelle darauf hinweisen, dass nur dann Aussicht auf eine Schlichtung des Streits besteht, wenn man fragt, auf welche Erfahrung einer Sache sich das jeweils diskutierte Argument stützt. Und eben dies ist der Geist, in dem hier versucht wird, das Denken der anfangenden Philosophie zu vergegenwärtigen.

Die Untersuchungen habe ich in der gleichsam insularen Existenz während der langen ersten Phase der Corona-Pandemie 2020/21 geschrieben. Mir fehlen die Worte für den tiefen Dank, den ich meiner Familie schulde: meiner Frau Margret gemeinsam mit unserer Tochter Bettina für ihre immer aufs Neue bewahrte Geduld, unserem Sohn Georg für seine nie erlahmende Bereitschaft, mir aus Schwierigkeiten der Computerbenutzung herauszuhelfen, und unserer Tochter Angela für ihre außergewöhnliche Sorgfalt und Umsicht beim Korrekturlesen.

Das Buch ist dem Andenken an einige verstorbene Kollegen gewidmet, die in Freundschaft mit mir verbunden waren: Antonio Aguirre und Heinrich Hüni, ohne die der Aufbau des phänomenologischen Lehr- und Forschungszentrums an der Bergischen Universität Wuppertal nicht möglich gewesen wäre, Wolfgang Janke, der als Geistesverwandter und Nachbar in der Philosophie diesen Aufbau wohlwollend begleitete und unterstützte, Guillermo Hoyos und Akihiro Takeichi, die von Bogotá und Kyoto aus für die Förderung des Nachwuchses der phänomenologischen Forschung aus vielen Ländern Lateinamerikas und Ostasiens durch das Wuppertaler Zentrum die entscheidenden Anstöße gaben.

Wuppertal, im November 2021   Klaus Held

Bibliographische Hinweise

Zur Schreibung des Griechischen:

Alle griechischen Wörter sind in kursiv gesetzter lateinischer Schrift wiedergegeben.

Zum Gebrauch von Klammern innerhalb von Übersetzungen aus dem Griechischen oder Lateinischen:

Ergänzungen, die semantisch über die griechische Vorlage nicht hinausgehen und aus sprachlichen Gründen im Deutschen unentbehrlich erscheinen, sind in spitze Klammern gesetzt: ⟨ ⟩
    Erläuterungen, die semantisch kein Bestandteil der griechischen Vorlage, aber für ihr Verständnis unentbehrlich sind oder dieses unmittelbar erheblich erleichtern, stehen in eckigen Klammern: [ ]
    Alle anderen Hinzufügungen sind durch runde Klammern markiert: ( )

Bei mehrfach zitierten Stellen werden folgende Abkürzungen benutzt:

Diels/Kranz 22 B 51, Diels/Kranz 28 B 2,5–8 [Beispiele]
= Hermann Diels u. Walther Kranz: Die Fragmente der Vorsokratiker (Erstausgabe 1903, von mir benutzt: 11. Aufl. Zürich/Berlin 1964). In der Stellen-Angabe bezieht sich die erste Ziffer auf den Philosophen (Heraklit: 22, Parmenides: 28). Der Großbuch-

stabe B kennzeichnet die Textstücke, die von den Herausgebern für echt gehalten werden. Unter den Buchstaben A fallen alle doxographischen und andere Zeugnisse. Mit dem Buchstaben C ist die Gruppe der Fragmente markiert, bei denen es sich nach der Einschätzung von Diels und Kranz wahrscheinlich um Imitationen oder Fälschungen handelt. Die zweite Ziffer dient der Identifikation der Fragmente, die in der Sammlung nummeriert sind. Bei Zitaten aus dem Gedicht des Parmenides sind an die ersten Angaben noch Ziffern angehängt, die sich auf die Nummerierung der Verse in dem Gedicht beziehen.

Platon Politeia, Platon Theaitetos, Platon Timaios
= Stellen in Platons Schriften werden, wie üblich, mit Zahlen und Buchstaben angegeben, welche die Seiten und Abschnitte der Platon-Ausgabe des Humanisten Henricus Stephanus (Heinrich Stephan), Gent 1578, bezeichnen.

Aristoteles Politik, Aristoteles Metaphysik, Aristoteles Ethik
= Gesamtausgabe der Werke des Aristoteles durch die Preußische Akademie der Wissenschaften, besorgt von Immanuel Bekker 1831.

Sein und Zeit
= Martin Heidegger: Sein und Zeit, Tübingen 1927 (von mir benutzt: 8. unv. Aufl. Tübingen 1957).

Husserl Krisis
= Edmund Husserl: Die Krisis der europäischen Wissenschaften und die transzendentale Phänomenologie. Eine Einleitung in die phänomenologische Philosophie (Husserliana Bd. VI), hrsg. v. Walter Biemel, Den Haag 1954.

Ideen 1
= Edmund Husserl: Ideen zu einer reinen Phänomenologie und phänomenologischen Philosophie: Allgemeine Einführung in die reine Phänomenologie, Neuausgabe mit dem Text der zu Lebzeiten Husserls erschienenen Auflagen, neu hrsg. v. Karl Schuhmann (Husserliana III/1), Nachdruck 1976.

Heraklit Parmenides
= Vf.: Heraklit, Parmenides und der Anfang von Philosophie und Wissenschaft. Eine phänomenologische Besinnung, Berlin 1980.

Lebendige Gegenwart
= Vf.: Lebendige Gegenwart. Die Frage nach der Seinsweise des transzendentalen Ich bei Edmund Husserl, entwickelt am Leitfa-

den der Zeitproblematik, Den Haag 1966 (Phaenomenologica Bd. 23).
Treffpunkt Platon
= Vf.: Treffpunkt Platon. Philosophischer Reiseführers durch die Länder des Mittelmeers, Stuttgart 1990 u. ö., Taschenbuchausgabe 2009.
Husserl Methode, Husserl Lebenswelt
= Edmund Husserl: Die phänomenologische Methode, u. ders.: Phänomenologie der Lebenswelt, Texte ausgewählt mit Einführung v. K. Held, 2 Reclambände 1990, ³2021.
Biblischer Glaube
= Vf.: Der biblische Glaube. Phänomenologie seiner Herkunft und Zukunft, Frankfurt a. M. 2018.
Politische Welt
= Vf.: Phänomenologie der politischen Welt, Frankfurt a. M.... 2010.
Natürliche Lebenswelt
= Vf.: Phänomenologie der natürlichen Lebenswelt, Frankfurt a. M.... 2012.
Europa
= Vf.: Europa und die Welt. Studien zur welt-bürgerlichen Phänomenologie, St. Augustin 2013.
Betrachtungen
= Vf.: Zeitgemäße Betrachtungen, Frankfurt a. M. 2017.

Inhaltsverzeichnis

Vorwort 7

Bibliographische Hinweise 13

Einleitung 19

I. Teil: Der griechische Aufbruch des Denkens
   in phänomenologischer Sicht 55

§ 1. Heraklits Kritik der *dóxa* 55
§ 2. Der Welthorizont und das Seiend bei
     Heraklit und Parmenides 69
§ 3. Was macht das Verständnis der frühen Philosophie
     phänomenologisch? 86
§ 4. Gibt es »die Lebenswelt«? 98
§ 5. Die Lebenswelt am Anfang der Philosophie 110
§ 6. Weltphänomenologie nach Husserl und Heidegger . . . 120
§ 7. Die Geburt der Philosophie 140
§ 8. Die Entstehung der Wissenschaft 155
§ 9. Ethos, Logos, Isegorie 173
§ 10. Meinungsstreit und Öffentlichkeit 190
§ 11. Demokratie und Ungleichheit 202
§ 12. Überleitung zum II. Teil: Objektivismus und Lebenswelt. 219

II. Teil: Kosmologie der Elemente von Thales bis Aristoteles . . 237

§ 13. Die vier Ursachearten und der Doppelsinn von *phýsis* . . 237
§ 14. *ti katá tinós* – Bedarfshorizonte und Seinshorizont . . . 255

§ 15. »Element« und »Atom« als erste Themen der Philosophie 268
§ 16. Die dunkle Herkunft des Erscheinens 280
§ 17. Die Methode der Kosmologie in Platons *Timaios* 294
§ 18. Die Elemente im Raum bei Platon und Aristoteles . . . 315
§ 19. Das Elementare und die *phýsis* 337
§ 20. Das Elementare in der Sprache 354

Einleitung

I.

In der »Corona«-Pandemie, die sich seit 2020 weltweit ausbreitete, erlebten wir die dunkle Seite einer Entwicklung, deren deutlichstes Vorzeichen die Globalisierung der Ökonomie gewesen war. Der Begriff der Globalisierung hatte sich ursprünglich auf die heutige Wirtschaft bezogen, in der alle Vorgänge mehr und mehr länder- und staatenübergreifend miteinander verflochten sind und in der dadurch eine wechselseitige Abhängigkeit Aller von Allen entstanden ist. Inzwischen hat diese den Erdball umspannende internationale Interdependenz der Ökonomie vor allem durch die Digitalisierung auch alle anderen wichtigen Lebensbereiche ergriffen, die Welt der populären und der anspruchsvollen Kulturereignisse, die Medien, den Sport, die Wissenschaft, die Religionen, das Erziehungswesen und was auch immer für die Menschen traditionell eine ihr Leben tragende Bedeutung hatte.

Alle diese Erscheinungsweisen der fortgeschrittenen Globalisierung haben einen Grundzug gemeinsam: Die »Gewohnheiten« der vielen verschiedenen Kulturen – »Gewohnheit« in ganz weitem Sinne verstanden, also Sitten und Bräuche, regelmäßig ausgeübte Praktiken, in Institutionen verankerte Verhaltensweisen, im Kreislauf der Zeiten immer wiederkehrende Feste – all dies, was in vormodernen Epochen mit dem Leben der Völker und Stämme in ihren jeweiligen abgegrenzten Regionen untrennbar verknüpft und in diesen getrennten Lebensräumen beheimatet war, verliert seine Anbindung an die lokalen Territorien. Überall werden die Grenzen gesprengt; das Zusammenleben mit seinen gewohnheitlichen Regelungen öffnet sich – freiwillig oder unfreiwillig – für das Ganze der Welt.

Die Offenheit für dieses Ganze, durch die sich der Mensch in seiner Lebensgestaltung während der Evolution immer mehr von den Tieren mit ihrem an bestimmte Umwelten gebundenen Leben

Einleitung

entfernte, erweitert sich heute in diesem Sinne und gewinnt eine neue Dimension. Mit dieser Steigerung der Weltoffenheit der menschlichen Existenz ereignet sich ein Umbruch von solcher Tragweite, dass er eigentlich nur mit dem Übergang vom Nomadentum zur Sesshaftigkeit vergleichbar ist. Man darf wohl vom Aufbruch in ein neues Zeitalter der Weltgeschichte sprechen.

Wie alle solchen schicksalhaften Entwicklungen hat auch diese eine für uns Menschen erfreuliche, sozusagen helle Seite, und ebenso eine düstere Kehrseite. Obwohl ein Gutteil der Bevölkerung in vielen Ländern der Erde schon davon weiß, dass sich in der Häufung katastrophaler Flächenbrände und Überschwemmungen ebenso wie im Schmelzen der Gletscher in den Hochgebirgen und an den Polen die Zerstörung des lebensfreundlichen Klimas auf unserem Erdball meldet, verschließen wir die Augen vor dieser Kehrseite des Fortschritts und genießen weiterhin vermeintlich unbeschwert den Gewinn an Daseinskomfort, den der – vor allem technische – Fortschritt in Richtung auf eine allen Menschen gemeinsame Welt mit sich bringt.

Die Corona-Katastrophe ist ein Ausläufer dieser unheilvollen Entwicklung, der durch die zur Globalisierung gehörige Mobilität möglich wurde, und damit alles andere ist als ein zufälliger und beiläufiger »Verkehrsunfall« der Menschheitsgeschichte. Sie gibt Anlass, uns bei der Einschätzung unserer geschichtlichen Zukunft an einen Lehrsatz der Scholastik zu erinnern, der lautete: *corruptio optimi pessima* (»Die Verderbnis des Besten ist die schlimmste«): Im Ausgleich für jeden Fortschritt müssen wir immer auf eine mögliche Beeinträchtigung unseres Glücks gefasst sein, die umso gefährlicher ausfallen wird, je größer der Fortschritt war. Deshalb ist das erschreckende Ausmaß der Corona-Katastrophe eigentlich keine Überraschung.

Doch was schützt ein solches »statement« davor, bloß die willkürliche Bekundung einer pessimistischen Einstellung zur Geschichte zu sein, der wir mit gleichem Recht oder Unrecht optimistisch gefärbte Urteile entgegenstellen könnten? Es gibt keine von der ganzen Menschheit anerkannten geschichtsunabhängigen, ewig gültigen Maßstäbe, an die wir uns halten könnten, um für unsere Einschätzung der geschichtlichen Zukunft den berechtigten Anspruch zu erheben, sie sei mehr als eine unverbindliche subjektive Äußerung eines pessimistisch oder optimistisch gestimmten Beobachters. Wir können uns nur – und müssen uns – mit Hilfe der Vorgaben aus unserer Geschichte orientieren. Zu ihnen aber gehört das Faktum, dass es in Europa seit der Mitte des letzten Jahrtausends v. Chr. die

Philosophie gab und dass sie an der Prägung der Gestalt unserer Kultur wesentlichen Anteil hatte. Durch die extreme Steigerung und Erweiterung der Weltaufgeschlossenheit des Menschen ist die Philosophie heute in ungeahntem Maße herausgefordert; denn sie war an dieser geschichtlichen Entwicklung entscheidend beteiligt. So darf man von ihr auch eine hilfreiche Beurteilung der dramatischen Situation erwarten, in die das Ganze unserer Welt heute geraten ist. Dafür aber muss die Philosophie als erstes durch eine gründliche Selbstbesinnung klären, wodurch und wie sie zur Entstehung der grenzenlosen Weltoffenheit beigetragen hat.

Nach der in diesem Buch vertretenen Auffassung war es das ursprüngliche Selbstverständnis der Philosophie bei ihrer Entstehung im antiken Griechenland, wodurch sie von Anfang an das Streben motivierte, über das gewohnte und bis dahin fraglos beibehaltene Verhältnis des Menschen zur Welt hinauszugehen. Die Philosophie war von vornherein nie eine reflexionsfreie Suche nach Erklärungen für irgendwelche rätselhaft erscheinenden Phänomene wie etwa den Lauf der Gestirne, der die Menschen in allen mir bekannten Kulturen immer beschäftigt hat. Das Selbstverständnis des philosophischen Denkens beruhte vielmehr von Anfang an – das ist die Ausgangsthese dieser Untersuchungen – auf einem Bewusstsein von seinem eigenen Tun.

Das zeigt sich bei den beiden großen frühgriechischen Ahnvätern der Philosophie, Heraklit und Parmenides an der Wende vom 6. zum 5. vorchristlichen Jahrhundert darin, dass die von ihnen beanspruchte überlegene Einsicht sich durch ihre kritische Selbstabgrenzung von der uneinsichtigen Denk- und Verhaltensweise der breiten Masse definierte.[3] Dieses reflektierte Verhältnis des anfänglichen philosophischen Denkens zu sich selbst setzte sich ein gutes Jahrhundert später bei Platon fort, der für dieses Denken-in-Verhältnissen die von dann an gängig gewordenen Etikettierungen fand; in seinem Hauptwerk *Politeía* (übliche Übersetzung »Der Staat«) bezeichnete er die unphilosophische oder vorphilosophische Denk- und Verhaltensart als *dóxa*, »Ansicht«, und gab der ihr gegenüber kritischen Einsicht den Namen *epistéme*, »Wissen«.

---

[3] Diese These habe ich zum ersten Mal 1980 in den Untersuchungen von *Heraklit Parmenides* bekannt gemacht. Dort sind bereits viele der Aussagen über Heraklit und Parmenides, die das vorliegende Buch enthält, ausführlich erläutert und begründet. Deshalb beschränke ich mich hier auf gelegentliche Hinweise zu den jeweils einschlägigen Stellen in jenen Untersuchungen – ausgenommen solche Stellen, die dort noch nicht kommentiert wurden.

Einleitung

Der Übergang zur Offenheit für das Ganze der Welt hat neben anderen Implikationen auch die besonders wichtige Bedeutung, dass die Menschen sich nicht mehr nur als Angehörige eines Volks, einer Kaste usw. zusammengehörig fühlen, sondern *als Menschen*. Das hierdurch aufkommende Bewusstsein von der Zusammengehörigkeit aller Menschen in der Welt stärkte Platons Meisterschüler Aristoteles dadurch, dass er zum ersten Mal den Menschen *als solchen* definierte, nämlich als *zóon lógon échon*, »Lebewesen, das Logos hat«. Im ersten Buch seiner Vorlesungen über das »Politische« notiert Aristoteles, »unter den Lebewesen habe allein der Mensch die Sprache *(lógos)*.«[4] Hierzu sei angemerkt, dass es an dieser Stelle für die Zwecke einer Einleitung genügen kann, den Begriff *lógos* in dieser unzählige Male kommentierten ersten Definition des Menschen mit »Sprache« zu übersetzen; eine gründlichere Erläuterung wird in §7 dieser Untersuchungen folgen.

Durch all dies angeregt sorgte die gegen Ende des 4. vorchristlichen Jahrhunderts entstandene, später weitverbreitete und einflussreiche philosophische Schule der Stoa für einen kräftigen Schub in Richtung auf das Zusammenwachsen der ganzen Menschheit. Die Stoiker lehrten, es gebe als gemeinsamen Lebensraum für die Menschen neben der Familie oder dem familiären Clan nicht nur das städtische Gemeinwesen, die Polis, also die politische Gemeinschaftsform, die in der Neuzeit zum »Staat« wurde, sondern auch eine alle Polisgrenzen überschreitende Gemeinschaft: die mit der »Welt«, dem *kósmos*, identische *pólis* für alle beim Handeln nach dem Guten strebenden Menschen überhaupt, die Kosmopolis.

Den stoischen »Kosmopolitismus« dürfen wir wohl als den ersten Schritt auf dem Weg zu einer nicht bloß gedachten, sondern in der realen Praxis wirksamen Vereinigung der ganzen Menschheit ansehen, die heute in der Globalisierung kulminiert. Den zweiten Schritt, zu dem es auch schon in der Antike kam, bildete der biblische Monotheismus[5], der sich – einige Jahrhunderte nach den ersten Stoikern – durch seine Transformation in den christlichen Glauben im ganzen Mittelmeerraum verbreitete. Mit dem Missionsgebot, das ein wesentlicher Bestandteil dieses Glaubens war (und für die Gläubigen noch ist), wurde aus der Vorstellung einer vereinten Mensch-

---

[4] *Aristoteles Politik* 1253 a 9/10. Es ist üblich, den griechischen Titel dieses Werks, *Politiká*, im Deutschen mit »Politik« wiederzugeben.
[5] Mehr dazu in *Biblischer Glaube*.

heit, die in der Realität des stoischen Kosmopolitismus doch nur für eine kleine Elite den Horizont ihres Handelns bildete, erstmals ein Konzept, das in die Praxis umgesetzt werden konnte; denn im christlichen Glauben sollte es zu einer real existierenden Vereinigung aller Menschen kommen, der »Kirche«, die sich selbst in diesem Sinne als »allgemein« (in eingedeutschtem Griechisch: »katholisch«) bezeichnet.

Die Philosophie ist durch die gegenwärtige Weltlage herausgefordert, einen substantiellen Beitrag zur Beurteilung dieser Lage zu leisten, die nach dem bisher Gesagten durch den Erweiterungsprozess der menschlichen Weltoffenheit entstand. Dieser Prozess seinerseits hatte im frühgriechischen Denken eine Vorgeschichte, durch die er in Gang kam. Demgemäß muss die Philosophie für ein sachgerechtes Urteil über die Situation der Welt im Zeitalter der Globalisierung methodisch und inhaltlich so geartet sein, dass sie der fortschreitenden Steigerung der menschlichen Weltoffenheit ausgehend von ihrer frühgriechischen Vorgeschichte gerecht werden kann.

In dieser Hinsicht verdient unter den vielen heutzutage verbreiteten Spielarten von Philosophie die zu Beginn des vergangenen Jahrhunderts entstandene Phänomenologie besondere Beachtung, weil sie sich – jedenfalls gemäß ihrem ursprünglichen Selbstverständnis bei ihrem Gründer Edmund Husserl – als transzendentale Reflexion im Kielwasser von Kants »kopernikanischer Wende« der Philosophie bewegt und zugleich eine besondere Offenheit für die Welt an den Tag legt. Weil mir die Idee einer Vereinigung dieser beiden Motive einleuchtete und verlockend erschien, wandte ich mich der Phänomenologie zu. Ihr um einen unbefangenen Umgang mit den Problemen bemühter Arbeitsstil nahm mir die Scheu, von der gängigen Interpretation des Denkens der sogenannten »Vorsokratiker« abzuweichen und dessen reflexiven Charakter zum Gegenstand meiner Aufmerksamkeit und Analyse zu machen. Und zugleich förderte die Weltoffenheit der Phänomenologie meine Bereitschaft, die Züge der frühen Gestalt solcher Weltoffenheit in jenem Denken so vorurteilsfrei wie möglich zu studieren.

So wurde mir durch die Phänomenologie klar, wie sich bei den Griechen der archaischen und klassischen Zeit dasjenige Stadium der Entwicklung der antiken Philosophie vorbereitete, dessen Nachwirkung in unserem heutigen Bewusstsein viel präsenter geblieben ist als das klassische, vor allem von Platon und Aristoteles geprägte Denken: An der Wende vom 4. zum 3. vorchristlichen Jahrhundert gingen

Einleitung

die in dieser Zeit entstehenden und dann allmählich tonangebenden Richtungen der Philosophie dazu über, in der Anweisung zur rechten Lebensführung ihre eigentliche Aufgabe zu sehen. Dadurch trug die Philosophie wesentlich dazu bei, dass die griechische Sprache und Bildung sich im ganzen Mittelmeerraum und seinen Anliegerregionen in solchem Maße ausbreitete und kulturell bestimmend wurde, dass der Historiker Johann Gustav Droysen von einem damals anbrechenden Zeitalter mit eigenem Gepräge sprechen konnte, für das er die Bezeichnung »Hellenismus« einführte.

Der Hellenismus war, so darf man sagen, der erste Vorläufer der modernen Einheit Europas.[6] Die europäische Integration wird gegenwärtig durch die Wiederkehr des Nationalismus in solchem Maße gebremst, dass man von ihrem Gelingen fast nur noch träumen kann. Es wäre ein Stück Erfüllung des Traums, wenn dieses Buch durch die wissenschaftliche Vergegenwärtigung des griechischen Ursprungs unserer geschichtlichen Gemeinsamkeit ein wenig dazu beitragen könnte, dass vom Geist der europäischen Kultur so viel lebendig bleibt, dass eines Tages das politische Streben nach einer (föderalen) Einheit Europas wieder Kraft gewinnt.

Vor dem bis hierhin skizzierten Hintergrund lässt sich die Aufgabe der nachfolgenden Untersuchungen so formulieren: Es geht um eine phänomenologische Interpretation des griechischen Anfangs der Philosophie unter ständiger Berücksichtigung der besonderen Bedeutung der Weltoffenheit und der *dóxa*-kritischen Reflexion für das philosophische und das phänomenologische Denken. Der durch den Weltbezug gegebenen Nähe der Phänomenologie zur frühen Philosophie haben die Phänomenologen – abgesehen von Heidegger, dessen Bedeutung für die genannte Aufgabe hier noch zur Sprache kommen wird – bisher zu wenig Beachtung geschenkt. Es ist eines der Ziele dieses Buches, dazu beizutragen, dass dies sich ändert; denn dadurch haben wir nicht nur die Chance, ein angemesseneres Bild vom Anfang der Philosophie zu gewinnen; die Rückbesinnung auf diesen Ursprung kann auch zu mehr Klarheit über die Phänomenologie selbst führen, weil sie wegen ihrer zuletzt genannten Züge, wie ich

---

[6] Mein *Europa*-Buch enthält einige Gesichtspunkte zur Begründung dieser These. Ich gedenke hier in Dankbarkeit eines mir freundschaftlich verbundenen und allzu früh verstorbenen Kollegen, des Althistorikers Wolfgang Orth, der ein sehr guter Kenner des Hellenismus war und mit lehrreichen Argumenten die Auffassung vertrat, die ich mir dann auch zu eigen gemacht habe, dass in Gestalt des Hellenismus zum ersten Mal die Einheit Europas als solche in Erscheinung trat.

früher einmal formuliert habe, als »Wiederaufnahme der ältesten Idee von Philosophie« gelten kann.

Weil die Behauptung, die Philosophie habe durch die erwähnte Doxakritik von Anfang an einen reflexiven Charakter gehabt, keine Selbstverständlichkeit ist, aber andererseits den Ausgangspunkt der Überlegungen in diesem Buch bildet, beginnen die Untersuchungen in den ersten Paragraphen mit einer phänomenologischen Vergegenwärtigung der anfänglichen philosophischen Kritik am unzureichenden Weltbezug der *dóxa*, die sich bei Heraklit und Parmenides findet. Wegen der grundlegenden Bedeutung der Welt für das Verständnis von Phänomenologie, das ich in diesem Buch vertrete, wird darauf in den Paragraphen 3–5 eine Erläuterung der Art und Weise folgen, wie die Welt in der *dóxa*-überlegenen *epistéme*, der philosophischen »Einsicht«, bewusst wird.

Bei dieser Durchmusterung der Beziehungen sowohl der in der Doxa befangen bleibenden als auch der ihr überlegenen Einstellung zur Welt wird sich im Laufe der Untersuchungen zeigen, dass wir als phänomenologische Interpreten der Entstehung der Philosophie bei den Griechen diesem historischen Geschehen nur gerecht werden, wenn wir es nicht isoliert betrachten, sondern seine Einbettung in einen umfassenden »Aufbruch des Denkens« beachten, der deshalb auch als Titel des ganzen I. Teils dieser Untersuchungen dient. Die Geburt der Philosophie war von parallelen Entstehungsprozessen flankiert, dem Aufkommen erster, noch naiver Formen von Wissenschaft und empirischer Forschung (§ 6), der Einführung der Demokratie (§§ 7–9) und einem neuen Verhältnis zur natürlichen Lebenswelt, worauf sich die Paragraphen 3 und 10 und dann der ganze II. Teil dieser Untersuchungen beziehen. Zwischen den Zügen, die für diese Entwicklungen jeweils charakteristisch sind, und der anfänglichen Philosophie gibt es Entsprechungen, die sich mit den Interpretationsmöglichkeiten einer »Phänomenologie der Welt« gut ans Licht bringen lassen.

Spätestens an dieser Stelle wird man mit Recht die Frage stellen, wie es konkret zu verstehen ist, wenn die Darstellung der Entstehung der Philosophie in diesem Buch schon in dessen Untertitel als phänomenologisch charakterisiert wird. In der dritten Generation der Phänomenologie[7] hat sie sich in einen großen Reichtum von Themen und

---

[7] In meiner Perspektive – ich war 1963–1969 Assistent von Ludwig Landgrebe, der seinerseits in den zwanziger Jahren Assistent von Husserl gewesen war – gibt es von

Richtungen entfaltet, und das kann das Verständnis dieses Buchs zumindest bei Lesern ohne professionelle Vorkenntnisse erheblich erschweren. Deshalb möchte ich nun in einem zweiten Teil der Einleitung eine möglichst einfache Antwort auf die Frage geben: Was macht diese Untersuchungen »phänomenologisch«? Weil dies kein Buch über Husserl ist, beschränke ich mich darauf, in lockerer Anbindung an seine ohnehin nie ganz strenge »Terminologie« einige Motive seiner Phänomenologie zu erläutern. Man kann das als ein etwas unkonventionell geratenes Begriffswörterbuch zu Sprache und Denken der nachfolgenden Paragraphen lesen – oder es auch, wenn man sich hiermit genügend vertraut fühlt, einfach überspringen.[8]

II.

Es bietet sich an, von der Bezeichnung »Phänomeno-logie« auszugehen. Man sagt, sie sei – wie an den beiden Bestandteilen dieser Bezeichnung abzulesen – eine »Lehre« (*-logie*) vom »Erscheinen« oder von den »Erscheinungen« (*Phänomeno-*). Diese Erklärung ist nicht falsch, aber sie erweckt den Eindruck von fragloser Klarheit, wo in Wahrheit Unklarheiten bestehen: Es ist nicht klar, in welcher Bedeutung hier das vieldeutige Verb »erscheinen« und die damit verwandten Substantive und Adjektive benutzt werden. Das Erscheinen ist etwas, was »passiert«, was »stattfindet«, also ein Geschehen. Ein Geschehen lässt sich in verschiedenen Hinsichten betrachten, und es können unterschiedliche Züge des Geschehens sein, die ein Interesse daran hervorrufen. Was erregt »an« oder »in« dem Geschehen, das

---

dieser Generation noch einige Ausläufer, während nun die vierte Phänomenologengeneration die Szene beherrscht.

[8] Hier darf ich auf die beiden Reclam-Bände *Husserl Methode* und *Husserl Lebenswelt* hinweisen. In ihnen habe ich eine Auswahl von Texten zusammengestellt, die für Husserls Denken repräsentativ sind, und den Versuch gemacht, systematisch und auch für »philosophische Laien« verständlich in seine Phänomenologie einzuführen. Man kann – wie das auch in den Übersetzungen dieser Einführung in andere Sprachen geschehen ist – die beiden Hälften meines Textes, die auf die beiden Bände verteilt sind, als eine zusammenhängende Einführung lesen. – Für eine strengere Einführung in Husserls Phänomenologie erscheint mir immer noch das Buch von Rudolf Bernet, Iso Kern und Eduard Marbach am besten geeignet: *Edmund Husserl – Darstellung seines Denkens*, Hamburg 2. verb. Aufl. 1996.

wir im Deutschen mit dem Verb »erscheinen« und im Altgriechischen mit dem Verb *phaínesthai* bezeichnen, das besondere Interesse der Phänomenologie?

In der heutigen Alltagssprache können wir das Außergewöhnliche, das Merkwürdige, das Wunderbare und anderes aus dem Rahmen Fallende als »Phänomen« bezeichnen. Auf Deutsch bedeutet dieses Wort »Erscheinung«. Obwohl das Erscheinen der Großen Mauer (entgegen der Behauptung der chinesischen Reiseführer) nicht so weit reicht, dass sie vom Mond aus gesehen werden könnte, so erscheint sie doch in der Alltagssprache weiterhin als ein »Phänomen« der Menschheitsgeschichte. Und Pelé bleibt im Fußball als Massenveranstaltung des 20. Jahrhunderts ein quasi-mythisches »Phänomen«, obwohl die »Ausstrahlung« seines Erscheinens darunter gelitten hat, dass sein Privatleben, das – wie alles Private – ins Verborgene und nicht in die Sichtbarkeit des öffentlichen Erscheinens gehört hätte, ins Licht solchen Erscheinens gezerrt wurde.

Vor diesem Hintergrund könnte man, wenn man von der Phänomenologie noch gar keine Vorstellung hat, vielleicht annehmen, sie befasse sich mit den gerade angesprochenen besonders auffälligen »Phänomenen« und sei sozusagen die wissenschaftliche Verwaltung der Schatzkammer im Gebäude unserer Erfahrung, in der diese besonderen »Erscheinungen« gehütet werden. Hierzu als erstes der Hinweis, dass es ein grobes Missverständnis wäre, anzunehmen, bei den »Phänomenen« der Phänomenologie handele sich um das Außergewöhnliche. Das Erscheinen, um das es in der Phänomenologie geht, ist nicht das Aufsehen-Erregen, sondern es ist eher das Gegenteil gemeint: Die Phänomene, um die sich alles in der Phänomenologie dreht, sind nicht die Ausnahmen von der Normalität, sondern das Gewohnte, also alles und jedes, womit wir in den vielen verschiedenen Arten und Weisen unseres Verhaltens »zu tun haben«, vom Kieselstein am Wegesrand bis zum Gebirgsgipfel, vom Blümchen im Garten bis zum großen Kunstwerk, vom Haushaltsgerät bis zum Wolkenkratzer, von der Familie bis zur Mitgliederversammlung eines Vereins.

All diesen so ganz verschiedenen »Gegenständen« oder »Sachen« – im weitesten Sinne dieser Wörter – ist gemeinsam, dass sie vor unseren leiblichen Augen oder, bildlich gesprochen, vor den Augen unseres Bewusstseins auftauchen und die Bühne unserer Welt bevölkern. Sie begegnen unserem Hören, Sehen und Fühlen, unserem Nachdenken, unserem praktischen Umgehen-mit-etwas und

Einleitung

vielen anderen Verhaltensweisen, und sie zeigen sich dabei auf vielfältige Weise als Vorkommnisse, die – wo oder wie auch immer – in unserer Welt einen Platz haben. Für dieses ganze Geschehen haben wir den einfachen Namen »Erscheinen«.

Das so verstandene Erscheinen von allem kann uns in seiner Mannigfaltigkeit so faszinieren, dass in uns ein Interesse erwacht, dieses Geschehen-selbst unter die Lupe zu nehmen, indem wir die Frage stellen, wie es eigentlich dabei zugeht, wenn uns etwas erscheint. Und wir können uns sogar zur Aufgabe machen, bei möglichst vielen Arten und Formen dessen, was uns erscheint, also all der uns in diesem Sinne erscheinenden »Gegenstände« oder »Sachen«, der »Phänomene«, genau zu analysieren, wie ihr Erscheinen im Rahmen unseres jeweils auf sie bezogenen Verhaltens vonstattengeht. Eben diese Aufgabe stellt sich die Phänomenologie.

Aber ist das nicht einfach eine besondere – vielleicht nur ins Maßlose gesteigerte – Neugier? In dieser Frage kann man den Ton einer pejorativen Einschätzung der Neugier hören, der Husserl nicht zugestimmt hätte. Seine Auffassung von der Neugier kam deutlich zu Wort, als er im Mai 1935 in Wien vor dem dortigen »Kulturbund« über »Die Philosophie in der Krisis der europäischen Menschheit« sprach – ein Vortrag, der in Diktion und Inhalt so beschaffen ist, dass wir ihn als ein Vermächtnis betrachten dürfen, das in einer letzten programmatischen Deklaration der Aufgabe der Phänomenologie besteht. Was Husserl hier vorgetragen hatte, lag ihm so sehr am Herzen, dass er den Text immer mehr überarbeitete und ergänzte, bis daraus die Abhandlung *Die Krisis der europäischen Wissenschaften und die transzendentale Phänomenologie* wurde, das letzte Werk, dessen Veröffentlichung 1936, zwei Jahre vor seinem Tod, Husserl noch selbst veranlasste.[9]

---

[9] Der Wiener Vortrag ist in dem Band mit Husserls *Krisis*-Abhandlung (*Husserliana* Bd. VI) auf S. 314 ff. als ergänzender Text enthalten. Auch wenn ich zum stoisch-christlichen Glauben an Fügungen nur die Haltung der phänomenologischen Epoché einnehmen kann, so hat es mich doch beflügelt, dass ich im gleichen Jahr 1936 »das Licht der Welt erblickt« habe, in dem die für mein Verständnis der Phänomenologie neben Heideggers *Sein und Zeit* maßgebende *Krisis*-Abhandlung erschien. Allerdings hatte das schöne Bewusstsein von dieser Koinzidenz immer den bitteren Beigeschmack, dass 1936 auch das Jahr war, in dem sich das »Licht der Welt« verfinsterte, weil Hitler die Olympischen Spiele als Festival der Propaganda für seine verbrecherische Politik missbrauchte.

Im Wiener Vortrag setzt Husserl das *thaumázein*, das Staunen, das seit Platon und Aristoteles traditionell als Ursprung der Philosophie angesehen wird, mit dem am Anfang der Wissenschaft »einsetzende[n] theoretische[n] Interesse« gleich und sagt darüber, es sei »offenbar eine Abwandlung der Neugier, die im natürlichen Leben ihre ursprüngliche Stelle hat.« (*Husserl Krisis* S. 322) Und in Klammern fügt er zur Neugier die für uns in diesem Zusammenhang aufschlussreiche Bemerkung hinzu, sie dürfe hier nicht als »habituelles ›Laster‹« aufgefasst werden. Mit dieser Ablehnung der platonisch-augustinischen Tradition der Neugier-Kritik folgt er der positiven Einschätzung der Neugier, die Aristoteles voraussetzt, wenn er seine *Metaphysik* mit dem Satz einleitet: *pántes ánthropoi tou eidénai orégontai phýsei*, »Alle Menschen streben von Natur nach Wissen.«[10] Für Husserl hat dieses Erkenntnisstreben zur Voraussetzung, dass all unser Tun und Lassen vom Aussein auf ein Ziel durchdrungen ist; die Wissenslust ist nur eine Spielart dieser Grundbestimmung menschlichen Verhaltens, auf die gleich noch genauer einzugehen ist.

Die Frage, welche Rolle die Neugier beim griechischen Aufbruch des Denkens spielt, wird uns in §5, in dem es u. a. um die emotionale Motivation des Anfangs der Philosophie geht, und in §6, der die Entstehung der Wissenschaft zum Thema hat, in der Tat noch beschäftigen müssen. Für eine Einleitung genügt es, hier die Vorfrage zu stellen, wieso die eindringliche Analyse des Erscheinens in seiner Mannigfaltigkeit als eine philosophische Betätigung angesehen werden kann. Wenn wir eine Bemühung um Erkenntnis als Philosophie bezeichnen, stellen wir uns dabei ein Bestreben vor, das gesteigerten Ansprüchen gerecht werden möchte und bildlich gesprochen dem Gebrauch eines Mikroskops vergleichbar ist: Wir bekommen die feineren Strukturen und Merkmale einer Sache, die den Gegenstand unserer Neugier bildet, von vornherein nicht in den Blick, wenn wir zu viel Distanz zu ihr einhalten. Das »mikroskopisch Kleine« sehen wir erst dann, wenn wir mit dem Okular des Instruments nahe genug an das Objekt heranfahren. Diesem Vergleich entsprechend nimmt Husserl an: Wenn es uns durch ein anhaltend hartnäckiges Fragen gelingt, zu einer tiefer dringenden, wahrhaft »ein-dringlichen« Erkenntnis der Sache zu gelangen, die uns interessiert, vollziehen wir damit eine geistige Bewegung, mit der wir von der Sach-Ferne zur Sach-Nähe übergehen.

---

[10] *Aristoteles Metaphysik* 980 a 21.

Man kann die Frage stellen, ob das so generell gilt wie hier formuliert; denn es kommt auch vor, beispielsweise bei der Betrachtung von Werken der bildenden Kunst, dass wir die betrachtete Sache erst dann »richtig« sehen, wenn wir hinreichend weit von ihr entfernt sind. Aber diese Frage können wir hier offen lassen. Für die vorliegende Überlegung genügt es, darauf zu achten, welche Bedeutung Husserl dem Übergang von der Sach-Ferne zur Sach-Nähe im Ganzen unseres Verhaltens zuweist: In seinen Augen ist ein solcher Übergang kein extravaganter Ausflug in exotische Regionen des Geistes, sondern wir entsprechen damit einer Tendenz, die allenthalben unser Verhalten und das Erscheinen der Sachen oder Gegenstände, die jeweils zu unserem Verhalten gehören, bestimmt. Überall durchzieht unser Denken und Handeln ein Bewusstsein, dass wir etwas, worum es jeweils in unserem Verhalten geht, noch nicht erreicht haben; bildlich gesprochen empfinden wir fast immer einen Durst, der noch nicht gestillt ist. Und ein Großteil unseres Verhaltens ist durch das Streben motiviert, aus diesem unbefriedigenden Zustand in eine befriedigende Situation zu gelangen, indem wir versuchen, den Sachen, zu denen wir in einer fernen Beziehung stehen, so nahe wie möglich zu kommen.

Dieses Streben bezeichnet Husserl mit einem Begriff, den er von seinem Lehrer Franz Brentano übernimmt, dessen Ursprung aber bis in die antike Philosophie zurückreicht, als *Intentionalität*, und das Wort, mit dem er die durch Sachnähe erreichte Befriedigung bezeichnet, lautet ganz überwiegend *Erfüllung*. Die Intentionalität ist ein Aussein auf Erfüllung, und in den Analysen der Phänomenologie geht es nach Husserl um die sachgerechte Beschreibung der Arten so verstandener Intentionalität, wobei ich zur Vermeidung von Missverständnissen darauf aufmerksam mache, dass die »Erfüllung« eines intentionalen Verhaltens nicht wie in der Alltagssprache in einem positiven Sinne zu verstehen ist, sondern die neutrale Bedeutung hat, dass ein intentionales Aussein – in einer dem jeweiligen Verhalten entsprechenden Form – bei dem angelangt ist, worauf es gerichtet war.

Natürlich weiß Husserl, dass es nicht nur intentionale Formen des Verhaltens gibt, sondern auch das nicht-zielgerichtete Bewusstsein – wie vor allem diejenigen Stimmungen, deren Eigentümlichkeit gerade darin besteht, frei zu sein von dem Streben, bei einem Ziel anzukommen. Aber der bei Husserl herrschende Eindruck, dass das Bewusstsein, das unser Tun und Lassen begleitet, in den meisten

Fällen die Form der Intentionalität, also des Ausseins auf eine dem Gegenstand des betreffenden Verhaltens entsprechende Erfüllung aufweist, war »statistisch« gewiss nicht abwegig. Außerdem darf man nicht übersehen, dass auch im Bereich des Gefühls, der Emotionalität, solche Regungen eine wichtige – vielleicht sogar dominierende – Rolle spielen, die durch einen Anstoß ausgelöst werden, durch etwas, was uns widerfährt und uns etwas »antut« (»antun« = lat. *afficere*). Durch die »Affektion« verweisen sie auf etwas, worin sich der betreffende »Affekt« erfüllt.

Entscheidend ist: Der alle einzelnen Beziehungen umfassende Lebensstrom des Erscheinens ist zwar ein Bündel von höchst unterschiedlichen Arten und Formen des Verhaltens; aber aufs Ganze gesehen weist er – zumindest in dem umfassenden Daseinsgefühl, das wir als Menschen in der westlichen, von Europa ausgehenden Kulturtradition haben – den intentionalen Charakter einer Bewegung auf, die einer Erfüllung entgegengeht (»Erfüllung«, wohlgemerkt, in seiner neutralen Bedeutung verstanden).[11] So konnte das vom Erfüllungsstreben geleitete, also intentional verfasste Verhalten zur Blaupause für Husserls Interpretation aller Verhaltensarten werden.

Im Rahmen einer Einleitung können wir keine Vorentscheidung darüber fällen, welche Bedeutung insbesondere die Gefühle bei der Geburt der Philosophie hatten. § 5 wird u. a. der Frage gewidmet sein, ob – und, wenn ja, wie – bestimmte von Intentionalität freie Stimmungen auf der einen Seite und intentionale, affektive Gefühle auf der anderen Seite dabei zusammenspielten. Auf diese Weise müsste sich klären lassen, ob oder wie sich der bei Platon und Aristoteles zu findende Hinweis, die Philosophie sei durch das Staunen, griechisch *thaumázein*, entstanden, für eine phänomenologische Analyse dieser Entstehung fruchtbar machen lässt.

Bisher haben wir dem Umstand noch keine besondere Aufmerksamkeit gewidmet, dass die maßgebende Rolle des intentionalen Ausseins auf Erfüllung nicht nur allgemein das ganze menschliche Verhalten betrifft, sondern auch die Phänomenologie selbst; denn als Bemühung um Erkenntnis hat sie ebenfalls den Charakter eines Strebens nach Erfüllung. Die phänomenologische Forschung möchte mit dem Erfüllungsstreben des Erkennens sogar auf eine neue, radikale

---

[11] Vgl. v. Vf.: *Intentionalität und Existenzerfüllung*, in: *Person und Sinnerfahrung. Philosophische Grundlagen und interdisziplinäre Perspektiven*, hrsg. v. C. F. Gethmann u. P. L. Oesterreich, Darmstadt 1993.

und bisher so noch nicht bekannte Weise ernst machen. In diesem Sinne konnte Husserl die Phänomenologie als das Bestreben charakterisieren, eine Devise zu befolgen, die er in die berühmt gewordene Formel »Zu den Sachen selbst!« kleidete. Mit den »*Sachen selbst*« ist das Erscheinende gemeint, wenn es aus nächster Nähe betrachtet wird.

Wie muss das phänomenologische Forschen vorgehen, damit es in die Nähe der »Sachen selbst« gelangt? Das Thema, der Gegenstand der phänomenologischen Forschung ist – allgemein gesprochen – das Erscheinen und – genauer gesagt – das Erscheinen derjenigen Sache, auf die ein menschliches Verhalten jeweils bezogen ist, also des Blumenbeets, das Gegenstand der Pflege durch einen Gärtner ist, der Mahlzeit, die Gegenstand des Verzehrs durch eine Festgesellschaft ist, der Mitgliederversammlung, die als Auditorium einer der Gegenstände der Rede des Vereinspräsidenten ist, der Kleidungsstücke, die in einem Textilgeschäft Gegenstand des möglichen Verkaufs durch einen Verkäufer und des möglichen Erwerbs durch Kunden sind, usw. Entsprechend der Verschiedenartigkeit der Felder menschlichen Lebens, denen diese Beispiele entnommen sind, der Freizeitgestaltung, des Vereinslebens, des Handels usw., ist auch die Intentionalität des Erscheinens der jeweiligen Gegenstände in jedem dieser Bereiche anders geartet. Eben dieser Verschiedenheit möchte die Phänomenologie als neugierige Erforschung des Erscheinens gerecht werden. Aber wie muss die Forschung vorgehen, damit ihr dies gelingt?

Denken wir uns als Beispiel einen Sozialwissenschaftler, der seine Forschungen zum deutschen Vereinsleben auf phänomenologische Weise betreiben möchte. Er kann hunderterlei Aspekte solchen Soziallebens unter die Lupe nehmen. Aber wenn er die Stellen, wo er gleichsam zupackt, und die Reihenfolge der Schritte seines Vorgehens völlig dem Zufall überließe, könnte er am Ende nur ein Sammelsurium von Beobachtungen, aber kein Resultat seiner Arbeit vorweisen, das man ernsthaft als Forschungsergebnis bezeichnen dürfte. Wie kann man phänomenologisch zu einem in seiner Beschaffenheit akzeptablen Ergebnis kommen? Antwort: nur dadurch, dass die untersuchte Sache – im Falle dieses Beispiels das deutsche Vereinsleben – der Forschung einen Anhalt bietet, an dem sie sich orientieren und dadurch Leitgesichtspunkte für einen sachgerecht geordneten Einstieg und Fortgang ihrer Untersuchungen finden kann. Als ein solcher Anhalt kommt im intentionalen Erscheinen der Sache nur diejenige Verfassung dieses Erscheinens in Betracht, die es im Modus seiner Erfüllung erreicht. Husserl bezeichnet dies als *originäres* – wörtlich übersetzt: »ursprüngliches« – Erscheinen. Wenn es der phänomenologischen Erforschung des Erscheinens einer Sache gelingt, bis zur Beschreibung und Analyse der originären Verfassung ihres Erscheinens vorzudringen, in der sie als Gegenstand eines bestimmten Verhaltens den daran beteiligten Menschen auf erfüllte Weise begegnet, dann erfüllt sich damit auch das Erkenntnisstreben der Forschung, die dieser Sache gewidmet ist.

In dem gerade beschriebenen Sachverhalt kam die »Erfüllung« eines intentionalen Strebens zweimal vor, einmal als eine Befriedigung der Menschen, die ein bestimmtes Verhalten zu einer Sache vereint, mit der sie im Rahmen dieses Verhaltens zu tun haben; zum anderen als Befriedigung derer, die eben diese letztere Situation phänomenologisch erforschen, wenn ihnen die angestrebte sachgerechte Deskription und Analyse der Situation gelingt. Die Koinzidenz beider Erfüllungen – die Erfüllung des phänomenologischen Erkenntnisstrebens durch eine in der erforschten Sache beobachtete Erfüllung – diese besondere Situation ist das, was Husserl im Auge hat, wenn er von *Evidenz* spricht und damit programmatisch das Generalziel phänomenologischer Forschung benennt.

Ursprünglich bezeichnete die mit dem lateinischen *videre*, »sehen«, zusammenhängende »*evidentia*« das »Einleuchten«, die »Ersichtlichkeit« einer Erkenntnis. Wenn wir den Begriff der Evidenz so weit fassen, dass wir darunter jede erreichte Erfüllung des Erkenntnisstrebens, jede Erfahrung von Originarität verstehen, können wir sagen: Die phänomenologische Forschung gelangt zu der ihr eigenen Evidenz, indem sie im Erscheinen der von ihr thematisierten Sachen die Situationen aufsucht, in denen diese Sachen den Beteiligten im Modus der originären Erfüllung und damit – wenn wir die Bedeutung des Begriffs »evident« weit genug fassen – auf evidente Weise erscheinen. Alles, worum es in der Phänomenologie geht, steht im Zeichen der Evidenz; Phänomenologie ist Evidenzforschung.[12]

Was haben wir mit den bisherigen Überlegungen für das Verständnis der phänomenologischen Devise »Zu den Sachen selbst« er-

---

[12] Durch die Mehrdeutigkeit des Begriffs Evidenz entstanden Unklarheiten, die Husserl durch immer neue Verfeinerungen seiner Unterscheidungen, insbesondere durch die Einführung der Differenz von »apodiktischer« und »adäquater« Evidenz zu überwinden suchte. Doch mit einer Erörterung dieser Problematik würden wir uns zu weit vom Thema dieses Buchs entfernen.

reicht? Unser Kommentar war noch nicht gründlich genug; denn er berücksichtigte nicht, dass die Devise, wenn man sie als echte Aufforderung versteht, nur unter einer Voraussetzung Sinn hat: Es bedarf nur dann einer ausdrücklichen Aufforderung, Sachnähe anzustreben, wenn wir Menschen uns normalerweise vom Weg zu »den Sachen« selbst ablenken lassen und dadurch allenfalls ein Vorfeld des Bereichs der Sachnähe erreichen.

Zwischen denen, die mit Entschiedenheit die Sachnähe suchen, und denen, die sich den mühsamen Weg zu den »Sachen selbst« ersparen, besteht ein scharfer Kontrast. Deshalb müssen wir uns nun ein konkretes Bild von diesem Kontrast verschaffen. An dieser Stelle begegnen uns erneut die beiden Vordenker der anfänglichen Philosophie: Heraklit und Parmenides, die in diesem Buch eine zentrale Rolle spielen werden. Einige der von Heraklit überlieferten Sprüche haben nämlich einen Kontrast der genannten Art in zugespitzter und zugleich bemerkenswert konkreter Form im Visier: Heraklit kritisiert die Menschen so, wie sie durchschnittlich denken und handeln, – er bezeichnet sie verächtlich als die *polloí*, die »Vielen« – wegen der Gedankenlosigkeit oder Verständnislosigkeit, die sie mit dem, was sie sagen – in der Sprache von Parmenides ausgedrückt: ihren *dóxai*, ihren »Meinungen« oder »Ansichten« – an den Tag legen. Das zeigt: Schon in ihren allerersten Anfängen hat die Philosophie damit zu kämpfen, dass sie der großen Menge der Menschen fremd bleibt, weil ihnen die Bereitschaft oder die Fähigkeit fehlt, ihren Unverstand durch eine Nähe zu den Sachen selbst zu überwinden.

Hier deutet sich ein innerer Zusammenhang zwischen der Devise der Phänomenologie und der Doxakritik an. Weil diese Kritik bei Heraklit mit besonderer Deutlichkeit in Erscheinung tritt, empfiehlt es sich für eine Interpretation des Anfangs der Philosophie, die sich dieser Devise verpflichtet fühlt, die Untersuchungen mit Heraklit zu beginnen.[13] Dabei ist es aber wichtig, von vornherein Parmenides mit in die Betrachtung einzubeziehen, weil die hier versuchte Interpretation von Äußerungen Heraklits dadurch besondere Überzeu-

---

[13] Es ist mir bewusst, dass ich damit an die Tradition anknüpfe, die seit der Antike Heraklit eine Sonderstellung in der Philosophiegeschichte zubilligt. In der Philosophie der letzten beiden Jahrhunderte bekam Heraklit für drei ihrer Großen, Hegel, Nietzsche und Heidegger, besondere Bedeutung, weil sie in ihm den Philosophen sahen, der Entscheidendes von ihrem eigenen Denken antizipiert habe. In populärer Form habe ich das dargestellt in einem Heraklit gewidmeten Kapitel von *Treffpunkt Platon*.

gungskraft gewinnt, dass die anfangende Philosophie bei Parmenides sachlich auf die gleiche Weise zu ihrem ersten Selbstverständnis gelangt, obwohl sich die Doxakritik bei ihm literarisch in gänzlich anderer Gestalt darstellt.

Weil es wenig wahrscheinlich ist, dass die beiden Denker einander beeinflusst haben, müssen und werden wir gleichsam zur Kontrolle die erste Kommentierung von Sprüchen Heraklits mit der Interpretation von *dóxa*-kritischen Versen im Gedicht des Parmenides ergänzen. Diese Einbeziehung der Gedanken des Parmenides ist aber vor allem deswegen unentbehrlich, weil sich dadurch die schon einmal erwähnte Ausgangsthese dieser Untersuchungen überzeugend erhärten lässt, dass die anfangende Philosophie ihr Selbstverständnis durch die Selbstabgrenzung von der außerphilosophischen Weise des Denkens und Handelns gewann.

Alle zuletzt entwickelten Überlegungen kreisen um die Implikationen der Devise der Phänomenologie »Zu den Sachen selbst«. Das Stichwort »die Sachen« kann uns den Anstoß geben, nun mit einer elementaren Frage fortzufahren: Wenn wir die Doxakritik bei Heraklit und Parmenides zu der »Sache« machen, der wir uns in unserem phänomenologischen Streben nach »sachnaher« Erkenntnis zuwenden, – in welchem Sinne ist das, was wir damit versuchen, eine Bemühung um Erkenntnis einer Sache oder vielleicht mehrerer Sachen? Der erste Schritt der Antwort lautet: Wir begeben uns hier offenbar an eine neue, bisher von uns noch nicht thematisierte Art von Erkenntnisstreben, nämlich die Bemühung, etwas zu »verstehen«, und das Eigenartige dabei ist: Die »Sache«, die wir zu verstehen suchen, also die Doxakritik, enthält selbst schon ein Verstehen als ein zu ihr gehöriges Moment: Mit hoher Wahrscheinlichkeit dürfen wir annehmen, dass am Anfang von Heraklits Schrift der Satz stand, den Hermann Diels als Fragment 1 in seine Sammlung der *Fragmente der Vorsokratiker* aufgenommen hat: »Für den *lógos*, der dieser hier ist, erweisen die Menschen sich immer als verständnislos, sowohl bevor sie ihn gehört wie wenn sie ihn zum ersten Mal gehört haben …« (Diels/Kranz 22 B 1) Aus der Art, wie Heraklit hier die »Vielen« kritisiert, spricht eine Enttäuschung darüber, dass sie ihn oder seine Gedanken nicht *verstehen*.

Dass der *lógos* in dem zitierten Satz als das eigentlich Unverstandene erscheint, können wir übergehen, weil wir uns, wie schon gesagt, in §7 diesem Thema noch ausführlich widmen werden. Hier kommt es nur darauf an, festzuhalten, dass hinter Heraklits Enttäuschung über den Unverstand der Menschen, wie sie durchschnittlich sind, sein Wunsch steht, dass sie den *lógos*, den er in seiner Schrift vorträgt, *verstehen*. Indem mich jemand versteht, kann es dazu kommen, dass ich so zu einem besseren Verständnis meiner selbst finde, und auf solche Weise war es auch möglich, dass die anfangende Philosophie durch die Doxakritik zu ihrem Selbstverständnis gelangte. Heraklit scheint die Möglichkeit vorzuschweben, dass auch die Vielen durch die von ihm vorgetragene Kritik zu einem solchen Sinneswandel kommen könnten.

Bei dem Versuch, die frühesten Texte der Philosophie und die darin enthaltene Doxakritik zu verstehen, machen wir die eigenartige Erfahrung, dass wir mit unserem Streben nach Erkenntnis in eine Kette von Verstehen und Nichtverstehen eingespannt sind. Der Anfang dieser Kette ist – um eine etwas veraltete, aber hilfreiche deutsche Wortbildung aufzugreifen – der »Unverstand« der Vielen, den die frühen Philosophen zu überwinden suchen, um durch diese Selbstabgrenzung zu einem Verständnis ihres eigenen denkerischen Tuns zu gelangen. Dieser Unverstand der Menschen in ihrer Durchschnittlichkeit ist *der Sache nach* das erste Glied der Kette, weil er die Doxakritik der Philosophen auslöst. Aber da, wie schon durch Aristoteles geklärt, der sachlich erste Anfang nicht mit dem Anfang unseres Erkennens identisch sein muss, statuieren wir, die phänomenologischen Interpreten, mit unserer Bemühung, unser zunächst unzulängliches Verstehen oder sogar Nichtverstehen der Gedanken von Heraklit und Parmenides zu überwinden, den *Erkenntnis*-Anfang der Kette. Die genannte Bemühung wird konkret darin bestehen, dass wir einige jener Gedanken, die in den erhalten gebliebenen Fragmenten aus den Schriften dieser Denker zu finden sind – wie im Untertitel dieses Buchs versprochen – im wörtlichen Sinne *ver-gegenwärtigen*, also sie in einer die Zeiten übergreifenden Gemeinsamkeit mit jenen Philosophen der frühen Vergangenheit als Elemente unseres gegenwärtigen Denkens wiederholen.

Aber an dieser Stelle sei noch einmal auf die Nichtidentität von sachlichem Anfang und Erkenntnisanfang aufmerksam gemacht. Mit unserem Versuch, die anfänglichen Texte der Philosophie zu verstehen, begeben wir uns auf das Feld der Auseinandersetzung zwischen divergierenden Ansätzen zur Interpretation des frühgriechischen und des antiken Denkens überhaupt. Indem wir dieses Feld betreten, begegnen uns als erstes nicht unmittelbar die frühen Philosophen, sondern Interpreten, bei denen sich vielfach eine Auffassung vom Verstehen und eine entsprechende Praxis des Umgangs mit den alten Texten beobachten lässt, die in einer phänomenologischen, auf »die Sachen selbst« gerichteten Perspektive nur als unzureichend bezeichnet werden kann.

Wir stoßen hier auch auf Interpreten, die eine Ahnung von der Phänomenologie haben und vielleicht sogar den Anspruch erheben, in ihrem Geiste zu interpretieren. Bei ihnen kann das verfehlte Verstehen schon mit der Vorstellung beginnen, die sie sich von »Phänomenologie« machen: Was »Phänomenologie« bedeutet, erfährt man originär dadurch, dass man sich an der analytischen Arbeit beteiligt, die dem Erscheinen einer bestimmten Sache gewidmet ist. Anstatt sich auf diese Weise in die Schar derer einzureihen, die das Projekt »Phänomenologie« tragen, um so den Zugang zu möglichen Erfahrungen von Sachnähe zu gewinnen, erörtert man alle möglichen Kontexte systematischer und historischer Art, in die man »die Phänomenologie« einordnen kann. Man vergleicht sie mit anderen »Strömungen« oder »Richtungen« der gegenwärtigen Philosophie, man weist ihr in der geschichtlichen Entwicklung der Kultur einen bestimmten Stellenwert zu und dergleichen mehr, und glaubt, damit Phänomenologie zu »betreiben«.

Diese intellektuellen Streifzüge können zwar, weil dabei viel von »Problemen« die Rede ist, den Eindruck erwecken, mit ihnen seien wir auf dem Wege zur Erfüllung des phänomenologischen Erkenntnisstrebens. Aber bei Licht betrachtet bewegt man sich damit gerade nicht in die Richtung der von der Devise der Phänomenologie geforderten Annäherung an eine »Sache selbst«, sondern tappt damit bestenfalls im Vorfeld der Nähe zu einer Sache herum. Das sachferne Verständnis von Phänomenologie überhaupt setzt sich dann in konkreter Form fort in der Sachferne der Interpretation von Zeugnissen des frühen Denkens. Man weicht der wirklichen Annäherung an die Sache – also in unserem Zusammenhang Heraklits Doxakritik – dadurch aus, dass man Gesichtspunkte ins Spiel bringt, die nicht seinen Sprüchen oder antiken Bezugnahmen auf sein Denken entnommen werden, sondern für die man auf Erfahrungen oder Erkenntnisse zurückgreift, die seinem Denken äußerlich sind.

So benutzt man diese Ausflüge dazu, Heraklits Denken oder Verhalten in irgendwelche umfassenderen Zusammenhänge einzuordnen und seine »Position« auf irgendeine andere seinem Selbstverständnis fremde Weise zu würdigen oder zu klassifizieren. Vielleicht sucht man Erklärungen für Heraklits Polemik in der Soziologie oder der Psychologie und findet sie dann beispielsweise in einem vermuteten hohen gesellschaftlichen Rang der Familie des Heraklit oder in seiner möglichen Position als Priester am einflussreichen Heiligtum der Artemis von Ephesus. So können sich Berge von oft bewunderungswürdiger Gelehrsamkeit auftürmen, ohne dass es zu einem wirklich sachnahen, »ein-dringlichen« Verständnis von Heraklits Doxakritik kommt.

Alle solche Spielarten von Interpretation haben gemeinsam, dass sie ihre »Sache« – sei dies die Phänomenologie oder die Doxakritik von Heraklit oder was auch immer zum Gegenstand von Interpretation werden kann – gleichsam »von außen« betrachten; die Gedanken, die sich die Interpreten *über* die Sache machen, die ihr Interesse erregt, haben ihren Ort *außerhalb* der betreffenden Sache.[14] Daraus können wir den Rückschluss ziehen, dass wir uns als Interpreten *in* die Sache hineinbegeben müssen, um mit unserem Verstehen bei ihr selbst und nicht nur in einem Vorfeld der Sache anzukommen. Was das konkret bedeutet, lässt sich gut an der Doxakritik von Heraklit als der »Sache« unserer Interpretation demonstrieren.

Um die gerade angesprochene Betrachtung der Sache von außerhalb ihrer durch ein Bild zu verdeutlichen, könnten wir den extrem polemischen Ton, in dem Heraklit an einigen Stellen den Unverstand der Vielen kritisiert, mit dem Gebrüll eines wilden Tieres vergleichen und Heraklit als den Löwen ansehen, der dieses Gebrüll ausstößt. Dann gehört der Löwe mit seinem Gebrüll in eine käfigartig abgetrennte Abteilung des zoologischen Gartens, und wir betrachten oder studieren sein Gebaren von außerhalb. Um zu einem sachnahen Verstehen der Doxakritik zu gelangen, müssten wir unsere Beobachterposition außerhalb dieser Abteilung des Zoos aufgeben und uns in die Gefahrenzone innerhalb ihrer begeben. Und streng genommen müsste »ich«, der jeweilige phänomenologische Interpret, mich sogar wie im Märchen in den Löwen verwandeln, also mich mit der Denkweise eines solchen Doxakritikers wie Heraklit identifizieren, um von

---

[14] Dieser Stil des Umgangs mit einer zur Interpretation anstehenden Sache, der ihr äußerlich bleibt, lässt sich nicht nur in der Philosophie beobachten. Er ist im modernen akademischen Betrieb der Kultur- oder Literaturwissenschaften weit verbreitet. Manche ihrer Vertreter verstehen sich glänzend darauf, sich mit erstaunlicher geistiger Beweglichkeit als »sach-kundig« zu präsentieren, obwohl sie sich vielleicht zum letzten Mal bei ihrer Promotion wirklich in der geistigen Nähe einer »Sache« ihrer Wissenschaft, etwa einem der klassischen Dramen oder Romane der Weltliteratur aufgehalten haben.

der Außenbetrachtung mit voller Konsequenz zu der Innenbetrachtung überzugehen, mit der ich in die größtmögliche Nähe zur »Sache selbst« gelange. Indem ich mich mit solcher Entschiedenheit in die doxakritische Denkweise hineinversetze, gewinne ich die Chance, nun auch zu verstehen, was für »mich« – Heraklit – an den *dóxai* der Vielen so kritikwürdig ist, dass ich mich veranlasst sehe, dagegen mit der vollen Wucht meiner Polemik zu Felde zu ziehen.

Man könnte vielleicht sagen, dass ich hier in einer Art von geistigem Mimikry für eine Weile der Heraklit »bin«, der die Menge der gedankenlosen Vielen mit solcher Schärfe beschimpft. Aber das geht nur mit einem Vorbehalt: Damit ich mir Heraklits Gedanken eine Zeitlang so unbefangen wie möglich »zu eigen« und dadurch von innen her verstehbar machen kann, muss ich mich jeder Stellungnahme enthalten, mit der ich ein wertendes Urteil über sein Verhältnis zu den Vielen fällen würde. Um noch einmal das zoologische Bild heranzuziehen: Ich darf nicht in das Gebrüll des Löwen einstimmen und Lust darauf bekommen zuzubeißen. Meine Annäherung an die Sache »Heraklits Doxakritik« darf nicht darauf hinauslaufen, dass ich, der phänomenologische Interpret, selbst zum Doxakritiker werde. Um die Doxakritik als »meine« gegenwärtige Denkmöglichkeit zu verstehen, muss ich sie zwar mitvollziehen, aber so, dass ich dabei zugleich Distanz zu dem Willensentschluss halte, der Doxakritiker wie Heraklit zur wirklichen Ausübung ihrer Kritik motivierte.

Um diese eigentümlich neutrale Einstellung des phänomenologischen Analytikers zu charakterisieren, hat Husserl auf ein methodisches Konzept aus dem schon erwähnten hellenistischen Denken zurückgegriffen, die *epoché*, das »Innehalten« mit den Behauptungen, die wir durch unsere Urteile fällen. Das Konzept spielt eine zentrale Rolle in der skeptischen Philosophie, die in der Variante, die sie gegen Ende des 4. vorchristlichen Jahrhunderts durch Pyrrhon von Elis[15] bekam, zu den schon erwähnten neuen philosophischen Schu-

---

[15] Pyrrhon scheint keine Schrift verfasst zu haben. Es ist aber die sorgfältige und detailreiche Darstellung seines Denkens in einer Reihe von umfangreichen Büchern erhalten geblieben, die Sextus Empiricus (»Sextus, der Empiriker«) im 2. Jahrhundert n. Chr. verfasste. Da man die große Bedeutung der pyrrhonischen Skepsis für den Sinn, den die Einführung der Phänomenologie für Husserl hatte, bisher kaum beachtet hat, obwohl wir uns von ihr dank Sextus ein sehr genaues Bild machen können, habe ich versucht, diese Bedeutung in einer Abhandlung zu verdeutlichen, die nun – in einer gegenüber der ursprünglichen Fassung verbesserten und erweiterten Version – die Einleitung zu *Biblischer Glaube* bildet.

len des Hellenismus gehörte. Soviel mag hier zur *epoché* genügen, weil wir auf sie in §6 noch einmal zurückkommen werden; und der Inhalt von Heraklits Doxakritik wird, wie gesagt, bald im nachfolgenden §1 unser Thema sein.

Nachdem wir beobachtet haben, dass alle Varianten einer letztlich die Sachnähe verfehlenden Erkenntnispraxis darin übereinstimmen, dass sie die »Sache«, die den Gegenstand ihrer Interpretation bildet, gleichsam »von außen« betrachten, stellt sich die Frage, ob es für diesen gemeinsamen Zug eine Erklärung gibt. Sie lässt sich in der Tat finden, wenn wir die Überlegung wieder aufnehmen, von der wir ausgegangen waren: Unser Erkenntnisstreben muss den Charakter einer Bemühung um das *Verstehen* annehmen, da die Interpretation überlieferter philosophischer Texte den Hauptinhalt und die Grundlage der Untersuchungen dieses Buchs bilden wird.

Die »Kunst des Verstehens« heißt seit Platon und Aristoteles Hermeneutik. Mit den antiken Denkern, die sich selbst »christliche Philosophen« nannten, die dann aber in der Tradition zu den griechischen »Kirchenvätern« wurden, begannen die Bemühungen um eine systematische, zunächst theologische Hermeneutik. Durch diese Tradition und das 1960 erschienene Hauptwerk von Hans-Georg Gadamer, *Wahrheit und Methode*, wurde das Bewusstsein davon philosophisches Allgemeingut, dass das Verstehen überhaupt und insbesondere das Verstehen überlieferter Texte nie beim Punkte Null beginnen kann. Um etwas zu verstehen, braucht der Interpret allgemeine Gesichtspunkte, die ihm einen Anhalt dafür geben, wie er mit Bezug auf etwas bisher Unverstandenes in einen Prozess des Verstehens eintreten kann. Diese Verständnishilfen bilden das »Vorverständnis«, von dem wir uns leiten lassen, wenn wir konkret dazu ansetzen, etwas Bestimmtes zu verstehen.[16]

Die entscheidende Frage ist nun: Woher haben wir das Vorverständnis? Der hermeneutisch Unkundige nimmt an, wir verfügten über die Verständnishilfen schon in der Form von allgemeinen Gedanken oder Gesichtspunkten, bevor wir uns beispielsweise einem einzelnen zu interpretierenden Text zuwenden; unsere Kenntnis die-

---

[16] Wer sich von der Geschichte der Hermeneutik ein Bild machen möchte, aber nicht die Möglichkeit sieht, Gadamers umfangreiches Hauptwerk zu studieren, sei darauf aufmerksam gemacht, dass Gadamer selbst in dem von Joachim Ritter herausgegebenen *Historischen Wörterbuch der Philosophie* einen instruktiven Artikel über die Geschichte der Hermeneutik verfasst hat (Band 3, Basel/Stuttgart 1974, Sp. 1061–1073).

ser Hilfen sei also vom besonderen Gegenstand unserer Interpretation unabhängig. Doch auf der Grundlage dieser Annahme können wir nicht erklären, wie es möglich ist, dass unsere allgemeinen Verständnishilfen für den jeweiligen Text, der gerade zur Interpretation ansteht, anwendbar und brauchbar sind. Sie bieten uns nur dann eine echte Hilfe, wenn wir schon etwas über den besonderen Gegenstand der Interpretation wissen und daran, wenn wir unser Vorverständnis ins Spiel bringen, anknüpfen können.

Indem bei einer Interpretation unser so beschaffenes Vorverständnis wirksam wird, verändert sich dadurch unser bisheriges Bild vom Gegenstand der Interpretation, was bedeutet, dass er – also in unserem Falle die überlieferten Zeugnisse von und zu Heraklit – für uns eine neue Bedeutung bekommt, auf die sich der Interpret nun einstellen muss. So entsteht ein Kreislauf, worin die Kenntnis des Interpretationsgegenstandes und die aus dem Vorverständnis resultierenden Änderungen einander wechselseitig überholen und auf diese Weise einen Kreislauf des Verstehens bilden, den vielbeschworenen »hermeneutischen Zirkel«. Der phänomenologisch denkende Interpret sieht, dass wir nur dann der Aufgabe des Verstehens gerecht werden können, wenn wir unsere Bindung an diesen Zirkel akzeptieren. Das tun wir dann nicht, wenn sich unsere Interpretation solcher Texte wie der Sprüche des Heraklit oder des Gedichts des Parmenides ausschließlich auf Verständnishilfen stützt, die an den zu interpretierenden Text von außerhalb seiner herangetragen werden und der Interpret sich den Anforderungen unterwirft, die sich aus diesen externen Verständnishilfen ergeben.

Auf diese letztere Weise können wir nicht zu einem Verständnis gelangen, das exklusiv auf den jeweiligen Interpretationsgegenstand zugeschnitten ist. Deshalb ist die Grundhaltung des phänomenologisch eingestellten Interpreten seine Bereitschaft, sich in Befolgung der Devise »zu den Sachen selbst« nach dem konkreten Erscheinen der Sache zu richten, die den Gegenstand seiner Interpretation bildet, nämlich in unserem Zusammenhang die überlieferten Zeugnisse des anfänglichen Denkens. Er passt seinen allgemeinen Interpretationshorizont, also die gedanklichen und begrifflichen Möglichkeiten, diese Zeugnisse zu verstehen, immer wieder neu ihrer sich im hermeneutischen Zirkel wandelnden Bedeutung an, und dazu dient ihm der ständige Vorblick auf die jeweils zu erwartenden Wandlungen im Erscheinen dieses Gegenstandes.

Für einen Interpreten, der die Bindung an den hermeneutischen Zirkel nicht anerkennt, sind die in seinem Vorverständnis enthaltenen Gedanken und Gesichtspunkte Verständnishilfen für die Textdeutung, die ihm vorab zur Begegnung mit dem einzelnen Text und unabhängig davon zur Verfügung stehen und mit denen ausgerüstet er, von außen an den Text herantretend, dessen Interpretation in Angriff nehmen kann. Wenn einem so eingestellten Interpreten die Elemente seines Vorverständnisses in solcher Weise bewusst sind, dass er sie in der Form von Aussagen ausdrücklich machen kann, sind diese Aussagen Urteile, die der jeweils anstehenden Interpretation vorhergehen, also im Wortsinne »Vor-Urteile«. So pervertiert das Vorverständnis zu einer Ansammlung von Vorurteilen.

Husserls Programm einer Rückbesinnung auf das originäre Erscheinen der Sachen darf wohl als der – zwar nicht in allen seinen inhaltlichen Aussagen, wohl aber in seiner methodischen Radikalität – durchgreifendste Versuch der Überwindung des Vorurteils in der neueren Philosophie gelten. Wesentlicher Bestandteil eines solchen Versuchs ist eine Auffassung vom Vorverständnis, welche die Bindung an den hermeneutischen Zirkel akzeptiert. Ob Husserl selbst dazu bereit war, müssen wir offen lassen. Heidegger hat mit der Interpretation des Verstehens in *Sein und Zeit* 1927 die Tür zu der Entwicklung geöffnet, die zu Gadamers Hermeneutik führte, und Husserl hat Heideggers Jahrhundertwerk der Philosophie sofort gelesen. Aber ob die massive Kritik, die er nach der Lektüre daran übte, sachlich so zu verstehen ist, dass er die Bindung an den hermeneutischen Zirkel abgelehnt hätte, können und brauchen wir hier nicht zu entscheiden.

Wir suchten eine Erklärung dafür, dass alle Spielarten einer nicht bis zur »Sache selbst« vordringenden Erkenntnisbemühung darin übereinstimmen, dass ihr Verständnis der interpretierten Sache »außerhalb« dieser Sache bleibt. Mit der Beobachtung, dass der Interpret, was seine Einstellung zum hermeneutischen Zirkel angeht, explizit oder implizit eine Entscheidung fällen muss, haben wir diese Erklärung gefunden. Der Interpret, der die Bindung an den hermeneutischen Zirkel nicht anerkennt und sich damit nach den außerhalb des Zirkels liegenden Verständnishilfen richtet, ist eben der, der den Gegenstand seiner Interpretation gleichsam »von außen« betrachtet. Aber in dieser Erklärung stört noch eine Unklarheit. Man könnte die durch den Gebrauch von Vokabeln wie »drinnen« und »draußen« hervorgerufene Raumvorstellung so verstehen, als sei hier vom

Raum als dem dreidimensionalen Kontinuum die Rede, das die materiellen Dinge enthält. Das ist offenkundig nicht gemeint. Aber um welchen Raum handelt es sich dann?

Um diese Frage zu beantworten, müssen wir uns einem Zug unseres intentionalen Bewusstseins zuwenden, dessen grundlegende Bedeutung erst durch die Phänomenologie ans Licht gekommen ist: Die Sachen, mit denen wir in unserem Verhalten zu tun haben, tauchen in unserer Erfahrung nicht wie in einem surrealistischen Gemälde vollkommen isoliert auf, sondern sie gehören immer in einen Zusammenhang, durch den sie uns als etwas Bestimmtes erscheinen, das wir verstehen, wobei wir das Verb »verstehen« in einer ganz weiten Bedeutung gebrauchen, in der es nur besagt, dass die jeweilige Sache sich in irgendwelche Zusammenhänge von Verweisungen einfügt und insofern einen »Sinn« hat. »Sinn« meint hier nicht den philosophisch unbeweisbaren (vielleicht im Rahmen einer Religion überzeugend erscheinenden) Glauben, dass alles, was wir erleben, für uns am Ende »gut ausgeht«, sondern gemeint ist damit nur, dass alles durch die Weise, wie es für uns jeweils zum Erscheinen kommt – die hier bald zu erläuternden »Gegebenheitsweisen« – in ein Netz von Verweisungen verwoben ist und insofern als verstehbar erscheint.

Der Begriff »Verweisung« zielt hier nur darauf, dass jede Sache Assoziationen auslösen, also – auf welche Art und Weise auch immer – bei einem Menschen das Bewusstsein hervorrufen kann: »die Sache A, auf die sich gerade meine Aufmerksamkeit richtet, erinnert mich an B, C usw. ...« Bei all unserem Tun und Lassen orientieren wir uns in Zusammenhängen von solchen Verweisungen; denn nur durch sie eröffnen sich Spielräume der Verstehbarkeit, die wir zur Orientierung brauchen, um mit unserem Verhalten bestimmte Wege einschlagen zu können. So sind die *Verweisungszusammenhänge* die von Sinn erfüllten Spielräume, welche die Voraussetzung für all unser Verhalten bilden – und dies auf merkwürdige Weise: Einerseits machen sie es überhaupt erst möglich, dass sich das Tun und Lassen von uns Menschen als ein bewusstes Verhalten abspielt; denn ohne sie hätten wir kein ausdrückliches Bewusstsein von den Bahnen, in denen sich unser Verhalten bewegen kann. Aber andererseits kann die Eröffnung von Sinnspielräumen für unser Verhalten nur dadurch gelingen, dass uns immer nur ein endliches Sortiment solcher Bahnen bewusst wird.

So ermöglichen die Verweisungszusammenhänge unser menschliches Verhalten, *indem* sie es begrenzen – ein gegenüber der

Einleitung

Tradition der Philosophie als Metaphysik neues, »positives« Verständnis der Endlichkeit, das erst durch die Phänomenologie möglich wurde. Diese postmetaphysische innere Einheit von Ermöglichung und Einschränkung setzt sich darin fort, dass die Verweisungszusammenhänge wegen ihres unauflöslichen inneren Zusammenhangs mit unserem Verhalten, das veränderlich ist, ihrerseits ebenfalls veränderlich sein müssen. Andererseits geben sie als Spielräume unserem Verhalten seine jeweiligen Gesichtskreise vor, und als Vorgaben für das wechselhafte Verhalten müssten sie in metaphysischer Perspektive als das »Bleibende im Wechsel« feststehen. Aber in der kompromisslos auf Sachgerechtigkeit verpflichteten phänomenologischen Betrachtung sind sie ein wandelbares Apriori. Als vorgegebene und dabei doch veränderliche Gesichtskreise heißen sie in der Phänomenologie *Horizonte* und werden uns als das in §2 noch ausführlich beschäftigen.

Als Spielräume haben die Horizonte den von uns gesuchten räumlichen Charakter. Diesen Charakter zeigt die Präposition »in« an. Alles uns Erscheinende, alle »Sachen« begegnen uns »in« Horizonten. Weil die Horizonte unserem Verhalten vorgegeben sind, erscheinen uns auch die darin auftauchenden Sachen primär als etwas Gegebenes. Selbstverständlich gibt es vieles, das seine Existenz unserem »Machen«, »Hervorbringen«, »Entwerfen«, unserer variablen kreativen Aktivität verdankt. Aber die originäre Form, in der wir überhaupt auf etwas stoßen und als eine uns begegnende Sache kennenlernen, ist das Gegebensein. Von daher können wir die uns begegnenden Sachen auch – wie Husserl es gerne tut – als »Gegebenheiten« bezeichnen.

Wenn uns nichts vollkommen isoliert wie in einem surrealistischen Gemälde begegnet, liegt das daran, dass alles uns Erscheinende, alle »Gegebenheiten« in Horizonte als Verweisungszusammenhänge eingebunden sind. Durch diese Einbindung sind alle Sachen bei ihrem Erscheinen von anderen Gegebenheiten begleitet, mit denen sie je nach der aktuellen Situation durch besonders enge oder lebhafte Verweisungen verbunden sind. Dabei kann es sein, dass diese »Begleiterscheinungen« uns als etwas bewusst sind, das irgendwie im Dienste des Erscheinens derjenigen Sache steht, die gerade unsere Aufmerksamkeit zentral beansprucht. Was im Dienste von etwas anderem steht, können wir als Mittel bezeichnen, aber es ist wichtig zu beachten, dass es zwei Arten von Mitteln gibt: »Mittel« heißen so, weil sie beim Umgang mit einer Sache, auf die wir uns in unserem Verhalten beziehen, »mitten« zwischen dieser Sache und unserem intentionalen Streben nach Erfüllung stehen. In dieser »vermittelnden« Position können Mittel zwei diametral einander entgegengesetzte Rollen spielen. Sie können unser Erfüllungsstreben behindern, ja sogar jede Erfüllung verhindern. Sie können aber auch unser Erfüllungsstreben unterstützen und es sogar allererst ermöglichen.

Da die phänomenologische Forschung als Bemühung um Erkenntnis intentionalen Charakter hat, machen wir auch hier die Erfahrung der Ambivalenz der Mittel. Gehen wir von der positiven Möglichkeit aus, dass Begleiterscheinungen bei der Begegnung mit einer Sache, in der wir sie originär als etwas Gegebenes, als eine Gegebenheit erfahren, eine hilfreiche Rolle spielen. Wie sind uns in diesem Falle die Begleiterscheinungen bewusst? Ein Mittel, das die Aufgabe, die es *als* Mittel, d. h. als etwas einer Erfüllung Dienliches hat, auf restlos befriedigende Weise erfüllen würde, dürfte überhaupt nicht mehr als Mittel in Erscheinung treten; es müsste im Geschehen dieses erfüllten Erscheinens verschwinden. In diesem Grenzfall ist es unangemessen, überhaupt noch das Wort »begleiten« zu gebrauchen; denn als etwas Begleitendes wären die Mittel noch von der jeweils erscheinenden Gegebenheit unterscheidbar und würden so noch mit einem Rest von Selbständigkeit in Erscheinung treten.

Deshalb ist hier nur eine Problemlösung sachgerecht: Wir müssen das Erscheinen der Gegebenheiten mit den Mitteln als Weisen, *wie* sie uns erscheinen, soweit das menschenmöglich ist, identifizieren. Die originäre Begegnung mit den gegebenen Sachen vollzieht sich *als* ein Sich-Zeigen-in-Gegebenheitsweisen. Die Sachen tauchen als Gegebenheiten in der Welt auf und zeigen sich uns, *indem* das Erscheinen als ein Sich-Darbieten-in-Weisen-des-Erscheinens, d. h. in Gegebenheitsweisen stattfindet. Die so verstandenen **Gegebenheitsweisen** sind kein selbständiges Medium, kein auswechselbares Mittelglied zwischen einer uns jeweils erscheinenden Sache und unserem Erkennen; sie sind nicht abtrennbar vom Gegebensein der Sachen selbst. Entsprechend kann die Devise »zu den Sachen selbst« hier nur den Sinn haben, dass sie uns anweist oder mahnt, bei der Analyse des Erscheinens sorgfältig dem inneren Zusammenhang zwischen den jeweiligen Gegebenheiten und den ihnen entsprechenden Gegebenheitsweisen nachzugehen. Es ist also ein schwerwiegendes Missverständnis der Devise, wenn man sie so versteht, als forderte sie uns auf, die Gegebenheitsweisen zu überspringen oder gleichsam an ihnen vorbei »zu den Sachen selbst« vorzudringen.

Es kommt hier darauf an, die Doppeldeutigkeit der Devise der Phänomenologie im Auge zu behalten. Ganz anders stellt sich nämlich die Sachlage dar, wenn wir solche Begleiterscheinungen des Erscheinens einer Sache ins Auge fassen, die von diesem Erscheinen unabhängig sind und deshalb auch zu Hindernissen für den Zugang zu der Sache werden können. Das sind die schon beschriebenen, der untersuchten Sache äußerlich bleibenden Erkenntnis-Aktivitäten. Streng genommen fordert uns die Devise auf, diese Aktivitäten zugunsten einer Einstellung zu überwinden, in der wir unsere Interpretation der Sache – im Falle dieses Buchs: der antiken Zeugnisse – bewusst in den hermeneutischen Zirkel einbinden und ihr so den Charakter einer Erklärung verleihen, mit der wir uns der zu untersuchenden Sache nicht von außen, sondern von innen her nähern.

Nach dem Gesagten können wir vorab zu allen einzelnen Erfahrungen von irgendwelchen Sachen – also *a priori* – davon ausgehen, dass es eine innere Zusammengehörigkeit zwischen den Sachen und ihrem Erscheinen in Gegebenheitsweisen gibt. Konkret besteht sie darin, dass die letzteren sich nach der Beschaffenheit der erscheinenden Sache richten, dass aber auch umgekehrt gilt: Welche Bestimmtheit, welche Artung eine gegebene Sache hat, ist von der Weise, wie sie sich uns in unserem jeweiligen Verhalten zeigt, nicht unabhängig. Das bestätigt sich an zahllosen Entsprechungsverhältnissen auf allen Ebenen unserer Begegnung mit den »Sachen« in unserer Welt, angefangen von den einfachsten leiblichen Erfahrungen, die jedem Menschen vertraut sind, wofür nur an das triviale Beispiel von Suppe und Löffel erinnert sei: Wenn man eine Suppe nicht unmittelbar aus einem Gefäß trinkt, sondern sie mit Hilfe eines »Werkzeugs« zu sich nimmt, kommt als ihre Gegebenheitsweise nur der Gebrauch eines Löffels, nicht aber von Gabel oder Stäbchen in Betracht. Oder um diese Beobachtung mit einer Erfahrung zu ergänzen, die im Zeitalter der Globalisierung jedem westlichen Japan-Touristen bekannt ist: Wie die Suppe meinem Geschmack gegeben ist, erfahre und schmecke ich in der westlichen Welt, indem ich sie Löffel für Löffel möglichst geräuschlos zum Munde führe, während ein Japaner gegen die Sitte verstößt, wenn er sie nicht geräuschvoll schlürft und damit seiner Umgebung zu verstehen gibt, dass ihre Qualität Lob verdient.

So besteht zwischen Sache und Gegebenheitsweisen ein Verhältnis wechselseitiger Abhängigkeit, eine Korrelation. Die phänomenologische Forschung lässt sich von dem Grundsatz leiten, dieser Korrelation gerecht zu werden. Demgemäß besteht ihre konkrete Arbeit –

zumindest nach dem Programm ihres Begründers und dessen zahllosen der Verwirklichung dieses Programms dienenden Analysen – darin, überall die Entsprechungen zwischen einer bestimmten Art von Sachen und ihren Gegebenheitsweisen aufzuweisen und zu durchleuchten. Wir können die Aufgabe der Phänomenologie auf eine Formel gebracht so festhalten: Sie muss, um ihrer Devise »Zu den Sachen selbst!« so weitgehend wie möglich gerecht zu werden, ihre Aufmerksamkeit auf die Sachen-*in*-ihrem-Erscheinen-in-Gegebenheitsweisen richten. In diesem Sinne bekennt Husserl in der *Krisis*-Abhandlung in einer durch ihren besonderen persönlichen Ton ungewöhnlichen Anmerkung:

> Der erste Durchbruch dieses universalen **Korrelationsapriori**[17] von Erfahrungsgegenstand und Gegebenheitsweisen […] erschütterte mich so tief, daß seitdem meine gesamte Lebensarbeit von dieser Aufgabe einer systematischen Ausarbeitung dieses Korrelationsapriori beherrscht war.[18]

Die Fußnote gehört zum Paragraphen 48 der *Krisis*-Abhandlung, in dem Husserl in einer für uns besonders aufschlussreichen Weise auf sein Lebenswerk zurückblickt und auf den wir deshalb in §2 noch einmal zurückkommen werden. Hier sei nur zur Vororientierung erwähnt, dass Husserl im Text des Paragraphen selbst das Ganze der Gegebenheiten als »die Welt, von der wir je sprechen« bezeichnet und dass er damit die Welt als »**Lebenswelt**« meint. Die wenigsten wissen, dass dieser Begriff, dessen Gebrauch in den achtziger Jahren des vergangenen Jahrhunderts vor allem durch den Einfluss von Jürgen Habermas Mode und danach zu einem selbstverständlichen Bestandteil der deutschen Bildungssprache wurde, vor Husserls *Krisis*-Abhandlung ein wenig benutzter Begriff der deutschen Sprache gewesen war und dass er erst durch dieses Werk zu einem philosophischen Terminus wurde. Dazu aber kam es deshalb, weil er hier, in Husserls letzten Lebensjahren, zum tragenden Begriff einer neuen Wendung seines phänomenologischen Denkens avancierte. Doch darüber mehr in §4 der nachfolgenden Untersuchungen.

In den Überlegungen zu Gegebenheit und Gegebenheitsweise hat sich schon angedeutet, dass der Begriff des Horizonts in der Phänomenologie und im Rahmen der Untersuchungen dieses Buchs be-

---

[17] Hervorhebung von mir.
[18] *Husserl Krisis* S. 169 Anmerkung.

sondere Aufmerksamkeit verdient. Das wurde aber noch nicht eigens begründet. Wir können davon ausgehen, dass der Horizontbegriff für eine sachgerechte Beschreibung des Erscheinens unentbehrlich ist. Wir hatten das Erscheinen als ein Geschehen charakterisiert, das konkret in Gestalt von vielen verschiedenen Arten und Formen des Verhaltens stattfindet. Wegen der Dominanz der Intentionalität in diesem Bündel mannigfaltiger Verhaltensweisen hatten wir dem Strom des Erscheinens überhaupt eine Richtung zugeschrieben; er hat eine Richtung durch die Tendenz zur Erfüllung.

Zu einer Bewegung, die – wie das Geschehen des Erscheinens – eine Richtung hat, gehört neben dem Ziel des Gerichtetseins, ihrem »Wohin«, auch ein »Woher«. Das Wohin ist der »Ort« der Erfüllung, wo der Mensch mit seinem jeweiligen Verhalten gleichsam ankommen möchte, substantivisch formuliert: der Bereich der *Ankunft* des Geschehens, das wir Erscheinen nennen. Und entsprechend kommt dieses Geschehen auch irgendwoher; es hat eine *Herkunft*. Um die Herkunft zu finden, müssen wir von einem Bereich ausgehen, der durch seine Beschaffenheit auf etwas verweist, was er voraussetzt und von wo er herkommt. Ein solcher Bereich ist der des Gegebenen; denn es ist der Sinn des Wortes »gegeben«, auf ein Geschehen zu verweisen, durch das es dazu kam, dass wir etwas als bereits vorliegend antreffen.

Dass wir etwas Erscheinendes als eine Gegebenheit vorfinden, ist nur möglich durch die Weise, wie es uns bewusst ist: Es begegnet uns als etwas, das in einen Verweisungszusammenhang eingebettet ist und durch die bestimmte Position, die es in diesem Sinnzusammenhang einnimmt, für uns verstehbar wird. So tritt uns eine jeweils gegebene Sache als etwas entgegen, das aus irgendwelchen Horizonten heraus ins Erscheinen hervortritt, womit – weniger metaphorisch ausgedrückt – gesagt ist, dass wir auf sie als etwas irgendwie Verstehbares stoßen. Diese Verstehbarkeit bringt die gegebene Sache deswegen mit, weil sie ursprünglich dadurch für das Erscheinen tauglich wird, dass sie bei ihrem Weg ins Erscheinen immer den Platz behält, durch den sie für uns als etwas Bestimmtes, Identifizierbares verstehbar ist.

Aber dann kann man die Frage stellen: Wodurch, auf welche Weise erhielt die betreffende Sache ihren Platz in einem Verweisungszusammenhang, wie vollzog sich die »Platzierung«, durch die sie ihren Platz bekam? Wir kennen das Resultat dieser Platzierung: die jeweils uns erscheinende Sache als etwas »Verstehbares« (in der schon erläuterten weiten Bedeutung des Begriffs »verstehbar«). Durch die Verstehbarkeit können wir über die Sachen reden, was in seiner grundlegenden einfachsten Gestalt bedeutet, dass wir darüber etwas aussagen. Weil die Sachen durch ihre Platzierung in Zusammenhängen von Sinnverweisungen für uns gegenständlich in Erscheinung treten, werden sie zu etwas, worüber wir Aussagen machen können. Aber das ist gegenüber dem ursprünglichen Geschehen der Platzierung etwas Nachträgliches. Deshalb bleibt die Frage: Was ereignet sich in jenem ursprünglichen Geschehen, das unserem nachträglichen zur Sprache gebrachten Erkennen vorangeht?

In diesem Geschehen muss sich »mehr« ereignet haben als lediglich die Platzierung; denn diese setzte – um in der Vorstellungswelt der Platz-Metaphorik zu bleiben – schon das Bereithalten von belegbaren Plätzen voraus. Oder in der Metapher des Netzes ausgedrückt: Es musste schon Horizonte als Netze von Verweisungen geben, deren Knotenpunkte mögliche Orte für irgendwelche Gegebenheiten waren. Aber von woher gab es diese Horizonte? Hatten und haben auch die Horizonte eine Herkunft, und wenn ja, von woher? Vielleicht abermals aus Horizonten? Doch diese Fragestellung führt zur Annahme einer endlosen Kette von Herkünften aus Herkünften, und das wäre ein philosophisch inakzeptabler *regressus in infinitum* (»Rückgang ins Unendliche«).

Der Versuch, mit unserem Erkenntnisstreben in die Dimension der Herkunft der Platzierung einzudringen, scheint zum Scheitern verurteilt; denn wir kommen damit immer zu spät, weil uns dafür nur die Erkenntnismittel der uns vertrauten Welt zur Verfügung stehen. Jenes ursprüngliche Herkunftsgeschehen bleibt – so scheint es – für unser Erkennen unverfügbar. Da wir uns immer schon in der uns vertrauten Welt aufhalten – wir haben keine andere Wahl – können wir mit unseren Erkenntnisbemühungen den Bannkreis der Nachträglichkeit nicht verlassen. So betrachtet bleibt uns die Herkunft der Gegenständlichkeit der Sachen als das Geschehen, das »vor« ihrem versprachlichten In-Erscheinung-Treten liegt, unaufhebbar unzugänglich und liegt in diesem Sinne in einem Dunkel, dem der Unerkennbarkeit.

Die Dunkelheit der Herkunft des Erscheinungsgeschehens hat eine Implikation, auf die wir noch eingehen müssen. Sie betrifft die Frage, was wir unter der Welt verstehen, die nach der in diesem Buch vertretenen Auffassung die »Sache« der Phänomenologie bildet. Wir hatten gesehen: Durch die Frage nach der Herkunft des Erscheinens wird unsere Aufmerksamkeit auf die Horizonte gelenkt. Zunächst ist daran zu erinnern, dass ein Horizont als Verweisungszusammenhang oder Sinnzusammenhang einen Spielraum für das Verhalten bildet und damit einen räumlichen Charakter hat. Deswegen ist es schon in der Alltagssprache möglich, dort, wo von einem Horizont die Rede ist, auch das Wort »Welt« zu verwenden. Darüber hinaus gibt es auch die Möglichkeit, den Gesamtzusammenhang aller Horizonte als »die Welt« zu bezeichnen, wodurch »die Welt«, grammatisch gesprochen, zum *singulare tantum* wird, einem Substantiv, das nur im Singular gebraucht werden kann. Husserl nimmt an, dass es »die Welt« als jenen Gesamtzusammenhang gibt. Wie er näher zu bestimmen ist, ob mit Husserl als **Universalhorizont, Horizont der Horizonte** usw. oder vielleicht auf gänzlich andere Weise, wird eines der Fundamentalprobleme der nachfolgenden Untersuchungen sein.

Wegen des inneren Zusammenhangs zwischen Herkunft, Horizont und Welt stellt sich in Husserl'scher Sprache die Frage: Was ergibt sich aus der Dunkelheit der Herkunft für die Welt als Gesamtzusammenhang der Horizonte? Bei der Beantwortung dieser Frage scheiden sich die Geister daran, wie sie die Tiefe der Dunkelheit einschätzen. Husserl würde vielleicht zugestehen, dass wir durch die phänomenologische Analyse des Erscheinens das Dunkel seiner Herkunft nicht ganz aufhellen können. Aber er dürfte darauf beharren, dass es uns möglich ist, mit den Mitteln der phänomenologischen Analyse den oben beschriebenen Bann der Nachträglichkeit unseres Erkennens zu durchbrechen und Schritt für Schritt in den Bereich der dunklen Herkunft einzudringen. Das Verfahren, mit dem uns das gelingt, besteht für ihn darin, dass wir aufklären, wie die Horizonte entstehen.

Diese Genesis der Horizonte ist das Generalthema des Zweigs der Phänomenologie, den Husserl in den letzten beiden Dekaden seines Lebens konzipiert und als genetische Phänomenologie bezeichnet hat. In ihr machte er immer eindringlicher die Einbettung der erscheinenden Sachen in Horizonte, aus denen heraus sie uns begegnen, zum Thema seiner subtilen Analysen. Die **genetische Phänomenologie** trat an die Seite seiner bis dahin entwickelten Phänomenologie, die er als **statische Phänomenologie** bezeichnete.[19] Mit

---

[19] Durch die Fortschritte der Husserl-Interpretation in Verbindung mit der ebenso fortschreitenden historisch-kritischen Edition vieler seiner Schriften (»Husserliana«) in den Jahrzehnten seit den 50er Jahren des vergangenen Jahrhunderts ist immer

den Mitteln dieser Art von Phänomenologie soll es zugleich möglich sein, ausgehend vom Horizontbegriff zur Klarheit zu bringen, wie wir uns die eine Welt als den Gesamtzusammenhang der Horizonte zu denken haben.

Heidegger ist im Unterschied zu Husserl bereit, die dunkle Herkunft des Erscheinens als unlösbares Rätsel oder – wie Gabriel Marcel gesagt hätte – als Geheimnis zu akzeptieren. Vor allem von daher erklärt sich sein Denken der »Kehre«, das er in den vielen Schriften aus den Jahren und Jahrzehnten nach *Sein und Zeit* (1927) entwickelte. Für Husserl sind »unlösbare Rätsel«, wie er gelegentlich in seinen Nachlassmanuskripten deutlich sagt, ein Widerspruch in sich; es gibt keine unlösbaren Rätsel. Aber über diese Divergenz ihrer Auffassungen haben die beiden Ahnväter der Phänomenologie schon nicht mehr miteinander diskutiert. Nach meinem Eindruck hat Heidegger Husserls Ausarbeitung der genetischen Phänomenologie in den fortschreitenden zwanziger Jahren wegen der immer tiefer werdenden Entfremdung von seinem ehemaligen Lehrer gar nicht mehr zur Kenntnis genommen.

Heideggers Umgang mit der dunklen Herkunft des Erscheinens wird sich als eine wesentliche Hilfe bei der Erörterung der Problematik erweisen, die im Zentrum der Überlegungen im II. Teil dieses Buches steht. Es geht vor dem Hintergrund der sich anbahnenden ökologischen Weltkatastrophe darum, die Bedeutung der alteuropäischen vier Elemente für das Verständnis der natürlichen Lebenswelt phänomenologisch zu vergegenwärtigen. Die Interpretation einiger Partien von Platons Spätdialog *Timaios* in den Paragraphen 14–16 wird zeigen, dass eine solche Vergegenwärtigung – wenn überhaupt – am ehesten mit Hilfe einer Denkweise gelingt, die durch Heideggers Verständnis der dunklen Herkunft des Erscheinens inspiriert ist.

---

deutlicher geworden, dass wir die Entwicklung der »genetischen« Phänomenologie neben der »statischen« als ein Leitmotiv von Husserls Denken in der Freiburger Zeit ansehen dürfen. Dazu nur ein Hinweis zur Erinnerung daran, dass in Deutschland Antonio Aguirre und in den U.S.A. Donn Welton mit den folgenden Monographien die entscheidenden Anstöße zur Entdeckung der großen Bedeutung des Übergangs zur genetischen Phänomenologie gegeben haben: D. Welton: *The Other Husserl: The Horizons of Transcendental Phenomenology*, Bloomington: Indiana University Press, reprint 2000; A. Aguirre: *Genetische Phänomenologie und Reduktion. Zur Letztbegründung der Wissenschaft aus der radikalen Skepsis im Denken E. Husserls*. Martinus Nijhoff: Den Haag 1970 (Phaenomenologica Bd. 38).

Aber auch wenn man vor diesem Hintergrund dazu neigt, sich Heideggers Einstellung zu dieser Herkunft anzuschließen, sollte man sich vor der Einseitigkeit hüten, die Bedeutung des Horizontbegriffs zu unterschätzen. Durch die Austauschbarkeit dieses Begriffs mit dem der Welt war die Phänomenologie für ihre Weiterentwicklung zu einer Phänomenologie der Welt disponiert. Wenn, wie in den nachfolgenden Untersuchungen behauptet, seit dem Anfang der Philosophie eigentlich die Welt ihre »Sache« war und bis heute ist, kommt es entscheidend darauf an, phänomenologisch zu klären, in welchem Verhältnis das von Husserl und das von Heidegger ausgehende Verständnis von »Welt« zueinander stehen. Auf die Klärung dieses Verhältnisses werde ich in den ersten Paragraphen mehrmals zu sprechen kommen.

Im letzten Stück dieser Einleitung ging es darum, die Bedeutung der dunklen Herkunft des Erscheinens zu erläutern, die zunächst bei der Beschreibung der Grundzüge des Erscheinungsgeschehens nicht berücksichtigt worden war. In dieser Hinsicht bedurfte die Einleitung einer doppelten Ergänzung. Die erste dieser Ergänzungen haben wir damit vorgenommen, dass wir zuletzt auf die Bedeutung der dunklen Herkunft für den phänomenologischen Weltbegriff eingingen. Nun fehlt noch die zweite Ergänzung: Wir müssen zeigen, wie das Geschehen des Erscheinens selbst beschrieben werden kann, wenn wir dabei seine dunkle Herkunft berücksichtigen.

Mit dieser Beschreibung sei die Einleitung abgeschlossen. Ich beschränke sie auf eine kurze Sprachbeobachtung, weil mir bewusst ist, dass ich den Lesern, die mit der phänomenologischen Sprache und Denkweise noch wenig vertraut sind, schon durch das ungewohnte Vokabular einiges zumute. Vielleicht kann in dieser Hinsicht die Hervorhebung der wichtigsten Begriffe im Druckbild der Beschreibung eine Hilfe sein. Die Beschreibung zielt nicht auf Vollständigkeit; sie ist eine Skizze, die nur noch einmal exemplarisch den radikal um Unbefangenheit bemühten Geist phänomenologischer Deskription in Erinnerung bringen soll, von dem dieses Buch seiner Absicht nach getragen ist. Um das Dunkel der Unerkennbarkeit in die Beschreibung des Erscheinungsgeschehens zu integrieren, ist es nicht nötig, geistig in die Ferne zu schweifen. Wir brauchen uns nur als rein der »Sache selbst« verpflichtete Phänomenologen genau daran zu halten, wie wir das Erscheinen zur Sprache bringen.

Dafür genügt es, dass wir alle uns bekannten Erklärungen des Erscheinens oder Theorien darüber auf sich beruhen lassen und unsere Aufmerksamkeit konzentriert auf das Verb »erscheinen« richten. Die dunkle Herkunft kommt zwar als solche in diesem Verb nicht zu Wort, aber sie ist uns im Gebrauch des Verbs indirekt immer mitbewusst, und zwar dadurch, dass dieser Gebrauch notwendig die Erfahrung von Helligkeit einschließt; denn in dem Verb »erscheinen« steckt die Silbe »schein«, die auf Helligkeit, Licht, Glanz verweist – ähnlich wie in dem altgriechischen Verb *phaínesthai*, das wir mit »erscheinen« übersetzen, ein Anklang an das Wort *phos* zu hören ist, das »Licht« bedeutet. Gemäß dem alten Lehrsatz *determinatio est negatio*, »Bestimmung ist [geschieht durch] Verneinung«, kommt durch die Benutzung des Verbs »erscheinen« immer die Dunkelheit als das durch die Helligkeit Negierte mit zur Sprache.

Der Gebrauch des Verbs »erscheinen« impliziert aber nicht nur diese Bestimmung des Verhältnisses zwischen Helle und Dunkel als Negation. Die Silbe »er«, mit der das Verb beginnt, bringt zum Ausdruck, dass das Verhältnis den Charakter eines Übergangs hat. Dies wird ganz deutlich, wenn wir die beiden wahrscheinlich gebräuchlichsten Synonyme für »erscheinen« heranziehen: »zum Vorschein kommen« und »hervorkommen« – zwei Ausdrücke, die man wohl als bedeutungsgleich bezeichnen darf. Zu dem Verb »kommen«, das in beiden Ausdrücken die Bewegung des Übergangs sprachlich vernehmbar macht, gibt es die alte Substantivbildung »kunft«, die sich in den Substantiven »Herkunft« und »Ankunft« erhalten hat. Daraus ergab sich hier schon bei der ersten Erörterung des Erscheinens die Möglichkeit, es als ein Geschehen mit einer Herkunft und einem Ankunftsbereich zu charakterisieren.

Das Verb »hervorkommen« hat einen weiteren Bedeutungsumfang als »erscheinen«. Man könnte das »Erscheinen« als eine Art *(species)* der Gattung *(genus)* »Hervorkommen« definieren. Die spezifische Differenz dieser Art besteht dann darin, dass die beiden kontrastierenden und zugleich miteinander verbundenen Pole des Übergangs, »Herkunft« und »Ankunft«, ihren Charakter von ihrer Beziehung zu Helle und Dunkel her erhalten. Dabei bedeutet das Dunkel ein Verschlossensein für das Erkennen, ein »Abgeschlossensein« und »Insichgekehrtsein«, also in diesem Sinne eine Verborgenheit, und die Helle meint eine entsprechende Offenheit, ein unverborgenes »Zutageliegen«, ein Sich-Darbieten.

Von daher geben uns die Silbe »er« in dem Verb »erscheinen«, das »her« in »hervorkommen«, »Herkunft« usw., das sich phonetisch kaum von dem »er« unterscheidet, und in dem verbalen Ausdruck

»zum Vorschein kommen« die Wortgruppe »zum Vorschein«, die das gleiche »schein« wie in »erscheinen« enthält, dasselbe zu verstehen: Das Geschehen des Übergangs ist ein Sich-Öffnen, ein Aufgehen. Die »Bereiche« der Ankunft-*in*-die-offene-Helligkeit und der Herkunft-*aus*-verschlossener-Dunkelheit lassen sich dann noch metaphorisch ausmalen. Hier genügt es, den Kern der skizzierten Beschreibung des Erscheinens etwa so festzuhalten: Es ist ein Hervorkommen aus einem im Schatten liegenden, sich unseren Blicken entziehenden Hintergrund – oder auch ein »Aufsteigen« aus dem dunklen verschlossenen Untergrund – in die damit kontrastierende lichterfüllte Ankunftsdimension.

Alle in der Beschreibung genannten Momente des Erscheinens sind untrennbar miteinander verflochten, weil jedes der Momente – wie sich in der gerade formulierten Skizze beobachten ließ – andere impliziert. Deshalb ist uns die ganze Verflechtung der Momente des Erscheinens mitbewusst, wenn sich unsere Aufmerksamkeit auf eines dieser Momente richtet.

Für unser Sprechen über das Erscheinen irgendeiner Sache bedeutet das: Wir sind des ganzen Geflechts der Momente des Erscheinens unausdrücklich auch dann inne, wenn wir uns in sehr knapper und reduzierter Sprache auf das Erscheinen von etwas beziehen. Im Zusammenhang mit einem Verhalten genügt es beispielsweise, von etwas zu sprechen, das dabei »vorkommt« oder »vorkam«, um die Vorstellung wachzurufen, dass von einer aus einem Herkunftsbereich »(her)vorkommenden« Sache, also etwas Erscheinendem die Rede ist. Das Beispiel deutet darauf hin, dass sich die Sprache durch Substantivierung der verbalen Ausdrucksweise noch mehr reduzieren lässt: So kann alles, womit auch immer wir »zu tun haben«, als ein »Vorkommnis« bezeichnet werden.

In einigen Publikationen der letzten Jahre habe ich deshalb vorgeschlagen, in philosophischen Texten die sperrigen traditionellen Bezeichnungen der Sachen wie vor allem »Gegenstand« und »Seiendes« zumindest gelegentlich durch den abweichend von der Alltagssprache in ganz weitem Sinne verstandenen Begriff »Vorkommnis« zu ersetzen. In den Untersuchungen dieses Buchs folge ich selbst dann und wann diesem Vorschlag, und ich bin gespannt, wie man in der Leserschaft darauf reagieren wird.

I. Teil: Der griechische Aufbruch des Denkens in phänomenologischer Sicht

§ 1. Heraklits Kritik der *dóxa*

In der Einleitung wurde die heute auf alle Lebensbereiche ausgreifende Globalisierung als ein Prozess der Steigerung und Erweiterung der Offenheit des Menschen für die Welt interpretiert und die Behauptung aufgestellt, die beginnende Philosophie habe an Entstehen und Fortgang dieses Erweiterungsprozesses besonderen Anteil gehabt: Dank der Überzeugungskraft, die sie durch die kritische Selbstunterscheidung von der normalen außerphilosophischen Lebenseinstellung gewann, konnte sie nämlich – so die These – die Bereitschaft wecken, sich aus der Enge dieser Einstellung zu befreien und sich für das Ganze der Welt zu öffnen.

Wenn diese These tragfähig ist, betrifft sie auch die historische Frage, wann die Philosophie begonnen hat. Aristoteles benennt in den Kapiteln 3–7 des ersten Buchs der *Metaphysik* (983 a 23–987 a 28), dem konzentrierten Überblick über das Denken seiner »Vorgänger«, der zur Grundlage für alle weiteren Darstellungen des frühen philosophischen Denkens wurde, die aus dem östlichen Bereich des griechischen Kolonialgebiets stammenden Denker Thales, Anaximander und Anaximenes als die ersten Philosophen. Sie lebten am Beginn und in der ersten Hälfte des 6. vorchristlichen Jahrhunderts in der Hafenstadt Milet (nahe beim heutigen Izmir). Von ihnen wissen wir nur – abgesehen von dem durch Zufall nicht verloren gegangenen einen Satz des Anaximander, der ein Gesetz für das Werden und Vergehen von allem in der Welt formuliert – durch eine Reihe von doxographischen Nachrichten.

Diese Quellen lassen darauf schließen, dass die genannten Denker mit ungewöhnlicher Wissbegierde, mit der Neugier der hier sich anbahnenden wissenschaftlichen Forschung nach Erklärungen für vieles suchten, was uns Menschen auf dieser Erde rätselhaft erscheint. Es deutet aber nichts darauf hin, dass diese Suche schon von einer erwähnenswerten Reflexion auf dieses ihr eigenes Tun begleitet gewesen wäre. Anders steht es mit den doxographischen Informationen und den Fragmenten des Denkens von Heraklit, der in der Milet benachbarten Hafenstadt Ephesus lebte, und von Parmenides aus der süditalienischen Stadt *Hyéle* (später *Elea*, heute *Velia*) auf dem westlichen Flügel dieses Kolonialgebiets, die beide irgendwann an der Wende vom 6. zum 5. Jahrhundert ihre Schriften veröffentlichten. Wenn man dieses Material unbefangen studiert, bedarf es keiner Mühe, um zu sehen, dass ihr Denken einen reflexiven Zug aufweist, aufgrund dessen wir es als Philosophie bezeichnen können.

Für diese Sachlage lassen sich verschiedene Erklärungen finden, von denen mir die folgende am meisten einleuchtet: Die bei Heraklit und Parmenides anzutreffende Weise des Denkens und Erkennens wurde möglich, als die Möglichkeit einer wissenschaftlichen Erforschung der Welt bereits entdeckt war und die ersten Schritte einer solchen Betätigung des menschlichen Geistes schon getan waren; denn nun konnte sich die Aufmerksamkeit der Beteiligten auf ihr eigenes neuartiges Tun richten, und sie konnten die Frage stellen, auf was für eine Art von Denken und Erkennen man sich eigentlich in Milet eingelassen hatte. Die Überlegungen in diesem Paragraphen zu Heraklit und im Folgenden zu Parmenides sollen anhand der Interpretation einer kleinen Auswahl von Textstücken aus ihren uns sehr fragmentarisch bekannten Schriften die folgende Annahme stützen:

Die beiden Vordenker der Philosophie beantworteten die gerade genannte Frage mit einer Selbstabgrenzung der von ihnen beanspruchten echten Einsicht von der Neugier, welche die schon in Gang befindliche frühe wissenschaftliche Forschung beseelte, und darüber hinaus vom gedankenlosen Geschwätz der Menschen in ihrem alltäglichen Leben. Bei dem auf Wettkampf, *agón*, eingestellten, »agonalen« Geist der antiken Griechen (der auch den Hintergrund der von ihnen erfundenen Olympischen Spiele bildete) konnte es nicht ausbleiben, dass diese Selbstabgrenzung sich kritisch gegen diejenigen richtete, von denen man sich durch diese Abgrenzung unterschied, in erster Linie die große Menge der geistig stumpfen »Vielen«, der *polloí*, die Heraklit polemisch attackiert (Diels/Kranz 22 B 2, B17, B 19, B 29, B 56, B 70, B 73, B 87, B 104, B 121), bzw. die »nichtswissenden Sterblichen«, *brotoí eídotes oudén*, von denen Parmenides spricht (Diels/Kranz 28 B 6,4). Aber für unsere Interpretation ihres Denkens ist wesentlich, dass sie durch diese kritische Selbstunterscheidung von der gedankenlosen Einstellung der Vielen und der wissensbegierigen Haltung der frühen Forschung zum Verständnis ihrer eigenen Art von Denken und Erkennen gelangten. So war die anfangende Philosophie von vornherein durch ein reflexives Selbstverständnis gekennzeichnet.

Die Behauptung, die anfängliche Philosophie habe einen solchen Charakter gehabt, wird bei vielen auf Bedenken oder sogar Befremden stoßen, da in den verbreiteten Darstellungen der »vorsokratischen« Philosophie ein reflexiver Zug keine oder keine maßgebende Rolle spielt. Außerdem kann sich gegen diese Behauptung das generelle Bedenken richten, ein solches reflexives Verhältnis zu sich selbst sei der frühen Philosophie noch nicht möglich gewesen. Wegen der allgemein bekannten Naivität menschlicher Projekte in ihrem Frühstadium sei es nämlich nahezu ausgeschlossen, dass die anfängliche Philosophie einen solchen reflexiven Charakter aufgewiesen habe. Deshalb neigt man dazu, es – ohne groß darüber nachzudenken – für selbstverständlich zu halten, dass die Philosophie mit einem reflexionslosen Stadium begonnen habe, bevor dann in die Tiefe dringende philosophische Grübler wie vielleicht Heraklit und Parmenides zu einer ersten Reflexion über das eigene Tun fortschritten.

Diese Vorstellung steht auch hinter dem Bild von der Philosophie in dem Roman *Sofies Welt*, der eine Zeitlang vorne auf der Bestsellerliste stand. Durch ihn fand in den letzten Jahrzehnten die Idee viel Zustimmung, man könne schon mit Kindern Philosophie treiben, weil sie zu dem Staunen fähig seien, das nach der Tradition die Entstehung der Philosophie motiviert hat. Aber mit dieser Idee der Kinder-Philosophie verkannte man, dass das Staunen, aus dem nach Platon und Aristoteles bei den Griechen die Philosophie hervorging, nicht die Verwunderung über Merkwürdigkeiten oder Rätselhaftigkeiten war, wie sie sich überall und auch bei Kindern beobachten lässt. Um geeignet zu sein, die Entstehung der Philosophie zu motivieren, kam solche Allerweltsverwunderung nicht in Betracht. Das Staunen musste eine besondere Beschaffenheit aufweisen, mit der es dem Reflexionscharakter entsprach, der von Anfang an zur Philosophie gehörte und weiterhin gehört. Zu der hierfür erforderlichen Reflexion sind Kinder noch nicht fähig. Die Interpretation des philosophischen Staunens in §7 wird das noch deutlicher zeigen.

Um die Tragfähigkeit des »Narrativs« der Entstehungsgeschichte der Philosophie, das ich vorgeschlagen habe, zu prüfen, kommentiere ich in diesem und dem nachfolgenden Paragraphen einige Zeugnisse aus dem und zu dem vorklassischen griechischen Denken, in

I. Teil: Der griechische Aufbruch des Denkens in phänomenologischer Sicht

denen eine kritische Selbstunterscheidung dieses Denkens von der normalen vor- oder außerphilosophischen Denk- und Verhaltensweise der Menschen erkennbar ist. Die Interpretation der Selbstabgrenzung der anfänglichen Philosophie von der wissensbegierigen Einstellung der frühen wissenschaftlichen Forschung stelle ich noch bis §8 zurück.

Ich beginne im vorliegenden Paragraphen mit Heraklits Kritik der »Vielen« und ihrer Einstellung, die Platon mehr als ein Jahrhundert später als Doxa bezeichnen wird, und gehe dabei auch darauf ein, wie Heraklits Kritik der Doxa ebenso wie die des Parmenides, dessen philosophisches Gedicht uns in §2 beschäftigen soll, bei Platon nachwirkt. Danach werde ich in §3 einen Versuch machen, im Umriss darzustellen, von welcher Art und wie »brauchbar« der Zugang, der »approach« ist, den wir durch die Phänomenologie zur anfänglichen Philosophie bei den Griechen gewinnen. In §5 werde ich im Zusammenhang der phänomenologischen Lebenswelt-Problematik noch einmal auf das Gedicht des Parmenides zurückkommen.

Von Heraklits Büchlein, *biblíon*, haben sich durch Zitate etwa 120 zumeist kurze Textstücke erhalten, über deren Anzahl in der klassischen Philologie keine vollständige Einigkeit herrscht, weil die Echtheit einiger Fragmente umstritten ist. Ein relativ hoher Anteil der seit der Antike als rätselhaft geltenden Fragmente oder Sprüche von Heraklit enthält explizit oder implizit eine oft äußerst scharfe Kritik, die sich gegen die breite Masse der Menschen in ihrer Durchschnittlichkeit richtet, die Heraklit für gedankenlos hält und verächtlich als *hoi polloí*, »die Vielen« (Diels/Kranz 22 B 1–2, B 17, B 29, B 104), oder auch als »die Meisten« (B 57) bezeichnet.

Dem Gros der Interpreten erscheint Heraklits Polemik gegen die »Vielen« seit eh und je als eine solche Nebensächlichkeit, dass sie von vorneherein nicht auf die Idee kommen, eine mögliche Bedeutung dieser Polemik für die *Sache* seiner Philosophie auch nur zu erwägen. Soweit sie überhaupt etwas zu Heraklits Doxakritik sagen, begnügen sie sich mit einem flüchtigen Hinweis auf irgendwelche vermuteten außerphilosophischen Motive seiner Einstellung gegenüber den »Vielen«, vielleicht ein Standesdünkel seiner aristokratischen Familie oder seine aus einer antiken Legende erschlossene Position als Priester am großen Tempel der ephesischen Artemis.

Aber wenn Heraklit wirklich der bedeutende Denker war, für den man ihn durchweg gehalten hat, ist es wenig wahrscheinlich, dass seine Polemik gegen die Vielen bloß eine Randerscheinung seiner

§1. Heraklits Kritik der *dóxa*

Schriftstellerei war, die ihm unterlief, ohne dass er sich über ihr Verhältnis zu dem, was ihn sachlich bewegte, Rechenschaft gegeben hätte. Außerdem belasten die gerade erwähnten sachfremden, von außen an Heraklits Denken herangetragenen Erklärungen seiner Doxakritik die Interpretation, wie schon in der Einleitung erläutert, mit der Hypothek eines Vorurteils; denn es ist voreilig, dieser Kritik eine sachliche Bedeutung in Heraklits Gedankenwelt von vorneherein abzusprechen. Jemand, der erstmals so Ungewohntes wie er in seinen Sprüchen zu denken wagt, kommt leicht in eine Situation, die ihn veranlasst, die Art von Einsicht, die er damit beansprucht, kritisch gegen das Unverständnis derer zu verteidigen, die sich dem Risiko eines solchen Denkens nicht aussetzen. Diese Selbstverteidigung ist aber für die Sache der Philosophie von Bedeutung, weil es sich bei denjenigen, gegen die sich die Verteidigung richtet, nicht um irgendwelche Sonderlinge handelt, sondern um die große Mehrheit der Menschen in ihrer durchschnittlichen außerphilosophischen Einstellung.

Vielleicht sollte man auch die bisher kaum gewürdigte Tatsache nicht einfach unbeachtet lassen, dass die Menge der uns bekannten Äußerungen mit einer expliziten oder impliziten Kritik an der Doxa der »Vielen« die Zahl der von solcher Kritik freien Sprüche mit einem anders gearteten, z.B. kosmologischen Inhalt deutlich übertrifft. Bedenkt man, dass der verloren gegangene Originaltext von Heraklits Schrift wahrscheinlich ein Buch von geringem Umfang war, könnte das darauf hindeuten, dass auch in diesem Originaltext ein ähnliches Übergewicht der doxakritischen Sprüche herrschte. Wenn man diese Vermutung für zu spekulativ hält, sollte man wenigstens beachten, dass viele der Sprüche, die auf den ersten Blick den Eindruck machen, sie seien frei von jeder Kritik an der Doxa der Vielen, dann deutlich verständlicher werden, wenn man bei ihrer Interpretation von der Hypothese ausgeht, dass sie implizit eine solche Kritik enthalten.

Ich möchte das exemplarisch an einem Beispiel zeigen, weil ich von der Situation deutschsprachiger Leser dieses Buches, denen irgendwann auf ihrem Bildungsweg schon einmal die Gestalt des Heraklit begegnet ist, eine konkrete Vorstellung habe: Wahrscheinlich ist bei ihnen der Eindruck haften geblieben, dass er als rätselhaft geltende Sprüche verfasst hat. Aber welches plastische oder blasse Heraklitbild auch immer ihnen vorschweben mag, – auf die Möglichkeit, dass man das ganze Denken dieses »geheimnisvollen« Philosophen als eine Kritik am Unverstand der Menschen, wie sie durchschnittlich sind, lesen kann, sind sie durch keine der im deutschsprachigen Raum vorwiegend benutzten Bildungsquellen vorbereitet (in der englischsprachigen Welt sieht es anders aus.)

Es gibt eine Reihe von Sprüchen, an denen sich leicht demonstrieren lässt, wie ungezwungen sie verständlich werden, wenn man sie in einen doxakritischen Kontext stellt, und welcher wenig überzeugenden hermeneutischen Zauberkunststücke die Interpretation bedarf, um sie ohne diesen Kontext verständlich zu machen. Ein Paradebeispiel hierfür ist einer von Heraklits meistkommentierten Sprüchen, der über die Königsherrschaft des spielenden Kindes, auf den ich kurz eingehen möchte:

> »Die Lebenszeit *(aión)* ist ein Kind, das spielt, Brettsteine setzt: Königsherrschaft *(basileíē)* des Kindes.« (Diels/Kranz 22 B 52)

Man liest in Deutschland diesen Satz gerne als einen paradoxen Spruch über den abgründigen Urgrund von allem. Am extremsten in diese Interpretationsrichtung geht die Deutung des Phänomenologen Eugen Fink, in dessen Hauptwerk *Spiel als Weltsymbol* dieser Spruch geradezu die Quintessenz seiner spekulativen Sicht des Seins der Welt bildet. Wenn man sich im Vergleich damit die Art der Kommentierung eines solchen Textes durch einen der gebildeten, aber nüchternen Vertreter der bedeutenden angelsächsischen Tradition der Klassischen Philologie anschaut, kann man kaum der Neigung widerstehen, in den Spott der Kollegen jenseits des Kanals oder jenseits des Atlantik einzustimmen, wenn sie den »typisch deutschen« Tiefsinn aufs Korn nehmen, wie er beispielsweise bei Fink zu beobachten ist.[20]

Es fällt auf, dass Fink, der an der Freiburger Universität neben der Philosophie auch Pädagogik lehrte, zwei elementare, gerade in pädagogischer Perspektive naheliegende Einwände gegen seine Interpretation nicht in den Sinn gekommen sind, obwohl sie auf der Hand liegen. Erstens gibt es mehrere Sprüche von Heraklit, die darin übereinstimmen, dass sie offenkundig eine abschätzige Beurteilung des Kindes enthalten. Ein gutes Beispiel dafür ist der Spruch: »Der Mann heißt kindisch vor dem Daimon wie das Kind vor dem Mann« (Diels/

---

[20] Was an der Bedeutung von Eugen Fink für die Weiterentwicklung der Phänomenologie nichts ändert. Ähnlich wie mein Lehrer Ludwig Landgrebe und wenige andere war er sowohl mit dem Denken von Husserl wie von Heidegger tief vertraut, und er nahm – allerdings mit einem völlig anderen Grundinteresse und Denkstil als Landgrebe – von beiden produktiv Anregungen auf.

Kranz 22 B 79). Der Spruch verdient primär deswegen philosophische Aufmerksamkeit, weil er einer der Belege dafür ist, dass das Leitwort *lógos* bei Heraklit eine mathematische Bedeutungskomponente hat, durch die er die *ana-logía*, die Analogie, entdecken konnte, im vorliegenden Fall die Analogie: »Das Verhältnis des Mannes zum Daimon entspricht dem Verhältnis des Kindes zum Mann« – doch darüber mehr in §9.

Für den jetzt in Rede stehenden Zusammenhang ist der Spruch bedeutsam, weil hier das Verhalten des Kindes an dem des Erwachsenen gemessen wird, was u. a. bedeutet, dass eine Kritik am Fehlverhalten von Erwachsenen konkret in einer Gleichsetzung mit dem Verhalten von Kindern bestehen kann, so etwa in der Kritik, die Heraklit am politischen Handeln seiner Mitbürger in Ephesus mit den folgenden Worten übt (die hier in §9 noch genauer kommentiert werden): »Es wäre für die Epheser angemessen, sich alle erwachsen ⟨wie sie sind⟩[21] aufzuhängen und den unreifen Kindern die Polis zu überlassen; haben sie [doch] den Hermódoros, ihren tüchtigsten Mann, hinausgeworfen« (Diels/Kranz 22 B 121).

Außerdem kennzeichnet es das Verhalten des Kindes im Vergleich mit dem des Erwachsenen, dass es sich mit Spielzeug beschäftigt, so wie es im vorliegenden Spruch der Knabe tut, der Spielsteine setzt; und dazu passt die Überlieferung, dass Heraklit die Meinungsäußerungen der Menschen als »Spielzeug von Kindern« (Diels/Kranz 22 B 70) bezeichnet hat. Unverkennbar gehört diese ganze Art des Urteilens über das Kind in den Kontext der Kritik an den »Vielen«, deren Denkungsart »kindisch« ist, wie wir heute noch gut heraklitisch sagen können.

Überdies ist das abfällige Urteil über das Kind keine Besonderheit Heraklits. Es handelt sich um das in der ganzen europäischen Tradition seit der Antike vorherrschende Bild vom Kind, das sich erst durch die Verbreitung von Rousseaus Bildungsroman *Emile* änderte. Das Kindsein ist durch das *Fehlen* von etwas definiert: das Kind ist »noch kein Erwachsener«. Die Anerkennung eines Eigenwerts der Kindheit überhaupt, mit der die tradtionelle Gleichsetzung der Attribute »kindlich« und »kindisch« überwunden wird, ist eine Errungenschaft der letzten beiden Jahrhunderte. Zieht man all dies in Betracht, erscheint es unmöglich, dass Heraklit dem Kind eine so hohe Be-

---

[21] Zum Gebrauch der Klammern vgl. die bibliographischen Hinweise am Anfang dieses Buchs.

deutung hätte zusprechen können, wie er das gemäß der »spekulativen« Deutung des Spruchs über die Kindesherrschaft getan haben soll.

Im Ganzen kann man an diesem Beispiel lernen, dass es unangebracht ist, den Äußerungen von Heraklit, die großenteils nicht so »dunkel« sind wie traditionell angenommen, die Art von »Ehrfurcht« entgegenzubringen, die man in der Antike gegenüber einem Orakelspruch oder noch im 19. Jahrhundert gegenüber der »unfehlbaren« päpstlichen Verkündung eines Dogmas für angemessen gehalten hat. Die Sprüche beziehen sich in den meisten Fällen auf handfeste, gut beobachtbare Sachverhalte, und von ihnen sollte man ausgehen, um Heraklit zu verstehen.

Damit können wir uns nun der *Sache* von Heraklits Doxakritik zuwenden, nachdem wir uns bisher nur mit ihrer Einschätzung beschäftigt haben. Der Begriff »Sache« ist hier so zu verstehen, wie wir noch heute als Erben des Rechtsdenkens der Römer bei einem Rechtsstreit vor Gericht von der »Sache« (lateinisch: *causa*) sprechen, um die es in dem betreffenden Verfahren geht. Heraklits Kritik[22] wendet sich, wie schon mehrfach gesagt, gegen die *Einstellung* der Vielen. Eine »Einstellung« ist eine Haltung-zu-etwas; zu ihr gehört ein Korrelat, worauf sie sich bezieht. Demgemäß können wir annehmen, dass die von Heraklit kritisierte gedankenlose Einstellung der Vielen und die von ihm beanspruchte philosophisch einsichtsvolle Denkungsart sich dadurch unterscheiden, dass sie zu derselben Sache divergierende Haltungen einnehmen. Aber was ist diese Sache? Was erscheint Heraklit an der Doxa der Vielen kritikbedürftig? Die erste und vielleicht auch schon grundlegende Antwort auf diese Frage finden wir in den folgenden Sätzen:

> »Darum tut es not, das Gemeinsame *(to xynón)* zu befolgen. Doch obwohl der *lógos* gemeinsam ist, führen die Vielen ihr Leben so, als hätten sie eine private *(idía)* Einsicht.« (Diels / Kranz 22 B 2)

Gemäß der vertrauenswürdigen Auskunft des in der Einleitung schon erwähnten skeptischen Philosophen Sextus Empiricus, der dieses Textstück zitiert, folgten diese Sätze »wenig später« auf das erhalten gebliebene etwas längere Textstück (Diels/Kranz 22 B 1), das wir für

---

[22] »Kritik« hier nicht als Scheidekunst verstanden wie noch bei dem Titel, den Kant seiner *Kritik der reinen Vernunft* und den beiden darauf folgenden Kritiken gegeben hat, sondern wie in der heutigen Umgangssprache als Beanstandung von etwas Unakzeptablem.

§1. Heraklits Kritik der *dóxa*

den Anfang von Heraklits »Büchlein«, *biblíon*, halten dürfen. Hier kündigt er an, er werde »ein Jegliches gemäß seiner *phýsis* auseinanderlegen und erklären«, und kontrastiert das damit, dass »den anderen Menschen verborgen bleibt, was sie im Wachen tun, gleichwie sie vergessen, was sie im Schlafe ⟨tun⟩«. Der hier angesprochene Gegensatz zwischen den Wachenden und den Schlafenden gehört zu den Bildern, für die Heraklit eine Vorliebe hat: Die »Vielen« mit der für sie charakteristischen Gedankenlosigkeit sind für ihn geistig Schlafende, und diejenigen, welche die Einstellung der Doxa verlassen und zur philosophischen Einsicht gelangen, erwachen damit aus einem Zustand des Schlafs, der seinerseits vor allem durch das Träumen gekennzeichnet ist – eine Metapher, auf die wir zum ersten Mal bei Heraklit stoßen und die seitdem im philosophischen oder philosophienahen Denken bis heute immer wiederkehrt.

Von diesem Zusammenhang her sind die zitierten Sätze zu verstehen: »Darum tut es not, das Gemeinsame zu befolgen. Doch obwohl der *lógos* gemeinsam ist, führen die Vielen ihr Leben so, als hätten sie eine private Einsicht.« Den hier formulierten Gedanken unterstreicht Heraklit noch einmal in 22 B 114 mit der Forderung: »Es tut not, dass die mit Einsicht Redenden sich mit dem Gemeinsamen Aller stärken«. Die Offenheit für dieses »Gemeinsame« – im attischen Griechisch *koinón*, in Griechisch von Heraklits Heimat Jonien *xynón* – scheint sich mit dem Verstehen des *lógos* zu decken, und wir können es außerdem gemäß einer Wortgruppe, die bei Diels/Kranz als Fragment 22 B 89 geführt wird, mit der Welt identifizieren: »Die Wachenden haben eine und gemeinsame Welt, von den Schlafenden wendet sich jeder der eigenen zu« (um der Lesbarkeit willen in direkter Rede wiedergegeben).

Wie Geoffrey S. Kirk in seinem sorgfältigen Kommentar zu den auf den Kosmos bezüglichen Fragmenten Heraklits gezeigt hat, lässt sich bei der philologischen Prüfung der Echtheit des zuletzt zitierten Textbruchstücks, das von dem im 1./2. Jahrhundert n. Chr. lebenden griechischen Schriftsteller Plutarch in indirekter Rede zitiert wird, nicht definitiv klären, ob sein Wortlaut von Heraklit selbst stammt, und, wenn ja, bei welchen der benutzten Vokabeln dies der Fall ist.[23] Auf der anderen Seite gibt Plutarch an anderen Stellen, wo er Heraklit zitiert, dessen Formulierungen zuverlässig wieder. So haben wir

---

[23] Vgl. G. S. Kirk: *Heraclitus. The Cosmic Fragments*, Cambridge 1962, S. 63 f.

keinen zwingenden Anlass, daran zu zweifeln, dass Fragment 22 B 89 zumindest einen *Gedanken* enthält, der von Heraklit stammt.

Aber die Vorsicht gebietet, uns auf die Kommentierung des nackten Gedankens gleichsam ohne sein originales sprachliches Kleid zu beschränken. Das ist in diesem Falle auch möglich, weil der Gedanke einfach und eingängig ist, was sich darin zeigt, dass wir ihn ohne Schwierigkeiten in den Gesamtzusammenhang der genannten Fragmente einfügen können. Der Gesamtzusammenhang seinerseits lässt sich ebenfalls leicht und ohne Komplikationen fassen, etwa mit einer Formulierung wie der folgenden: Die Einsichtigen als die geistig Wachen sind dank ihrer Zusammengehörigkeit im *lógos* offen für das »Gemeinsame«, die Welt, während die Vielen als geistig Schlafende sich gegenüber dieser Gemeinsamkeit verschließen und sich mit einem Leben in ihren privaten Welten begnügen.

Das klingt klar und für eine überschlägige Orientierung verständlich. Aber bei genauerem Hinschauen gibt es doch Unklarheiten, die zunächst dadurch bedingt sind, dass wir in der Zusammenfassung, die wir im letzten Satz versucht haben, wegen der vorangegangenen Zitate den *lógos* berücksichtigen mussten: Was unter diesem bekannten Leitwort Heraklits mit seinen Bedeutungsnuancen zu verstehen ist, kann erst später, in §9, geklärt werden. Für den gegenwärtigen Zusammenhang genügt es, sich erst einmal daran zu halten, dass *lógos* das Substantiv zu dem Verb *légein*, »sprechen«, ist und dass das Sprechen philosophisch wird, wenn es dem *lógon didónai*, dem »Rechenschaft geben« dient. Der erste der eben zitierten Sätze aus 22 B 1, der wahrscheinlichen Anfangspartie von Heraklits Buch, beginnt programmatisch mit dem Leitwort *lógos*, und dieses kehrt, wie schon bemerkt, »wenig später« in 22 B 2 wieder. Danach taucht es bei Diels/Kranz relativ oft in den Sprüchen auf, teils in ungefähr gleicher Bedeutung wie am Anfang des Buchs – so in 22 B 50, B 87, B 108 –, teils in semantisch davon verschieden erscheinenden Spielarten wie 22 B 31, B 45, B 67a[24], B 72 (?), B 115.

Ein Leitmotiv dieser Wiederholungen würde man wohl mit folgender Aussage treffen: Ständig haben die Menschen – die Vielen – durch ihr Sprechen und Handeln mit dem *lógos* zu tun, und doch verstehen sie ihn nicht. Und das ist nicht nur der Fall, bevor sie in irgendeiner Form über ihn belehrt wurden, sondern auch danach

---

[24] Zum Fragment B 67a, dessen Text wir nur in lateinischer Übersetzung kennen, vgl. die Ausführungen zum *lógos* als »Verhältnis« in §9.

noch (vgl. außer dem ersten Satz von 22 B 1 auch 22 B 34, B 95, B 104). Das hängt mit einer hartnäckigen Selbsttäuschung zusammen, in der wir Menschen als die Vielen in befangen sind (22 B 17): Wir glauben, wir täten uns mit der Abkehr vom Gemeinsamen und dem Rückzug in unsere exklusiv eigene Welt einen Gefallen, aber das Gegenteil trifft zu. Im Kontrast dazu trägt der *lógos* bei den philosophisch Einsichtigen offenbar entscheidend dazu bei, dass sie für das Gemeinsame, die Welt, aufgeschlossen sind.

In diesem Zusammenhang interessiert Heraklit sich, wie die Sprüche 22 B 21, B 26, B 73, B 75 und B 89 dokumentieren, in starkem Maße für Wachen und Schlafen und das Verhältnis zwischen ihnen, und dies offenbar deswegen, weil das Schlafen und das in diesem Zustand stattfindende Träumen in doppelter Hinsicht eine gute Hilfe für das Verständnis der Denkungsart der Vielen bietet: Erstens geben die geschlossenen Augen und das Fehlen der vollen Kommunikation mit den Menschen in der Umgebung der Schlafenden eine konkrete Vorstellung davon, was es heißt, sich gegenüber der gemeinsamen Welt zu verschließen; und zweitens kennzeichnet es den Traum, dass sich in ihm – anstelle unserer im Wachzustand kontinuierlichen Verbindung mit der Umwelt – aus dem Zusammenhang gerissene Elemente dieser Verbindung in unkontrollierter Weise assoziativ aneinander reihen.

Auf diese Weise kann sich im Traum nur eine jeweils ganz eigene Welt des einzelnen Schlafenden bilden. Dadurch aber wird die Offenheit für die eine und einzige Welt unmöglich, die für alle Menschen »das Gemeinsame«, *to xynón*, ist. Die Fragmente 22 B 72 und 73 lassen darauf schließen, dass Heraklit das eigentlich Kritikbedürftige an der Denkungsart der Vielen darin sieht, dass sie als träumend Schlafende auf das fixiert sind, was er auf Griechisch *to ídion* nennt, das ihnen jeweils exklusiv »Eigene« und individuell »Eigentümliche«. Worauf es für ihn in der Verfassung einer Denkungsart letztlich ankommt, ist ihr Verhältnis zu der *Einheit* von allem, das er u. a. in diesen oft kommentierten Sprüchen zur Sprache bringt:

> »*Eines* ist das Weise: sich auf die Erkenntnis verstehen, wie alles durch alles hindurch gesteuert wird.« (22 B 41)

und:

> »Haben sie nicht auf mich, sondern auf den *lógos* gehört, so ist es weise, darin übereinzustimmen, dass alles *eins* ist.« (22 B 50)

I. Teil: Der griechische Aufbruch des Denkens in phänomenologischer Sicht

Mit ihrer Abkehr von dem *einen* Gemeinsamen lassen die Menschen zu, dass ihr Leben in ein Vielerlei zersplittert ist und dass ein Zustand der Sammlung auf etwas ausbleibt, das ihrem Leben den Charakter der Einheit verleihen könnte. Demnach heißen die in der Doxa befangenen Menschen nicht nur deshalb »die Vielen«, *hoi polloí*, weil sie die Welt, verglichen mit der jederzeit geringen Zahl der Einsichtigen, in großer Zahl bevölkern, sondern auch und vielleicht sogar in erster Linie deswegen, weil wegen der Abwendung vom Singular des Gemeinsamen das Sich-Verlieren in einen Plural – in der späteren klassischen europäischen Ethik die »Zerstreuung« – ihre Denkungsart kennzeichnet.

In den letzten Überlegungen habe ich mehrmals den Begriff »Denkungsart« anstelle von »Einstellung« benutzt. Damit wollte ich vorsorglich vor einem zu unbeschwerten Gebrauch des letzteren Begriffs warnen, der durch Husserl in der Phänomenologie üblich ist. Bei der genaueren Bestimmung der Geburt der Philosophie in §7 wird sich die Rede von »Einstellung« nämlich als problematisch erweisen. »Denkungsart« ist zwar veraltet, aber hilfreich; denn der Begriff umgreift einerseits die ganze Spanne menschlichen Tuns und Lassens von den intellektuellen Tätigkeiten bis hin zur handfesten alltäglichen Praxis, bringt aber andererseits durch die Verwendung eines Substantivs, das von dem Verb »denken« abgeleitet ist, zum Ausdruck, dass dieses Bündel vielfältiger Verhaltensweisen durch eine geistige Führung zusammengehalten wird, derentwegen es dann auch als Einstellung bezeichnet werden kann. Die »Denkart«, auf die wir in §3 bei Kant stoßen werden, dürfen wir wohl im gleichen Sinne verstehen.

Um nun zu den bisher genannten Sprüchen oder Fragmenten zurückzukehren, so kann man zunächst bei einigen von ihnen den Eindruck haben, Heraklit wolle hier sagen: Der einzelne in der Doxa befangene Mensch wendet sich von der *einen* Welt als dem »Gemeinsamen« ab und zieht sich so in sein *ídion*, seine exklusiv nur ihm eigene Welt, oder um eine treffende Formulierung von Husserl zu benutzen: seine »Sonderwelt« zurück. Bei einem solchen Verständnis der zitierten Heraklitsprüche scheint es so, als habe der Mensch in der Doxa überhaupt nichts mehr mit der gemeinsamen Welt zu tun. Aber das kann nicht gemeint sein; denn auch der Ort, an dem sich der in der Doxa befangene Mensch aufhält, ist noch immer eine Welt. Die Abwendung vom Gemeinsamen kann keine Abkehr von »Welt« überhaupt sein. Auch in der Abwendung geht den Vielen der Weltbezug ihres Lebens nicht einfach verloren, sondern er bleibt in pervertierter

Gestalt bestehen, indem die im Traum erlebte partikulare Welt die im Wachen erfahrene gemeinsame Welt überdeckt.

Das ist nun aber auch für die Wachen, die Menschen mit philosophischer Einsicht, von Bedeutung. Sie unterscheiden sich nicht dadurch von den Vielen, dass sie den Weltbezug haben und die Vielen nicht. Für beide ist die Welt ihr Lebensraum, was bedeutet: Auch die geistig Wachen brauchen genau wie die schlafend träumenden Vielen als Ort für ihr Leben einen Ausschnitt aus der gemeinsamen Welt, also ein kleines »Stück« Welt, das wir als partikulare oder partiale Welt bezeichnen können. Der Unterschied zu den Schlafenden besteht nur darin, dass die Wachen nicht danach streben, diese ihre partikularen Welten aus dem Ganzen der allen gemeinsamen Welt herauszulösen, sondern sich mit ihnen als ihrem jeweiligen Platz in der einen Welt zufrieden geben. Der isolationistische Hang zum Vielen, an dem die in der Doxa befangenen Menschen nach Heraklit kranken, besteht darin, dass sie den Verlust der Zusammengehörigkeit aller partikularen Welten in Kauf nehmen, wodurch die Einheit der einen gemeinsamen Welt in eine Vielheit von Sonderwelten zerfällt.

Es liegt auf der Hand, dass der Begriff »Welt« in diesem Zusammenhang nicht die Gesamtheit dessen bezeichnet, was es überhaupt gibt, sondern einen Lebensraum, worin sich das Verhalten eines oder mehrerer Menschen abspielt und worin sie sich dabei orientieren. Dieser Unterschied scheint schon Heraklit bewusst gewesen zu sein; denn die Gesamtheit dessen, was es gibt, nennt er mehrfach *ta pánta*, was so viel bedeutet wie »alles und jedes«. Für die »Welt« als das eine Ganze eines Lebensraums hingegen benutzt er den Begriff *kósmos*, und es spricht einiges dafür, dass er sogar der erste war, der dieses Wort, dessen alltagssprachliche Bedeutung sich mit »glänzende, schmuckvolle Ordnung« umschreiben lässt, als Bezeichnung für das Ganze der mit Leben erfüllten Welt benutzt hat.[25] In § 6 wird aber noch genauer geklärt werden, welche Bedeutung der Begriff *kósmos* für das anfängliche Denken hat.

Wenn wir uns den bisher nachgezeichneten Zusammenhang von Grundgedanken der heraklitischen Doxakritik als ganzen vor Augen stellen, sehen wir, dass die »Welt« darin mit drei verschiedenen Bedeutungen eine Rolle spielt: Erstens begegnet sie uns bei Heraklit als identisch mit dem »Gemeinsamen«, d.h. als der weite Lebensraum

---

[25] Vgl. Jula Kerschensteiner: *Der Bericht des Theophrast über Heraklit*, in *Hermes*, Bd. 83, H. 4 (1955), S. 385 ff.

für alle Menschen überhaupt. Zweitens können wir auch die vielen partikularen Lebensräume, die von der einen gemeinsamen Welt umspannt werden, als Welten bezeichnen (wobei später geklärt werden muss, wie das »umspannt« zu verstehen ist). Und drittens ist es möglich, dass uns im Licht der Kritik an der Denkungsart der »Vielen« eine solche kleine Welt als eine der Traumwelten erscheint, in die sich die im geistigen Schlaf der Doxa befindlichen Menschen zurückziehen.

Eine philosophische Interpretation kann sich selbstverständlich nicht damit zufrieden geben, diesen uneinheitlichen Gebrauch des Begriffs »Welt« nur zu konstatieren. Sie muss die Frage stellen, ob es eine Möglichkeit gibt, innere Beziehungen zwischen diesen drei Verwendungsweisen des Begriffs aufzudecken. Der nachfolgende Paragraph wird eine Antwort auf diese Frage enthalten.

§ 2. Der Welthorizont und das Seiend bei Heraklit und Parmenides

Der erste Paragraph hat uns vor die Aufgabe gestellt, die drei Verwendungsweisen des Weltbegriffs, die in Heraklits Doxakritik impliziert sind, gleichsam zu durchleuchten, um einen möglichen inneren Zusammenhang zwischen ihnen zu finden. An dieser Stelle kommt Husserls Phänomenologie ins Spiel. Sie bietet sich für die Lösung der genannten Aufgabe an, weil sich mit Hilfe des phänomenologisch verstandenen Begriffs »Horizont« ein durchsichtiges Bild vom Verhältnis der drei Verwendungsweisen gewinnen lässt.

Eine kurze Vorbemerkung zum Begriff »Horizont«: Er geht zurück auf die griechische Astronomie der Antike, in der das Partizip *horízon*, »begrenzend«, u.a. die Begrenzungslinie des Gesichtsfeldes bezeichnete. Schon im philosophischen und theologischen Denken des Mittelalters bekam »Horizont« eine über den astronomischen Gebrauch hinausreichende große Bedeutung, nämlich als ein metaphysischer Begriff in der neuplatonischen Tradition.[26] Diese Bedeutung geriet aber in der neuzeitlichen Philosophie fast gänzlich in Vergessenheit. Der Begriff wurde nun im Wesentlichen mit Bezug auf die Frage benutzt, welche Reichweite die Fähigkeiten oder Möglichkeiten des Menschen haben. In der Bahn dieser Tradition bewegte sich auch Husserl, als er den Begriff für das phänomenologische Denken fruchtbar machte.

Wie und warum der Horizontbegriff eine gute Hilfe bietet, um das Verhältnis der drei Verwendungsweisen des Begriffs Welt aufzuklären, zeigt schon ein Blick in unsere Alltagssprache. In ihr können wir ähnlich wie Heraklit in Diels/Kranz 22 B 89 von Menschen, die sich in einer nur ihnen eigenen Denkungsart einschließen und sich damit gegenüber den Anderen abschotten, sagen, dass sie allein

---

[26] Einen teilweise vorzüglichen und reichhaltigen Überblick über die ganze Entwicklung gibt der einschlägige Artikel im *Historischen Wörterbuch der Philosophie* Bd. 3 Sp. 1187–1206. Die Verfasser des Artikels erwähnen nicht, dass im späten Mittelalter Nikolaus von Kues in seiner zentralen Schrift *De docta ignorantia* den Begriff »Horizont« zwar noch im Kontext metaphysischer Spekulation benutzt, aber zugleich auch so, dass sich darin vielleicht schon die Möglichkeit seines neuzeitlichen Gebrauchs abzeichnet. Wegen der besonderen Bedeutung des Begriffs »Horizont« für die Phänomenologie verdiente seine Vorgeschichte eigentlich mehr Beachtung bei den Phänomenologen als mir bekannt ist.

»ihre eigene Welt« kennen, und damit sagen wir nichts anderes, als dass uns ihr Lebensraum durch einen zu engen Gesichtskreis der Verhaltensorientierung, also einen beschränkten »Horizont« beeinträchtigt erscheint. Und entsprechend können wir auch von dem einen Lebensraum der ganzen Menschheit und von den vielen partikularen Lebensräumen, in denen sich die Menschen zu Hause fühlen, ohne sich damit gegenüber den Anderen einzuigeln, in solcher Weise sprechen, dass damit nur Horizonte als weite oder enge Gesichtskreise gemeint sein können.

Diese Gesichtskreise liegen nicht fest. Sie können sich erweitern oder verengen, und sie fesseln uns nicht, weil wir die Möglichkeit haben, uns mit unserem Verhalten zwischen den Horizonten zu bewegen. Durch diese Mobilität, die untrennbar mit der Orientierung unseres Verhaltens in Horizonten verbunden ist, eröffnen sich für uns in den wechselnden Situationen unseres Lebens immer wieder neue offene Felder, in denen sich uns Möglichkeiten unseres Tuns und Lassens gleichsam wie auf einer Speisekarte anbieten, und wir können solche Möglichkeiten auf viele mögliche Weisen erwägen und abwägen, ergreifen oder verwerfen.

Dieser Umgang mit den Verhaltensmöglichkeiten setzt als einfache Vorbedingung voraus, dass wir diese Möglichkeiten *verstehen*. Aber worin besteht dieses Verstehen, wenn wir es in seiner Konkretion beschreiben? Was auch immer in einem der gerade genannten offenen Felder auftaucht – sei dies ein Gegenstand der Wahrnehmung, ein anderer Mensch, ein technisches Gerät, eine Landschaft, ein Gedanke, eine Institution oder was sonst – jedes solche Vorkommnis *verweist* in einer für es charakteristischen Weise auf andere Vorkommnisse, indem es Möglichkeiten eröffnet, sich neuen Vorkommnissen zuzuwenden, und indem es den Anstoß zu einer solchen Zuwendung geben kann. Ein gern gewähltes Beispiel hierfür: die Vorderseite eines Hauses verweist auf dessen Rückseite.

Es können vielfältige Motive sein, durch die Vorkommnisse aufeinander verweisen und miteinander verflochten sind. Durch ihr Zusammenspiel eröffnen sich die *Verweisungszusammenhänge*, die wir brauchen, um uns bei unserem Verhalten zu orientieren. Die vielen partikularen Horizonte sind nichts anderes als diese Verweisungszusammenhänge. Durch das Verweisen sind sie Spielräume des Verstehens. Weil uns jedes Vorkommnis eingebettet in Verweisungszusammenhänge begegnet, hat es durch seinen Platz in einem solchen Zusammenhang einen bestimmten Stellenwert und so für

§ 2. Der Welthorizont und das Seiend bei Heraklit und Parmenides

uns einen Sinn. So erschließt sich uns durch das Verstehen »Sinn« in der weiten, neutralen Bedeutung dieses Wortes. Von daher ist jeder Horizont eine Dimension von Sinn, ein Sinnzusammenhang, und die Befangenheit der Doxa in abgekapselten »Sonderwelten« ist eine Verengung der Sinnzusammenhänge.

Durch die Einbettung in Verweisungszusammenhänge begegnet uns kein Vorkommnis völlig isoliert; es tritt immer aus einem Horizont als gleichsam im Schatten liegenden Hintergrund hervor, durch den, weil er den Charakter des Verweisungszusammenhangs hat, jeweils eine Mannigfaltigkeit von Vorkommnissen in ihrem Erscheinen zusammengehört. Wegen dieser Zusammengehörigkeit können wir die vielen partikularen Horizonte, die unser Bewusstsein bei der fortschreitenden Orientierung für unser Verhalten durchläuft, die Welt des Arbeiters, des Studenten, des Kindes, des Künstlers, der Welt der Wirtschaft, des Sports, des Büros usw. mit Husserl in einem neutralen, noch nicht mit der isolationistischen Denkungsart der Doxa verbundenen Sinne als »Sonderwelten« bezeichnen, weil sie das Gesichtsfeld des jeweils Zusammengehörigen wie ein Kreis umgrenzen und auf diese Weise gleichsam zusammenhalten.

Diese Beschaffenheit der wechselnden Horizonte bedeutet aber nicht, dass sie streng geschlossen wären; wie oben schon gesagt sind sie keine unveränderlich feststehenden, sondern flexible Begrenzungen ähnlich wie der »Horizont« im unmetaphorischen Sprachgebrauch als Begrenzungslinie unseres Gesichtsfeldes bei der visuellen Wahrnehmung. Die Horizonte im phänomenologischen Sinne als Verweisungszusammenhänge schränken unsere Verhaltensmöglichkeiten zwar ein, weil es immer nur eine endliche Menge von Verweisungen ist, die ein jeweiliger Horizont uns anbietet, und insofern sind die Horizonte Räume von beschränktem »Umfang«, aber gleichermaßen sind sie auch Spielräume für neue Möglichkeiten des Verhaltens, die sie eröffnen und offen halten. Das ist deswegen so, weil bei den Horizonten zwei Arten von Verweisungen zu unterscheiden sind:

Ein Fußballfan, der im Stadion bei einem Spiel zuschaut, mag in diesem Augenblick beispielsweise auf den Ball achten, mit dem gerade gespielt wird, und die enorme Weite und Genauigkeit bewundern, dank derer er nach dem kraftvollen Abschlag des Torwarts bei dem Feldspieler landet, für den er gedacht war. So folgt der Zuschauer einer Verweisungsmöglichkeit *innerhalb* des Horizonts der zu diesem Spiel gehörenden Ballbewegungen. Der Ball könnte ihn aber auch

I. Teil: Der griechische Aufbruch des Denkens in phänomenologischer Sicht

daran erinnern, dass er seinem Sohn demnächst einen echten Fußball schenken wollte und dass er sich dann unter Abwägung der Kosten darüber klar werden muss, welche Marke er wählt. Hier führt der Verweisungszusammenhang aus dem aktuellen Horizont *hinaus* in einen anderen, nämlich in diesem Falle die Welt von Angebot und Nachfrage, allgemein gesprochen: den Horizont der Ökonomie. Es kann aber auch sein, dass auf dem Platz mit einem neuen Typ von Ball gespielt wird, der demnächst bei einer Fußball-Weltmeisterschaft eingesetzt werden soll, doch dessen Aussehen umstritten ist. Das lässt den Zuschauer vielleicht an die Möglichkeiten ästhetischer Gestaltung von industriell angefertigten Gebrauchsgegenständen denken und lenkt sein Bewusstsein so abermals in einen externen Horizont, den des Industrial Design.

So können wir von einem Vorkommnis innerhalb eines jeweils aktuellen Horizonts auf andere dem gleichen Horizont angehörige Vorkommnisse, aber ebenso auch auf externe Horizonte und in ihnen auftretende Vorkommnisse verwiesen werden. In Husserls Terminologie bedeutet das für das einzelne Vorkommnis, dass es immer in »Innen- und Außenhorizonte« eingebettet ist. Durch die Außenhorizonte ist das Horizontbewusstsein stets für Übergänge zu weiteren Horizonten offen. Jeder aktuelle Partialhorizont eröffnet uns als ein flexibler Gesichtskreis des Bewusstseins die Möglichkeit zu solchen Übergängen, und dadurch sind für die nächsten Schritte unseres Verhaltens immer wieder neue Wege vorgezeichnet. Diese Endlosigkeit der Fortsetzung des Verweisungsgeschehens scheint auch Heraklit schon gesehen zu haben – selbstverständlich noch nicht mit Bezug auf den modernen Begriff des Bewusstseins, wohl aber schon mit Bezug auf die *psyché*, die »Seele«, wenn es in Diels/Kranz 22 B 45 heißt: »Die Grenzen der *psyché* wirst du im Gehen nicht ausfindig machen, auch wenn du jegliche Straße abwanderst; einen so tiefen *lógos* hat sie.«

Auf den Wegen, die sich uns durch die endlose Fortsetzung der Übergänge zu immer neuen Horizonten eröffnen, bewegen wir uns bei all unserem Tun und Lassen, aber über diese Beweglichkeit verfügen wir nicht unbeschränkt, sondern nur nach Maßgabe der Verhaltensmöglichkeiten, die unser Horizontbewusstsein uns jeweils anbietet. Bei der Orientierung in den jeweiligen partikularen Horizonten und den davon abhängigen Entscheidungen in den wechselnden Situationen unseres Lebens handelt es sich um eine Mischung von Freiheit und Notwendigkeit. Bildlich gesprochen können und

§ 2. Der Welthorizont und das Seiend bei Heraklit und Parmenides

müssen wir bei den Aufführungen auf der Bühne unseres Verhaltens, gleichgültig ob es sich um Komödien oder Tragödien oder um die langweiligen Fortsetzungen einer Seifenoper handelt, *improvisieren*, aber immer im Rahmen eines Drehbuchs, an dem ständig weitergeschrieben wird.

Horizonte sind keine freischwebenden Gedankengebilde, sondern ihre Existenz ist daran geknüpft, dass sie möglichem Verhalten zur Orientierung dienen. Und ebenso gilt umgekehrt, dass alle Möglichkeiten unseres Verhaltens davon abhängen, dass uns jeweils involvierte partikulare Horizonte Orientierunghilfe bieten. Diese unaufhebbare wechselseitige Verbindung von Verhalten und Horizont hat ihren Ort nicht etwa in einem »unterbewussten« oder »unbewussten« Untergrund unseres Bewusstseins, sondern sie ist mir ebenso für mein eigenes Verhalten bewusst wie für das der anderen Menschen, mit denen ich verkehre. Deshalb habe ich sowohl von der horizonthaften Situiertheit ihres Verhaltens als auch von der meines eigenen Verhaltens ein deutliches und mitteilbares Bewusstsein. Das zeigt sich daran, dass es mir möglich ist, einen anderen Menschen (oder im Grenzfalle sogar mich selbst) auf den Horizont aufmerksam zu machen, in dem er sich im Augenblick oder auch dauerhaft orientiert, beispielsweise, indem ich ihn darauf hinweise, er bewege sich bei seinem Urteilen und Handeln in einem zu engen Horizont.

Entscheidend ist nun: Wir sind zwar den Veränderungen unserer Horizonte nicht einfach unterworfen und wirken durch unser Verhalten bei diesen Veränderungen mit. Aber unserer Freiheit entzogen ist die Fortsetzung des Horizontbewusstseins überhaupt. Solange wir leben, vollziehen wir irgendein Tun und Lassen, wobei auch das Lassen eine Weise von Verhalten ist. Zum Verhalten in diesem weiten Sinne gehört immer die Orientierung in Horizonten. Da unser ganzes Leben, soweit es waches Leben ist, daraus besteht, dass wir uns im weiten Sinne dieses Wortes »verhalten«, bedeutet das: Es gibt kein waches Menschenleben ohne das Verwiesenwerden auf weitere Verhaltensmöglichkeiten mit ihren jeweiligen Innen- und Außenhorizonten, also das Bewusstsein von der potentiellen Übergänglichkeit innerhalb eines Horizonts und zwischen den Horizonten. Mit allem, was wir tun und lassen, nehmen wir an diesem Verweisungs- und Übergänglichkeitsgeschehen teil; wir können es, solange wir ein waches Leben führen, weder stoppen noch verlassen.[27]

---

[27] Das alles ist unter dem Vorbehalt der Einschränkung »solange wir leben« gesagt;

Dass wir diesem Geschehen weder Einhalt gebieten noch entkommen können, eröffnet uns die Möglichkeit zu verstehen, was eigentlich geschieht, wenn die Menschen als die schlafenden »Vielen« sich in ihrer Sonderwelt einigeln und sich damit vom Gemeinsamen abwenden. Zunächst klingt das so, als verließen sie das Ganze der gemeinsamen Welt, so wie man aus einem Fahrzeug aussteigt oder ein Gebäude verlässt. Aber das erweist sich bei näherer Betrachtung als unmöglich; denn es gäbe keine Vergleichbarkeit der Denkungsarten von *dóxa* und *epistéme* und damit keine Möglichkeit der Philosophie, sich kritisch von der Doxa zu unterscheiden, wenn diese Denkungsarten nicht darin übereinstimmten, dass sie beide unaufhebbar mit der Welt verbunden sind.

Dieser Weltbezug lässt es nicht zu, dass sich die Sonderwelt eines in der Doxa befangenen Menschen außerhalb der gemeinsamen Welt etablieren könnte, mit anderen Worten: dass es einen Partialhorizont gäbe, der eine selbständige Existenz neben dem einen alles umspannenden Horizont der Welt besäße. Die Abwendung der *dóxa*-befangenen Menschen von der gemeinsamen Welt kann nicht in einer solchen Verselbständigung einer Sonderwelt bestehen. Sie besteht vielmehr darin, dass solche Menschen in dem – illusionären – Bewusstsein befangen sind, eine bestimmte Verweisungssituation ließe sich als Sinnzusammenhang festhalten.

Dieser Wahn entspringt einem menschlichen Grundbedürfnis nach Stabilität, dem wir hier nicht weiter nachgehen können. Es genügt die Feststellung, dass es zur Unaufhaltbarkeit des Verweisungsgeschehens in einem unaufhebbaren Widerspruch steht. Dieser Widerspruch kann einem Menschen aus vielerlei möglichen Gründen, deren Erörterung uns ebenfalls zu weit vom Gedankenzusammenhang der vorliegenden Untersuchung abbringen würde, unerträglich werden. Dadurch kann in ihm das Bewustsein Platz greifen, er könne das unaufhaltsame Geschehen des Verwiesenwerdens auf weitere Verhaltensmöglichkeiten, in das er so wie wir alle unentrinnbar eingebunden ist, dadurch bremsen, dass er Sinnelemente, die sich ihm zeigen, wenn er sich im Gesichtsfeld der Orientierung in seinem Verweisungszusammenhang umschaut, in Gestalt von »Sichten« festhält und zur Sprache bringt. Diese Sichten sind die »Ansichten«, die

---

denn zu der Frage, ob es beim Suizid für das Bewusstsein ein »Danach« gibt, ist keine phänomenologische Aussage möglich.

§2. Der Welthorizont und das Seiend bei Heraklit und Parmenides

dóxai, die in der häufig benutzten Redewendung *dokeî moi*, »ich bin der Ansicht«, jeweils zu Wort kommen. So entwickelt sich ein Interesse daran, an dem Sinnhorizont festzuhalten, den eine bestimmte Sonderwelt darstellt, und ihn in entsprechenden Ansichten kundzutun. Wegen des auch intersubjektiv unaufhaltsam weiterlaufenden Verweisungsgeschehens kann es aber nicht ausbleiben, dass sich Gegenstimmen melden, die Sinnmomente aus anderen Sonderwelten zum Ausdruck bringen, die den erstgenannten Ansichten widerstreiten. So entsteht der für die Doxa charakteristische schwer vermeidbare Streit der Ansichten, weil viele der Beteiligten dazu neigen, den Anspruch auf Wahrheit, griechisch: *alétheia*, d. h. auf eine zuverlässige Sicht dessen zu erheben, was sich ihnen bei der Orientierung in ihren Horizonten zeigt.

Doch auf der anderen Seite gehört zum Streit der Ansichten auch eine fundamentale Unsicherheit, weil viele Gesprächssituationen so beschaffen sind, dass mir als einem Beteiligten die Angelegenheit oder das Vorkommnis, worum sich das Gespräch dreht, zwar in den Blick kommt, aber so, dass ich meiner Sicht der Sache nicht ganz sicher sein kann und deswegen eigentlich jedesmal meiner sprachlichen Äußerung über das betreffende Thema als Vorbehalt die Formel *dokeî moi* im Sinne von »mir erscheint es jedenfalls so«, oder eine äquivalente Klausel beifügen müsste. So ist das *dokeî moi* bedenkenswert doppeldeutig: Es kann Ausdruck des Vorbehalts sein, den ich bei meiner Meinungsäußerung wegen ihrer Unsicherheit im Sinn haben muss. Aber es kann auch ein Signal der Stärke meines Auftretens sein.

Diese Ambivalenz überträgt sich vom *dokeî moi* her auch auf die sprachlich und sachlich damit zusammenhängende *dóxa*, die »Ansicht«. Der Begriff taucht – und zwar in der Pluralform *dóxai* – zum ersten Mal in der Philosophie am Anfang des philosophischen Gedichts des Parmenides auf (Diels/Kranz 28 B 1, 30), dem wir uns als nächstes widmen werden. Da dieses griechische Wort aber einer der Schlüsselbegriffe der vorliegenden Untersuchungen ist, erscheint vorher eine Erläuterung dieser Vokabel sowie der gebräuchlichen Übersetzungen »Ansicht« oder »Meinung« angezeigt.

In dem Substantiv *dóxa* (dok-sa) ist der Anklang an ein stammverwandtes Verb hörbar, das in der Redewendung *dokeî moi*, »mir scheint«, »ich bin der Ansicht«, enthalten ist. Für die Übersetzung von *dóxa* ins Deutsche kann man die Begriffe »Ansicht« und »Meinung« auswechselbar benutzen, aber es gibt einen Gesichtspunkt, der

I. Teil: Der griechische Aufbruch des Denkens in phänomenologischer Sicht

dafür spricht, bei der Übersetzung von »*dóxa*« in einem philosophischen Kontext in der Regel die »Ansicht« vorzuziehen: Die ganze altgriechische Sprache ist von der Tendenz durchzogen, das jeweils Beredete offenzulegen, aufzudecken, zum Erscheinen zu bringen. Die wörtlich zu verstehende »An-*sicht*« entspricht dem Geist dieser Sprache, weil in ihr das Vorstellen und Denken von dem ausgeht, was sich dem Sprecher darbietet als etwas, was dafür bereitliegt, in seiner »Sicht« ans Licht gebracht und auf solche Weise »ansichtig« zu werden. Die vielen als Behauptungen vorgetragenen »Ansichten« oder »Meinungen«, die der Begriff *dóxa* bei seinem Gebrauch im Plural – *dóxai* – bezeichnet, müssen einander nicht widersprechen; aber wenn man die Übersetzung »Meinungen« wählt, kann das eher so klingen, dass die Fürsprecher der Meinungen die Tendenz haben, miteinander in Streit zu geraten.

Das dürfte vor allem daran liegen, dass das Substantiv »Meinung« – unabhängig davon, womit es sprachgeschichtlich zusammenhängen mag – für das alltagssprachliche Empfinden seine Bedeutung aus dem Gleichklang mit dem Possessivpronomen »mein« bezieht, das zu signalisieren scheint, dass die Meinung von *mir*, »meinem« Vorstellen und Denken ausgeht. Verglichen damit traut man denen, die ihre »Ansichten« austauschen, etwas mehr Friedensbereitschaft zu. Für eine sachgerechte phänomenologische Interpretation dieser Nuancen kommt es aber vor allem darauf an, zu beachten, dass man zwischen dem Streit der politischen Meinungen auf der einen Seite und der – gewöhnlichen oder auch wissenschaftlichen – Auseinandersetzung zwischen konkurrierenden Auffassungen auf der anderen Seite unterscheiden muss. Der politische Meinungsstreit ist »aggressiver«, weil ich mich mit *meiner* Beurteilung der politischen Situation des Gemeinwesens gegen die Anderen durchsetzen und die entsprechende Machtposition erlangen möchte. Doch für eine vertiefte Erörterung dieser Problematik ist es hier noch zu früh. Der politische Meinungsstreit kann erst in § 10 zur Sprache kommen, der sich der politischen Welt der Demokratie widmen wird, die von den Griechen zeitlich parallel mit der Geburt der Philosophie erfunden und auf den Weg gebracht wurde.

Neben der Verwendung des Begriffs *dóxa* in dem Plural *dóxai*, worauf sich die letzten Überlegungen bezogen, verdient auch sein Gebrauch im Singular Beachtung, und zwar dann, wenn mit »*dóxa*« nicht eine der vielen Meinungen oder Ansichten gemeint ist, sondern die Einstellung oder Denkungsart, für die es nur die schwankenden

§2. Der Welthorizont und das Seiend bei Heraklit und Parmenides

dóxai der »Vielen« gibt, aber keine feste Einsicht, keine »belastbare« Erkenntnis. In diesem Gebrauch wird *dóxa*, grammatisch gesprochen, zu einem *singulare tantum*, einem Substantiv, das sinnvoll nur im Singular verwendet werden kann.

Die Frage, ob es diesen Gebrauch als eine philosophisch verstandene Verwendung des Wortes schon vor Platon gab, brauchen wir hier nicht zu beantworten. Wesentlich ist, dass es bei Platon, etwa ein oder anderthalb Jahrhunderte nach Heraklit und Parmenides, einen bedeutenden philosophischen Text gibt, in dem dieser für immer einflussreichste aller Philosophen den Singulargebrauch des Begriffs geradezu »offiziell« einführt. In seinem Hauptwerk, der *Politeía*, einer Schrift, deren Thema man als die »Verfasstheit des Gemeinwesens« umschreiben könnte – leider hat sich der anachronistische Titel »Der Staat« als Übersetzung von »*Politeía*« eingebürgert – stellt Platon dem Singular *dóxa* den Singular *epistéme*, das »Wissen« als Bezeichnung der philosophischen Einsicht gegenüber (*Platon Politeia* 476 d 5 ff.).

Mit *epistéme* ist hier nicht das Verfügen über beliebige »Informationen« (wie beispielsweise bei Ratespielen im Fernsehen) gemeint, sondern ein »Wissen«, das dem hohen Anspruch entspricht, der mit dem Gebrauch dieses Begriffs eigentlich zum Ausdruck gebracht wird. Die Selbstunterscheidung der philosophischen Einsicht von der Denkungsart der »Vielen«, gegen die sich die Polemik insbesondere von Heraklit gerichtet hatte, war Platon so wichtig, dass er die darauf bezogene Einführung von *dóxa* und *epistéme* als festes Begriffspaar genau in die Mitte des vollständigen Textes der *Politeia* legte.[28] Dabei folgt er zwar mit dem »terminologischen« Gebrauch von »*dóxa*« Parmenides, der den Begriff in die Philosophie gebracht hat. Aber bemerkenswert ist, dass er, ohne Heraklits Namen zu nennen, zur Bezeichnung der gedankenlosen Menge das gleiche Wort *polloí*, die »Vielen«, wie Heraklit benutzt. Das lässt den Schluss zu, dass er noch weitere Wendungen aus dessen Polemik gegen die verständnislosen Menschen aufgreift; in der Zeit von Platon gibt es noch keine normative Gepflogenheit, die Quelle von Zitaten zu nennen.[29]

---

[28] In der späteren bibliothekarischen Aufteilung von Platons Hauptwerk *Politeia* in zehn Bücher ist das der Text von der Einführung der Forderung nach Philosophenkönigen am Schluss von Buch 5 bis zur kritischen Abgrenzung der Philosophie von den Sophisten als Fürsprechern der *dóxa* im Eingangsstück von Buch 6, also etwa 473 c 11 – 493 d 9.

[29] Ich folge hier der wohlbegründeten Vermutung von Hermann Fränkel (in: *Wege*

Im Übrigen wird sich auch durch den im II. Teil (§§ 17–18) kommentierten Dialog *Timaios* bestätigen, wie wichtig für Platon die Unterscheidung zwischen *epistéme* und *dóxa* war; denn in diesem späten naturphilosophischen Dialog klärt er das Verhältnis von philosophischer und mythologischer Darstellungsart und Sprache durch eine subtile Methoden-Reflexion, der die Fundamentalunterscheidung zwischen *epistéme* und *dóxa* zugrunde liegt. So dürfen wir in der Rolle, die diese Unterscheidung bei Platon spielt, eine weitere – und vielleicht die gewichtigste – Bestätigung der These sehen, dass die Philosophie sowohl bei Parmenides wie bei Heraklit ihren Weg mit einem Selbstverständnis begonnen hatte, das dem Reflexionsakt einer Selbstunterscheidung von der vorphilosophischen oder außerphilosophischen Denkungsart entsprang.

Es hat sich außerdem gezeigt, welchen Inhalt die in der Selbstunterscheidung enthaltene Kritik der Doxa bei Heraklit hatte und mit welcher »Sache« sich die Philosophie somit gemäß ihrem ursprünglichen Selbstverständnis beschäftigte. Das erlaubt uns, nun festzuhalten, dass die soweit geklärte Selbstabgrenzung der philosophischen von der außerphilosophischen Einstellung der Sinn der heraklitischen Kritik der Vielen war. Mit dieser Feststellung im Rücken können wir uns jetzt einem neuen, von uns noch nicht kommentierten Aspekt der Doxakritik in der anfangenden Philosophie zuwenden: Unsere Interpretation dieser Kritik wird nicht nur durch ihre spätere Wiederaufnahme bei Platon gestützt, sondern auch dadurch, dass es dazu schon in der Zeit von Heraklit die schon erwähnte Parallele bei Parmenides gab.

Die Übereinstimmung dieser beiden Philosophen im Grundansatz ihres Denkens lässt sich schwerlich durch eine wechselseitige Beeinflussung erklären. Jedenfalls waren die Versuche, in den bekannten Textstücken eines der beiden Philosophen Anspielungen auf textlich identifizierbare Entsprechungen bei dem Anderen zu finden, nicht erfolgreich. Und gegen eine wechselseitige Beeinflussung spricht auch, dass die Texte, in denen die beiden Urväter der Philosophie ihre Gedanken bekannt machten, sich in ihrer Beschaffenheit extrem unterscheiden: aphoristische Sprüche bei Heraklit, epische

---

und Formen frühgriechischen Denkens, München ²1955, S. 237–292, und in: *Dichtung und Philosophie des frühen Griechentums*, München 1962, S. 319–331), und Karl Reinhardt (in: *Vermächtnis der Antike*, hrsg. v. Carl Becker, Göttingen 1960, S. 72–97).

§ 2. Der Welthorizont und das Seiend bei Heraklit und Parmenides

Hexameter eines Gedichts nach dem Vorbild des frühgriechischen Dichters Hesiod bei Parmenides. Trotz dieser tiefgreifenden Differenz nimmt Parmenides in seinem philosophischen Gedicht im Prinzip das gleiche Verhältnis wie Heraklit zur Menge der Menschen ein, die das damals beginnende philosophische Denken nicht verstehen wollen oder können. In dem Gedicht wird erzählt, dass ein denkender junger Mann sich von einer Göttin über zwei unterschiedliche Wege des Denkens belehren lässt, den Weg der »Wahrheit«, *alétheia*, und den Weg des Schwankens zwischen den *dóxai*, den »Ansichten« (Diels/Kranz 28 B 1, 30). Ähnlich wie »die Vielen« bei Heraklit nichts wirklich verstehen, weil sie in ihren Erkenntnismöglichkeiten auf das beschränkt sind, was Parmenides mit dem Begriff *dóxai* bezeichnet, sind die »Sterblichen« – das ist in dieser frühen Zeit noch die am Kontrast zu den unsterblichen Göttern abgelesene Bezeichnung des Menschen, der später *ánthropos* heißt – nach Parmenides »nichtswissende Doppelköpfe« (Diels/Kranz 28 B 6, 4–5), weil sie nur das Hin-und-her-Schwanken der *dóxai* kennen.

Von den Überlegungen zu Heraklit her bietet es sich an, für einen Vergleich mit Parmenides bei der Frage einzusetzen, ob sich bei ihm ein Äquivalent zu dem findet, was Heraklit als das »Gemeinsame«, *xynón*, bezeichnet und wofür wir mit Berufung auf den in Fragment 22 B 89 überlieferten Gedanken »die Welt« eingesetzt hatten. Bei Heraklit scheiden sich die Geister der Einsichtigen und der Vielen an ihrem Verhältnis zum Gemeinsamen. Eine damit vergleichbare Rolle spielen bei Parmenides die von ihm austauschbar verwendeten Ausdrücke »es ist«, *éstin*, und »*seiend*«, in seinem jonischen Griechisch: *eón* (den meisten von Platon und Aristoteles her in der attischen Form *on* bekannt). Heraklit verteidigt das *eine* Gemeinsame gegen die Tendenz der Vielen, dieser Einheit auszuweichen und sich in die Vielheit zu verlieren. Man kann es als eine Parallele hierzu betrachten, wenn Parmenides durch den Mund der Göttin davor warnt, neben dem *éstin* bzw. dem *eón* auch das »*es ist nicht*« bzw. das »*nichtseiend*« zuzulassen. Für uns ergibt sich hieraus die Aufgabe, konkret zu zeigen, dass und inwiefern Parmenides mit dem *éstin* und dem *eón* tatsächlich auf dasselbe zielt wie Heraklit mit der »Welt« als dem Gemeinsamen.

Grammatisch ist *eón* das Partizip Präsens des Verbs *eînai*, »sein«, ebenso wie im Deutschen »seiend« das Partizip Präsens von »sein« ist. Wegweisend für den Fortgang unserer Überlegungen ist eine be-

I. Teil: Der griechische Aufbruch des Denkens in phänomenologischer Sicht

kannte Eigentümlichkeit dieses Partizips im Altgriechischen, die sich dann deutlich zeigt, wenn man einen in dieser Präsensform stehenden verbalen Ausdruck substantiviert. Das substantivierte Partizip Präsens *to katheûdon* beispielsweise – bei wörtlicher Wiedergabe im Deutschen »das Schlafend« – bezeichnet sowohl den Zustand des Schlafens, also dasselbe wie der substantivierte Infinitiv »das Schlafen«, als auch dasjenige, was sich in diesem Zustand befindet, also »das Schlafende«. Das im Zustand Befindliche ist das, was vorhanden ist, das, was faktisch existiert. Der Zustand selbst ist die Bestimmtheit des so Existierenden. Beide Bedeutungen werden implizit mit dem Gebrauch des Ausdrucks »*to katheûdon*« zur Sprache gebracht, dies aber nicht so, dass sie dem Sprecher, der diesen Ausdruck benutzt, als zwei differente Bedeutungen bewusst wären, sondern ineins, miteinander verschmolzen. In diesem Sinne kann man sagen, dass das mit *to katheûdon* Gemeinte demjenigen, der sich dieses Ausdrucks bedient, in Gestalt einer Indifferenz bewusst ist.

Das Bewusstsein von dieser Indifferenz können wir uns im Deutschen durch eine grammatisch unzulässige »wörtliche« Übersetzung annäherungsweise vergegenwärtigen, indem wir *to katheûdon* nicht grammatisch korrekt mit »das Schlafende« oder »das Schlafen« übersetzen, sondern mit »das Schlafend«. Wir haben aber auch im Deutschen eine grammatisch erlaubte Möglichkeit, die gleiche Indifferenz zum Ausdruck zu bringen, nämlich durch Sätze wie »es regnet«, »es ist kalt« usw. Mit solchen Sätzen bringen wir die zuständliche Bestimmtheit des Regnens, der irgendwo herrschenden Kälte usw. als solche zum Ausdruck und ineins damit das Faktum, dass der Regen, das Kaltsein und dergleichen mehr jetzt wirklich stattfindet. Dieser Art von Sätzen, die es nicht nur im Deutschen gibt und deren nichtssagende negative Bezeichnung als »subjektlose« oder »impersonale Sätze« nur der Ausdruck einer noch immer bestehenden Hilflosigkeit gegenüber diesen Sprachgebilden ist, wird sich nach dem § 14 vor allem § 20, die abschließende Erörterung der *phýsis*, der »Natur«, in diesem Buch, noch ausführlich widmen.

Im Unterschied zu dem deutschen »das Schlafend« ist das substantivierte Partizip *to katheûdon* kein grammatisch fehlerhaftes Artefakt, sondern Bestandteil des einstmals wirklich gesprochenen Altgriechisch und kann deshalb als legitimer sprachlicher Ausdruck der besagten Indifferenz gelesen werden. Wenn bei dieser Lektüre die beiden implizit in dem Ausdruck enthaltenen miteinander verschmolzenen Momente prädikativ expliziert werden, kommen sie in

§ 2. Der Welthorizont und das Seiend bei Heraklit und Parmenides

der grammatischen Form des substantivierten Partizips Präsens zum Vorschein. Das bedeutet: Die in »*to katheûdon*« implizit ausgedrückte Indifferenz besagt, wenn man sie durch eine Aussage explizit macht: Die zuständliche Bestimmtheit »das Schlafen« ist selbst das Existierende, das faktisch Vorliegende.

Wenn man die implizite Indifferenz unangetastet lässt, also sie nicht in eine prädikative Sprache übersetzt, erfährt man im Aussprechen solcher sprachlichen Ausdrücke wie *to katheûdon* und ebenso beim Gebrauch solcher »subjektlosen Sätze« wie der eben genannten das Verschmolzensein der beiden Momente zuständliche Bestimmtheit und faktisches Vorliegen als nahtlose Einheit. Was das in voller Konkretion bedeutet, wird noch zu zeigen sein. Aber weil eine vorläufige Verdeutlichung schon an dieser Stelle hilfreich sein kann, sei hier ein einfacher Vergleich vorweggenommen: Wodurch unterscheidet sich ein Aussagesatz in seiner überwiegend benutzten »normalen« Form, der »Prädikation« – beispielsweise »Der Schneeball ist kalt« – von einem ähnlich klingenden »subjektlosen« Aussagesatz wie etwa »Es ist kalt«?

In einem Aussagesatz mit dem Charakter der »Prädikation« erteilen wir, wie diese Bezeichnung sagt, etwas Vorliegendem, in diesem Falle dem Schneeball, ein Prädikat. Mit dem Prädikat – im angenommenen Falle: »kalt« – bestimmen wir das Vorliegende *als* etwas, wir geben ihm in diesem Sinne eine »Bestimmung«, und das Vorliegende »unterliegt« der Bestimmung; es »trägt« sie und ist in diesem Sinne das der Bestimmung »Zugrundeliegende«. Vergleichen wir damit den »impersonalen« Aussagesatz »es ist kalt«, so sehen wir: Hier ist das »kalt« kein Prädikat, keine Bestimmung von etwas Zugrundeliegendem. Das »es« in solchen impersonalen Sätzen wie »es regnet«, »es ist kalt« usw. ist nur ein durch den deutschen Gebrauch von intransitiven Verben bedingter Zusatz, aber kein echtes Zugrundeliegendes, kein »Subjekt« als Träger einer Bestimmung. Darauf kann man durch eine Übersetzung in eine andere indoeuropäische Sprache leicht die Probe machen: »es regnet« heißt auf Italienisch »piove« und »es ist kalt« »fa freddo«. Diese Ein- oder Zwei-Wort-Sätze enthalten nichts, was als Ersatz für das deutsche »es« gedeutet werden könnte.

Die Wörter »kalt«, »regnet« usw. in den »impersonalen« oder »subjektlosen« Sätzen sind zwar auch etwas Bestimmendes, d. h. sie bringen sprachlich eine Beschaffenheit, eine Artung zum Ausdruck, aber das, was durch sie bestimmt wird, ist nicht etwas der Bestimmung Zugrundeliegendes; denn um das zu sein, müsste es etwas anderes sein ist als das, wodurch es bestimmt wird. Das, was von der Bestimmung betroffen ist, ist von dem, was ihm die Bestimmung verleiht, dem Bestimmenden, nicht verschieden. Wir können diese Identität mit der Formulierung festhalten, dass das jeweils Bestimmende hier nicht eine »Bestimmungen-von« etwas Zugrundeliegendem, sondern eine »Bestimmtheit ihrer selbst« ist.

Wenn wir einen impersonalen Satz wie »es ist kalt« aussprechen und uns dabei nicht irren oder lügen, ereignet sich dabei etwas Erstaunliches: Indem die jeweilige Bestimmtheit-ihrer-selbst zu Wort gebracht wird, findet sie statt, und zwar in Gestalt eines Zustandes, der normalerweise irgendeine Dauer hat. In diesem Sinne kann man hier von »zuständlichen Bestimmtheiten« sprechen. Von diesen merkwürdigen Bestimmtheiten ist nun nicht nur in den uns vertrauten impersonalen Sätzen die Rede, sondern im Altgriechischen auch mit dem Gebrauch des substantivierten Partizip Präsens wie etwa des oben erwähnten *to katheûdon*.

Der hier formulierte Sachverhalt ist keine Ausgeburt überspannter philosophischer Phantasie, sondern er beschreibt die Welterfahrung des frühen Griechentums, in der das »Elementare« eine grundlegende Rolle spielte. Davon werden im II. Teil dieses Buchs die Paragraphen 16–20 handeln. Im Vorgriff darauf möchte ich mich hier auf den Hinweis beschränken, dass das Elementare den gerade beschriebenen Charakter einer eigentümlichen Indifferenz-Erfahrung hat: In die Nennung der jeweiligen Zustandsbestimmtheit-ihrer-selbst ist deren wirkliches, faktisches Vorliegen eingeschlossen.[30]

Die Erinnerung an diese elementare Welterfahrung geriet in philosophischer Hinsicht vor allem deswegen in Vergessenheit, weil Aristoteles in seiner *Metaphysik* und seinen logischen Schriften eine Denkentscheidung fällte, die zur Grundlage und Voraussetzung der ganzen nachfolgenden philosophischen Suche nach Bestimmungen des Seienden im Hinblick auf sein Sein, also der Ontologie in all ihren Varianten wurde: Diese Fundamentalannahme besagt: zuständliche Bestimmtheit ist auf das Vorliegen – mit dem Vokabular des Aristoteles ausgedrückt: das *hypárchein* – das faktische Vorhandensein eines Zugrundeliegenden angewiesen; es kann sie nur als prädikative Bestimmung *von* etwas Zugrundeliegendem geben.[31]

---

[30] Vgl. *Heraklit Parmenides* S. 485 ff.
[31] Als ich die oben niedergelegten Gedanken zum ersten Mal veröffentlichte, war ich

§2. Der Welthorizont und das Seiend bei Heraklit und Parmenides

Die ganze hier skizzierte Überlegung lässt sich nun auch auf denjenigen Zustand beziehen, der alle wie auch immer qualifizierten Elementarzustände umfasst, d.h. denjenigen Zustand, der immer stattfindet, wenn überhaupt irgendein Zustand stattfindet. Diesen einen Zustand aller Zustände bezeichnet Parmenides mit dem substantivierten Partizip Präsens *to eón*, das sowohl mit »das Seiende« als auch mit »das Sein« grammatisch korrekt übersetzt werden kann. Aber mit diesen Übersetzungen verfehlen wir gerade die Möglichkeit, das eben erwähnte, als Indifferenz erfahrene Elementare zu verstehen. Das Elementare ist nicht das »Seiende«, das der Zustandsbestimmung »Sein« unterliegt, sondern »das Seiend« als diejenige Indifferenz, die darin besteht, dass das faktische Stattfinden des Zustands *Sein* in die zuständliche Bestimmtheit »*Sein*«-als-solche, die eine Bestimmtheit ihrer selbst ist, einbehalten ist.

Dieser Sachverhalt, der gerade mit Hilfe des substantivierten Partizips Präsens zur Sprache kam, lässt sich ebenso mit Hilfe eines impersonalen Satzes ausdrücken, der im Gedicht des Parmenides auf Griechisch *éstin* lautet. Wenn wir diesen Ein-Wort-Satz mit »es ist« übersetzen, klingt das wie ein prädikativer Aussagesatz, der lückenhaft ist, weil ihm grammatisch das Subjekt fehlt. Aber der Satz muss anders gelesen werden, nämlich als »impersonaler Satz«, was sich wiederum in der deutschen Übersetzung durch eine normalsprachlich unzulässige Formulierung hörbar machen lässt, die so klingt wie das vertraute »es regnet« oder »es schneit«; sie lautet »es seint«.[32]

---

im Zweifel, ob es überhaupt eine geschichtliche Welt geben könnte oder gegeben hat, deren Sprache und durch die Sprache bedingte Kultur implizit auf einer anderen Fundamentalvoraussetzung als der des Aristoteles beruhte. Das wäre eine Sprache, in der nicht mehr – scholastisch gesprochen – die individuellen Substanzen, populär gesagt: die Dinge, das alles Tragende und ihm Zugrundeliegende wären, also altgriechisch ausgedrückt das *hypokeímenon*, in lateinischer Übersetzung das *subiectum* oder *substratum*, sondern übergängliche Zustände als Bestimmtheiten ihrer selbst; und von ihnen ausgehend ließe sich der Bau einer solchen Sprache »rekonstruieren«. Erst später machte ich durch die Begegnung mit Japan und seiner Kultur und Sprache die Erfahrung, dass eine solche von grundauf anders gebaute kulturelle Welt tatsächlich möglich ist, vgl. *Betrachtungen* Kap. 4 *(Japan besser verstehen)* und hier §20.

[32] Mein Vorschlag in *Heraklit Parmenides*, das parmenideische *éstin* als impersonalen Satz zu interpretieren und dieses Verständnis durch die artefizielle Übersetzung »es seint« unmittelbar vernehmbar zu machen, fand die Zustimmung von Hanspeter Padrutt in seinem Buch: *Und sie bewegt sich doch nicht. Parmenides im epochalen Winter*, Zürich 1991, S. 100 ff.

Parmenides gebraucht die Ausdrücke *to eón* und *éstin*, »das Seiend« und »es seint« so, dass er sie einfach nennt, ohne sie miteinander zu verbinden. Das genügt, weil sie dasselbe besagen. Der Ausdruck »das Seiend« ist nur die Nominalisierung für den Verbalsatz »es ist« [»es seint«]. »Das Seiend ist« wäre eine sachlich überflüssige Verdoppelung, die im Deutschen ungefähr so klingen würde wie beispielsweise der Satz »es schneit Schnee«. Parmenides geht nur an der Stelle seines Gedichts über die einfache Nennung hinaus, wo es darum geht, die Wahrheit, *alétheia*, auf der das feste philosophische Überzeugtsein beruht, von den *dóxai* abzugrenzen. In diesem Sinne stellt Parmenides die Leser seines Gedichts vor die Alternative: entweder *eón*, »es ist« [»es seint«], oder *me eón*, »es ist nicht« [»es seint nicht«] (28 B 7/8, 15–17).

Aber warum sollen wir uns für *eón* bzw. *éstin* und nicht für das Gegenteil entscheiden? Antwort des Parmenides: Weil wir, wenn wir »*éstin*« sagen, wegen der Indifferenz bereits durch dieses Sprechen sicher sein können, dass das Seiend tatsächlich stattfindet.[33] Genau diese Sicherheit können wir durch das »*ouk éstin*«, »es ist nicht« [»es seint nicht«] nicht gewinnen, weil es hier die Indifferenz durch den Inhalt dessen, was gesagt würde, nämlich »*ouk éstin*« bzw. »*me eón*« nicht geben kann. In diesem Sinne sagt Parmenides, dass das *es ist nicht* bzw. das *nichtseiend* nicht erfahren werden und nicht ausgesprochen werden kann. (28 B 2, 7–8).

Dieser Unmöglichkeit entspricht für das *eón* bzw. das *éstin* nicht nur die *Möglichkeit* seiner Erfahrbarkeit und Aussprechbarkeit, sondern dank des Einschlusses der tatsächlichen Existenz in die bloße Nennung von *eón* bzw. *éstin* als Bestimmtheit-seiner-selbst dessen *Notwendigkeit*. Diese Notwendigkeit bringt Parmenides im Griechischen mit Wendungen zum Ausdruck, die dem deutschen »muss« oder »müssen« entsprechen. Durch eben diese Notwendigkeit wird den »nichtswissenden« oder »doppelköpfigen« Sterblichen (28 B 6, 4–5) die Möglichkeit genommen, im *es ist nicht* bzw. im *nichtseiend*

---

[33] Strukturell, nicht inhaltlich, hat diese Überlegung eine ins Auge fallende Ähnlichkeit mit der *ratio Anselmi*, dem Argument für die Existenz Gottes, das im 11. Jahrhundert Anselm von Canterbury in seinem *Proslogion* eingeführt hat und das Kant später als ontologischen Gottesbeweis bezeichnete. Darauf habe ich aufmerksam gemacht in dem Aufsatz *Zur Vorgeschichte des ontologischen Gottesbeweises. Anselm und Parmenides*, zuerst erschienen in: *Perspektiven der Philosophie*, 1983, hrsg. v. R. Berlinger u. a.

§ 2. Der Welthorizont und das Seiend bei Heraklit und Parmenides

eine legitime, der Rechtfertigung fähige Alternative zum *es ist* bzw. zum *seiend* zu sehen.

Das Entsprechende hatte sich im vorigen Paragraphen bei der Erörterung des heraklitischen »Gemeinsamen« gezeigt: Dass wir uns von der einen gemeinsamen Welt verabschieden und in eine davon getrennte private Sonderwelt begeben könnten, ist, wie die Deskription des Horizontbewusstseins gezeigt hat, ein bloßer Schein und mit dem *lógos* unvereinbar. Anders ausgedrückt, dass wir uns mit all unserem Tun und Lassen immer in der einen gemeinsamen Welt aufhalten, ist gleichermaßen eine Notwendigkeit wie nunmehr – mit Bezug auf das Gedicht des Parmenides formuliert – der Umstand, dass wir nur »das Seiend« bzw. das »es ist« erfahren und aussprechen können.

Das bedeutet aber: Die Doxakritik bei Heraklit und bei Parmenides ist in der gleichen Grunderfahrung einer unumstößlichen Notwendigkeit verankert, und sie bezieht sich bei beiden gleichermaßen auf den Fundamentalirrtum, es sei realmöglich, sich aus der Zusammengehörigkeit im Gemeinsamen zu entfernen. Das Irritierende dabei ist nur die Tatsache, dass es die Menschen, deren Denkungsart ihr Gepräge von diesem Fundamentalirrtum her empfängt, wirklich gibt, obwohl es sie gemäß der gerade angesprochenen Notwendigkeit eigentlich nicht geben kann. Wie wir philosophisch mit diesem unlösbar erscheinenden inneren Widerspruch »zurechtkommen« können, ist die extreme Schwierigkeit, auf die sich in den Paragraphen 4 und 5 die Problematik der »Lebenswelt« zuspitzen wird.

I. Teil: Der griechische Aufbruch des Denkens in phänomenologischer Sicht

§ 3. Was macht das Verständnis der frühen Philosophie phänomenologisch?

Bei den Überlegungen, die der »Vergegenwärtigung« der doxakritischen Gedanken von Heraklit und Parmenides dienten, haben wir durch die Erläuterung des heraklitischen Verständnisses des »Gemeinsamen« als Welt mit Hilfe des Horizontbegriffs und durch die Erläuterung der Abhängigkeit der parmenideischen Argumentation von der altgriechischen Sprache eine doppelte praktische Denkerfahrung gemacht: Indem es uns gelang, auf diese Weise das doxakritische Denken beider Urväter der Philosophie konkret verständlich zu machen, konnten wir bemerken, dass sich der phänomenologische Stil der Analyse gut dazu eignete, die Geburt der Philosophie in der Antike sachgerecht zu interpretieren. Nun darf man aber von einer philosophischen Untersuchung erwarten, dass sie eine solche Eignung nicht nur durch ein erfolgreiches intellektuelles Handeln vorführt, sondern darüber hinaus auch durch eine Reflexion des Verhältnisses zwischen der philosophischen »Position« oder »Perspektive« des Interpreten und den von ihm interpretierten Texten ausdrücklich nachweist. Deshalb soll nun dieser Paragraph die Hauptschritte einer solchen Reflexion entwickeln, in der es um das Verhältnis der Phänomenologie, mit deren Denkmitteln wir den griechischen Anfang der Philosophie interpretieren, zu diesem Anfang geht.

Dieses Verhältnis muss uns vor allem deshalb interessieren, weil von ihm abhängt, ob wir gedanklich zu jenem griechischen Anfang einen solchen Zugang haben, dass wir von einem kontinuierlichen Zusammenhang zwischen ihm und unserem gegenwärtigen Denken sprechen dürfen, oder ob wir einen Abgrund zwischen der damaligen und der heutigen Philosophie annehmen müssen. Nur im ersteren Falle kann man im wörtlichen Sinne von einer »Vergegenwärtigung« der anfänglichen Philosophie sprechen, wie es im Untertitel dieses Buchs geschieht. Durch diesen Untertitel deutet sich schon an, für welche Option der Verfasser des Buchs plädiert.

Um sogleich mit dem Plädoyer für einen kontinuierlichen Zusammenhang zu beginnen, gehe ich noch einmal von der Polarität zwischen Doxa und Episteme aus. Beide unterscheiden sich als *Einstellungen*. Von daher kann man den ersten Schritt der anfangenden Philosophie als einen Einstellungswechsel bezeichnen. Obwohl sich in §7 Bedenken gegen den Gebrauch des Einstellungsbegriffs melden

§ 3. Was macht das Verständnis der frühen Philosophie phänomenologisch?

werden, können wir davon hier noch einmal absehen, weil die nachfolgenden Aussagen über den Beginn der phänomenologischen Philosophie bei Husserl von diesen Bedenken nicht betroffen sind. Um seine »Urstiftung« der Phänomenologie – wie er selbst vielleicht formuliert hätte – und die Bedeutung dieser Stiftung für eine zunächst an Husserl orientierte phänomenologische Sicht des griechischen Anfangs sachgerecht darzustellen, sind wir auf die Vorstellung von einem Einstellungswechsel angewiesen.

Ein wenig überspitzt gesagt, hat Husserl die Phänomenologie zweimal »gegründet«. Das erste Mal hat er sie durch seine *Logischen Untersuchungen* von 1900/1901 auf den Weg gebracht. Aber in den Jahren danach kam er zu einem neuen Verständnis von Aufgabe und Bedeutung der Phänomenologie, das er zwar schon in Vorlesungen darstellte und dabei auch weiter entwickelte, aber zu veröffentlichen zögerte. Erst 1913, also ein Dutzend Jahre nach den inzwischen schon berühmt gewordenen *Logischen Untersuchungen* bekannte er sich öffentlich mit der Publikation des ersten Bandes seines dreibändigen systematischen Hauptwerks, der *Ideen zu einer reinen Phänomenologie und phänomenologischen Philosophie* zu dem neuen Selbstverständnis seines phänomenologischen Denkens und machte damit einen zweiten Anfang. In einem radikalen Einstellungswechsel stellt Husserl die Phänomenologie nun in die Nachfolge der »transzendentalen« Reflexion, die Immanuel Kant in der *Kritik der reinen Vernunft* zu dem geführt hatte, was man seitdem als »kopernikanische Wende« der Philosophie bezeichnet.

Kant selbst sprach von einer »Revolution der Denkart« oder »Umänderung der Denkart«, wobei wir die »Denkart« im gleichen Sinne wie den im bisherigen Text schon mehrfach benutzten Ausdruck »Denkungsart« als Einstellung verstehen dürfen. Man nennt die Wende kopernikanisch, weil die Philosophie mit ihr eine ähnliche Umkehrung vollzieht wie die Naturwissenschaft mit dem Übergang von der geozentrischen zur heliozentrischen Astronomie bei Kopernikus: Die Erde, die man bis dahin als ruhendes Zentrum des Weltalls angesehen hatte, um das die anderen Gestirne kreisen, bewegt sich nun selbst im Kreise um die Sonne. Im Rahmen der Aufgabenstellung dieses Buchs müssen wir uns begnügen mit einer kurzen und unvermeidlich oberflächlich bleibenden Erläuterung der neuen »Denkart« in der Philosophie, die durch ihre »kopernikanische Wende« auf den Weg gebracht wurde.

I. Teil: Der griechische Aufbruch des Denkens in phänomenologischer Sicht

Wir Menschen sind in unserem außerphilosophischen Leben mit fragloser Selbstverständlichkeit davon überzeugt, dass alles, was uns als Gegenstand in Raum und Zeit begegnet und uns in diesem Sinne erscheint, »an sich« besteht, d. h. unabhängig davon existiert, welche Rolle es für uns Menschen als erkennende Subjekte spielt. Diese Überzeugung teilte auch die Philosophie vor Kant. Husserl bezeichnet sie als die »Generalthesis der natürlichen Einstellung« (*Ideen 1* § 30), wobei zu beachten ist, dass diese »Thesis« im außerphilosophischen Leben normalerweise unausdrücklich bleibt und nur in der Philosophie in Gestalt einer Thesis, einer Behauptung, explizit formuliert wird (mehr hierzu folgt in § 6).

In der Philosophie vor Kant verbindet sich mit der Überzeugung von der subjektunabhängigen Existenz der Gegenstände als zweite Selbstverständlichkeit die fundamentale Annahme, dass unser Erkennen sich nach den Gegenständen richtet. In der kopernikanischen Wende bricht die Philosophie mit dieser Annahme und nimmt das Umgekehrte an: die Gegenstände »richten sich« nach unserer Erkenntnis – so Kants Formulierung in der Vorrede zur zweiten Auflage der *Kritik der reinen Vernunft* (B XVII–XVIII). Verallgemeinert ist mit dieser Formulierung gesagt, dass das Sein von allem, was uns als erkennenden »Subjekten« erscheint, von diesem seinem »subjektiven« Erscheinen, dem-*uns*-Erscheinen abhängt.

Indem wir auf unser Bewusstsein reflektieren und uns dabei ausschließlich daran halten, wie uns alles, womit auch immer wir zu tun haben, subjektiv erscheint, können wir zeigen, dass das Ansichsein der Gegenstände sich von ihrem subjektivem Erscheinen her erklären lässt. Und auch die Generalthesis, die normalerweise unausdrücklich bleibende vorphilosophische Überzeugung von der Subjektunabhängigkeit der Gegenstände können wir von deren subjektiven Erscheinen her verständlich machen. Diese neue Erklärung des Ansichseins der Gegenstände aus ihrem subjektivem Erscheinen betrifft das Verhältnis zwischen unserem *Bewusstsein* und den Gegenständen, auf die es sich beim Erkennen bezieht; denn es ist der Mensch als Subjekt, der »Bewusstsein hat«: Das Bewusstsein überschreitet, »transzendiert« sich selbst auf die Gegenstände hin, deren bewusstseinsunabhängiges Sein sich aus ihrem bewusstseinsmäßigen und in diesem Sinne »subjektiven« Erscheinen verständlich machen lässt. Weil die zur kopernikanischen Wende führende Reflexion sich auf dieses Transzendieren – diese Transzendenz – bezieht, nennt Kant sie transzendental; denn dieser von der philosophischen Tradition her vieldeu-

§ 3. Was macht das Verständnis der frühen Philosophie phänomenologisch?

tige Begriff kann auch so verstanden werden, dass er soviel bedeutet wie »das Transzendieren betreffend«.

Für Husserl hat seine Phänomenologie seit den auf die *Logischen Untersuchungen* folgenden Jahren ihren denkgeschichtlichen Ort in der von Kants transzendentaler Reflexion ausgehenden transzendentalphilosophischen Tradition, und er bezeichnet deshalb sein Denken seitdem als »transzendentale Phänomenologie«. Man würde dieses Bekenntnis zur Transzendentalphilosophie aber missverstehen, wenn man glaubte, Husserl habe einfach die Denkweise von Kants *Kritik der reinen Vernunft* übernommen. Beide Philosophen stimmen zwar in der Ausgangsbasis und im Ziel ihrer Überlegungen überein. Die Basis, von der sie ausgehen und in der alle Gedankenschritte verankert bleiben, ist das subjektive Erscheinen, und ihr Ziel ist, zu erklären, auf welche Weise sich von dem in unserem Bewusstsein erfahrenen subjektiven Erscheinen her das subjektunabhängige Sein der Gegenstände verständlich machen lässt – eine Aufgabe, die ein Jahrhundert nach Kant der Neukantianismus als Erklärung der »Konstitution« der Gegenstände bezeichnete. Aber die Wege, die Husserl und Kant einschlagen, um vom subjektiven Erscheinen aus zu transzendentalen Erkenntnissen über die Konstitution all dessen zu gelangen, dem wir Ansichsein zuschreiben, divergieren fundamental.

Kant rekonstruiert die Voraussetzungen der Konstitution des uns gegenständlich Erscheinenden mit Hilfe der Frage nach den »Bedingungen der Möglichkeit« von bestimmten faktisch gegebenen Zügen des Erscheinens der Gegenstände und beantwortet diese Frage mit der Angabe von Bedingungen, die rekonstruktiv erschlossen, aber unserem Denken nicht anschaulich gegeben sind. Diese Bedingungen erklären das Erscheinen von Gegenständlichkeit überhaupt; sie gelten gleichermaßen für alles Erscheinende. Im Unterschied dazu geht die transzendentale Phänomenologie von vorneherein davon aus, dass die Voraussetzungen der Konstitution je nach der Art des jeweils Erscheinenden variieren müssen; und dieser Vielfalt entspricht sie dadurch, dass sie sich nicht mehr auf die Rekonstruktion von »Bedingungen der Möglichkeit« stützt, die nichts anderes als unanschaulich sein können, weil wir sie nur dadurch kennen, dass wir sie als Erfordernisse erschließen. An die Stelle solch unanschaulichen Deduzierens tritt in der Phänomenologie ein methodisch geregeltes Beschreiben, das die Mannigfaltigkeit des Erscheinenden ausdrücklich anerkennt und das sich bei jeder der unterschiedlichen Arten des Erscheinenden ihre Artung, ihre spezifische Bestimmtheit geistig vor Augen stellt, um ihr bei der Beschreibung gerecht zu werden. Diese neue Offenheit der Phänomenologie dafür, wie das Erscheinende sich uns in seiner vielfältigen Bestimmtheit darbietet, beginnt schon damit, dass das Erscheinende nicht mehr wie noch bei Kant mit dem gleichgesetzt wird, was als »Gegenstand«, d. h. als ein thematisierbares Gegenüber unsere Aufmerksamkeit auf sich zieht und uns sprachlich primär als Träger von Bestimmungen bewusst wird, die ihm in Aussagesätzen durch Prädikation zugesprochen werden. Eine der philosophiegeschichtlich bedeutenden Errungenschaften der Phänomenologie ist die Entdeckung des vorprädikativ Erscheinenden. Dies ist aber nur ein Beispiel für viele Bereiche in der Vielfalt des Erscheinenden, die von der Phänomenologie analytisch durchleuchtet werden können und von denen einige in den nachfolgenden Paragraphen noch zur Sprache kommen.

Wir können nun auf die Ausgangsproblematik der letzten Gedankenreihe zurückkommen: Dürfen wir einen kontinuierlichen Zusammenhang zwischen der anfänglichen Philosophie bei den Griechen und dem gegenwärtigen Denken annehmen? Für das phänomenologische Denken können wir auf diese Frage nun eine bejahende Antwort geben, weil es zwischen Anfang und Gegenwart der Philosophie eine doppelte Ähnlichkeit gibt, die aber – das ist sogleich hinzuzufügen – nicht als Gleichheit verstanden werden darf. Es kann sich also nicht darum handeln, dass in einer modernen Philosophie das anfängliche Denken restaurativ eine Wiederkehr feiert. Es geht darum, das moderne Denken zur frühen Philosophie in ein Verhältnis zu setzen, dessen Charakter einerseits durch die Wahrung des geschichtlichen Abstandes zwischen beiden Seiten, andererseits aber auch – auf eine näher zu bestimmende Weise – durch eine Ähnlichkeit beider Seiten bestimmt ist. Zunächst erklären wir noch ohne Berücksichtigung des geschichtlichen Charakters, den das Verhältnis beider Seiten hat, worin ihre Ähnlichkeit konkret besteht:

Erstens ist die Philosophie in ihrer phänomenologischen Spielart, wie sich zuletzt zeigte, von einem Geist der Aufgeschlossenheit für die reiche Mannigfaltigkeit des Erscheinenden getragen. Das »Erscheinen« von irgendetwas für uns Menschen besteht in einem geistig und leiblich *anschaulich* Sichtbar-und-vernehmbar-Werden. Die Griechen der Antike waren für das so verstandene Erscheinen ungewöhnlich empfänglich. Kenner des Altgriechischen haben beispielsweise oft schon darauf aufmerksam gemacht, welchen Differenzie-

§ 3. Was macht das Verständnis der frühen Philosophie phänomenologisch?

rungsreichtum diese Sprache aufbietet, um etwa bei der Wiedergabe von Gesprächen möglichst jede Nuance des Gesprochenen mitsamt der Gesprächssituation offenzulegen. Wenn man bei Thukydides politische und bei Platon philosophische Dialoge liest, kann man das, eine gute Übersetzung vorausgesetzt, sogar noch im deutschen Text spüren. Eine Spur von diesem Geist der Offenheit für den Reichtum des anschaulichen Erscheinens zeigt in der modernen Philosophie noch oder wieder die Phänomenologie mit ihrer Bereitschaft, der jeweiligen Bestimmtheit des Erscheinenden durch Beschreibung gerecht zu werden.

Diese Offenheit ist die erste Ähnlichkeit zwischen Anfang und Gegenwart der Philosophie, wenn wir die letztere phänomenologisch verstehen. Die zweite Ähnlichkeit liegt im reflexiven Selbstverständnis der so verstandenen Philosophie, die sich auf einen einzigartigen Wechsel der Einstellung gründet. Bei den Griechen mit ihren Vordenkern der Philosophie Heraklit und Parmenides ist das der Übergang von der Doxa zur Episteme und in der modernen transzendentalphilosophischen Tradition der Bruch mit der außerphilosophischen Denkungsart, die Husserl als »natürliche Einstellung« bezeichnet. Dieser Einstellungswechsel hat in beiden Fällen den gleichen Charakter, und deshalb dürfen wir hier von einer gewissen Affinität des frühen Denkens mit dem der transzendentalen Phänomenologie sprechen. Aber wieso sind beide Arten des Einstellungswechsels auf die gleiche Weise einzigartig?

Die Antwort ist: Es handelt sich beide Male um die radikalste denkbare Gestalt eines solchen Wechsels: Sie besteht darin, dass uns die Einstellung, die wir durch den Bruch mit ihr verlassen, vor diesem Schritt noch nicht *als* Einstellung bewusst war. So ist dieser »Bruch« mit der vorphilosophischen oder außerphilosophischen Einstellung zugleich ihre Entdeckung, und die Einstellung selbst heißt »natürlich«, weil sie uns – da als solche nicht bewusst – auf solche Weise selbstverständlich war, dass wir sie nicht wählen oder eigens einnehmen konnten. Deshalb wäre es nicht verkehrt, wenn man hier den Begriff der Einstellung vermeiden würde, der sich, wie schon erwähnt, als problematisch erweisen wird. Stattdessen könnte man eine Formulierung übernehmen, die ein Jahrhundert vor dem erwähnten ersten Band von Husserls *Ideen zu einer reinen Phänomenologie* Hegel 1806 in seiner *Phänomenologie des Geistes* benutzt hatte: Man würde vom »natürlichen Bewusstsein« sprechen.

I. Teil: Der griechische Aufbruch des Denkens in phänomenologischer Sicht

Nehmen wir also an, dass der im antiken Griechenland erstmals vollzogene Übergang von der vorphilosophischen Denkungsart der Doxa zur Episteme und der moderne »transzendentale« Übergang vom – Hegel'sch gesprochen – »natürlichen Bewusstsein« zur philosophischen Einstellung[34] darin übereinstimmen, dass mit dem Wechsel der Einstellung die frühere Einstellung allererst als solche entdeckt wird. Aber dann stellt sich die Frage: Wie ist ein solcher Wechsel überhaupt möglich? Er setzt eigentlich eine Motivation innerhalb der vorphilosophischen Denkungsart voraus, die den Anstoß zum Bruch mit ihr gibt. Doch dafür müsste der in der vorphilosophischen Denkungsart lebende Mensch ein Bewusstsein von seiner Einstellung haben; und das scheint unmöglich, weil die hier in Rede stehende radikale Gestalt des Einstellungswechsels gerade durch das Fehlen eines solchen Bewusstseins definiert ist. Die großen idealistischen Denker nach Kant haben eigene Theoriestücke entwickelt, um das Rätsel zu lösen, woher der Anstoß zum Bruch mit der natürlichen Denkungsart kommt.

Dass dieses Rätsel auch den antiken Vordenkern der Philosophie bewusst war, zeigt ein Detail im philosophischen Gedicht des Parmenides: Der junge Mann, den zu Beginn der Verse ein Pferdegespann in eine Höhe oberhalb der menschlichen Wohnstätten hinaufträgt, also, weniger metaphorisch gesprochen, in die Region der Überlegenheit der philosophischen Einsicht gegenüber der gewohnten vorphilosophischen Denkungsart befördert, wird von einer Göttin empfangen, die ihn mit den Inhalten der Einsicht belehrt. Der Hinweis, dass Parmenides damit für sein in der epischen Form des Hexameters abgefasstes Gedicht vor allem dem Vorbild des frühgriechischen Dichters Hesiod folgt, ist literaturgeschichtlich hilfreich, aber er kann nicht erklären, warum der sonst messerscharf argumentierende Parmenides es *sachlich* für geboten hält, eine Göttin ins Spiel zu bringen. Die

---

[34] Wenn ich hier pauschal von der »philosophischen Einstellung« spreche, ist mir bewusst, dass es sich um eine starke Vereinfachung handelt. Husserl hat nie aufgehört darüber nachzudenken, wie bei der Einstellung zu differenzieren ist, durch die sich die phänomenologische Philosophie vom vorphilosophischen Bewusstsein unterscheidet, und so hat er mehrfach neue Differenzierungen vorgeschlagen. Es scheint mir aber nicht notwendig, im vorliegenden Zusammenhang auf diese Modifikationen einzugehen, weil es hier im Rahmen eines Brückenschlags zur antiken Unterscheidung zwischen Episteme und Doxa nur auf den einfachen und grundlegenden Unterschied ankommt, durch den sich das phänomenologische Philosophieren vom natürlichen Bewusstsein distanziert.

§ 3. Was macht das Verständnis der frühen Philosophie phänomenologisch?

Erklärung ist: Er braucht eine solche den menschlichen Möglichkeiten überlegene Macht, um mit ihr sozusagen als *dea ex machina* das genannte Rätsel zu lösen.

Wir halten nun fest: Es gibt eine Affinität zwischen der in der Antike anfangenden Philosophie und dem modernen phänomenologischen Denken, die sich in zweifacher Hinsicht zeigt, erstens darin, dass auf beiden Seiten eine vergleichbare Offenheit für die Mannigfaltigkeit des anschaulich Erscheinenden herrscht, zweitens darin, dass der Bruch mit der vorphilosophischen Denkungsart sich auf eine vergleichbar einzigartige Weise vollzieht. In seiner modernen transzendentalen Gestalt kann und muss dieser Bruch zweieinhalb Jahrtausende nach der Geburt der Philosophie ihrem seitdem weit fortgeschrittenen Reflexionsniveau entsprechen und kann deshalb nicht einfach eine Wiederholung des alten Einstellungswechsels ohne Modifikation seiner Beschaffenheit sein. Doch der moderne Übergang zur philosophischen Einstellung hat mit der altgriechischen immer noch eine »Familienähnlichkeit«, die es erlaubt, das konkrete geschichtliche Verhältnis beider etwa so zu interpretieren:

Wir können die mit dem Einstellungswechsel vollzogene Selbstabgrenzung der Episteme von der Doxa wegen ihres reflexiven Charakters als eine Art von »Vorgeschichte« der transzendentalen Reflexion betrachten. In dem frühen Stadium einer naiven Vorgestalt dieser Reflexion konnte sich die Selbstunterscheidung von der Denkungsart der Vielen aber nur in Form einer Polemik gegen sie artikulieren. Mit dem Erreichen des transzendentalen Reflexionsniveaus legt der Einstellungswechsel die Aufgeregtheit der heraklitischen Doxakritik ab, und mit dieser emotionalen Ernüchterung geht eine gedankliche Schärfung der Selbstunterscheidung in der transzendentalen Reflexion Hand in Hand.

Die hier skizzierte Einordnung der Geburt der Philosophie in ihre damals beginnende Geschichte bis zur modernen transzendentalen Reflexion bewegte sich unverkennbar im Horizont der Husserl'schen transzendentalen Phänomenologie. In dieser Sicht gelangen wir, wie sich gerade zeigte, zur Annahme einer gewissen Kontinuität zwischen frühgriechischem und modernem philosophischem Denken, vorausgesetzt, dass letzteres sich in die transzendentale und die phänomenologische Tradition stellt. Von dem Ansatz, der zu dieser Sicht führte, ausgehend werde ich mich in den nachfolgenden Paragraphen bei der »Vergegenwärtigung« der Gedanken der frühen Philosophie zunächst möglichst lang in den durch Husserls

Denkweise eröffneten Bahnen bewegen. Je mehr wir uns dabei dem Problemkern der Geburt der Philosophie annähern, umso spürbarer werden allerdings Probleme auftauchen, mit deren Behandlung wir nur weiterkommen, indem wir auf Denkmöglichkeiten zurückgreifen, über die wir erst durch Heideggers hermeneutische Wende der Phänomenologie in *Sein und Zeit* verfügen.

Auch wenn es mir also am Ende nicht möglich scheint, heute noch Husserls Programm einer transzendentalen Phänomenologie in jeder Hinsicht zu folgen, sehe ich keine Schwierigkeit darin, zunächst an ihn anzuknüpfen. Diese Bezugnahme auf Husserl wird sich aber, was das Verständnis der Klassiker des griechischen Denkens betrifft, darauf beschränken müssen, dass im Verständnis des Horizonts der Interpretation allgemein ein transzendental-phänomenologischer »Geist« herrscht. »Mehr« lässt sich in Anbetracht von Husserls konkreten Kenntnissen im Bereich der antiken griechischen Philosophie nicht verlangen. Sie waren mit denen mancher heutiger Philosophen, deren Philosophie nur noch in der Interpretation ihrer bisherigen Geschichte besteht, nicht vergleichbar.

Die Unterscheidung von Doxa und Episteme war Husserl natürlich vertraut, und dass sie »terminologisch« von Platon stammt, dürfte ihm bekannt gewesen sein; denn als er sich in der ersten Hälfte der dreißiger Jahre des vergangenen Jahrhunderts mit der Idee einer Phänomenologie des Staates trug,[35] wollte er an die Utopie des Philosophenkönigstums aus der *Politeia* anknüpfen. Was Heraklit betrifft, so sprach er zwar in den Nachlassmanuskripten gerne vom »heraklitischen Fluss« (wohl ohne zu ahnen, dass das auf Platon zurückgehende Klischee von Heraklit als Denker des Werdens unhaltbar ist), hatte aber nach meinem Eindruck nur eine rudimentäre Kenntnis seiner Sprüche. So dürfte ihm auch unbekannt geblieben sein, dass die Gegenüberstellung von Doxa und Episteme sachlich schon in der doxakritischen Selbstabgrenzung der Denkungsart der Einsichtigen vom Unverstand der Menschen in ihrer Durchschnittlichkeit bei Heraklit und Parmenides enthalten war.

Aber eines verdient hier Erwähnung: Mein verehrter Lehrer Ludwig Landgrebe hatte in den 20er Jahren des vergangenen Jahrhunderts in Freiburg als Husserls Assistent und dann nach Heideggers Berufung auf dessen Lehrstuhl Gelegenheit, ein konkretes Bild

---

[35] Systematisch rekonstruiert von Karl Schumann: *Husserls Staatsphilosophie*, Freiburg i. Br. 1988.

§ 3. Was macht das Verständnis der frühen Philosophie phänomenologisch?

vom Umgang beider Ahnväter der Phänomenologie mit der Philosophiegeschichte zu gewinnen. Er machte gerne darauf aufmerksam, dass Husserl ein überraschend gutes Gespür für Gedanken der Tradition besaß, deren wegweisende Bedeutung man bis dahin in der Philosophie nicht bemerkt hatte. Ein gutes Beispiel hierfür findet sich an einer schon in der Einleitung hervorgehobenen Stelle in § 48 der *Krisis*-Abhandlung:

Husserl bringt hier bei einem Rückblick auf seine Lebensarbeit die Rede darauf, dass »die Welt, von der wir je sprechen« – das ist die Welt, die er andernorts in der *Krisis* mit dem hier erstmals zum philosophischen Terminus erhobenen Begriff der Lebenswelt bezeichnet – uns in subjektiven Gegebenheitsweisen erscheint. Und hier formuliert er beiläufig einige für das Verständnis des frühen griechischen Denkens bemerkenswert aufschlussreiche Sätze: »Nie erregte (...) die Korrelation von Welt und subjektiven Gegebenheitsweisen von ihr das philosophische Staunen, trotzdem sie sich schon in der vorsokratischen Philosophie (...) vernehmlich meldet. Nie hat diese Korrelation ein eigenes philosophisches Interesse erregt, so daß sie zum Thema einer eigenen Wissenschaftlichkeit geworden wäre. Man blieb der[36] Selbstverständlichkeit verhaftet, daß jedes Ding für jedermann jeweils verschiedentlich aussieht.«

Der Hinweis darauf, dass die besagte Korrelation »sich schon in der vorsokratischen Philosophie vernehmlich meldet«, war für mich einer der Hauptanstöße dafür, in der Untersuchung *Heraklit Parmenides* abweichend vom gewohnten Verständnis des frühgriechischen Denkens in einer neuen Interpretation von dem bei Heraklit beobachtbaren Bewusstsein der Relativität des Erscheinens auszugehen, also den Weg einzuschlagen, der u. a. zur Abfassung dieses Buchs führte. Auf Husserls treffende Beobachtung wäre Heidegger nie gekommen, weil er so etwas wie eine reflexive Bezugnahme auf das subjektive Bewusstsein im antiken griechischen Denken bestritt und deswegen von vorneherein an den Heraklit-Sprüchen nicht interessiert war, die sich darauf beziehen, dass eine Sache den jeweils betroffenen lebenden Wesen, darunter auch den Menschen, unter-

---

[36] Im gedruckten Text der *Krisis* in *Husserliana* Bd. VI steht auf S. 168: »Man blieb in der Selbstverständlichkeit verhaftet«. Aber das ist falsches Deutsch. Vermutlich handelt es sich um einen Transkriptionsfehler. Leider existiert Husserls Originalmanuskript in Gabelsberger Stenographie nicht mehr.

I. Teil: Der griechische Aufbruch des Denkens in phänomenologischer Sicht

schiedlich erscheinen kann. Hier einige Beispiele für solche Sprüche, die auch ohne Kommentierung verständlich sein dürften:

> Schweine haben mehr Lust an Dreck als an sauberem Wasser. (Diels/Kranz 22 B 13)
>
> Schweine baden in Kot, Geflügel in Staub oder Asche. (B 37)
>
> Esel würden Spreu dem Gold vorziehen. (B 9)
>
> (*Bestünde das Glück in körperlichen Genüssen,*) so müssten wir die Ochsen glücklich nennen, wenn sie Erbsen zu fressen finden. (B 4)
>
> Meer: reinstes und scheußlichstes Wasser: für Fische trinkbar und gesund, für Menschen untrinkbar und tödlich. (B 61)
>
> Krankheit macht Gesundheit angenehm und gut, Hunger Sattheit, Erschöpfung Ruhe. (B 111)
>
> Der schönste Affe ist hässlich im Vergleich zum Menschengeschlecht. (B 82)
>
> Der weiseste Mensch erscheint vor Gott wie ein Affe an Weisheit, Schönheit und allem anderen. (B 83)[37]

Heideggers Desinteresse an Sprüchen dieser Art ändert nichts daran, dass Husserl mit seinem flüchtigen Hinweis einen Zug des frühgriechischen Denkens hervorhebt, in dem sein reflexiver Charakter offenkundig zutage tritt. Im »Relativismus« solcher Sprüche, die Beispiele dafür enthalten, dass – mit den Worten von Kants populärer Erläuterung der kopernikanischen Wende – »die Gegenstände sich nach unserer Erkenntnis richten«, kündigt sich ganz von Ferne schon die Möglichkeit der radikalen transzendentalen Reflexion an. Das ruft die Frage auf den Plan, wie Heidegger als zweiter Ahnvater und Vordenker der Phänomenologie zu einer Interpretation des Anfangs der Philosophie steht, die sich, auf solche Zeugnisse wie diese Sprüche gestützt, dem Denken von Heraklit und Parmenides in einem transzendental-phänomenologischen Horizont nähert.

Ich sehe nicht, dass Heidegger gegenüber dieser Frage mehr aufbieten könnte als auf seinem Vor-Urteil zu beharren, dass wir seinsgeschichtlich von einer tiefgreifenden Zäsur zwischen antiker und neuzeitlicher Philosophie ausgehen müssen. In seinen Augen kenn-

---

[37] Die letzten beiden Sprüche sind zugleich wichtige Belege für das Analogie-Denken, dessen Bedeutung für die Philosophie Heraklit gleich an deren Beginn erkannt hat. Doch dazu mehr in §7.

§ 3. Was macht das Verständnis der frühen Philosophie phänomenologisch?

zeichnet es die seinsgeschichtliche Grundstellung der antiken Philosophie, dass in ihr das Motiv eines reflexiven Selbstbewusstseins fehlt. Die Ausführungen im vorliegenden Paragraphen zeigen, warum mir diese Einschätzung der antiken Philosophie unhaltbar erscheint. Ungeachtet dieser Kritik an Heidegger liegt mir aber daran, darauf hinzuweisen, dass wir ihm eine entscheidende, auch für die Entstehung dieses Buchs bedeutsame Entwicklung in der »continental philosophy« verdanken: Nach der verengten Rezeption antiker Philosophie im Neukantianismus, der zur Zeit des Beginns von Heideggers akademischer Laufbahn noch weitgehend die universitäre Szene der Philosophie beherrschte, waren es seine radikalen Fragen, durch die erst wieder ein Interesse an den Fundamentalproblemen lebendig wurde, die das antike philosophische Denken einstmals aufgeworfen hatte. Vielen, die sich heute tadelnd über Heideggers – tatsächlich beobachtbare – Fehlinterpretationen von klassischen Texten des antiken Denkens verbreiten, ist nicht bewusst, dass in der heutigen Philosophie vielleicht längst die Akten über diesen Texten geschlossen wären und die Kritiker keine Gelegenheit mehr für ihren Tadel finden würden, wenn Martin Heidegger nicht die Tür zu den bleibenden grundlegenden Fragen der antiken Philosophie wieder aufgestoßen hätte.

I. Teil: Der griechische Aufbruch des Denkens in phänomenologischer Sicht

§ 4. Gibt es »die Lebenswelt«?

Der Begriff der Lebenswelt hat seit den siebziger Jahren des 20. Jahrhunderts in Deutschland als ein Leitwort öffentlicher Grundsatzdiskussionen Karriere gemacht, aber dabei richtete sich die Aufmerksamkeit primär nicht auf die Bedeutung, die der Begriff durch seine Rolle in der Husserl'schen Phänomenologie hatte. Inzwischen ist sein Gebrauch in der Bildungssprache so selbstverständlich geworden, dass es kaum noch jemand für nötig hält, sich über seine ursprüngliche Herkunft Rechenschaft zu geben, was zur Folge hat, dass der Begriff allmählich mit ähnlich beliebiger Bedeutung wie der Begriff Philosophie benutzt wird. Mit Blick auf diese Situation habe ich die Gedanken im vorliegenden Paragraphen auf zwei Hälften verteilt: In der ersten Hälfte werde ich skizzieren, wie die »Lebenswelt« erstmals in der spätesten Phase der Entwicklung von Husserls Phänomenologie zu einem philosophischen Begriff wurde. Im der zweiten Hälfte möchte ich darauf eingehen, dass der Lebenswelt-Begriff von jener Herkunft her in diesem Buch mit einem Plural von Bedeutungen auftaucht, die zwar irgendwie zusammengehören, aber nicht durch einen systematischen Zusammenhang.

Zunächst also zur Herkunft des Lebenswelt-Begriffs aus der Husserl'schen Phänomenologie, soweit diese als eine Voraussetzung für die hier versuchte Interpretation der Geburt der Philosophie im Blickfeld unserer Aufmerksamkeit stehen muss. Weil die Episteme der zur philosophischen Offenheit für die gemeinsame Welt Erwachten sich dadurch definiert, dass sie sich über die Verschlossenheit der Vielen erhebt, gehört zu ihr ein Anspruch auf Überlegenheit gegenüber der Doxa, der nicht nur in Heraklits Herabsetzung des Geisteszustands der Vielen als Schlaf, sondern auch in der parmenideischen Bezeichnung der in den *dóxai* befangenen Menschen als »nichtswissende« oder »doppelköpfige Sterbliche« (Diels/Kranz 28 B 6, 4–5) unüberhörbar zu vernehmen ist.

Ein solcher Anspruch bedarf aber einer Rechtfertigung. Zumindest denjenigen Interpreten des frühgriechischen Denkens, die – wie der Autor dieses Buchs – mit Husserl an der von Kant eingeleiteten transzendentalen Wende der Philosophie festhalten und sie, wie im vorigen Paragraphen skizziert, als so etwas wie eine moderne »Fortsetzung« der ursprünglichen Doxakritik interpretieren, muss daran

§4. Gibt es »die Lebenswelt«?

gelegen sein, dass die Rechtfertigung des Überlegenheitsanspruchs gelingt.

Mit diesem Interesse unterstellen sie eine Kontinuität der Philosophie über zweieinhalb Jahrtausende hinweg, zu der sie nicht die Haltung eines neutral eingestellten Historiographen einnehmen. Sie versuchen vielmehr, als in der »Sache« der doxakritisch-transzendentalen Episteme engagierte und mitphilosophierende Interpreten, eine alte, aber nicht veraltete Frage in dem wörtlich zu nehmenden Sinne zu »vergegenwärtigen«, wie es im Untertitel dieses Buchs angekündigt wird. In diesem Geiste stellen sie sich die Aufgabe, den besagten Überlegenheitsanspruch gleichsam stellvertretend für die Ahnväter Heraklit und Parmenides selbstkritisch zu prüfen. Sie folgen damit auch Husserl, der sich noch einmal ausdrücklich in die von der Doxakritik zur transzendentalen Wende führende Traditionslinie stellte, als er in der *Krisis*-Abhandlung von 1936 die Selbstbezeichnung seiner Philosophie als »transzendentale Phänomenologie« sogar in den Titel dieses Werks aufnahm.

Die gesuchte Rechtfertigung des Überlegenheitsanspruchs kann nur dann wirklich überzeugen, wenn sie eine einfache Voraussetzung erfüllt: Die Kritik an der Doxa muss sich klar darüber sein, wogegen sie sich richtet, d. h. sie muss eine konkrete Vorstellung davon haben, wie die Doxa als Denkungsart der Befangenheit in vielen Ansichten geartet ist; sie muss von ihrer Wesensbeschaffenheit ein Bild haben. An dieser Stelle kann die Phänomenologie ihren spezifischen Beitrag leisten; denn sie kann – vielleicht nicht in jeder ihrer Spielarten, zumindest aber als Phänomenologie der Welt, wie sie in den vorliegenden Untersuchungen vertreten wird – auch die Aufmerksamkeit dafür wecken, dass die Kennzeichnung der Doxa als Befangenheit etwas Einseitiges hat; denn in dem beziehungsreichen Plural der vielfältigen *dóxai*, von denen der Horizont der *dóxa* im Singular, der Doxa als Denkungsart erfüllt ist, meldet sich auch der unerschöpfliche Reichtum der Erscheinungen – des Erscheinenden in seinem vielfältigen Erscheinen. Es ist schwer zu verstehen, dass und wie die Doxa zugleich und ineins einerseits durch ihren Erscheinungsreichtum als »welthaltig« und andererseits als »Befangenheit« gedacht werden kann; aber diese Frage müssen wir bis zum Ende dieses Paragraphen und dem daran anschließenden §5 auf sich beruhen lassen.

Hier können wir von der Beobachtung ausgehen, dass die gerade angedeutete rätselhafte Kompatibilität zweier zunächst unvereinbar erscheinender Bestimmungen der »natürlichen Einstellung« Husserl

I. Teil: Der griechische Aufbruch des Denkens in phänomenologischer Sicht

im Umkreis der *Krisis*-Abhandlung auf neue Weise und in besonders starkem Maße beschäftigt hat. Er geht in diesem seinem letzten Werk und den damit verbundenen Forschungsmanuskripten so weit, dass er die Doxa mit einer Welt gleichsetzt, indem er ihr den Namen »Lebenswelt« gibt. »Lebens-*welt*« bezeichnet, wie der Begriff sagt, eine Art von »Welt«, nämlich den alltäglichen gemeinsamen Horizont, dessen Charakter und Atmosphäre dadurch entsteht, dass unser ganzes miteinander Reden und Handeln von *dóxai* durchzogen ist. Die so verstandene »Lebenswelt«, worin die *dóxai* den ganzen Stil von Kommunikation und Erfahrung des Erscheinenden bestimmen, wird zum Leitwort von Husserls später Phänomenologie. Bis dahin war das Wort zwar seit der zweiten Hälfte des 19. Jahrhunderts gelegentlich im deutschen Schrifttum aufgetaucht, aber dabei wurde es eher beiläufig und nicht als ein definierbarer wissenschaftlicher Terminus benutzt. Erst bei Husserl und dies auch erst in seinen letzten Jahren stieg das Wort »Lebenswelt« allmählich zu einem zentralen und tragenden Terminus auf.

Weil der Begriff, wie gerade angedeutet, eng mit dem der Doxa zusammenhängt, wird das mit ihm Gemeinte in den Paragraphen dieses Buchs unvermeidlich immer wieder zur Sprache kommen. Deshalb beziehen sich die nun folgenden Überlegungen auf diese je nach Kontext variierenden Bezugnahmen auf die »Lebenswelt«. Der Aufstieg dieses Begriffs bei Husserl dürfte sich in erster Linie daraus erklären, dass der Gründer der Phänomenologie immer kritischer wurde gegenüber einer für die gängige Einschätzung der modernen Naturwissenschaft charakteristischen Haltung, die er in der *Krisis*-Abhandlung als Objektivismus bezeichnete und als Vergessenheit der Lebenswelt kritisierte. Dazu hier als erstes eine Erläuterung:

Den Hintergrund von Husserls Kritik des Objektivismus bildet der Gegensatz zwischen den Attributen »subjektiv« und »objektiv«, wenn wir sie zur Charakterisierung von Erkenntnissen benutzen. Dieser Sprachgebrauch hat seine philosophische Vorgeschichte, auf die wir aber an dieser Stelle nicht einzugehen brauchen. Als subjektiv bezeichnen wir vor allem Meinungen, die eine Beliebigkeit kennzeichnet, die davon herrührt, dass ihr Inhalt sich aus den Lebensbedingungen der Person oder Personengruppe erklärt, von der sie geäußert werden. Als objektiv gelten solche Äußerungen, die für uns »mehr« sind als beliebige Meinungen, weil sie zumindest im Kern ihres Inhalts nicht durch solche persönlichen Bezüge bedingt sind. Eine dieser Anforderung nicht entsprechende »bloße Meinung« ist traditionell Gegenstand der Kritik, weil sie von den persönlichen – »subjektiven« – Lebensbedingungen desjenigen abhängt, der die betreffende Meinung äußert.

Alles, was uns in der Welt an Vorkommnissen welcher Art auch immer begegnet, bietet sich unserer Erkenntnis mit zwei verschiedenen Arten von Zügen dar. Einerseits weist es Züge auf, bei denen wir überzeugt sind, dass sie unabhängig von den subjektiven Bedingungen, unter denen sie uns erscheinen, zu dem gegenständlich Gegebenen, dem Objekt gehören, das wir zu erkennen suchen. Andererseits gibt es im Kontrast zu diesem »objektiv« Vorhandenen auch Züge, die sich allein aus der Abhängigkeit unseres Erkenntnisvollzugs von unserer subjektiven Situation und Verfassung erklären. Diese Züge bezeichnet Husserl als subjekt-relativ oder auch subjektiv-relativ. In objektivistischer Sicht sind diese Züge nur unsere Zutaten zum Erkenntnisgeschehen; »in Wirklichkeit« gibt es das, was uns auf solche Weise erscheint, nicht. Deshalb lässt der objektivistisch Denkende nur das objektiv Gegebene als legitimen Gegenstand des wissenschaftlichen Forschungsinteresses gelten.

Husserl kritisiert den Objektivismus nicht deswegen, weil dieser für die Unabhängigkeit wissenschaftlicher Behauptungen von den subjektiven Lebensbedingungen der Vertreter dieser Behauptungen eintritt. Was er beanstandet, ist nur eine gravierende Einseitigkeit. Sie besteht darin, dass ein gewisses Eigenrecht des subjektiven Meinens übersehen wird. Der Aufstieg des Lebenswelt-Begriffs bei Husserl ist gleichbedeutend mit der Anerkennung dieses Eigenrechts. Husserls Kritik des Objektivismus wurde überhaupt erst dadurch möglich, dass er durch die unnachgiebig um Sachnähe bemühte Strenge seiner phänomenologischen Analysen zu einer – wenn man so will – »doxafreundlichen« Beurteilung des subjektiven Meinens gelangt war, die im Lebenswelt-Begriff den passenden sprachlichen Ausdruck fand.

Diese Doxafreundlichkeit bekundet sich darin, dass Husserl erklärt, es gehe ihm um eine »Rehabilitierung« der traditionell verächtlich behandelten Doxa. Aber man würde ihn gründlich missverstehen, wenn man glaubte, er habe im Alter das wissenschaftliche Streben nach Objektivität aufgegeben und die Wissenschaft der Beliebigkeit subjektiver Ansichten überlassen. Ein Autor, der – von Hause aus Mathematiker – 1910 durch einen Aufsatz mit dem programmatischen Titel »Philosophie als strenge Wissenschaft« bei vielen, die sich mehr »Lockerheit« in der Philosophie wünschten, An-

I. Teil: Der griechische Aufbruch des Denkens in phänomenologischer Sicht

stoß erregt hatte, konnte schwerlich zum Fürsprecher eines intellektuellen Libertinismus werden. Aber was hatte Husserl im Sinn, wenn er von einer Rehabilitierung der Doxa sprach?

Es geht um das Verständnis des oben schon angesprochenen Überlegenheitsanspruchs der Philosophie als Episteme gegenüber der Doxa. Wählen wir ein Beispiel, das zur Problematik der Kosmologie passt, um die es im II. Teil dieses Buches gehen wird. In der Perspektive der objektiven Wissenschaft Astronomie – und heute auch Astrophysik – steht es fest, dass die Bewegung, die wir als »Aufgehen« oder »Untergehen« der Sonne bezeichnen, »in Wirklichkeit« nicht stattfindet; denn die Behauptung der geozentrischen (schon zur Zeit des Aristoteles umstrittenen, aber von ihm erfolgreich verteidigten) Astronomie, dass die Sonne sich um die Erde bewegt, hat sich in der Wissenschaftsgeschichte als objektiv falsch erwiesen. Trotzdem gehört die Wanderung der Sonne über den Himmel mit Aufgang und Untergang zu den Erfahrungen von der Welt, die wir im wörtlichen Sinne »alltäglich«, nämlich Tag für Tag machen; denn die Tage unterscheiden sich, weil jeden Tag die Sonne auf- und untergeht. Und das Bewusstsein von dieser Alltäglichkeit bildet einen integrierenden Bestandteil des Horizonts für unser Verhalten, in den beispielsweise die meisten unserer Lebensrhythmen gehören, die Essenszeiten, Wachen und Schlafen, Arbeit und Freizeit und noch manches mehr, das sich nicht in einer Liste erfassen lässt.

Mit Blick auf die hier genannten Phänomene, die sich alle auf unser Leben beziehen, bietet es sich an, den besagten Horizont als Lebenswelt zu bezeichnen. Die so benannte Welt unterscheidet sich in ihrer Struktur und ihren Inhalten in vielerlei Hinsicht von dem Horizont, der sich für uns durch die heutige Popularisierung einer Fülle von naturwissenschaftlichen Erkenntnissen und durch die technische Nutzbarmachung solcher Erkenntnisse auftut, formelhaft gesagt: der verwissenschaftlichten und digital-technisch umgestalteten Welt von heute. Gegenüber dieser Welt besitzt die Lebenswelt durchaus eine eigenständige Wirklichkeit. Solange die Philosophie nur die Tradition der immer weiter getriebenen Kritik der Doxa fortsetzte, blieb sie blind für diese Eigenständigkeit. Aber die radikale Befolgung der Maxime »Zu den Sachen selbst« durch die Phänomenologie versetzte die Philosophie erstmals in die Lage, die besagte Eigenständigkeit zu sehen und anzuerkennen.

Diese Eigenständigkeit ließ es Husserl sinnvoll erscheinen, das Projekt einer systematischen und umfassenden »Phänomenologie der

§ 4. Gibt es »die Lebenswelt«?

Lebenswelt« ins Auge zu fassen – ein Projekt, dessen Realisierbarkeit umstritten ist und auf dessen Diskussion einzugehen den Rahmen der vorliegenden Untersuchung überschreiten würde. Unabhängig von dieser Problematik, in der es letztlich um den systematischen Aufbau des Ganzen der Phänomenologie geht, kann man aber fragen, ob zwischen den beiden Welt-Erfahrungen vielleicht ein Verhältnis der Abhängigkeit besteht.

Für die traditionelle Doxakritik ist dies der Fall, und zwar in dem Sinne, dass die lebensweltliche Welterfahrung die wissenschaftliche voraussetzt; denn nur diese zeigt uns die Welt so, wie sie objektiv ist, während die lebensweltliche Sicht uns den bloßen Anschein von Welterfahrung oder allenfalls einen subjektiv gewählten Ausschnitt aus dem Ganzen der Welt präsentiert, was beides die Erfahrung der wirklichen Welt der Wissenschaft als Beurteilungsmaßstab voraussetzt. Gemäß dieser Auffassung kann es eine gegenüber dieser wirklichen Welt eigenständige, vom Horizont der überlegenen Episteme abgegrenzte Lebenswelt nicht geben.

Mit dieser Einschätzung übersieht man aber eine Denkmöglichkeit: Wir können, bildlich gesprochen, das Gefälle von Überlegenheit und Unterlegenheit umkehren: Anstatt die Doxa-Lebenswelt traditionsgetreu in der Blickbahn, die von der hohen Warte der objektiven Episteme-Welt ausgeht, »von oben herab« zu betrachten, können wir umgekehrt auch die objektive Welt in der Perspektive der Erfahrung der subjektiven Doxa-Lebenswelt in den Blick nehmen und sie im Licht der hierdurch gegebenen Gesichtspunkte beurteilen. Heute ist man schnell damit bei der Hand, eine solche Änderung der Betrachtungsweise als Übergang zu einer anderen »Bewertung« zu bezeichnen. Aber die Werte als subjektive Gesichtspunkte der Einschätzung von etwas können hier ganz aus dem Spiel bleiben. Es genügt, von einer Umkehrung der Betrachtungsperspektive zu sprechen.

Durch den Wechsel der Perspektive gewinnt eine an sich triviale Beobachtung neues Gewicht, – die Beobachtung, dass auch der mit den Mitteln anspruchsvollster Mathematik und Technik arbeitende Naturwissenschaftler noch immer auf seine Augen und Ohren angewiesen ist, um sich – zumeist auf dem Bildschirm eines PC – von der Wirklichkeit dessen, was er erkennt, zu überzeugen. Warum spielt das in diesem Zusammenhang eine Rolle? Die Wahrnehmung mit den Sinnen liefert uns Eindrücke, die der Verarbeitung durch unser Bewusstsein bedürfen, das ihnen eine Bedeutung verleiht. Aber diese Verarbeitung hängt, weil sie auf den Empfang sinnlicher Eindrücke angewiesen ist, auch von unserer jeweiligen Situation und leiblichen Verfassung ab und hat insoweit einen subjektiven Charakter. Das bedeutet aber: Auch der moderne Naturwissenschaftler stützt sich auf eine Art von Erkenntnis, wie wir sie für die Erfahrung der Lebenswelt brauchen.

So betrachtet bildet diese subjektive Lebenswelt-Erfahrung die Voraussetzung für die wissenschaftlich-objektive Welterkenntnis. Mit dieser »doxafreundlichen« Sicht der lebensweltlichen Welterfahrung wird die traditionelle »doxakritische« Auffassung auf den Kopf gestellt. Wir neigen aber dazu, die doxafreundliche Interpretation der Lebenswelt-Erfahrung trotz ihrer Überzeugungskraft zu vergessen, weil wir Kinder des gegenwärtigen Zeitalters sind, dessen Grundcharakter durch die Vorherrschaft der objektivistischen Betrachtung unseres In-der-Welt-Seins geprägt ist. So setzt sich in unserer Einstellung zur Welt nur allzu leicht die Beibehaltung der traditionellen Einschätzung des Verhältnisses zwischen der Welt der Episteme und der Welt der Doxa durch, und genau diese Einseitigkeit – die Verdrängung der Möglichkeit, die Lebenswelt-Erfahrung doxafreundlich zu interpretieren – ist die Haltung, die Husserl in der *Krisis*-Abhandlung als Objektivismus kritisiert.

Was ergibt sich aus der bisher erreichten Klärung der Beziehung zwischen Doxa und Lebenswelt für den Umgang mit diesen Begriffen in den noch folgenden Paragraphen dieser Untersuchung? Wir sahen schon, dass Husserl als Transzendentalphilosoph die von der Doxakritik ausgehende Tradition nicht verlässt. Aber auf der anderen Seite verbindet er als Phänomenologe die Fortsetzung dieser Tradition mit einer neuartigen Aufgeschlossenheit für das Eigenrecht der von der Doxa regierten Lebenswelt. Seine transzendentale Doxakritik muss – weil sie wegen ihres phänomenologischen Charakters zur Sachnähe verpflichtet ist – der Doxa als Gegenstand dieser Kritik deskriptiv gerecht werden.

Wie der Heraklitspruch über die Weltoffenheit der wachen Einsichtigen (Diels/Kranz 22 B 89) zeigte, weist die Doxa im Lichte der Kritik zwar den Charakter der Weltverschlossenheit auf. Aber in Gestalt der phänomenologischen Bemühung um eine unbefangene Sicht gibt es auch ein doxafreundliches Interesse, in dessen Licht die Doxa, wie zu Beginn dieses Paragraphen formuliert, als »welthaltig« erscheint. Die Phänomenologie steht vor der schwierigen, vielleicht sogar unlösbaren Aufgabe, zwischen den beiden einander wider-

§4. Gibt es »die Lebenswelt«?

streitenden Einstellungen zur Doxa bzw. Lebenswelt – der doxakritischen und der doxafreundlichen – eine Balance zu finden. Doch damit die Phänomenologie zu einer solchen Balance gelangen kann, muss als erstes genauer geklärt sein, was eigentlich unter »Lebenswelt« zu verstehen ist; denn schon bei Husserl ist die Bedeutung des Begriffs nicht eindeutig, und inzwischen wird er innerhalb und außerhalb der Philosophie in mancherlei teilweise kaum miteinander vereinbaren Bedeutungen verwendet. Es kann hier nicht darum gehen, die Bedeutung von »Lebenswelt« wie in einer naturwissenschaftlich orientierten Wissenschaftstheorie terminologisch zu fixieren. Aber es kann sich als hilfreich erweisen, zur Vororientierung für die weiteren Paragraphen grob zu umreißen, mit welcher Bedeutung das Wort bei Husserl zu einem philosophischen Begriff aufstieg und wie es von da ausgehend zu den Bedeutungsnuancen kam, die uns im Zusammenhang der vorliegenden Untersuchungen interessieren müssen.

Ich halte zunächst noch einmal fest, dass der Weg, der Husserl zur Konzeption der »Lebenswelt« führte, von der Auseinandersetzung mit dem Objektivismus ausging. Weil dadurch der Unterschied zwischen dem subjekt-relativen und dem objektiven Erscheinen in den Vordergrund von Husserls Überlegungen trat, wurde der Horizont all dessen, was für uns nur in Abhängigkeit von unserer leiblichen Situation und Verfassung zum Erscheinen kommt, das wir aber als subjektive Grundlage unseres potentiell wissenschaftlichen Erkennens brauchen, allmählich zum Kontrastbegriff zur wissenschaftlich erforschten und gedeuteten Welt und bekam so die Bezeichnung »Lebenswelt«, nachdem Husserl auch mit anderen Formulierungen wie z. B. »Lebensumwelt« gespielt hatte.

Das Erscheinen in der subjekt-relativen Form vollzieht sich an der Basis als ein Empfangen von Eindrücken durch die Wahrnehmung mit unseren Sinnen. Dieses Empfangen ist ein Geschehen, das uns überkommt. Deshalb fehlt dabei die Distanz zwischen den Eindrücken und uns selbst; sie sind so eng mit unserer Situation und Verfassung verbunden, dass es sachgerecht ist, sie als subjektiv zu kennzeichnen. Im Kontrast dazu impliziert das Erscheinen in Gestalt eines um Objektivität bemühten Erkennens die Verarbeitung der Eindrücke durch ihre Deutung. Formal oder – wenn man so will – strukturell ist dieser Kontrast ein Gegensatz von Unmittelbarkeit und Mittelbarkeit.

Inhaltlich können wir diesen Gegensatz auch mit anderen Kontrasten bestimmen als dem zwischen den Eindrücken und ihrer Verarbeitung bei der Sinneswahrnehmung. In den verschiedenen Feldern der Welt-Erfahrung können wir immer in irgendeiner Form unterscheiden zwischen einem Horizont der Unmittelbarkeit und einem damit kontrastierenden Horizont der Mittelbarkeit oder Vermittlung. Der erstere ist stets ein Analogon der Welt der reinen Sinneswahrnehmung, in der es nur individuell gültige Erkenntnis und keine mit transindividueller Geltung gibt. Beim zweitgenannten Horizont handelt es sich immer darum, dass die gleiche Erfahrung der Welt durch Deutung und Verarbeitung in Entsprechung zum Horizont des wissenschaftlich Erforschbaren eine vielfältig vermittelte Gestalt annimmt und so zu einem komplexen »Überbau« wird, wobei dieser Begriff hier neutral und nicht im Sinne einer marxistischen Ideologie zu verstehen ist. So konnte im Zeichen der Auseinandersetzung mit dem Objektivismus die gerade beschriebene Polarität zum Muster der inhaltlichen Bestimmung des Widerstreits zwischen Unmittelbarkeit und Mittelbarkeit in den verschiedenen Feldern der Welterfahrung werden.

Husserls »Rehabilitierung« der Doxa durch Analyse der Lebenswelt setzt zwar bei dieser Polarität an, weil es in der Auseinandersetzung mit dem Objektivismus um dasjenige Erkennen geht, das zur Wissenschaftlichkeit tendiert. Aber solches Erkennen und das Erkennen überhaupt sind nicht die einzigen Weisen unserer Welterfahrung. Wir beziehen uns auf die Welt in vielerlei Formen von Denken, Fühlen, Wollen, Handeln, und entsprechend der damit einhergehenden Vielfalt der Horizonte des Lebens haben wir die Möglichkeit, verschiedene Felder der Welt-Erfahrung zu unterscheiden, in denen wir den strukturellen Gegensatz von Unmittelbarkeit und Mittelbarkeit mit unterschiedlichen inhaltlichen Kontrasten füllen.

Weil alle Varianten des Gegensatzes von dem im Felde der Wahrnehmung gewonnen Muster her ihre Bestimmung erhalten, lassen sich viele Entsprechungen zwischen ihnen entdecken. Dies führt leicht zu der Annahme, die von Husserl ins Auge gefasste umfassende systematische Phänomenologie der Lebenswelt ließe sich dadurch realisieren, dass wir einen gemeinsamen Nenner für die verschiedenen Felder lebensweltlicher Unmittelbarkeit finden. Aber das ist unmöglich, wie schon eine Handvoll zufällig gewählter Beispiele zeigt:

Denken wir uns etwa die Welt der reinen Sinneswahrnehmung, von der hier die Rede war, als einen Ort, wo man miteinander spricht.

§ 4. Gibt es »die Lebenswelt«?

Dann könnte die Unmittelbarkeit des Umgangs miteinander, die diesen Ort zur Lebenswelt macht, darin bestehen, dass man hier unbefangen oder unkontrolliert miteinander plaudert. Und es wäre vielleicht die Verschwiegenheit öffentlich eingerichteter Behörden und Ämter, die dem damit kontrastierenden Horizont den Charakter der Mittelbarkeit verleihen würde. Es ist aber auch der umgekehrte Kontrast möglich: In einem zenbuddhistischen Kloster mit seinem von der Meditation geprägten Leben wäre es das Schweigen, das als Grundmerkmal der Unmittelbarkeit des monastischen Lebens diesen Lebensraum zur Lebenswelt machte, und der damit kontrastierende Horizont der Mittelbarkeit wäre das geschwätzige und betriebsame Zusammenleben in der Stadt.

Im Bereich der Ökonomie und der Lebenserhaltung durch Arbeit, dem wir uns in § 11 zuwenden werden, begegnet uns eine gänzlich anders geartete Polarität von Mittelbarkeit und Unmittelbarkeit. Zwar gibt es auch hier den Gegensatz von Sprechen und Schweigen, aber auf vollkommen andere Weise als in den gerade erwähnten Situationen menschlicher Existenz. Die Unmittelbarkeit der Lebenswelt eines Menschen in der Dritten Welt, der noch so wie im Europa der Frühindustrie des 19. Jahrhunderts kapitalistisch ausgebeutet wird, besteht in der Kargheit der Lebensverhältnisse. Und den Kontrast der Mittelbarkeit dazu bilden vielleicht die im Luxus lebenden politischen Machthaber des Landes oder das Gros der Menschen in den umgebenden Ländern mit einem durch die fortgeschrittene Industrialisierung erreichten hohen Lebensstandard. Das bedrückte Schweigen der Ausgebeuteten bei der Arbeit ist ein unvergleichlich anderes als das der Zen-Mönche, wenn sie mit der Harke dem Kies im Steingarten ihres Klosters eine bestimmte Form geben.

Dieses Beispiel zeigt zugleich, dass die Lebenswelt nicht unbedingt einen für die betroffenen Menschen erfreulichen und akzeptablen Charakter haben muss. Eine wiederum ganz anders geartete Ambivalenz des Sprechens kennzeichnet den Gegensatz zwischen dem Reden und Diskutieren derer, die vor den laufenden TV-Kameras in der politischen Welt um die Macht kämpfen, und ihrem entspannten Geplauder in den vier Wänden ihres Privatlebens. Für die einen mag die Öffentlichkeit als Forum ihrer Reden, für die anderen das Refugium des Privatlebens ihre Lebenswelt sein.

Schon diese rhapsodisch gewählten Beispiele müssten genügen, um zu zeigen, dass die Polarität zwischen Unmittelbarkeit der Lebenswelt und Mittelbarkeit der Welt, die mit ihr als Überbau kontrastiert, eine solche Vielfalt aufweist, dass die Annahme illusorisch ist, es sei möglich, sie in eine systematische Ordnung zu bringen. Und diesen Eindruck werden weitere Varianten der Lebenswelt-Erfahrung bestätigen, die wir beachten müssen, weil die Welt-Erfahrung durch die Geburt der Philosophie auf unterschiedlichen Feldern einen neuen Charakter bekommt, dem jeweils ein eigenes Verständnis von Lebenswelt entspricht.

Würden wir durch eine forcierte Systematisierung alle diese vielfältigen Arten und Weisen der Welt-Erfahrung und des jeweils dazu gehörigen Lebenswelt-Verständnisses über einen Leisten schlagen, bedeutete das, dass wir uns damit immer mehr von einer genuin phänomenologischen, d. h. möglichst wenig durch Vorurteile belasteten, sozusagen »reflektiert naiven« Beschreibung der Phänomene in ihrer Unterschiedlichkeit entfernen. Die Erfahrung, dass wir die Möglichkeiten, »Lebenswelt« zu verstehen, nicht in einen systematischen Zusammenhang bringen können, verführt dazu, einen solchen Zusammenhang zu konstruieren. Ich habe darauf in diesem Buch verzichtet, weil ich damit den Weg einer »phänomenologischen Vergegenwärtigung« verlassen würde.

Es ist unverfänglicher, die verschiedenen Felder der Welt-Erfahrung unverbunden nebeneinander stehen zu lassen und so allen Konstruktionsversuchen gegenüber »locker« zu bleiben. Solche Lockerheit lässt sich im Übrigen auch bei Husserl selbst beobachten; der umfangreiche *Husserliana*-Band 39 mit Analysen zur Lebenswelt-Problematik enthält in dieser Hinsicht reiches Material.[38] Außerdem ist an dieser Stelle ein zweites Bedenken in Rechnung zu stellen: Selbst wenn es uns gelänge, den Umriss einer systematischen Ordnung zu konzipieren, worin den vielen Möglichkeiten des Verständnisses von »Lebenswelt« bestimmte Plätze zugewiesen würden, stünde der konkreten Ausarbeitung eines solchen Entwurfs ein zweites unüberwindliches Hindernis im Wege:

Man kann nur dann sinnvoll von einer Polarität zwischen Lebenswelt und Überbau-Welt sprechen, wenn eine eindeutige und feststehende Abgrenzung beider Welten voneinander möglich ist. Diese Möglichkeit mag vielleicht in einigen Bereichen der Welt-Erfahrung gegeben sein. Aber in vielen Bereichen ist sie, wie Husserl schon gesehen hat, von vorneherein ausgeschlossen, weil es im Be-

---

[38] Edmund Husserl: *Die Lebenswelt: Auslegungen der vorgegebenen Welt und ihrer Konstitution*, hrsg. v. Rochus Sowa (*Husserliana* Bd. 39), Dordrecht 2008.

§ 4. Gibt es »die Lebenswelt«?

reich der unmittelbaren lebensweltlichen Erfahrung eine Unbeständigkeit gibt, die eine feststehende Abgrenzung verhindert. Sie entsteht dadurch, dass – wie Husserl gelegentlich formuliert – Resultate oder Gesichtspunkte der jeweiligen Überbau-Welt in die Lebenswelt »einströmen«.[39] Damit ist gesagt: Es gibt Elemente der Überbau-Welt, die uns zunächst durch ihren Kontrast zur Unmittelbarkeit der Lebenswelt als solche bewusst sind, die aber durch die Gewohnheit des Lebens in der Überbau-Welt zur Selbstverständlichkeit werden. Damit aber verlieren sie den Charakter, Bestandteile der Überbau-Welt zu sein, und sinken ab in die unthematisierte Selbstverständlichkeit – und damit Unmittelbarkeit – der Lebenswelt. Der rasante technische Fortschritt von heute liefert uns dafür beinahe täglich handgreifliche Beispiele.

---

[39] Vgl. *Husserl Krisis*, S. 115, S. 141 Anm. 1, S. 213, S. 466.

I. Teil: Der griechische Aufbruch des Denkens in phänomenologischer Sicht

§5. Die Lebenswelt am Anfang der Philosophie

Vielleicht hat man in den vorangegangenen Überlegungen des §5 eine Frage vermisst, die eigentlich in einem Buch über die Geburt der Philosophie zu erwarten war: Gibt es einen Zusammenhang der Lebenswelt-Problematik mit dem griechischen Anfang der Philosophie? Es gibt ihn in der Tat. Um das zu zeigen, knüpfe ich an die im vorigen Paragraphen schon erwähnte, aber konkret noch nicht in Angriff genommene Aufgabe der Phänomenologie an, zwischen der traditionell doxakritischen und der von Husserl geforderten doxafreundlichen Einstellung zur Doxa-Lebenswelt eine Balance zu finden. Die Affinität zwischen der frühen Philosophie und der Phänomenologie, die wir mehrfach beobachten konnten, lässt vermuten, dass diese Aufgabe für die Philosophie nichts vollkommen Neues ist, sondern dass es eine Ahnung davon vielleicht sogar schon in ihren Anfängen gab.

Wenn man die Textstücke, die uns vom Gedicht des Parmenides bekannt sind, aufmerksam studiert, kann man darin tatsächlich eine Spur dieser Ahnung entdecken, nämlich ein Bestreben, die Schärfe der anfänglichen Konfrontation zwischen Episteme und Doxa abzumildern. Einige Hinweise zur Interpretation des Gedichts, verbunden mit einem Blick auf die Geschichte seiner Interpretation, können uns das vor Augen führen. Es lohnt sich, in dieser Absicht die wenigen Verse, die wir von dem Gedicht kennen, einmal sorgfältig zu lesen, denn soweit ich die phänomenologisch relevante Literatur zur »Lebenswelt« überschaue, ist mir nicht bekannt, dass man bisher die einschlägige Bedeutung des Gedichts gesehen hätte.

Das im epischen Versmaß des Hexameters verfasste Gedicht beginnt mit der Schilderung der Ausfahrt eines Jünglings mit einem Pferdegespann, die ihn weit über die Wohnstätten der Menschen hinaus zu dem Himmelstor zwischen Tag und Nacht führt. Die Erhebung über den gewohnten Aufenthaltsort der Menschen hinaus zum Himmel ist ein plastisches Bild für die Überlegenheit der doxakritischen Einsicht gegenüber dem durchschnittlichen von Ansichten bestimmten Leben der Vielen: Sie »wohnen« gedankenlos in der »Gewohnheit« ihrer außerphilosophischen, natürlichen Denkungsart. (Näheres zum Zusammenhang von »wohnen« und »Gewohnheit« in den Erläuterungen zum *êthos* in §9).

§5. Die Lebenswelt am Anfang der Philosophie

Der Jüngling wird von einer Göttin empfangen, die ihm in Aussicht stellt, sie werde ihn sowohl über die *alétheia*, die Wahrheit, als auch über die *dóxai*, die Ansichten, aufklären. Der ganze auf diese Ankündigung folgende Text des Gedichts ist die Lehrrede der Göttin, die der Ankündigung entsprechend in zwei Teile gegliedert ist. Der erste Teil behandelt die Wahrheit, deren Inhalt wir schon aus §2 kennen, nämlich das *éstin*, »es ist« [»es seint«] bzw. *to eón*, [»das Seiend«]. Thema des zweiten Teils sind die *dóxai*, die Ansichten. Weil es uns um die Lebenswelt als Bereich der Doxa geht, muss uns dieser Teil des Gedichts besonders interessieren. Doch gerade bei den Versuchen, ihn zu verstehen, sind die Interpreten in viele Schwierigkeiten geraten.

Als erstes ist hier eine Fehleinschätzung des Verhältnisses der beiden Teile des Gedichts zu erwähnen, wodurch besonders die sachgerechte Interpretation des Doxa-Teils lange Zeit behindert wurde. Es herrschte die bei unvoreingenommener Lektüre unhaltbare Vorstellung, das Hauptthema des ganzen Gedichts sei für Parmenides das mit dem *éstin* bzw. *to eón* im ersten Teil angesprochene Sein, *eînai*, gewesen, und entsprechend glaubte man, der zweite Teil, von dem wir nur wenige – oft aus dem Sinnzusammenhang gerissene – Verse kennen, sei von geringer Bedeutung. Das entsprach der Einschätzung der Doxa in der von Platons Fundamentalunterscheidung zwischen Episteme und Doxa ausgehenden klassischen Tradition der Philosophie, in der man für die Doxa durchweg nur ein marginales und geringfügiges Interesse aufbrachte.

Im Kontrast dazu hielt man den Wahrheitsteil des Gedichts sozusagen für die Gründungsurkunde des Herzstücks der Philosophie, worin es um die systematische Bestimmung des Seienden als solchen geht und dessen in der Tradition vorherrschende Bezeichnung »Metaphysik« lautete. Das war der bibliothekarische Titel, den die Sammlung der Vorlesungen erhielt, die Platons Meisterschüler Aristoteles über diese Problematik gehalten hatte. Im 7. Buch der *Metaphysik* erklärt der erste »Professor« der Philosophie[40] mit einem leichten, bei ihm seltenen rhetorischen Pathos, »die Frage, welche von alters her so gut wie jetzt und immer aufgeworfen und Gegenstand des Zweifels ist« laute: *ti to on*, »Was ist das ›seiend‹?«[41] Soweit uns be-

---

[40] So Egon Friedell.
[41] Vgl. *Aristoteles Metaphysik* 1028 b 1–3 (Buch 7). Die deutschen Zitate aus der *Metaphysik* sind der von Horst Seidl bearbeiteten klassischen Übersetzung des Werks

kannt, kommt als Kronzeuge für diese Behauptung nur Parmenides mit dem Wahrheitsteil seines Gedichts in Betracht.

Weil die Metaphysik das Zentrum der von Aristoteles ausgehenden philosophischen Tradition bildete, erschien in der Parmenides-Interpretation alles, was ihre Bedeutung mindern konnte, als eine Art Sakrileg; und das betraf vor allem eine geringere Gewichtung des vermeintlichen Ursprungs der metaphysischen Seinsproblematik im *alétheia*-Teil des parmenideischen Gedichts, in dem zum ersten Mal in der Philosophie vom Sein, *eînai*, die Rede ist (Diels/Kranz 28 B 2, 3). Im Kielwasser der programmatischen Erklärung des Aristoteles wurde die Überzeugung, das Sein sei die »Sache« der Philosophie, für mehr als zwei Jahrtausende zu einer fraglosen Selbstverständlichkeit. Im Horizont dieser vermeintlichen Selbstverständlichkeit blieb die Überzeugung, dass die Philosophie von Anfang an um die Seinsfrage kreist, sogar für Heidegger, der mit seinen radikalen Fragen vor nichts zurückschreckte, die selbstverständliche Voraussetzung für sein ganzes Denken.

Doch wie auch immer man sachlich zu dieser Überzeugung stehen mag – man kann sich dafür heute nicht mehr auf Parmenides berufen; denn mit dem Fortschreiten der Interpretation seines Gedichts wurde immer deutlicher, dass es sich bei diesem Text nicht um ein Lehrstück über die Seinswahrheit handelt, worin die Ausführungen über die *dóxai* nur die Rolle eines Anhangs oder einer erweiterten Fußnote spielen würden. Eine Interpretation, in der nur der erste Teil des Gedichts, in dem es um die *alétheia* des mit *eón* bzw. *éstin* angesprochenen Seins geht, für das Verständnis des ganzen Textes maßgebende Bedeutung hätte, kommt heute nicht mehr in Betracht.

Die Öffnung des Interpretationshorizonts, mit der die Bedeutung des Doxateils anerkannt wurde, ist vor allem das Verdienst eines bewunderungswürdigen Vertreters der deutschen Tradition der klassischen Philologie, Karl Reinhardt, dessen Buch *Parmenides und die*

---

von Hermann Bonitz, Wissenschaftliche Buchgesellschaft Darmstadt 1995, entnommen, hier S. 133. Zur Bonitz/Seidel'schen Übersetzung von *to on* mit »das Seiende« ist zu bemerken, dass die sperrig klingende wörtliche Übersetzung des substantivierten Partizips *to on* (jonisch *to eón*) mit »das Seiend«, für die ich in §2 plädiert habe, in diesem Zusammenhang entschieden vorzuziehen ist, weil der Doppelsinn des substantivierten Partizips *on* im Altgriechischen, der sich darin zeigt, dass es als »das Seiende« und als »das Sein« übersetzt werden kann, beachtet werden muss, wenn man wirklich verstehen will, wie es in dieser Sprache zur philosophischen Betrachtung des Seienden im Hinblick auf sein Sein kommen konnte.

§ 5. Die Lebenswelt am Anfang der Philosophie

Geschichte der griechischen Philosophie (erste Auflage Frankfurt a. M. 1916) durch eine neue Sicht des Doxateils den wohl wichtigsten Neuaufbruch in der Geschichte der Parmenides-Interpretation auslöste. Durch die neue Sicht kam es zu Forschungsarbeiten, die sich auch der Aufgabe widmeten, den konkreten Inhalt des Doxateils zu rekonstruieren. Weil wir über diesen Inhalt – grob gesagt: die Kosmologie des Parmenides – durch die indirekte Überlieferung relativ gut unterrichtet sind und weil es möglich ist, den meisten der uns aus der Doxographie bekannten Theoriestücke der parmenideischen Kosmologie die aus dem Zusammenhang gerissenen Zitate aus dem zweiten Teil zuzuordnen, unterliegt es nach den neueren Interpretationen keinem Zweifel, dass der Inhalt, von dem dieser Teil des Gedichts handelt, so reichhaltig war, dass dieser der Doxa gewidmete Teil deutlich umfangreicher gewesen sein muss als der *alétheia*-Teil.

Dann dürfen wir es aber auch für wahrscheinlich halten, dass sein Inhalt für Parmenides mindestens ebenso wichtig war wie der des ersten Teils. Würdigt man in Ansehung dieser Sachlage das Gedicht als ein Ganzes, so ergibt sich, dass es seinem Verfasser primär nicht um das »Seiend« oder das »Sein« ging, sondern um das Verhältnis zwischen der in der ersten Hälfte des Gedichts dargelegten Seinswahrheit und den in der zweiten Hälfte behandelten kosmologischen *dóxai*. Die für selbstverständlich gehaltene Überzeugung, das Sein sei von Anfang an die »Sache« der Philosophie gewesen, kann sich nicht mehr auf Parmenides berufen.

Indem wir die Gleichgewichtigkeit beider Teile des Gedichts anerkennen, entsprechen wir damit genau dem, was die Göttin am Anfang ihrer Erklärungen dem Jüngling, ihrem Zuhörer, in Aussicht stellt. Sie leitet ihre Rede, also den ganzen nachfolgenden Text des Gedichts mit einer kurzen Vorschau auf die Hauptthemen und die diesen Themen entsprechende Gliederung ihrer Ausführungen ein. Dabei nennt sie die beiden Themen, die »Wahrheit«, *alétheia*, im ersten Teil des Gedichts und die »Ansichten«, *dóxai*, in seinem zweiten Teil gleichsam in einem Atem; *alétheia* und *dóxai* erscheinen sozusagen als gleichberechtigte Bestandteile der zu erwartenden Lehrrede.

Das aber muss uns zunächst als höchst erstaunlich erscheinen; denn das Stichwort *alétheia* steht – in Platons Sprache ausgedrückt – für die philosophische Episteme, und das Stichwort *dóxai* bezieht sich auf die außerphilosophische Denkungsart der Vielen, die der Episteme unterlegen ist. Parmenides bestätigt selbst diese Rangordnung, indem er die Göttin an einer Stelle im Gedicht Töne anschlagen lässt, die an Heraklits scharfe Polemik gegen die Vielen erinnern; sie spricht von den »nichtswissenden« und »doppelköpfigen« Sterblichen. (28 B 6, 4–5) Und schon in der Einleitung ihrer Lehrrede stellt sie dem »wahren Überzeugtsein«, *pístis alethés*, der philosophisch Denkenden die *dóxai* gegenüber, denen dieses Überzeugtsein fehlt. Wie kann uns Parmenides dann aber beides als gleichrangig präsentieren? Es muss irgendeinen Zusammenhang zwischen beiden Themen geben, der ihre Gleichstellung rechtfertigt. Dieser Zusammenhang lässt sich klären, indem wir uns in den Wortlaut der fünf Verse vertiefen, mit denen die Göttin ihre Belehrungen einleitet. (Diels/Kranz 28 B 1, 28–32) Sie verspricht dem Jüngling:

[28 B 1 28:] [...] du sollst alles kennenlernen,

[28 B 1 29:] sowohl das unerschütterliche Herz der wohlgerundeten Wahrheit *(alétheia)*

[28 B 1 30:] als auch die *dóxai* der Sterblichen, in denen es wahres Überzeugtsein *(pístis alethés)* nicht gibt.

[28 B 1 31:] Trotzdem wirst du auch dies lernen, dass [und wie] das Ansichtige *(ta dokoûnta)*

[28 B 1 32:] auf ansehenshafte Weise *(dokímōs)* sein musste, indem es alles durch alles hindurch durchdringt.

Gemäß dieser Ankündigung wird die Belehrung durch die Göttin zwei Teile haben. Auf den ersten Teil, in dem sie die *alétheia* darlegen wird, bezieht sie sich in den Versen 28–29, und den zweiten Teil, den sie den *dóxai* widmen wird, kündigt sie in den Versen 30–32 an. Wenn wir Vokabular und Tonart dieser beiden Versgruppen vergleichen, kann uns sogleich der Kontrast zwischen ihnen auffallen: Der unmissverständlichen Eindeutigkeit, mit der in der ersten Versgruppe das Thema des *alétheia*-Teils – die wohlgerundete Wahrheit der Existenz des *eón*, des »seiend« – und unser Verhältnis zu diesem Thema – das unerschütterliche Herz – bestimmt werden, steht in der zweiten Versgruppe eine Ausdrucksweise gegenüber, deren Interpretationsbedürftigkeit in die Augen fällt.

Den ersten Eindruck von der *dóxa* – das Wort begegnet uns hier zum ersten Mal als Begriff in der Philosophiegeschichte – empfangen wir in Vers 30 durch den Kontrast zur Stabilität der Wahrheit und des von ihr Überzeugtseins, die im unmittelbar vorhergehenden Vers über die *alétheia* Parmenides mit den Attributen »unerschütterlich« und »wohlgerundet« besonders hervorgehoben hatte. Die Sterblichen

§ 5. Die Lebenswelt am Anfang der Philosophie

finden bei ihrer sprachlichen Kommunikation durch schwankende Ansichten keinen festen Halt in einer *pístis* (»Überzeugtsein«) *alethés* (»wahr«). Der wahrscheinlich manchen Lesern aus dem hellenistischen Griechisch des Neuen Testaments bekannte Begriff *pístis* meint hier nicht einen »Glauben« als ein auf Personen gerichtetes Vertrauen im religiösen Sinne, sondern ein Überzeugtsein, das sich darauf stützt, dass der Inhalt der Überzeugung wahr ist.

Obwohl die Göttin ihre Rede mit der deutlichen, durch nichts abgeschwächten Feststellung beginnt, dass den *dóxai*, den Ansichten, die Stabilität des zuverlässigen Überzeugtseins durch die Wahrheit fehlt, kündigt sie ganz parallel zu den Aussagen über dieses wahre Überzeugtsein an, sie werde die *dóxai* in ihre Erklärungen einbeziehen, und erweckt mit dieser selbstverständlich klingenden Parallelisierung den Eindruck, als gebe es auch bei den Ansichten ein in der Wahrheit verankertes zuverlässiges Überzeugtsein, was aber nicht der Fall sein kann; denn die *dóxai* sind gerade dadurch bloße Ansichten, dass sie sich durch ihre Unstabilität vom wahren Überzeugtsein unterscheiden.

Zu der inneren Widersprüchlichkeit oder Paradoxie, die sich hier in der Erklärung der Göttin beobachten lässt, gibt es an einer Stelle im Wahrheitsteil eine Parallele, die noch mehr irritiert. (Diels/Kranz 28 B 2, 1–9) Die genaue Position dieser Stelle im *alétheia*-Teil des Gedichts – Diels/Kranz lassen sie gleich auf 28 B 1 folgen – kennen wir nicht, weil uns der Text dieses Teils nur bruchstückhaft bekannt ist. Doch was die Göttin an dieser Stelle sagt, ist auch ohne diese Kenntnis gut verstehbar. Im Unterschied zu der Ankündigung am Anfang ihrer Lehrrede stellt sie hier der Seinswahrheit nicht die Ansichten gegenüber, sondern einen Weg des Denkens, von dem sie sagt, er sei nicht wirklich begehbar und sprachlich darstellbar. Das ist der Weg des *mē eón*, des »nicht-seiend«. An dieser Stelle lässt sich gut beobachten, wie Parmenides sich gedanklich in eine Paradoxie manövriert: Die Göttin erklärt, der Weg des »nicht-seiend« sei nicht aussprechbar; aber indem sie das sagt, widerspricht sie performativ sich selbst; sie spricht über einen Weg, über den nicht gesprochen werden kann.

Dieses unmögliche, aber faktisch doch stattfindende Sprechen über das, was nicht zur Sprache gebracht werden kann, konkretisiert sich im Inhalt der *dóxai*, wie sie in der zweiten Hälfte der Lehrrede vorgetragen und erläutert werden. Dem, was sich an Gedichtfragmenten im Doxateil und an doxographischen Informationen über die parmenideischen *dóxai* erhalten hat, lässt sich entnehmen, dass es sich konkret um kosmologische Erklärungen in Auseinandersetzung mit konkurrierenden Theorien anderer Autoren handelte, also Aussagen, die sich auf das Vielerlei und das Werden und Vergehen der kosmischen Phänomene bezogen und auf diese Weise über Sein und Nichtsein sprachen, also über das, was gemäß der gerade erwähnten Versgruppe B 28 2 von vornherein nicht zum Gegenstand des Sprechens gemacht werden kann oder – in der abgemilderten Version der Einleitungsverse B 28 1, 28–31 – »eigentlich« in der Lehrrede nicht gleichgewichtig neben den Ausführungen über die Seinswahrheit stehen dürfte.

Die ganze Kosmologie im Doxateil der Lehrrede steht von vorneherein unter dem Vorzeichen der Kritik daran, dass diesem Bereich die Zuverlässigkeit der *pístis alethés*, des »wahren Überzeugtseins« fehlt, und das wird durch den Hinweis auf die Unbegehbarkeit und Unaussprechbarkeit des »Wegs« des Nichtseiend in 28 B 2 massiv bestätigt. Und doch weist Parmenides dieser Kosmologie in seinem Gedicht bewusst einen Platz zu, der sich mit dem Platz des Redens über die Seinswahrheit »auf Augenhöhe« befindet.

Die beiden Verse zur Erläuterung des Doxateils, mit denen die Vorschau auf die Lehrrede schließt, kann man vielleicht als eine Art Rechtfertigung der Göttin für ihre den performativen Widerspruch nicht scheuende Erklärung verstehen. Im ersten dieser Verse lässt Parmenides die Göttin versichern, dass es das, worum es in den Ansichten geht, geben *muss*. Worum es in den Ansichten geht, nennt sie hier *ta dokoûnta*, »das Ansichtige«. Diese Begriffsbildung erklärt sich aus dem Sprachverständnis der Griechen der Antike.[42] Die Sprache hat für sie zwei Grundzüge, und einer davon ist das Offenbarmachen, das Offenlegen dessen, worüber gesprochen wird, altgriechisch das *deloûn*. Die Ansichten der Menschen existieren nicht so wie wahrnehmbare Dinge im Raum, sondern es gibt sie nur, indem sie – im wörtlich zu nehmenden Sinne dieses Ausdrucks – »zur Sprache gebracht« werden. Weil dieses Zur-Sprache-Bringen ein Offenlegen ist, lässt sich alles, was in den Ansichten, in der Mannigfaltigkeit der zahllosen *dokeî moi*, »ich bin der Ansicht«, »ansichtig« wird, zusammenfassen unter dem Titel *ta dokoûnta*, »das Ansichtige«, der alles

---

[42] Vgl. in *Politische Welt* das Kapitel »Der Rhetorik-Unterricht des Isokrates«, S. 180 ff.

§ 5. Die Lebenswelt am Anfang der Philosophie

im ansichtshaften Reden Offengelegte und in diesem Sinne in der Sprache Erscheinende bezeichnet. Von dem so verstandenen »Ansichtigen« heißt es im letzten der fünf Verse, es existiere auf eine Art und Weise, die wir zwar auch aus der sprachlichen Kommunikation kennen, aber aus der Perspektive derer, die über die dort geäußerten Ansichten und dadurch auch über diejenigen, die diese Ansichten äußern oder geäußert haben, urteilen, was ebenfalls ein Aussprechen von Ansichten ist. Die Sprecher, die sich in ihren Ansichten über das Ansichtige, *ta dokoûnta*, äußern, können dadurch einen bestimmten Ruf erwerben und vielleicht zu »Ansehen« gelangen; dann gibt es das Betreffende mitsamt den dahinter stehenden Sprechern »ansehensmäßig«, »auf ansehenshafte Weise«, griechisch *dokímōs* – ein Adverb, in dem abermals der gleiche Wortbestandteil »dok« wie bei *dóxa* und *dokeî moi* steckt. Um diesen Gleichklang im Altgriechischen im Deutschen wenigstens indirekt vernehmbar zu machen, habe ich überall das Wort »Ansicht« und Abwandlungen davon verwendet und ausnahmsweise um der Verdeutlichung willen noch einmal eine Deformation des Deutschen wie in § 2 in Kauf genommen.

Das Adverb *dokímōs* bezieht sich im Unterschied zu *dokoûnta* auf den bisher noch nicht berücksichtigten zweiten Grundzug der Sprache, den intersubjektiven Charakter, den sie als Mittel der Kommunikation hat. Dieser Grundzug ist nach griechischem Verständnis die Bemühung um den Erfolg des *peíthein*, des Überredens oder Überzeugens der Anderen. Wenn es jemandem gelingt, mit dieser Bemühung in einem weiten und damit öffentlichen Bereich, beispielsweise in seiner Polis, zu einem den meisten Menschen bekannten und anerkannten Erfolg zu kommen, kann es sein, dass sein »Wort« – dieser Ausdruck in dem Sinne verstanden, wie er als *singulare tantum* in der gehobenen Sprache verwendet werden kann – allgemeine »Geltung« erlangt. Solche Geltung meint das *dokímōs*. Eine Eigentümlichkeit dieser Geltung besteht darin, dass sie sich in der Welt, wo sie bekannt wird, überall in der sprachlichen Kommunikation der Menschen unwiderstehlich ausbreitet. In seiner negativen Form kennen wir das aus der Verbreitung eines Gerüchts und in seiner positiven Gestalt als »guten Ruf«. Es kann eigentlich nur dieses Phänomen sein, worauf Parmenides mit dem *dokímōs* zielt und das er im Blick hat, wenn er von den *dokoûnta* sagt, dass sie »alles durch alles hindurch« durchdringen.

I. Teil: Der griechische Aufbruch des Denkens in phänomenologischer Sicht

Warum kommt Parmenides durch den Mund der Göttin bei der Thematisierung des in den *dóxai* befangenen Lebens darauf zu sprechen, dass Ansichtiges, das in sprachlich geäußerten Ansichten offenbar wurde oder wird, durch allgemeine Geltung »alles und jedes« *(pánta)* – das ganze kommunikativ stattfindende Zusammenleben – durchdringen kann? Parmenides kann uns zwar keine Auflösung der Paradoxie, des inneren Widerspruchs zwischen reinem *alétheia*-Weg und unmöglichem Unwahrheitsweg bieten. Aber mit den Stichworten *dokoûnta* und *dokímōs* deutet er die Möglichkeit an, in solcher Weise über die *dóxai* zu sprechen, dass diese Erklärungen mit gleichem Recht und wegen ihres durch die inhaltliche Reichhaltigkeit bedingten Umfangs vielleicht sogar mit mehr Gewicht neben den Ausführungen über die Seinswahrheit stehen dürfen.

In diesem Sinne schwächt Parmenides den scharfen Gegensatz zwischen Seinswahrheit und *dóxai*-Kosmologie ab und scheint so etwas wie einen Mittelweg ins Auge zu fassen. Oder – um wegen der Ungangbarkeit des Nichtseins-»Wegs« auf das Bild des Wegs zu verzichten – er sucht eine Balance zwischen der unaufgebbar zum Selbstverständnis der Philosophie gehörenden doxakritischen Einstellung und ihrem sich ebenso als unentbehrlich herausstellenden Gegenpol, der Doxafreundlichkeit. Unverkennbar beginnt schon hier die Bemühung um eine gedankliche Vermittlung zwischen diesen beiden einander widerstreitenden Einstellungen, die zweieinhalb Jahrtausende später in Husserls Vorschlag einer eigenen philosophischen Wissenschaft von der Lebenswelt ihren deutlichsten Ausdruck findet.

Parmenides schwebt ein »Weg« oder »Unweg« des Denkens vor, der gleichsam »zwischen« zwei Weg-Varianten läge: Auf der einen Seite wäre das der echte, nämlich begehbare und sprachlich darstellbare Weg des Aussprechen der Wahrheit des »Seiend«. Und auf der anderen Seite handelte es sich um den »Unweg«, der sich entweder in Gestalt seiner weichen Fassung als eine wirklich existierende, aber unzulässige *dóxai*-Kosmologie kennzeichnen lässt oder in seiner scharfen Form als das völlige Verstummen, wie es eigentlich gemäß Versgruppe B 28 2 durch die in den kosmologischen *dóxai* implizit vollzogene Zulassung des nicht aussprechbaren »Nichtseiend« geboten ist, um den performativen Widerspruch zu vermeiden. Auf die kürzeste Formel gebracht handelt es sich um einen »Mittelweg« zwischen Wirklichkeit und Unmöglichkeit.

§5. Die Lebenswelt am Anfang der Philosophie

Aber beim Gebrauch solcher Formulierungen sollte man immer selbstkritisch prüfen, ob man der Frage, um die es hier eigentlich geht und die noch nicht beantwortet ist, nicht mit mehr oder weniger elegant klingenden Leerformeln aus dem Wege geht. Diese Frage könnte man so formulieren: Lässt sich sachlich und sprachlich eine Bestimmung finden und rechtfertigen, mit der wir gleichermaßen der *Unmöglichkeit* eines der Sprache des Wahrheitsteils gleichrangigen Redens in Gestalt von kosmologischen *dóxai* und der faktisch gegebenen *Möglichkeit* eines solchen Redens gerecht werden?

Dass es ein solches »Mittleres« geben könnte, deutet Parmenides am Anfang des Doxateils in 28 B 7/8, 60, damit an, dass er die in den *dóxai* zur Sprache gebrachte kosmologische Ordnung der Welt als »wahrscheinlich«, *eoikós*, bezeichnet. Diese Spur hat anderthalb Jahrhunderte nach dem parmenideischen Gedicht Platon in seinem Spätdialog *Timaios* wieder aufgenommen. Seinen methodisch gegenüber diesem Gedicht deutlich fortgeschrittenen Gedanken zum Stichwort *eikós* (das parmenideische *eoikós* in Platons attischem Griechisch) werden wir uns in §17 widmen.

I. Teil: Der griechische Aufbruch des Denkens in phänomenologischer Sicht

§ 6. Weltphänomenologie nach Husserl und Heidegger

Zuletzt ging es mit dem Thema »Lebenswelt« zwar schon um das Ganze der Welt; aber die Aufgabe war noch nicht, den Weltcharakter dieses Ganzen als solchen zu bestimmen. Nunmehr möchte ich die eine Welt als solche in den Blick nehmen, also – um zunächst wieder beim Denken des Stifters der Phänomenologie anzusetzen – den alle Partialhorizonte umgreifenden oder in sich enthaltenden Horizont, den wir mit Heraklit als das »Gemeinsame«, *to xynón*, bezeichnen können. In welchem Verhältnis stehen die partikularen Horizonte, die uns bei Heraklit in dem Vergleich der Vielen mit träumend Schlafenden begegneten, zu diesem Gemeinsamen? Die isolierten »Sonderwelten«, in die sich die in der Doxa befangenen Menschen zurückziehen und sich vom Gemeinsamen absondern, sind partikulare Horizonte. In dem Vergleich erscheinen sie als Einschränkungen oder als Ausschnitte, will sagen: Teile, eines sie alle umfassenden Horizonts, des Universalhorizonts, um den Begriff zu gebrauchen, mit dem Husserl das Ganze der Welt überwiegend bezeichnet.

Von Einschränkungen oder Teilen kann man nur sprechen, wenn man sich als mögliches Komplement dazu ein Ganzes vorstellt, das durch Zerteilung seines Inhalts in wirkliche oder gedachte Teile oder durch ein Sich-Zusammenziehen verkleinert werden kann. Entsprechend können wir uns die Welt auf doppelte Weise als Totalität denken, d. h. als ein Ganzes, zu dem es kein Außerhalb gibt: entweder als eine in ihrem Umfang nicht zu überbietende Summe von wirklich existierenden oder gedachten Teilen, d. h. als alles versammelnden Inbegriff, oder als etwas von der Art eines Behälters, dessen Fassungskraft von nichts übertroffen werden kann. Zu beiden Arten von Weltvorstellung können wir durch die Annahme eines imaginären Vereinnahmungs- und Erweiterungsprozesses gelangen: Wir gehen von einem partiellen Horizont aus und denken uns, dass er sich Schritt für Schritt alle benachbarten Horizonte gleichsam einverleibt, und dies solange, bis es keinen Horizont außerhalb mehr gibt, den er noch vereinnahmen könnte.

In beiden Varianten stellen wir uns die Welt als einen Gegenstand von unüberbietbarer Größe vor, dessen Ganzheit darin besteht, dass es ihm an nichts fehlt; die Ganzheit ist hier dadurch definiert, dass jeder Mangel, jede Einbuße am Erreichen der Totalität verschwindet. Das »Ganze« der Welt wird mit anderen Worten als eine

§ 6. Weltphänomenologie nach Husserl und Heidegger

Einheit vorgestellt, die den Charakter der *Vollendung* hat, wobei dieser Begriff fast dasselbe besagt wie das griechische Wort *télos* und im Deutschen in seiner wörtlichen Bedeutung zu verstehen ist: Das Ganze ist »voll« im Sinne der kompletten Erfüllung. Es fehlt nichts an Momenten oder Bestandteilen, die erforderlich sind, um die als Ziel (Ende) eines Komplettierungs- oder Erweiterungsprozesses vorgestellte vollständige Ganzheit zu erreichen.

Gemäß dieser Vorstellung von der Welt hat sie in keiner Hinsicht ein Defizit an Vollständigkeit; durch die Vollendung des gedachten Prozesses fehlt sogar der einfache Dual von »Innerhalb« und »Außerhalb«, der beim Horizontbewusstsein der elementarste Plural wäre; es gibt auch kein Außerhalb in Gestalt einer das Ganze des Universalhorizonts gleichsam umgebenden »Leere« im Sinne eines horizontfreien Raumes. »Ganzheit« der Welt als Universalhorizont bedeutet demnach auch singuläre Einheit, Einheit als Einzigkeit. Das so verstandene einzig-eine Ganze der Welt umschließt alle partialen Horizonte und alle Menschen, weil es außerhalb der Horizonte kein menschliches Verhalten gibt, da Horizont und Verhalten untrennbar zusammengehören. Demgemäß kann das »Gemeinsame« nichts anderes sein als das Ganze des Universalhorizonts »Welt«.

Doch es gibt hier ein methodisches Bedenken: Die Vorstellung von einem Erweiterungs- oder Komplettierungsprozess, mit der wir gearbeitet haben, ist nur eine gedankliche Hilfskonstruktion. In der Realität gelangen wir zum Weltbewusstsein nicht durch einen solchen Prozess, sondern wir haben dieses Bewusstsein im Voraus zu allen anderen Bestimmungen des Horizontbewusstseins. Wir können nämlich von partialen Horizonten oder Sonderwelten nur unter der Voraussetzung sinnvoll sprechen, dass wir bereits ein Bewusstsein von dem Ganzen haben, dessen Teile sie sind; das Weltbewusstsein geht jeglicher Kenntnis irgendwelcher partialer Welten voraus. In diesem Sinne ist uns der Unterschied zwischen der einen Welt und den vielen partikularen Welten »vor« jeder empirischen Kenntnis irgendwelcher Sonderwelten bekannt, also in der Sprache Kants »a priori«. Demgemäß lässt sich das Bewusstsein von der einzig-einen Welt nicht dadurch erklären, dass wir es als Ergebnis einer nachträglichen geistigen Erweiterungsoperation interpretieren, welche die Kenntnis von Sonderwelten voraussetzen würde.

Wie die Deskription des Horizontbewusstseins in § 2 klargestellt hat, bewegen wir uns, solange wir leben, mit unserem Verhalten unaufhebbar in partikularen Horizonten; wir können das Verweisungsgeschehen in und zwischen ihnen nicht anhalten und nicht aus ihm heraustreten. Alle Partialhorizonte gehören in das einzig-eine Ganze, die Totalität des Universalhorizonts »die eine Welt«. Da wir außerdem gemäß der besagten Deskription sicher sind, dass wir mit unserem Verhalten nie in eine Situation geraten können, in der das Geschehen des »Weiterverwiesenwerdens« – innerhalb von Horizonten und als potentielles Übergehen zu externen Horizonten – abbrechen würde, haben wir die durch keine Täuschungsmöglichkeit bedrohte Erwartung, dass die Welt bei all unserem Verhalten »da« sein wird, ein nicht-eliminierbares Bewusstsein davon, dass wir uns auf die Tatsache ihrer Existenz verlassen können. So impliziert unser Verhalten in dieser Hinsicht eine schlechthin selbstverständliche Zuversicht bezüglich der Zukunft, ein keinem möglichen Zweifel ausgesetztes Vertrauen in eine Stabilität, die an das *fundamentum inconcussum* erinnert, das Descartes suchte.

Der mit dem Stichwort »Zukunft« angedeutete Zeitbezug des Horizontbewusstseins wird hier bald noch zur Sprache kommen. Aber vorher müssen wir die selbstkritische Frage stellen, ob wir mit den zuletzt entwickelten Gedanken dem Charakter des Horizontbewusstseins gerecht geworden sind. Bei der Erklärung dafür, dass wir der Existenz der Welt in ihrer Ganzheit als Universalhorizont sicher sind, blieb eine vorher schon erwähnte traditionelle Vorstellung vom Ganzen im Spiel. Es erschien als eine keiner Erwähnung bedürftige Selbstverständlichkeit, dass das Fehlen jeglichen Mangels, der so verstandene Charakter der »Vollendung«, den Grundzug des Ganzen als Totalität bildet. Aber eben diese Selbstverständlichkeit erweist sich als unhaltbar, wenn wir phänomenologisch reflektieren und alle vermeintlichen Selbstverständlichkeiten einer Prüfung unterziehen.

Wenn wir uns unter »Welt« nicht ein gegenständliches Ganzes vorstellen, das verkleinerbar oder vergrößerbar wäre, sondern konsequent vom Horizontbewusstsein ausgehen, besteht die Existenzgewissheit bezüglich der Welt konkret nicht in der Erfahrung irgendeiner wie auch immer gearteten Vollendung, sondern im diametralen Gegenteil davon: In keiner Situation, in die wir gelangen können, indem wir irgendwelchen Vorzeichnungen im Verweisungszusammenhang der Horizonte folgen, ist dieser Zusammenhang abgeschlossen, also »vollendet«.

Die fraglose Selbstverständlichkeit unseres Vertrauens bezüglich der Existenz der Welt beruht gerade auf dem Fehlen jeglicher Abgeschlossenheit. Wir sind der Existenz des Ganzen der einzig-einen

§6. Weltphänomenologie nach Husserl und Heidegger

Welt eben dadurch inne, dass eine Vollendung grundsätzlich immer ausbleibt, weil jede Verweisungssituation für potentielle Übergänge offen ist und sich gerade im Bewusstsein dieser unaufhebbar ohne Abschluss bleibenden Fortsetzbarkeit das Ganze des Verweisungszusammenhangs meldet. Das Fehlen des Endes, das Nicht-Ankommen – in Hegels Sprache wäre das die »schlechte Unendlichkeit« des nie an ein Ziel gelangenden »und so weiter« – ist hier kein Mangel, keine Einbuße an einer zu erreichenden oder anzustrebenden Ganzheit, sondern es ist der Grundzug, der die horizonthaft erfahrene Ganzheit definiert. Die eine Welt erscheint uns hier gerade dadurch als das eine »Ganze«, dass sie nie *als ganze* da ist; die Einheit der Welt wird als die Offenheit eines »Ganzen« erfahren, das niemals ganz ist.

Das Ganze der Welt ist und bleibt »niemals ganz«, weil es wegen der unaufhebbaren Unkenntnis der Zukunft kein sicheres Wissen davon geben kann, ob oder wie sich eine Bahn des Verweisungsgeschehens, auf die sich ein Mensch, angeregt durch eine bestimmte Verweisung, mit seinem Verhalten begeben hat, über diesen ersten Schritt hinaus fortsetzen wird. Es ist ein erstaunlicher Zug des Horizontbewusstseins, dass es trotz dieser unaufhebbaren Ungewissheit der Zukunft zugleich bezüglich ihrer eine fraglos selbstverständliche Zuversicht hat. Dies erklärt sich daraus, dass das Verhältnis zwischen jener Ungewissheit und dieser Zuversicht entgegen dem ersten Anschein kein Gegensatz ist.

Die Zuversicht beruht konkret darauf, dass der einzelne Mensch darum weiß, dass er mit jedem Tun und Lassen, solange er ein Verhalten ausübt, immer nur Situationen antreffen kann, in denen Verweisungen, von denen er jetzt vielleicht überhaupt noch nichts weiß, die Fortsetzbarkeit des Verweisungsgeschehens anzeigen. Diese Fortsetzbarkeit ist einerseits die Weise, wie unser verhaltenbegleitendes Bewusstsein von der Ungewissheit der Zukunft durchdrungen ist. Aber andererseits meldet sich in der gleichen Fortsetzbarkeit das Ganze der Welt als Universalhorizont, dessen Fortbestand gewiss ist, weil wir sicher sind, dass unser Verhalten, solange es stattfindet, sich immer nur eingebettet in Verweisungszusammenhänge abspielen wird.

Diese Sachlage lässt sich auch mit einem anderen Vokabular beschreiben: Wenn wir die Ungewissheit der Zukunft als Fraglichkeit und die unthematisch-gewohnheitliche Gewissheit bezüglich der Welt als Fraglosigkeit kennzeichnen, können wir parallel zur »niemals-ganzen Ganzheit« von einer »fraglosen Fraglichkeit« sprechen.

I. Teil: Der griechische Aufbruch des Denkens in phänomenologischer Sicht

Wie sich zeigen wird, hat diese Formulierung den Vorteil, dass wir mit ihr auch über ein Stichwort verfügen, mit dem wir anzeigen können, was mit dem Auftreten des Sokrates – dem Urbild der öffentlich wahrnehmbaren Entstehung der Philosophie – geschah: Er hob mit seiner Art des unablässigen und eindringlichen Fragens die Fraglosigkeit auf und ließ so die Fraglichkeit von allem zum Vorschein kommen.

Das dialektisch klingende Stilmittel des Oxymoron – »niemalsganzes Ganzes«, »fraglose Fraglichkeit« – passt eigentlich nicht zur Phänomenologie, deren undialektische Methode darin besteht, Sich-Zeigendes aufzuweisen. Der Gebrauch des Oxymoron kann aber signalisieren, dass wir in der bisher erreichten Bestimmung der gemeinsamen Welt etwas übergangen haben. Was übergangen wurde, zeigt sich, wenn wir beachten, dass die negative Aussage, das Verweisungsgeschehen sei »niemals ganz«, die Kehrseite einer semantisch damit übereinstimmenden affirmativen Aussage ist, die lautet: der Verlauf dieses Geschehens ist immer offen. Was ist mit dieser Offenheit gemeint?

Mit »Offenheit« und »offen« hängt das Verb »öffnen« zusammen. Der Gegenbegriff zu diesem Verb lautet »schließen« oder »verschließen«. Das Öffnen als Gegenbegriff zum Verschließen hat eine räumliche und zugleich das Verhalten betreffende Bedeutung; es besagt: den Platz freigeben für eine Verhaltensmöglichkeit. Phänomenologisch gewendet macht uns die Aussage, das Verweisungsgeschehen sei »niemals ganz«, auf eine Voraussetzung dieses Geschehens aufmerksam. Mit jeder Befolgung einer Verweisung machen wir nämlich die Erfahrung, dass es für ihre Befolgung durch das jeweilige Verhalten Platz gab, also so etwas wie ein offenes neutrales Gelände, das für den Weg, den wir einschlugen, aufnahmebereit war, eine Dimension, in der das besagte Verhalten in Erscheinung treten konnte. Wir kennen den Platz, der einem bestimmten Verhalten Raum gibt, nicht im Voraus, bevor das jeweilige Verhalten stattfindet; aber weil das Verweisungsgeschehen nie aufhört, sind wir immer dessen gewiss, dass sich für jegliches Verhalten Raum öffnen wird.

Demnach können wir festhalten, dass es eine Dimension der Offenheit gibt, die immer Platz bietet für das unvorhersehbare Auftauchen von Verweisungen auf Möglichkeiten des Verhaltens und für das Befolgen dieser Verweisungen. Da diese Dimension für jegliche Verweisung, also für das Ganze des Verweisungsgeschehens, m. a. W. für die Horizonthaftigkeit überhaupt Raum gibt, kann es sich

§6. Weltphänomenologie nach Husserl und Heidegger

bei ihr um nichts anderes handeln als die gemeinsame Welt. Allerdings gibt das Anlass, die selbstkritische Frage zu stellen, warum wir die phänomenologische Bestimmung der Welt als Offenheitsdimension nicht unmittelbar in den Blick genommen und stattdessen den Umweg über ein unphänomenologisches Oxymoron eingeschlagen haben.

Der Umweg war bedingt durch die Art unseres Wissens von der als Offenheit verstandenen Welt: Wenn wir einer Verweisung folgen und den Weg eines bestimmten Verhaltens einschlagen, kann uns während dieses Verhaltens das, was dafür den Raum bietet, nicht auffällig werden. Wenn die Welt als das Raumgewährende überhaupt unsere Beachtung findet, dann nur in einer nachträglichen Reflexion, in der wir danach fragen, wie das betreffende schon vollzogene Verhalten möglich war. Würde das für ein Verhalten Raumgewährende selbst als ein Etwas in Erscheinung treten, so würde es damit den Spielraum für das Erscheinen des Verhaltens auf der Bühne der Verweisungszusammenhänge einschränken.

Um den Raum für das Erscheinen eines bestimmten Verhaltens zu öffnen, darf die Dimension der Offenheit als das, was dafür den Platz bietet, nicht auffällig werden; sie muss beim Stattfinden des Verhaltens so verschwinden, als wäre sie ein Nichts. Das bedeutet aber für die phänomenologische Analyse dieser Sachlage, dass die Offenheit der Welt als der Freiraum, in dem wir mit unserem jeweiligen Verhalten einer bestimmten Verweisungsmöglichkeit folgen, uns nicht als ein intentional vorstellbarer Gegenstand gleichsam vor Augen stehen und in diesem Sinne »erscheinen« kann. Und eben deshalb konnten wir die Bestimmung der Welt als Offenheitsdimension nicht unmittelbar ansteuern, sondern mussten den Weg über das Oxymoron einschlagen.

Von einem solchen Verhältnis zwischen Erscheinen und Verschwinden, wie es gerade zur Sprache kam, war in der Philosophiegeschichte zum ersten Mal – und wenn ich recht sehe, für sehr lange Zeit auch zum letzten Mal – in Platons Dialog *Timaios* die Rede, der im zweiten Teil dieser Untersuchungen von §16 an noch ausführlicher zum Thema wird. Im gegenwärtig anstehenden Zusammenhang geht es nur um die *chóra* – ein Wort, das man mit »Raum« übersetzen kann, wenn man dabei beachtet, dass der so bezeichnete Raum nicht als eine Art von totem Behälter aufgefasst werden darf. Der hier gemeinte Raum hat den Charakter eines Geschehens, das mit dem Verb *choreîn* bezeichnet wird, das mit dem Substantiv *chóra* verwandt ist. Man kann dieses Verb mit »weichen«, »zurücktreten« und ähnlichen Vokabeln übersetzen. Gemeint ist dabei ein Ausweichen, um etwas anderem Platz zu machen, das seinerseits eben dadurch in Erscheinung treten kann. Das *choreîn* ist ein zurückweichendes Platz-Einräumen.

Der hier beschriebene Zusammenhang lässt sich vielleicht am konkretesten verständlich machen, wenn wir von der Beobachtung ausgehen, dass noch im heutigen Griechisch viele von Menschen bewohnte Ortschaften den Namen *Chóra* tragen. Warum können sie so heißen? Sie entstanden irgendwann, weil Siedler – z.B. durch die Rodung von Wald – dafür sorgten, dass die Natur, die sich in Gestalt von Pflanzen, Gestein und anderen Gegebenheiten auf dem betreffenden Gelände ausbreitete, zurückwich und dadurch Raum dafür gab, dass eine menschliche Behausung errichtet werden und so an diesem Platz in Erscheinung treten konnte. Zwischen jenem Zurückweichen und diesem In-Erscheinung-Treten besteht eine Korrespondenz, die mit dem Verb *choreîn* und dem entsprechenden Substantiv *chóra* zur Sprache gebracht wird.

Entsprechend dieser Korrespondenz steigert sich das In-Erscheinung-Treten im gleichen Maße, in dem sich das Zurückweichen dem völligen Verschwinden annähert. Das bedeutet: Wenn beispielsweise ein Dorf fertig gebaut und von menschlichem Leben erfüllt ist, entfaltet genau darin die *chóra* ihre volle Wirksamkeit, dies aber auf solche Weise, dass sie völlig verschwindet. Weil auf diese Weise das vollendete Erscheinen des Dorfes auf der Bühne der Welt mit der als völliges Verschwinden getarnten uneingeschränkten Wirksamkeit der *chóra* identisch ist, kann das Dorf von diesem Augenblick an den Namen dessen tragen, dem es seine Existenz verdankt, nämlich der *chóra*, die als sie selbst unsichtbar ist, aber im Erscheinen des Dorfes indirekt »da« ist.

In dem gerade beschriebenen Sachverhalt bilden zwei Geschehnisse eine Einheit, die durch ihre Richtung einander widerstreiten. Die Richtung des einen Geschehens wird hörbar in der deutschen Übersetzung von *choreîn* mit »zurückweichen«, »verschwinden«. Die Gegenrichtung kennzeichnet das Geschehen, das wir im Deutschen mit »erscheinen lassen«, »zum Vorschein kommen lassen«, »vorrücken«, »sich aufmachen« umschreiben könnten. Der Gegensatz zwischen den beiden einander widerstreitenden Geschehnissen bedeutet nicht, dass sie die Tendenz hätten, einander zu vernichten. Ganz im Gegenteil brauchen sie einander, weil das In-Erscheinung-

§ 6. Weltphänomenologie nach Husserl und Heidegger

Treten, Zum-Vorschein-Kommen für sich selbst Raum benötigt, und diesen stellt das entgegengesetzte Geschehen zur Verfügung, indem es selbst zugunsten des Erscheinenlassens verschwindet. Das *choreîn* ist ein Zurückweichen zugunsten der Freigabe des Raums für das Erscheinen. So gehören die beiden Geschehnisse gerade durch den zwischen ihnen bestehenden Widerstreit miteinander zusammen. Dass es dieses eigentümliche Phänomen gibt, hatte schon Heraklit beobachtet, der es als *palíntropos* (oder: *palíntonos*) *harmoníē*, d. h. »gegenstrebige (oder: gegenzügige) Zusammenfügung« bezeichnete; »Sie [die Vielen] verstehen nicht, wie das Auseinandergehende mit sich selbst zusammengeht; gegenspännige Zusammenfügung wie von Bogen und Leier.« (22 B 51). Im Deutschen scheint mir nur der Begriff »Verschränkung« als Bezeichnung für die beschriebene Sachlage geeignet.

Die Verschränkung von Erscheinen, zum-Vorschein-kommen-Lassen auf der einen Seite und Verschwinden, Zurückweichen auf der anderen Seite verurteilt uns zu einer gewissen »Sprachlosigkeit«, die schon Platon im *Timaios* beobachtet. Deshalb beschreibt er dort unsere Beziehung zur *chóra* als ein Schwanken zwischen der Bejahung und der Bestreitung ihres Seins, – ein Schwanken, wie wir es aus unseren Träumen kennen, bei denen wir ebenfalls oft nicht wissen, ob das Geträumte wirklich existiert oder ob wir in einer Wahnvorstellung befangen sind.[43] Indem wir die Welt als das Platzgebende zum Thema machen, begeben wir uns in einen Grenzbereich der Phänomenologie; denn wir können über die Offenheit, von der wir hier sprechen, wegen der das Verschwinden implizierenden Verschränkung keine auf Anschauung gestützten Aussagen machen; in Husserls Sprache ausgedrückt ist hier das »Aufweisen«, die Methode der phänomenologischen Analyse, nicht möglich.

Deshalb müssen wir auf diesem Felde bei allen Behauptungen Vorsicht walten lassen, dürfen aber zweierlei festhalten: Erstens: Die Welt als offener Freiraum für unsere Verhaltensmöglichkeiten ist zwar nicht aufweisbar; dennoch haben wir von ihr, in der Sprache Kants ausgedrückt, eine apriorische Gewissheit, weil wir sie als »Bedingung der Möglichkeit« geschehenen Verhaltens regressiv – wie Husserl formulieren würde – erschlossen haben. Zweitens: Die Bestimmung der Welt als Universalhorizont bleibt möglich, aber sie kann nur eine vorläufige Bestimmung sein, weil ihre »Universalität«

---

[43] Vgl. *Platon Timaios* 152 b und c.

nicht den Charakter einer vollendeten Ganzheit, sondern den der Unganzheit hat, und diese Bestimmung weist über sich hinaus auf die Bestimmung der Welt als verschwindend raumgebende Offenheitsdimension, die ihrerseits die Bedingung der Möglichkeit für ihre Bestimmung als Universalhorizont bildet; denn das Horizontbewusstsein setzt diese Dimension voraus, weil diese für jegliches Erscheinen-in-Horizonten allererst den Raum eröffnet.

Die Bestimmung der Welt als Offenheitsdimension ist uns zwar wegen ihres apriorischen Charakters vorab zu jeglicher Kenntnis einzelner Horizonte und des sie umschließenden Universalhorizonts bekannt. Aber diese Bekanntheit hat den schon von Platon gesehenen eigentümlichen Charakter, dass sie sich auf etwas Verschwindendes bezieht. Deshalb haben wir das apriorische Wissen »um« die Existenz der so verstandenen Welt nur in Form einer *Ahnung*. Mit dieser Ahnung sind wir aber von vornherein über jedes horizonthafte Erscheinen hinaus; wir haben das Horizontbewusstsein als solches schon immer transzendiert zur Welt als Dimension der Offenheit für jegliches Erscheinen-in-Horizonten.

Beim Vergleich der Phänomenologie-Auffassungen von Husserl und Heidegger hat man des Öfteren bemerkt, dass der letztere nicht bei der Analyse des Erscheinenden-in-seinem Erscheinen gemäß dem Husserl'schen Korrelationsprinzip stehen geblieben ist. Er hat vielmehr die Aufmerksamkeit der Phänomenologie auf das Erscheinen selbst gelenkt. Dabei stieß er auf die Offenheitsdimension als dessen Möglichkeitsbedingung. Obwohl bei ihrer Thematisierung die phänomenologische Sprache versagt, versucht Heidegger im Jahrzehnt nach *Sein und Zeit* hartnäckig, die Offenheitsdimension zur Sprache zu bringen, und so entsteht die Befremden erregende Sprache seines »Ereignis«-Denkens. Ich möchte hier nicht zustimmend oder ablehnend zu dieser Sprache Stellung nehmen, sondern nur darauf hinweisen, dass sie deshalb entstand, weil Heidegger das Verständnis des Erscheinens selbst zu vertiefen suchte und insofern der Phänomenologie, in der es um das *phaínesthai*, das »erscheinen« geht, treu blieb, obwohl er sich in seinem öffentlich sichtbaren Verhalten von ihr verabschiedete. Diese Sachlage lässt es berechtigt erscheinen, auch sein späteres Denken als phänomenologisch zu bezeichnen und in ihm den zweiten Gründungsvater der Phänomenologie zu sehen.

Wir können nun festhalten, dass die Suche nach einer sachgerechten Bestimmung der gemeinsamen Welt zu zwei Ergebnissen geführt hat: Das erste Resultat ergab sich aus der Bestimmung der

§6. Weltphänomenologie nach Husserl und Heidegger

Welt vom Horizontbewusstsein her als Universalhorizont oder »Horizont der Horizonte«, der alle Horizonte umschließt. Dieser Weg über das Horizontbewusstsein folgte im Prinzip Husserls Vorgabe. Seine Bestimmung der gemeinsamen Welt als Universalhorizont bleibt weiterhin möglich. Aber weil sie ihre volle Schärfe in dem unphänomenologischen Oxymoron des niemals-ganzen-Ganzen gewinnt, über das wir hinausfragen müssen, kommt sie nur als eine vorläufige Charakterisierung der Welt in Betracht.

Das auf dem Husserl'schen Weg erzielte Resultat kann also nicht das letzte Wort in dieser Problematik sein. Dafür erscheint nur das zweite Resultat geeignet, wonach die gemeinsame Welt als verschwindende apriorische Offenheitsdimension oder Freiraum der Verhaltensmöglichkeiten zu bestimmen ist. Mit der Aufgeschlossenheit für diese Dimension, die das ganze Verweisungsgeschehen allererst ermöglicht, indem sie den dafür erforderlichen Raum eröffnet, ist der Mensch über jegliches horizonthafte Erscheinen hinaus; er übersteigt dessen Horizontgebundenheit. Diese Einsicht in die Transzendenz der Welt bildet den inneren Anfang der Analysen von *Sein und Zeit*, mit denen Heidegger 1927 die Phänomenologie weitergeführt und zugleich revolutioniert hat. So führt uns die zweite Bestimmung der gemeinsamen Welt zu Heideggers Denken, nachdem sich die bisherige Gedankenführung fast ganz in den von Husserl vorgezeichneten Bahnen bewegte.

In Heideggers Ereignisdenken nach der »Kehre« im Jahrzehnt nach *Sein und Zeit* taucht zweieinhalb Jahrtausende nach Platons Entdeckung der Verschränkung von Raumgeben und Zurückweichen in der Erläuterung der *chóra* bzw. des *choreîn* im *Timaios* die Denkfigur einer solchen Verschränkung wieder in der Philosophie auf. Nach meinem Kenntnisstand – ich lasse mich in dieser Hinsicht aber gerne belehren – hatte diese Denkfigur bei den Klassikern der Philosophie zwischen Platon und Heidegger keine tragende Rolle gespielt, und Heidegger selbst scheint sie nicht angeregt durch Platons *Timaios* gefunden zu haben; denn wenn er diesen Dialog in seinen Schriften erwähnt, dann nicht wegen der *chóra*. Die Denkfigur ergab sich vielmehr durch die eindringliche Vertiefung in den Sinn des »Erscheinens« in der »Phänomeno«-logie, die bei ihm dazu führte, dass er jahrzehntelang glaubte, in seinen öffentlichen Stellungnahmen über die Phänomenologie schweigen zu müssen, bis er in seiner Spätzeit mit der Idee einer »Phänomenologie des Unscheinbaren« den

I. Teil: Der griechische Aufbruch des Denkens in phänomenologischer Sicht

Faden des phänomenologischen Denkens auf neue Weise wieder aufnahm. Die Denkfigur des raumgebenden Sich-Zurückziehens betrifft in Heideggers Ereignisdenken das mit Ypsilon geschriebene »Seyn«, dessen Sich-Zurückziehen zugunsten der Freigabe des uns erscheinenden Seienden Heidegger so radikal fasst, dass das Sich-Zurückziehen selbst sich unserem Erkennen entzieht und sich in diesem Sinne »verbirgt«. Diese Verschränkung von Erscheinenlassen und Sich-Verbergen wird im seinsgeschichtlichen Denken mit vielerlei sprachlichen Wendungen zu Wort gebracht, unter denen mir die Kennzeichnung des Zurückweichens und Verschwindens als eines Sich-Entziehens, kurz gesagt als »Entzug«, die tonangebende Rolle zu spielen scheint. Wegen seiner Griffigkeit werde ich diesen Begriff für die nachfolgenden Überlegungen als eine der möglichen Kennzeichnungen des raumgebenden Verschwindens übernehmen.

Der fundamentale Unterschied zwischen den beiden auf Husserl oder Heidegger zurückgehenden Bestimmungen der gemeinsamen Welt, der inzwischen unvermerkt ins Zentrum unserer Überlegungen gerückt ist, tritt am deutlichsten hervor, wenn wir vergleichen, welche Rolle das *Bewusstsein* in ihnen spielt. Die an Husserl anknüpfende Deskription des Horizontbewusstseins wurde möglich durch eine Voraussetzung in Husserls Nachdenken über die Welt, die sich auf die ganze Skala der Spielarten unseres Verhältnisses zur Welt bezog. Husserl nimmt an, dass dieses Verhältnis immer den Charakter eines Bewusstseins hat, sei es – bildlich gesprochen – am unteren Ende der Skala das Bewusstsein von einem unbedeutenden kleinen Partialhorizont, sei es an ihrem oberen Ende vom »niemals-ganzen Ganzen« der gemeinsamen Welt. Auf dieser Reflexionsebene können wir noch davon sprechen, dass wir von der Welt als ganzer, nämlich als Universalhorizont ein Bewusstsein haben. Es handelt sich dann zwar nicht mehr um ein durch Anschauung erfüllbares intentionales Gegenstandsbewusstsein, wohl aber um einen Grenzfall solchen Bewusstseins, den wir, wie sich zeigen wird, gleichsam extrapolieren können.

Verglichen damit wäre es nicht mehr sachgerecht zu sagen, dass wir auch zur Welt als verschwindender Offenheitsdimension in einem Verhältnis stünden, das wir noch als Bewusstsein bezeichnen dürften. Es wäre falsch anzunehmen, die »Ahnung«, von der schon die Rede war, sei eine sozusagen weichere Spielart des intentionalen Bewusstseins-von-etwas. Sie ist von ganz anderer Art. Wir können

§ 6. Weltphänomenologie nach Husserl und Heidegger

ihrer Beschaffenheit gerecht werden, indem wir davon ausgehen, dass die Offenheitsdimension der Freiraum für unser Verhalten ist, der Spielraum, der uns alle Möglichkeiten unseres Tuns und Lassens eröffnet. Wie kann sich im Verhalten eine Ahnung von diesem Freiraum melden? Wenn die Offenheitsdimension gleichsam den Lebensraum für die Wege unseres Verhaltens bildet, spielt sie für uns eine ähnliche Rolle wie die Luft für die Vögel oder das Wasser für die Fische und ist so den alteuropäischen Elementen vergleichbar. Von einer diesen Elementen ähnlichen Umgebung unseres Verhaltens haben wir dadurch, wie wir uns in dieser Umgebung *fühlen*, eine Ahnung; wir kennen in diesem Sinne unser »Befinden«. Diese Kenntnis hat aber nicht den Charakter eines intentionalen *Bewusstseins von* unserem Befinden, sondern sie ist da, indem zu jedem Schritt unseres Verhaltens eine jeweilige Situation gehört, deren Bedeutung für unser Befinden wir durch unsere Stimmung spüren.

Im Blick auf diese Sachlage hat Heidegger in *Sein und Zeit* den Begriff der Befindlichkeit eingeführt und die Stimmungen rehabilitiert, die bis dahin in der Philosophie zumeist als Gefühle galten, die unsere Kenntnis der Welt verfälschen oder sogar verhindern. Obwohl Husserl, geleitet von seinem Streben nach Vorurteilslosigkeit, auch den Gefühlen ausführliche Analysen widmete, traute er den Stimmungen noch nicht zu, dass sie zu unserer Kenntnis der Welt einen – und vielleicht sogar den entscheidenden – Beitrag leisten könnten. Dies erklärt sich vermutlich daraus, dass die Stimmungen zum nicht intentional strukturierten Bereich unserer Emotionalität gehören. Die Stimmungen erschließen uns unsere Befindlichkeit, wobei zu diesem Sprachgebrauch vorsorglich anzumerken ist, dass das Verb »erschließen« hier – entgegen einem immer noch anzutreffenden Missverständnis – nicht in der Bedeutung des Rückschließens von Anzeichen auf einen nicht unmittelbar zugänglichen Sachverhalt verwendet wird. »Erschließen« meint in seiner phänomenologisch relevanten Bedeutung so viel wie Aufschließen, Zum-Vorschein-kommen-Lassen, Zum-sich-Zeigen-Bringen.

Die Stimmungen sind ein emotionales Echo auf das Geschehen, in dem sich durch die Verschränkung der Komponenten Raumgeben und Zurückweichen, Erscheinen und Verschwinden die Welt als Dimension der Offenheit öffnet. Dieses Geschehen spielt sich nicht in einer imaginären Sphäre ab, die unabhängig von unserem menschlichen Verhalten wäre, sondern es hat immer eine konkrete Färbung durch den Wechsel der Situationen des menschlichen Lebens in seiner

Befindlichkeit zwischen Geburt und Tod. So verbindet sich die emotionale Erfahrung von Zurückweichen und Verschwinden mit der Art und Weise, wie wir unserem unabwendbaren Sterben entgegengehen und beispielsweise ein schlimmes Unglück gleichsam als ein vorgezogenes Sterben verstehen. Und das Erscheinen erhält seine konkreten Züge durch die unterschiedlichen Möglichkeiten, wie jemand durch einen Aufbruch, ein Vorhaben, das Ergreifen einer Initiative und dergleichen mehr, oder in der Sprache von Hannah Arendt gesagt: durch Beweise seines »Anfangenkönnens« den Impuls seiner Geburt erneuert. Mit Bezug hierauf können wir die beiden genannten Komponenten vereinfachend auch als Erfahrungen der Sterblichkeit und der Gebürtlichkeit bezeichnen. Die Unterschiedlichkeit der Stimmungen, die sich aus der Vielfalt der Verschränkungen erklärt, wird im Übrigen noch einmal gründlicher zur Sprache kommen, wenn es in §7 um die Stimmungen geht, durch welche die Entstehung der Philosophie motiviert wurde oder generell motiviert wird. Trotz des ersten Gewinns an Klarheit, die wir mit der Doppelbestimmung der gemeinsamen Welt als Universalhorizont und Offenheitsdimension in der *Sache* erzielt haben, droht durch die *Sprache* eine Verwirrung, deren Wurzel in einer beinahe unwiderstehlichen Denkgewohnheit zu suchen ist: Ebenso wie alles andere, wovon wir ein Bewusstsein haben können, stellen wir uns auch die Welt als Offenheitheitsdimension bzw. Freiraum des Verhaltens nach dem Modell der intentionalen Beziehung auf einen Gegenstand vor und machen darüber Aussagen, die dieser Vorstellung entsprechen. Und dieser Verführung sind wir ebenso ausgesetzt, wenn wir über die Gewissheit der Existenz der Welt sprechen, die mit der Vorstellung von ihr als niemals-ganzen Ganzem des Universalhorizonts verbunden ist. Um zu vermeiden, dass wir dadurch auf einen Fehlweg geraten, müssen wir einen neuen Anlauf machen, um zu einem noch genaueren Bild von unserem Verhältnis zu der in diesem doppelten Sinne verstandenen Welt zu gelangen.

Da wir von der Beschreibung des Bewusstseins von der Welt als Universalhorizont ausgehen mussten, um die gemeinsame Welt als Offenheitsdimension bestimmen zu können, erscheint es ratsam, noch einmal beim Horizontbewusstsein anzusetzen. Aus der Deskription dieses Bewusstseins in §2 haben wir für die weiteren Gedankenschritte den Anhaltspunkt, dass wir mit unserem ganzen Verhalten in das Verweisungs- und Übergänglichkeitsgeschehen einbezogen sind. Dann können wir aber des Ganzen der Welt nicht auf solche Weise

§ 6. Weltphänomenologie nach Husserl und Heidegger

inne sein, dass wir es als einen Gegenstand von unüberbietbarer Größe vor Augen haben, auf den wir gleichsam den Strahl unserer Aufmerksamkeit richten könnten. Die Beziehung zum »niemals-ganzen Ganzen« der Welt als Universalhorizont kann kein intentionales Gegenstandsbewusstsein sein; sie muss von anderer Art sein. Auf dem Wege zu einer sachgerechten Beschreibung dieser Beziehung haben wir sie schon als ein Vertrauen oder eine Zuversicht darauf charakterisiert, dass die Fortsetzung des Sich-Verweisenlassens niemals ausbleiben wird.

Wir haben diese vertrauensvolle, zuversichtliche Erwartung in Gestalt einer Gewohnheit, die uns aber nie *als* Gewohnheit bewusst wird und die wir uns deshalb weder »angewöhnen« noch »abgewöhnen« können. Die im Verweisungs- und Übergänglichkeitsgeschehen des Horizontbewusstseins implizit mitgeführte Gewissheit von der Welt ist uns in Gestalt dieser fraglos selbstverständlichen Gewohnheit zwar dauerhaft gegenwärtig, aber nicht in der Form, dass sie als intentional bewusster Gegenstand zum Thema unserer Aufmerksamkeit und unserer Kommunikation werden könnte. In diesem Sinne können wir den Begriff der Ahnung, den wir zur Bezeichnung der Beziehung zur Welt als Offenheitsdimension brauchten, auch verwenden, um die auf der Ebene des Horizontbewusstseins unthematisch bleibende Weltgewissheit zu charakterisieren.

Nur weil wir der Weltgewissheit in einer *unthematisch* bleibenden Ahnung inne sind, bildet die Existenz der Welt die vollkommen selbstverständliche Grundlage unseres ganzen Verhaltens. Was zum Thema und damit potentiell zum Diskussonsgegenstand werden kann, verliert eben dadurch seine Fraglosigkeit und mit ihr die Selbstverständlichkeit. Deshalb ist die Selbstverständlichkeit der nur gewohnheitlich geahnten Weltgewissheit unauflöslich mit ihrer Unthematizität verknüpft. Weil die Weltgewissheit ein uneliminierbarer Bestandteil unseres in horizonthafte Zusammenhänge eingebetteten Verhaltens ist, ahnen wir zwar »irgendwie« etwas von dem Welthintergrund unseres Verhaltens, aber diese Ahnung bleibt unaufhebbar jeglicher Artikulation in Form irgendeiner Thematisierbarkeit entzogen.

Was mit diesem letzten Satz beschrieben wurde, ist die Situation des natürlichen Bewusstseins vor aller philosophischen oder phänomenologischen Reflexion. Aber indem wir, wie es hier gerade geschieht, als Interpreten über diese Situation sprechen, verlassen wir den Bannkreis der Unthematizität. Daraus ergibt sich für unser Vorgehen als phänomenologische Interpreten eine paradoxe Maxime: Der Geist der phänomenologischen Forschung verpflichtet uns, die unthematische gewohnheitliche Ahnung von der Welt, die das natürliche Bewusstsein hat, genauso zu beschreiben, wie sie sich uns in unserer reflektiven Analyse jener Bewusstseinssituation darbietet, also bei unserer Beschreibung dieser Situation die zu ihr gehörige Unthematizität zu respektieren. Nur wenn wir uns daran halten, folgen wir Husserls Devise »Zu den Sachen selbst!« Demnach ist es unsere Aufgabe, *die natürliche Ahnung von der Weltgewissheit unter Wahrung ihrer Unthematizität zu thematisieren*. Der paradoxe Charakter dieser Aufgabe ist vielleicht das eigentliche Problem einer Phänomenologie der Welt und darüber hinaus sogar der Philosophie überhaupt. Aber das kann im Rahmen des vorliegenden Buchs, dessen Überlegungen den Umkreis der auf die Geburt der Philosophie bezogenen Problematik nicht zu weit überschreiten sollten, nicht entschieden werden.

Das Thematisieren vollzieht sich in Aussagesätzen, deren Struktur (jedenfalls in den indoeuropäischen Sprachen) dem intentionalen Verhältnis zu einem Gegenstand entspricht. Das bedeutet aber: Wir würden den Charakter der Ahnung, die das natürliche Bewusstsein von der Weltgewissheit hat, verfehlen, wenn wir uns bei der Interpretation jener Bewusstseinssituation solcher Aussagesätze bedienen würden. Um ihrer Beschaffenheit wenigstens annäherungsweise gerecht zu werden, können wir uns im Deutschen solcher nicht intentional klingenden Satzkonstruktionen bedienen, wie sie durch den Gebrauch von Verben wie »wissen um«, »inne sein«, »gewärtigen« usw. zustande kommen. Diese sprachlich bescheidene Möglichkeit reicht aber nicht aus, um in der phänomenologischen Analyse dem unthematisch-gewohnheitlichen Charakter der Weltgewissheit gerecht zu werden. Um sie hinreichend differenziert zu beschreiben, müssen wir zu dem Mittel greifen, sie in prädikativen Aussagen zu thematisieren, und dabei ist es in gewissem Sinne unvermeidlich, dass wir sie so behandeln, als sei sie von Hause aus ein Gegenstand unseres intentionalen Bewusstseins. Welche Konsequenzen können oder müssen wir aus dieser vertrackten Lage ziehen?

Eine Aussage über die Weltgewissheit ist als Behauptung der Existenz von etwas eine Seinssetzung, eine »Thesis«. Deshalb kann Husserl sie in §30 des ersten Bandes seiner *Ideen zu einer reinen Phänomenologie*, wie in §3 schon erwähnt, als »Generalthesis der natürlichen Einstellung« bezeichnen. Husserl bemüht sich hier mit

§ 6. Weltphänomenologie nach Husserl und Heidegger

vorbildlicher Redlichkeit darum, unser vorphilosophisches Verhältnis zur Welt so wenig vorurteilsbefangen wie möglich zu beschreiben. Aber ihm ist der Gedanke noch fremd, dass uns das Ganze der einen Welt dadurch unthematisch vertraut sein könnte, dass uns seine Ganzheit gerade durch ihren »unganzen« Charakter bewusst wird. Deshalb kommen ihm bei der Transformation der gewohnheitlich erfahrenen Weltgewissheit in eine Thesis, also in eine prädikative Aussage, keine gravierenden Bedenken.

Hier sei am Rande angemerkt, dass die Aussage, die durch diese Transformation zustande kommt, eine Problematik auf den Plan ruft, die in den vergangenen Jahrzehnten eine umfangreiche Diskussion zur Folge hatte: Die grundlegende Bestimmung unseres Bewusstseins von der Existenz der Welt ist seine oben beschriebene unumstößliche Gewissheit. Wenn wir eine solche Gewissheit sprachlich zum Gegenstand einer Seinsthesis, also eines Urteils machen, zeigt sich das in der Modalität des Urteils, die nur apodiktisch sein kann. Andererseits bezieht sich dieses Urteil auf einen Bereich, in dem es normalerweise keine Notwendigkeiten, also nichts gibt, was apodiktische Aussagen erforderlich machte. Das ist der Bereich der Erfahrung von faktisch Gegebenem; die Gegebenheit von Fakten unterliegt keiner Notwendigkeit. Die prädikative Feststellung der Weltgewissheit bezieht sich demnach auf ein apodiktisches Faktum.

Die Erörterung dieser Paradoxie weitete sich deshalb zu der erwähnten Diskussion aus, weil sie wegen des in § 3 schon angedeuteten Zusammenhangs zwischen Horizontbewusstsein und Zeitbewusstsein in die Nähe von Husserls vielumrätselten Aussagen über die tiefste »Schicht« des Zeitbewusstseins, die »lebendige Gegenwart« führte. Husserl stieß in seinen späten dieser Problematik gewidmeten Forschungsmanuskripten darauf, dass die Phänomenologie es hier mit einem apodiktischen Faktum oder einer faktischen Notwendigkeit zu tun hat. Im Manuskript C 1 beispielsweise spricht er in diesem Sinne von einem »absoluten Faktum«.[44] Im Rahmen der vorliegenden Untersuchung kann ich hierauf aber nicht weiter eingehen.

---

[44] Ich erlaube mir hier eine persönliche Anmerkung: Soweit mir bekannt, habe ich 1966 in *Lebendige Gegenwart*, S. 148, als erster auf die einschlägigen Stellen hingewiesen und auf ihre besondere Bedeutung für das Selbstverständnis der Phänomenologie aufmerksam gemacht. Anfang der 1970er Jahre hat dann mein Lehrer Ludwig Landgrebe die hier angesprochene Problematik aufgegriffen und in einigen anregungsreichen und danach vielzitierten Aufsätzen, die später zu dem Buch *Faktizität und Individuation. Studien zu den Grundfragen der Phänomenologie*, Hamburg

Wir können festhalten, dass die Transformation der unthematisch in Gestalt einer fraglos selbstverständlichen Gewohnheit bewussten Weltgewissheit in eine prädikative Aussage »eigentlich« nicht möglich ist. Trotzdem kann man als Interpret die unbestimmte Vermutung haben, es müsse unserem erfinderischen Geist doch möglich sein, ein geregeltes Verfahren für die Versprachlichung unserer gewohnheitlichen Weltgewissheit zu (er)finden, durch das wir auf solche Weise zur prädikativen Thesis ihrer Existenz gelangen, dass es für alle potentiellen Interpreten akzeptabel wäre. Wenn diese Vermutung zuträfe, müsste sich das Verfahren der Transformation der unthematisch-gewohnheitlichen Weltgewissheit in eine prädikative Seinssetzung als gedankliche Operation »rekonstruieren« lassen:

Durch die Operation müsste es möglich sein, eine zwar nicht sinnlich-anschauliche, aber wenigstens gedankliche Vorstellung vom Ganzen der Welt als einem Gegenstand zu bilden. Damit dieser Gegenstand als die einzig-eine Einheit gedacht werden könnte, die als das alles Umfassende der unüberbietbar umfangreichste Gegenstand wäre, dürfte an seiner Identität als Pol einer intentionalen Beziehung nichts fehlen, es dürfte – bildlich gesprochen – an den Konturen seiner Bestimmtheit keine Fransen geben. Das aber wäre nur auf eine Weise erreichbar: Wir müssten uns fiktiv alle durch Verweisungen vorgezeichneten Bahnen des Verhaltens als vollständig durchlaufen denken, damit es an der vollständigen Bestimmtheit dieses Gegenstandes keine Lücken gäbe, die dadurch entstehen würden, dass künftige Linien des Verhaltens, für die eine Verweisung die Tür geöffnet hätte, noch nicht an ihrem Ende angekommen wären.

1982, vereinigt wurden, zum Ausgangspunkt des Entwurfs einer neuen Perspektive phänomenologischer Forschung gemacht. Den vorläufigen Höhepunkt der hierdurch ausgelösten internationalen Diskussion bildet die Erörterung dieser Problematik in *Welt und Unendlichkeit: Zum Problem phänomenologischer Metaphysik*, Freiburg 2014, dem letzten Buch von László Tengelyi, meinem Nachfolger auf dem ersten Lehrstuhl für Philosophie an der Bergischen Universität Wuppertal. Er starb 2014 viel zu früh mit 60 Jahren. Ich gedenke seiner mit Bewunderung und Dankbarkeit. In den Jahren zwischen meiner *Lebendige(n) Gegenwart* und Landgrebes *Faktizität und Individuation* hatte ich in *Heraklit Parmenides* einen anderen Weg zur Klärung des Selbstverständnisses der Phänomenologie eingeschlagen, eine phänomenologische Rückbesinnung auf die Anfänge des philosophischen Denkens bei den Griechen. Wohin mich dieser Weg geführt hat, zeigt das vorliegende Buch. Es dokumentiert aber auch, dass ich dabei den Weg der transzendentalphänomenologischen Reflexion in der *Lebendige(n) Gegenwart* nicht aus den Augen verloren habe.

§6. Weltphänomenologie nach Husserl und Heidegger

Mit dieser Vorstellung stehen wir erneut bei dem oben beschriebenen Verständnis von Ganzheit als mängelloser Vollendung, der nichts mehr zur Komplettierung ihrer Bestimmtheit fehlt. Diesem Verständnis entsprechend müsste die Transformations-Operation damit beginnen, dass das Horizontbewusstsein alle durch Verweisungen vorgezeichneten Bahnen des Verhaltens vollständig durchliefe. Aber eben dieses vollständige Durchlaufen ist auch als fiktive gedankliche Konstruktion eines Grenzwerts, mathematisch gesprochen als »Extrapolation«, unmöglich, weil es ein Widerspruch in sich selbst ist: Ein horizonthaftes Verweisen ist das, was es ist, allein dadurch, dass seine zukünftigen Konsequenzen offen bleiben. Deshalb ist die Vorstellung, die Kette dieser Konsequenzen könne bis zu ihrem »Ende« durchlaufen werden, so widersinnig wie ein viereckiger Kreis.

Obwohl es also definitiv undenkbar ist, die Weltgewissheit durch eine solche Extrapolation zum intentionalen Gegenstand von prädikativen Aussagen über sie zu machen, scheint es unvermeidlich, dass dieser Weg des intellektuellen Umgangs mit jener Gewissheit als sprachlicher Notbehelf in Gebrauch bleibt. Der Hauptgrund dafür, dass man in der phänomenologischen Analyse immer wieder diesen Weg eingeschlagen hat, dürfte in der Tatsache zu finden sein, dass sich auf diese Weise der Unterschied zwischen natürlicher und philosophischer Einstellung bzw. Doxa und Episteme auf elegante Weise bestimmen lässt. Deshalb sei dieser Weg hier mit einigen Strichen nachgezeichnet.

Wir können nur damit beginnen, dass wir uns am Rande der sprachphilosophischen Legalität die »Erleichterung« des Sprachgebrauchs zunutze machen, die uns die »Übersetzung« des unthematischen Weltvertrauens in eine Thesis beschert. Eine Thesis kann als prädikatives Urteil viele Modalitäten haben, nicht nur Affirmation und Negation, sondern auch eine ganze Reihe von Variationen der Stellungnahme zwischen den Extrempositionen der Bejahung und Verneinung, die wir mit adverbialen Bestimmungen wie »vielleicht«, »wahrscheinlich«, »möglicherweise« usw. zum Ausdruck bringen.

Über diese Varianten hinaus haben wir die Möglichkeit, zu dem Urteil, das wir mit der Thesis fällen, ein Verhältnis ganz anderer Art einzunehmen. Es besteht darin, dass wir dem Urteil mit uneingeschränkter Neutralität begegnen. Diese Haltung lässt sich mit Hilfe der sprachanalytischen Unterscheidung zwischen propositionalem Gehalt der Aussage und ihrem Behauptungsmoment leicht beschreiben. Wir enthalten uns jeglicher Unterstützung oder Bestreitung oder irgendeiner »zwischen« diesen beiden liegenden Stellungnahme zum Behauptungsmoment, und die propositionalen Inhalte lassen wir bestehen, ohne daran zu rühren. Die methodische Einstellung, die wir auf diese Weise zu jeglichen Urteilen einnehmen können, bezeichnete Husserl in Übernahme eines Begriffs aus der (in der Einleitung erwähnten) Skepsis des Pyrrhon als *epoché*, d. h. »Sich-Enthalten [scil. von jeglicher Stellungnahme zum Behauptungsmoment]«. Mit dieser Übernahme wird aus der Epoché, die in der pyrrhonischen Skepsis des Hellenismus nur ein Hilfsmittel für das individuelle Streben nach Glück gewesen war, eine methodische Grundlage für das Ganze des phänomenologischen Denkens.

Die radikale Neutralisierung des Urteils durch die so verstandene Epoché ist uns auch gegenüber der »Generalthesis der natürlichen Einstellung« möglich. Wir können mit Husserl annehmen, diese Thesis sei so etwas wie die Quintessenz unseres ganzen natürlichen, außerphilosophischen Verhältnisses zur Welt. In diesem Falle bekommt die auf die Generalthesis bezogene Epoché die denkbar weitreichendste Bedeutung: Sie ist dann nämlich nichts anderes als der Schritt, mit dem wir die natürliche Einstellung verlassen, also das Eingangstor zur philosophischen Einstellung in ihrer phänomenologischen Spielart. Demnach wäre die Epoché nicht nur der wichtigste Pfeiler beim Brückenschlag von der Phänomenologie zur antiken Philosophie, sondern auch das methodische Instrument, durch dessen Einsatz sich die philosophische Einstellung von der natürlichen unterscheidet.

Nun darf man wohl sagen, dass für die Beziehung der Phänomenologie – zumindest gemäß ihrem ursprünglichen, Husserl'schen Selbstverständnis – zur antiken Philosophie die Epoché das wichtigste Bindeglied zwischen den beiden Seiten dieser Beziehung war.[45] Aber das ist Vergangenheit; unsere Kenntnis von Husserls Denken ist durch das annähernd vollständige Erscheinen der *Husserliana* und

---

[45] Deswegen habe ich dem geschichtlichen Wandel des Epoché-Verständnisses von der hellenistischen Antike bis zur Husserl'schen Phänomenologie eine Abhandlung gewidmet, die zunächst auf Englisch unter dem Titel *The Controversy Concerning Truth: Towards a Prehistory of Phenomenology*, in: *Husserl Studies* vol. 17 Nr. 1 2000 erschienen ist. Eine überarbeitete und stark erweiterte deutsche Fassung »Die geschichtliche Stellung der phänomenologischen Epoché« bildet jetzt das Einleitungskapitel von *Biblischer Glaube*. Auch weil ich seit dieser Publikation vom problematischen Charakter der Epoché, wie oben skizziert, eine deutlichere Vorstellung gewonnen habe, verzichte ich hier auf eine Zusammenfassung der in jener Abhandlung entwickelten Gedanken.

§ 6. Weltphänomenologie nach Husserl und Heidegger

aufschlussreicher Materialien-Bände so viel reicher geworden, dass die Epoché nur noch eine von mehreren gleichwichtigen Verbindungslinien bezeichnet, die wir zwischen Phänomenologie und antiker Philosophie ziehen können. Die nachfolgenden Paragraphen werden Beispiele hierfür enthalten.

Was die Rolle der Epoché beim Übergang von der natürlichen zur philosophischen Einstellung betrifft, so ist dazu abschließend zweierlei zu sagen: Erstens bietet die Neutralisierung von Aussagen eine zu schmale Basis, um einen Wechsel zu erklären, der nicht nur den schmalen Sektor des intellektuellen Umgangs mit Aussagen betrifft, sondern das ganze für die Gestaltung unserer menschlichen Existenz bedeutsame Denken, Fühlen und Handeln. Zweitens, selbst wenn die Basis ausreichen würde, bliebe das Bedenken bestehen, dass die Epoché die »Übersetzung« der unthematisch-gewohnheitlichen Weltgewissheit durch Extrapolation in ein Urteil voraussetzt, die eigentlich nicht möglich ist und ein Notbehelf bleibt.

I. Teil: Der griechische Aufbruch des Denkens in phänomenologischer Sicht

§ 7. Die Geburt der Philosophie

Indem wir aufgedeckt haben, wie fragwürdig die Voraussetzungen sind, auf denen die Epoché beruht, hat sie ihre bisherige prominente Rolle verloren. Diese Feststellung sollte uns aber nicht verleiten zu übersehen, dass wir durch die Beschäftigung mit ihr eine entscheidende Hilfe finden können, um den Unterschied zwischen philosophischer und natürlicher Einstellung so sachgerecht und genau wie möglich zu bestimmen. Wir können die radikale Neutralisierung, der wir die in der natürlichen Einstellung vollzogenen Seinsstellungnahmen durch die Epoché unterziehen, gleichsam als Muster betrachten für die philosophische Distanznahme von der Selbstverständlichkeit des unthematisch-gewohnheitlichen Vertrauens auf die Existenz der Welt überhaupt: Mit der Epoché verlassen wir den ganzen Bereich der auf der Skala zwischen Zustimmung und Ablehnung möglichen Modifikationen des Stellungnehmens zu unseren Behauptungen. In analoger Weise ist es möglich, dass wir uns von der unthematisch-gewohnheitlich geahnten Weltgewissheit absetzen, ohne diese Gewissheit zu bestreiten oder zu bestätigen. An die Stelle des Stellungnehmens mit all seinen Modifikationen tritt ein Verhalten, das lediglich darin besteht, der unthematisch-gewohnheitlich geahnten Weltgewissheit ihre Selbstverständlichkeit zu nehmen.

Diese »Entselbstverständlichung« – der unschöne Ausdruck sei hier im Dienste der Vermeidung von Missverständnissen erlaubt – kann nicht mehr darin bestehen, dass der Behauptungscharakter aller in der natürlichen Einstellung gefällten oder denkbaren Urteile radikal neutralisiert wird oder dass anderen Seinssetzungen, die sich der natürlichen Einstellung verdanken, durch irgendwelche *direkt darauf gerichteten*, der Neutralisierung vergleichbaren Maßnahmen ihre selbstverständliche Geltung genommen wird. Die Entselbstverständlichung kann konkret nur noch in einem Verhalten bestehen, durch das die unthematisch-gewohnheitlich geahnte Weltgewissheit *indirekt* ihre Selbstverständlichkeit verliert. Dieses Verhalten ist dadurch gekennzeichnet, dass überall dort Fragen gestellt werden, wo das natürliche Bewusstsein wegen seiner Bindung an unthematisch fraglos eingehaltene Gewohnheiten normalerweise nicht einmal auf die Idee kommt, dass eine Frage gestellt werden könnte. Das bedeutet: Die Überlegenheit, die traditionell der philosophischen gegenüber der natürlichen Einstellung bzw. der Episteme gegenüber der Doxa zu-

§7. Die Geburt der Philosophie

gesprochen wird, gründet sich in ihrer ursprünglichen Gestalt nicht darauf, dass der philosophisch Denkende über mehr Wissen verfügt als der Mensch in der vorphilosophischen, natürlichen Einstellung. Die Situation der Episteme gegenüber der Doxa besteht vielmehr umgekehrt ursprünglich gerade darin, dass der philosophisch Denkende sich eher so fühlt, als wisse er gar nichts. An dieser Stelle begegnet uns als Prototyp des philosophisch Denkenden die Gestalt des Sokrates, so wie Platon sie in seinen Dialogen dargestellt hat. Es ist keine rhetorische Phrase, wenn dieser Mann von sich selbst sagt: »Ich weiß, dass ich nichts weiß.«

An seinem Verhalten lässt sich ablesen, wodurch sich die philosophische Einstellung von der natürlichen Einstellung unterscheidet: Es ist keine Extravaganz oder Provokationslust, wenn Sokrates hartnäckig überall Fragen stellt. Wenn wir dieses Verhalten, das seinen Mitmenschen befremdlich oder sogar skandalös erscheinen mag, im Licht der unthematisch-gewohnheitlich geahnten Weltgewissheit betrachten, die zu unserer menschlichen Existenz gehört, erweist es sich als eine der beiden Möglichkeiten, wie wir uns zu dieser Weltgewissheit verhalten können. In dieser geahnten Weltgewissheit sind wir unthematisch der unaufhebbaren Offenheit des »niemals-ganzen Ganzen« inne, die durchgängig unser Horizontbewusstsein und damit unser ganzes Menschenleben bestimmt. Die Menschen, die in der natürlichen Einstellung bleiben, begegnen der Offenheit des »niemals-ganzen Ganzen«, also der Fraglichkeit der Welt, mit der Fraglosigkeit, die sie der unthematisch-gewohnheitlich bestehenden Weltgewissheit verdanken. Sokrates als Stimme der Philosophie überrascht uns an Stellen, an denen wir normalerweise nicht mit Fragen rechnen, mit Fragen und lässt dadurch die im Oxymoron der »fraglosen Fraglichkeit« angesprochene Atmosphäre der Fraglosigkeit des natürlichen Bewusstseins umkippen in eine solche der Fraglichkeit.

Mit dem unablässigen Fragen des Sokrates beginnt schon in der Antike für viele, angefangen bei Platon[46] die Philosophie noch einmal neu. In seiner Gestalt konnte man – und kann man noch immer – die Verkörperung ihrer Geburt sehen. Damit sind wir an dem Punkt angelangt, an dem sich unsere Überlegungen zum Aufbruch des Denkens bei den Griechen auf die Kernfrage nach dem Anfang der Philosophie zuspitzen. Diese Frage könnte lauten: Wie kam es dazu, dass

---

[46] Vgl. *Platon Phaidon* 99 c 8 ff.

I. Teil: Der griechische Aufbruch des Denkens in phänomenologischer Sicht

Sokrates begann Fragen aufzuwerfen, mit denen er den Bann der Fraglosigkeit sprengte? Oder: Lassen sich bei den Griechen des 5. vorchristlichen Jahrhunderts ein oder mehrere Ereignisse oder Motive finden, die für die Entstehung der Philosophie den Anstoß gaben?

Zu solchen Fragen ist klarzustellen, dass die Philosophie nicht die Aufgabe hat, irgendwelche bestimmten Ereignisse oder andere singuläre Fakten im komplexen Gang der Geschichte als Ursache ihrer eigenen Entstehung namhaft zu machen. Wenn so etwas überhaupt sinnvoll und möglich sein sollte, wäre es jedenfalls eine Aufgabe der Geschichtswissenschaft. Philosophisch kann es nur darum gehen, eine Erklärung dafür zu finden, dass die Philosophie in dem besagten Jahrhundert entstehen *konnte*. Warum oder wie konnten die Griechen damals auf die Idee kommen, zu »philosophieren«, also dort Fragen zu stellen, wo der Mensch in der natürlichen Einstellung nicht mit Fragen rechnet? Wie wurde der Übergang aus dieser Einstellung in die philosophische Einstellung *möglich*, der sich damals zum ersten Mal so ereignete, dass er dauerhafte Folgen für die ganze Kultur hatte?

Durch die Formulierung dieser letzten Frage kann uns auffallen, dass wir in den bisherigen Überlegungen von Husserl die Unterscheidung zwischen diesen beiden »Einstellungen« übernommen haben, ohne zur Sprache zu bringen, dass der Gebrauch des Begriffs »Einstellung« eine gewisse Vorentscheidung für die Beantwortung der Frage impliziert, wie wir uns den Übergang vom natürlichen, vorphilosophischen Bewusstsein zur Philosophie zu denken haben. Wie in den vorangegangenen Paragraphen geklärt, heißt die »natürliche« Einstellung so, weil sie jeder Wählbarkeit entzogen ist. Aber wenn wir vom Wechsel in die philosophische »Einstellung« sprechen, zeigt dieser Begriff an, dass es sich um eine Wahl handelt. Der ausdrückliche Vollzug des Übergangs zu einer neuen Einstellung ist eine Entscheidung, die ein Mensch durch einen Willensentschluss herbeiführen kann. Wenn wir die Behauptung, auf diese Weise könne ein Mensch zum Philosophieren gelangen, auf ihre Stichhaltigkeit prüfen, zeigt sich sogleich, dass sie unhaltbar ist.

Das Philosophie-Treiben beginnt konkret mit den erwähnten überraschenden Fragen, und in ihnen bekundet sich indirekt die »Entselbstverständlichung« der Weltgewissheit. Diese Gewissheit haben wir, bevor wir in der philosophischen Einstellung über sie reflektieren, lediglich in Form einer unthematischen Ahnung. Um explizit den Entschluss fassen zu können, der Weltgewissheit durch die

§7. Die Geburt der Philosophie

neue Art von Fragen ihre Selbstverständlichkeit zu nehmen, müsste der Mensch schon in der natürlichen Einstellung ein thematisierendes Bewusstsein von der Weltgewissheit haben; doch das natürliche Bewusstsein ist gerade durch den unthematischen Charakter der gewohnheitlichen Vertrautheit mit der Existenz der Welt definiert. Es kann also nicht von der Willenseinstellung des Menschen abhängen, ob er zur Entselbstverständlichung der Weltgewissheit übergeht.

Was diesen Übergang, also den Beginn des Philosophierens bei einem Menschen motiviert, kann demnach nur eine Erfahrung sein, die ihn spüren lässt, dass das Verhältnis, das er zur Welt und ihrer Existenz hat, nicht von seiner Willensentscheidung abhängt. Wir haben es hier mit einer Erfahrung zu tun, die nicht in der Macht des Menschen liegt, die er also nicht durch irgendein aktiv vollzogenes Verhalten hervorruft, sondern die ihn überkommt, anders ausgedrückt: die er erleidet – »erleiden« hier nicht im Sinne der Schmerzempfindung, sondern des Passivs verstanden. Weil die Geburt eines Menschen ein Geschehnis ist, das sich nur ereignen kann, indem es dem Betreffenden widerfährt, und weil es bei den Griechen nicht durch eine Aktivität, sondern durch ein Widerfahrnis zur Entstehung der Philosophie kam, trägt das vorliegende Buch den Titel *Die Geburt der Philosophie*.

Traditionell galt seit Platon und Aristoteles ein solches »Erleidnis« oder »Überkommnis« – griechisch *páthos* – als der Beweggrund, der die Entstehung der Philosophie motiviert habe und immer noch motiviere, nämlich das Staunen, griechisch *thaumázein*. Man hat sich zwar in jeder zweiten Festrede und in unzählig vielen anderen Texten auf diese Vorstellung von der Geburt der Philosophie berufen, aber das hat nicht gerade dazu beigetragen, dass die einschlägigen Stellen im Werk der beiden Klassiker wirklich gelesen und sachgerecht interpretiert wurden.

Die platonisch-aristotelische Erklärung des Ursprungs der Philosophie aus dem Staunen haben auch Husserl und Heidegger ausdrücklich übernommen und auf ihre Weise kommentiert. Der dadurch mögliche Vergleich ihrer Erläuterungen ist im Übrigen aufschlussreich für die Klärung des Verhältnisses zwischen ihren Auffassungen von Phänomenologie überhaupt. Husserl bezieht sich auf das Philosophie-motivierende Staunen in dem Vortrag, den er 1935 in Wien hielt und der in der Einleitung schon erwähnt wurde. Heideggers Erläuterung des philosophischen Staunens findet sich in ihrer elaboriertesten Fassung in seiner Vorlesung *Grundfragen der*

*Philosophie*⁴⁷ vom Wintersemester 1937/38. Es handelt sich hier um eine glänzende phänomenologische Analyse, deren Gedanken in engem Zusammenhang mit seinen *Beiträgen zur Philosophie* stehen, deren Ausarbeitung ihn seit 1936 beschäftigt, also in genau die gleiche Zeit fällt wie Husserls Wiener Vortrag, die Keimzelle der *Krisis*-Abhandlung von 1936. Trotz der Übereinstimmung in der Entstehungszeit und der Bezugnahme auf das Staunen sind beide Texte in ihrer inhaltlichen Substanz denkbar weit voneinander entfernt – einer der Belege dafür, dass sich in diesen Jahren die beiden Ahnväter der Phänomenologie in ihrem Denken und Handeln vollkommen auseinandergelebt hatten.

Es seien zunächst die beiden einschlägigen Textstellen bei Platon und Aristoteles in Erinnerung gebracht. In Platons spätem Dialog *Theaitetos* (155 c–d, Übersetzung von Ekkehard Martens) heißt es:

> [*Theaitetos:*] Bei den Göttern, Sokrates, ich komme aus dem Staunen *(thaumázo)* nicht heraus, was es alles damit auf sich hat. Und manchmal wird mir geradezu schwindlig, wenn ich es mir ansehe.
>
> [*Sokrates:*] Mein Lieber, offensichtlich hat Theodoros über deine Art ganz richtig geurteilt. Denn dein Zustand *(páthos)*, die Verwunderung *(to thaumázein)*, ist recht typisch für einen Philosophen. Es gibt nämlich keinen anderen Anfang der Philosophie als die Verwunderung, und wer die Iris Tochter des Thaumas genannt hat, ist offensichtlich kein schlechter Genealoge.⁴⁸

Aristoteles äußert sich in der *Metaphysik* (Buch 1, 982 b 11 – 983 a 23, Übersetzung von Hermann Bonitz) mit folgenden Worten über das Staunen:

> Denn Verwunderung *(to thaumázein)* veranlasste zuerst wie noch jetzt die Menschen zum Philosophieren, indem man anfangs über die unmittelbar sich darbietenden unerklärlichen Erscheinungen sich verwunderte *(thaumásantes)*, dann allmählich fortschritt und auch über Größeres sich in Zweifel einließ, z. B. über die Erscheinungen an dem Monde und der Sonne und den Gestirnen und über die Entstehung des All.

---

⁴⁷ Martin Heidegger: *Grundfragen der Philosophie. Ausgewählte »Probleme« der »Logik«* (Wintersemester 1937/38), hrsg. von F.-W. von Herrmann, 1984, ²1992.

⁴⁸ Als Göttin des Regenbogens und Botin der Götter vermittelt Iris zwischen Himmel und Erde und kann deshalb für die Philosophie stehen. Nach der *Theogonie* des Hesiod (265 f.) und zahlreichen späteren Zeugnissen ist sie Tochter des Thaumas, und dieser Name lässt sich mit *thaumázein* in Verbindung bringen.

§7. Die Geburt der Philosophie

Als erstes ist darauf hinzuweisen, dass ein verbreitetes Verständnis des Philosophie-motivierenden Staunens sich nicht auf diese Textstellen berufen kann. Nach diesem Verständnis staunen wir in der Philosophie darüber, »dass überhaupt etwas *ist*, anstatt nicht zu sein«, wie die gängige Formulierung seit Leibniz lautet. Was auch immer man sachlich von diesem metaphysischen Verständnis des Staunens halten mag, es kommt jedenfalls als Hilfsmittel für die Interpretation der vorliegenden Textstellen nicht in Betracht. Sie bieten keinen Anhalt für eine Deutung des Staunens als Konfrontation mit dem Nichts. Das Staunen, aus dem für Platon und Aristoteles die Philosophie hervorging, entspringt bei ihnen nur der vergleichsweise weniger dramatischen Erfahrung einer Unfähigkeit, für bestimmte besonders schwierige, zunächst unlösbar erscheinende Probleme eine Lösung zu finden.

Die Überwältigung durch solche intellektuelle »Ausweglosigkeit« – griechisch *a-poría* – ruft das *páthos* des *thaumázein* hervor. Das Staunen ist für Platon und Aristoteles keine Stimmung am Rande des Abgrunds des Nichts, sondern eine Stimmung der Ratlosigkeit. Husserl und Heidegger haben sich in ihrer Erläuterung des Philosophie-motivierenden Staunens zwar nicht ganz vom gerade beschriebenen metaphysischen Verständnis des Staunens gelöst, aber der Zusammenhang mit der Aporie-Erfahrung ist ihnen nicht verborgen geblieben. Beide beziehen sich auf die Erfahrung der Ausweglosigkeit, aber auf ganz unterschiedliche Weise. Heidegger als erfahrener Interpret klassischer Texte bleibt näher am Wortlaut der zitierten Sätze, weil er im Unterschied zu Husserl sieht, dass der Begriff des *páthos* für ein adäquates Verständnis der Stellen zentrale Bedeutung hat.

Deshalb soll hier zunächst eine vertiefte Erläuterung des Begriffs *páthos* folgen, mit der wir zugleich auf die durch Heidegger angeregte Interpretation der gemeinsamen Welt als Offenheitsdimension zurückkommen. Husserls Verständnis des Staunens wird im nächsten Paragraphen zur Sprache kommen. Wie schon angedeutet, bezeichnet der Begriff *páthos* in philosophischem Kontext Erfahrungen der Passivität, des Überkommen-Werdens von etwas, Erfahrungen, die dadurch gekennzeichnet sind, dass Menschen etwas widerfährt. In der deutschen Alltagssprache gibt es kein Äquivalent zu dieser griechischen Substantivbildung. Je nach Kontext kann der Begriff »Widerfahrnis« im Zusammenhang einer Übersetzung geeignet sein. Der schon erwähnte Begriff »Erleidnis« entspricht zwar

I. Teil: Der griechische Aufbruch des Denkens in phänomenologischer Sicht

semantisch genau dem Begriff *páthos*, aber er findet sich nicht in der Alltagssprache. Auf dieser Sprachebene kommt am ehesten das Wort »Stimmung« in Betracht. Für dieses unserer Sprache eigene Wort wiederum gibt es im Altgriechischen (und überdies auch im Lateinischen und in den romanischen Sprachen) kein Äquivalent.

»Stimmung« passt gut, weil die Frage nach dem, was die Entstehung der Philosophie »motiviert« – entsprechend dem sprachlichen Zusammenhang von »Motiv« mit dem lateinischen *movere*, »bewegen« – auf »Beweggründe« zielt, die das Philosophieren als ein geistiges Handeln in Bewegung versetzen. Es gehört zu den Grundeinsichten der klassischen Ethik von Aristoteles bis Kant, dass das Handeln als ein Geschehen nur durch Ursachen ausgelöst werden kann, die zumindest partiell nicht im Bereich intellektueller Einsicht, sondern in dem der Gefühle, des »Emotionalen« beheimatet sind. Die Überzeugungskraft von Gedanken, die sich in Sätzen formulieren lassen, reicht für die Erklärung faktisch stattfindenden Handelns nicht aus. Es bedarf der Beweggründe, die ihre Kraft aus dem emotionalen Bereich beziehen. In diesem Bereich müssen wir aber, wie im II. Teil der Einleitung schon erwähnt, zwei Grundarten von Emotionalität unterscheiden:

Auf der einen Seite gibt es die vielfältigen Formen des Fühlens- oder Empfindens-von-etwas, die einen intentionalen Charakter haben, und auf der anderen Seite die »Stimmung« als eine Art von Gefühl, der diese Zielgerichtetheit fehlt und die gleichsam als Atmosphäre das Ganze einer Situation – den so oder so gestimmten Menschen in Einheit mit seiner Umgebung – umschließt und durchzieht. Die so verstandene »Stimmung« ist nichts anderes als die ebenfalls schon erläuterte »Befindlichkeit« im Sinne von Heideggers *Sein und Zeit*. Durch die Befindlichkeit kennen wir unsere Situation in der Welt als Offenheitsdimension, und in der Stimmung wird diese Kenntnis für uns spürbar. Was die intentionalen Gefühle angeht, so können sie wegen der Benennbarkeit ihrer Ziele mit Bestrebungen des Willens eine Einheit bilden, und weil Ziele und Mittel des Willens sich in Aussagen zur Sprache bringen lassen, haben die intentionalen Gefühle an der Motivation zielgerichteten Handelns wesentlich Anteil, etwa, indem sie die Überzeugungskraft von Argumenten verstärken, die für bestimmte Handlungsentscheidungen vorgebracht werden.

Wäre der Übergang zur philosophischen »Einstellung« Sache einer Willensentscheidung, ließe sich seine Motivation durch die

§7. Die Geburt der Philosophie

Überzeugungskraft von Argumenten erklären, die sich in Sätzen formulieren lassen und durch intentionale Gefühle unterfüttert werden. Da es aber, wie wir sahen, nicht von der Willenseinstellung des Menschen abhängen kann, ob er zur Entselbstverständlichung der Weltgewissheit übergeht, lässt sich die Motivation der Bereitschaft, einen ganz neuen Weg des Denkens zu beschreiten, nicht aus der Überzeugungskraft von so gearteten Argumenten erklären, sondern nur durch Bewegkräfte aus dem Bereich der nicht intentional strukturierten Emotionalität. Die in den zitierten Textstellen angesprochene Erfahrung der Auswegslosigkeit, der Aporie erschüttert die Befindlichkeit. Diese Art von Erschütterung stellt nicht bloß dieses oder jenes einzelne Vorkommnis und unseren Umgang damit infrage, sondern es lässt in der »fraglosen Fraglichkeit« des Verweisungsgeschehens das Element der Fraglosigkeit als ganzes verschwinden, und es bleibt nur eine potentiell alles betreffende Fraglichkeit. So konnte nur eine Stimmung – bei den Griechen der Antike die des Staunens, *thaumázein* – der Beweggrund dafür sein, dass Menschen zu dem ganz neuen Weg des Denkens aufbrachen, auf dem alles bisher unfraglich Erscheinende zum Gegenstand möglicher Fragen wurde.

Mit der hier vorgelegten Interpretation des *thaumázein* folgten wir – zwar nicht dem Buchstaben, aber dem Geiste nach – Heideggers Lektüre der zitierten Partien bei Platon und Aristoteles. Das Überzeugende seiner neuen Deutung der Textstellen liegt darin, dass er mit Entschiedenheit das Motiv des Aporetischen aufnimmt, indem er die Aufmerksamkeit ganz auf das konzentriert, was in der Erfahrung der Auswegslosigkeit selbst beschlossen liegt, und die naheliegende Frage nach den möglichen Auswegen aus einer Aporie ausblendet, weil sie auf mögliche Situationen jenseits der Auswegslosigkeit zielt. Dadurch sieht er den inneren Zusammenhang zwischen der Auswegslosigkeit und der für die Philosophie konstitutiven Bereitschaft, alles, was dem Menschen im außerphilosophischen Leben als gewohnt und vertraut, als fraglos selbstverständlich erschien, als etwas Nicht-Selbstverständliches und völlig Ungewohntes zu betrachten. Diese Fragebereitschaft und die Aporie-Erfahrung gehören zusammen, weil sich in beiden gleichermaßen die durch keine Fraglosigkeitsgewohnheit verdeckte und verharmloste radikale Fraglichkeit des Verweisungsgeschehens meldet. So stellt sich die »Entselbstverständlichung« bei Heidegger als die Erfahrung einer Befindlichkeit dar, in der alle Vertrautheit in erschreckende Unvertrautheit umschlägt.

I. Teil: Der griechische Aufbruch des Denkens in phänomenologischer Sicht

Wir können als Zwischenergebnis festhalten: Durch die an Heidegger orientierte Interpretation der das Staunen motivierenden Aporie hat sich geklärt, wo allein ein möglicher Beweggrund für die Entstehung von Philosophie zu finden ist: Es muss sich um eine die Befindlichkeit erschütternde, also nicht intentional strukturierte emotionale Erfahrung handeln, will sagen: eine Stimmung – wie bei den Griechen der Antike das Staunen. Deshalb empfiehlt es sich, das *páthos* noch genauer unter die Lupe zu nehmen, um das zu finden, was die Entstehung von Philosophie bei den Griechen auslösen konnte, und um vielleicht darüberhinaus das ans Licht zu bringen, was überhaupt für das Aufkommen eines philosophischen Fragens den Anstoß geben kann; es gibt keinen zwingenden Grund anzunehmen, dass es generell und immer das Befindlichkeit-erschütternde Staunen über Aporien sein muss. In der Tat ist ja zu beobachten, dass das Philosophieren in den heute tonangebenden Strömungen der Philosophie von unterschiedlichen Stimmungen ausgelöst und getragen wird. Wir tun also gut daran, bei den in Betracht kommenden stimmungshaft erfahrenen Befindlichkeiten zu differenzieren.

Wir gehen noch einmal davon aus, dass es sich beim *páthos* um ein »Erleiden«, also ein »Leiden« im Sinne der Passivität handelt.[49] Aristoteles hat geklärt, dass zum so verstandenen Leiden immer ein Tun gehört; demjenigen Seienden, dem ein Erleidnis widerfährt, korrespondiert notwendig ein Tuendes – das klassische Beispiel: Ein Stein erleidet, dass er warm wird, auf solche Weise, dass ihn ein Tuendes, beispielsweise die Sonne erwärmt. Demnach muss unsere Frage nun lauten: Was ist im Bereich der stimmungshaft empfundenen Befindlichkeiten beim Erleidnis eines Philosophie-motivierenden *páthos* das Tuende? Und bei der Beantwortung dieser Frage müssen wir, wie gerade gesagt, beachten, welche Arten von Befindlichkeiten bzw. Stimmungen es gibt, die wir für die Bestimmung des Tuenden in Erwägung ziehen können.

Beim Thema »Stimmung« bietet es sich fast von selbst an, die Orientierung an Heidegger beizubehalten, weil er, wie schon erwähnt, die traditionelle Einschätzung der Bedeutung der Stimmung in der Philosophie auf, wie mir scheint, überzeugende Weise revidiert hat. Berühmt und vielumstritten ist seine These in *Sein und Zeit* über die menschliche Existenz als »Sein-zum-Tode«: Ich, dieser einzelne

---

[49] Das »Leiden« als »Erleiden von Schmerzen« wird im II. Teil §18 noch zur Sprache kommen.

§7. Die Geburt der Philosophie

Mensch in der »Jemeinigkeit«, in der mich niemand vertreten kann – keiner kann mir meinen Tod abnehmen – gelange zu der mir eigenen, »eigentlichen« Existenzweise, indem mir die Stimmung der Angst die dafür erforderliche »Entschlossenheit« verleiht. Es gibt ohne Zweifel genügend Beispiele dafür, dass ein Mensch durch die so verstandene Konfrontation mit seiner Sterblichkeit motiviert wird, philosophische Fragen zu stellen. Und das gilt nicht nur für diese Stimmung eines einzelnen Menschen, sondern auch für andere meine Befindlichkeit beunruhigende oder aufwühlende Stimmungen, die ich als Einzelner habe. Insofern kommen gewiss solche individuellen Stimmungen als Beweggründe für ein Wachwerden von philosophischen Fragen beim einzelnen Menschen in Betracht.

Nun gibt es aber nicht nur die individuellen Stimmungen, sondern auch solche, die eine ganze Kultur bewegen. Es kann sogar sein, dass eine solche Stimmung dasjenige ist, was die Angehörigen einer Kultur in fundamentalerer Weise miteinander verbindet als die tradierten Sitten und als Recht und Politik, wodurch sie als Bürger eines Staates zusammengehören. Mit Blick auf dieses Phänomen hat Heidegger nach seinem Übergang zum seinsgeschichtlichen Denken von »Grundstimmungen« gesprochen.[50] Damit sind im Unterschied zur Befindlichkeit des Einzelnen wie der »Angst« in *Sein und Zeit* überindividuell anhaltende Stimmungslagen gemeint, die eine ganze Kultur in einer bestimmten Epoche prägen und das Zusammenleben tragen. Wenn wir vom Staunen als dem Philosophie-motivierenden Beweggrund in der griechischen Antike sprechen, verstehen wir unter diesem *páthos* nicht eine individuelle Befindlichkeit wie die Angst in *Sein und Zeit*, sondern eine gemeinschaftliche Stimmungslage, deren Charakter sich aus der vielerlei umschließenden gemeinsamen Befindlichkeit der Griechen in ihrer damaligen Kultur erklärt.

Zugespitzt gesagt interessiert die Motivation eines einzelnen Menschen, der zu philosophieren beginnt, vielleicht seine Freunde und Angehörigen oder auch seinen Psychiater. Aber die Philosophie ist ein Element unserer ganzen Kultur und ihrer Geschichte, und von daher ist die systematische Frage nach dem Beweggrund für ihre Entstehung nur dann von allgemeinem Interesse, wenn sie sich auf eine

---

[50] Vgl. v. Vf. *Grundstimmung und Zeitkritik bei Heidegger*, in: *Zur philosophischen Aktualität Heideggers*, Bd. I, hrsg. von O. Pöggeler u. D. Papenfuss, Frankfurt a. M. 1991.

I. Teil: Der griechische Aufbruch des Denkens in phänomenologischer Sicht

Stimmung bezieht, die mit der Grundstimmung einer ganzen Kultur in einer bestimmten Epoche ihrer Geschichte verwoben ist.

Aus den letzten Überlegungen ergibt sich die Aufgabe, zu klären, wie die Philosophie-motivierende Stimmung des Staunens mit der Grundstimmung der griechischen Kultur in der Epoche des klassischen Griechentums verschmolzen war. Dies konkret mit Bezugnahme auf vielerlei historische Fakten darzustellen ist eine Sache der Geschichtsschreibung. Hier muss und kann ein skizzenhafter Hinweis auf den »Ort« des *thaumázein* in der gemeinsamen Befindlichkeits- und Gestimmtheitslage der »alten Griechen« genügen. In einer immer noch verbreiteten Vorstellung von ihnen erscheinen sie als ein heiteres, in die Schönheit der von ihnen erfundenen oder zu klassischer Vollendung gebrachten Künste – Epos und Lyrik, Tempelbau, Bildhauerei und Töpferei, Tragödie und Komödie – verliebtes Volk. Doch seit Nietzsches Jugendschriften *Die Geburt der Tragödie* (1872) und *Die Philosophie im tragischen Zeitalter der Griechen* (1873) kann man wissen, dass dies ein oberflächliches Bild ist.[51]

Die gelöste Heiterkeit der griechischen Kultur, die sich vor allem auch in der Entstehung der Mythen von den »leichtlebenden« olympischen Göttern manifestierte, hatte eine melancholische Grundstimmung zur Kehrseite, eine tiefe Schwermut über die Vergänglichkeit, die besonders die Tragödie durchzieht, aber beispielsweise auch in den Reliefs spürbar wird, die auf den Grabstelen der klassischen Zeit das Abschiednehmen sichtbar machen. Das Staunen, das den Beginn der Philosophie motivierte, ist von diesem Befindlichkeitshintergrund her zu verstehen. Es speist sich aus der Verwunderung darüber, dass die Welt trotz der Vergänglichkeit von allem weiter existiert, – das Wunder der *phýsis*, das im nächsten Paragraphen genauer erörtert wird. Was die frühen Denker mit ihren Fragen suchten, die später von Aristoteles in der Frage nach der *arché* oder den *archaí*, dem Anfangsgrund oder den Anfangsgründen, gebündelt wurden, war das eigentlich Beständige und Bleibende.

---

[51] Mit Rücksicht auf den Umfang dieses Buches muss ich die große griechische Kunst sowohl im Bereich der Dichtung als auch in dem der bildenden Kunst beiseite lassen. Es fehlen also die durchaus möglichen Zuordnungen von Lyrik, Tragödie und Komödie, Tempelbau, Bildhauerei, Vasenmalerei und anderem zum Aufbruch des Denkens. Mein philosophischer Reiseführer *Treffpunkt Platon* enthält zwar einige kurze Hinweise, aber dem Zweck dieses populären Buchs entsprechend keine expliziten Zuordnungen zum Aufbruch des Denkens.

§7. Die Geburt der Philosophie

Es kann hier nicht entschieden werden, ob es in unserer europäischen Geschichte eine oder mehrere vergleichbare Befindlichkeitslagen der ganzen Kultur gegeben hat, bei denen es in ähnlicher Weise möglich wäre, den »Ort« zu bestimmen, an dem eine das philosophische Fragen motivierende Grundstimmung in die Gesamtlage der Befindlichkeit integriert war. Aber ein Parallelbeispiel ist so bekannt und so intensiv und extensiv kommentiert, dass ein – abermals nur skizzenhafter – Hinweis darauf vertretbar ist. Das ist die Gesamtsituation der europäischen Kultur in der Übergangszeit, die gleichermaßen häufig als Spätmittelalter und als frühe Neuzeit charakterisiert wird. Die in vielen Lebensbereichen erkennbare Grundstimmung in dieser Geschichtsepoche ist eine tiefgreifende Verunsicherung der Menschen, die als Folge des spätmittelalterlichen Voluntarismus die ganze frühneuzeitliche Denkungsart prägt und beispielsweise Martin Luthers Frage nach einem gnädigen Gott oder Descartes' Entscheidung für den methodischen Zweifel als Instrument des philosophischen Denkens in seinen *Meditationes* möglich machte. Und die neue Stimmung, die in dieser Zeit ein philosophisches Fragen motivierte, erwuchs aus der Suche nach einer neuen sozusagen felsenfesten Sicherheit.

Wenn wir die beiden Grundstimmungslagen, die gerade skizziert wurden, als paradigmatische Beispiele miteinander vergleichen, fällt eine strukturelle Ähnlichkeit ins Auge: In beiden Gesamtlagen stoßen wir auf das Spannungsverhältnis zwischen einer gleichsam hellen, starken, glückverheißenden und einer düsteren Komponente. Bei den Griechen der Antike ist das auf der einen Seite das Lebensgefühl, auf das in der obigen Skizze Stichworte wie Heiterkeit, Leichtlebigkeit, Schönheitsverliebtheit zielten, und auf der anderen Seite die tragisch gestimmte Schwermut vor dem Hintergrund der Vergänglichkeit. In der spätmittelalterlich-frühneuzeitlichen Übergangszeit unserer Geschichte steht der durch die Abgründigkeit der Verunsicherung in tiefes Dunkel getauchten Seite des ganzen Lebens das geradezu thriumphale Lebensgefühl gegenüber, das sich künstlerisch im überbordenden Reichtum der Musik und Malerei des Barock, politisch in der repräsentationsfreudigen Entfaltung absolutistischer Herrschaft, wissenschaftsgeschichtlich in der Aufbruchsstimmung der frühneuzeitlichen Astronomie und Physik manifestiert.

Unverkennbar kehren im Widerstreit dieser beiden je nach Epoche inhaltlich differierenden, aber strukturell vergleichbaren Seiten der Gesamtbefindlichkeitslage die beiden Komponenten der *Ver-*

schränkung wieder, die generell die Befindlichkeit und die Weise, wie sie sich in der Stimmung meldet, charakterisiert. Damit haben wir den Bereich eingekreist, worin sich das findet, was in geschichtlich wechselnder Gestalt im Grunde die Entstehung von Philosophie ermöglicht, das »Tuende«, das komplementär zu dem passiven Geschehen gehört, das in einem *páthos* stattfindet. Da die in einem *páthos* stimmungshaft erfahrene Befindlichkeit den Charakter der Verschränkung – in der Formel von Heraklit: der »gegenzügigen Zusammenfügung« (Diels/Kranz 22 B 51) – hat, ist nun die Frage, ob das Tuende im Ganzen der Verschränkung oder auf einer ihrer beiden Seiten, der dunklen oder der hellen Komponente, zu finden ist. Mit dieser Frage begeben wir uns in eine Zone, in der das Denken leicht der Willkür bloßer »Spekulation« erliegt. Wenn eine wenigstens im Ansatz noch phänomenologische Antwort auf die Frage möglich sein soll, muss sie sich auf Erfahrung stützen.

Grundlegend für die stimmungshafte Erfahrung der Befindlichkeit ist der Umstand, dass ihre beiden Komponenten systematisch nicht voneinander zu trennen sind: Um an den *Timaios* zu erinnern: im Zurückweichen vollzieht sich das Platzgeben, das Sich-Öffnen der Offenheitsdimension, und umgekehrt. An der Urmotivation der Philosophie sind demnach immer beide Seiten, sowohl die Sterblichkeitserfahrung, der Entzug, als auch die Gebürtlichkeitserfahrung, das Aufgehen der Helligkeit des Erscheinungsraumes beteiligt. Das wird für die ersten Philosophen indirekt dadurch bestätigt, dass sie allgemein als *phýsis*-Forscher oder *phýsis*-Denker galten – Aristoteles bezeichnet sie in diesem Sinne als *physikoí*. Um das damit Gemeinte aber nicht misszuverstehen, muss man sich darüber im Klaren sein, dass die Eindeutschung des Begriffs *physikoí* mit »Physiker« zwar korrekt, aber irreführend ist; denn das frühe Nachdenken über die *phýsis* hat mit der modernen, auf Experimente und mathematisch formulierte Hypothesen gestützten Physik so gut wie gar nichts zu tun.

Auch die gängige Übersetzung mit »Naturphilosophen« ist missverständlich, weil in dem Verständnis von »Natur«, das hinter diesem Begriff steht, mit »Natur« ein Teilbereich des Seienden gemeint ist, nämlich der Bereich, dem das durch *téchne*, »Kunst«, Seiende gegenübersteht. Im Unterschied dazu war die *phýsis*, mit der sich die *physikoí* beschäftigten, kein Teilbereich des Seienden, sondern unsere ganze dem »Werden und Vergehen« ausgesetzte Welt. Das wird im II. Teil noch ausführlich zur Sprache kommen. Hier nur

§7. Die Geburt der Philosophie

ein erster Hinweis: Das Wort *phýsis* bedeutet im Griechisch der klassischen Zeit zwar nicht mehr »Wachstum«, aber man kann in dem Begriff immer noch den Zusammenhang mit dem Verb *phýein*, »wachsen lassen« hören, und das Wachsen ist für die griechische Welterfahrung das Werden als ein Hervorkommen aus dem dunklen Untergrund, ein Aufgehen-ins-Helle, das mit dem Vergehen als einem Verschwinden-ins-Dunkel – heraklitisch gesprochen – »gegenzügig zusammengefügt« ist. Die anfängliche Philosophie der *physikoí* ist ursprünglich motiviert durch die stimmungshafte Erfahrung dieser Verschränkung.

Für eine annähernd sachgerechte Versprachlichung dieser Erfahrung haben wir im Deutschen die Möglichkeit, uns einen sprachgeschichtlichen Zusammenhang zunutze zu machen: Das Wort »Stimmung« geht auf das »Stimmen« von Musikinstrumenten und dieses auf die menschliche »Stimme« zurück. So können wir aus dem zuletzt Ausgeführten mit folgender Formulierung die Konsequenz ziehen: In dem gleichsam musikalisch gestimmten Stimmungs-Zusammenspiel der beiden miteinander verschränkten Komponenten haben immer beide Seiten eine Stimme und sind in diesem Sinne zusammen das von uns gesuchte Tuende. Das schließt aber nicht aus, dass eine der beiden Seiten mit ihrer Stimme den Leitton oder die Tonart bestimmt. Wenn vom Tuenden ein Anstoß zur philosophischen Entdeckung der allgemeinen Fraglichkeit von allem ausgeht, kann es nur die Stimme des Entzugs sein, die den Ton angibt.

Doch es ist auch möglich, dass die Stimme der Gebürtlichkeit den Leitton bestimmt. Das ist die ursprüngliche Motivation wissenschaftlicher Forschung, die sich angetrieben von der Wissbegierde um die Lösung einiger der unzähligen Rätsel dieser Welt bemüht und der die Überlegungen im nachfolgenden Paragraphen gewidmet sind. Das Grundthema dieser Forschung in ihren griechischen Anfängen war der *kósmos* mit der Fülle seiner die Neugier erregenden Vorkommnisse, wobei an den schon gegebenen Hinweis zu erinnern ist, dass mit »*kósmos*« nicht einfach das Ganze des Universums als Gesamtheit alles Seienden gemeint war. Heraklit, der wahrscheinlich das Wort *kósmos* aus der vorphilosophischen Sprache, in der es so viel wie »glänzende schmuckvolle Ordnung« bedeutete, als Bezeichnung für das Weltganze in die Philosophie brachte, kannte durchaus die

Möglichkeit, die Gesamtheit alles Seienden zu bezeichnen; dafür benutzte er den Plural von *pas* (»jedes«): *ta pánta* (»alles und jedes«).[52]

Im Unterschied zu dieser neutralen, sozusagen farblosen Bezeichnung ist »*kósmos*« der Name dafür, dass das Erscheinen der Welt den Charakter des unsere Verwunderung und Bewunderung erregenden Hervorgangs aus dem Dunkel des Zurückweichens in die Verborgenheit hat: Die Offenheit der Welt leuchtet auf als helle Dimension durch den Kontrast zu diesem Dunkel, mit dem sie verschränkt ist, und so erscheint sie als eine schöne Ordnung, die glänzt und gleichsam leuchtet wie ein Schmuck. Auch die stimmungshafte Erfahrung dieser hellen Komponente der Verschränkung, der Grunderfahrung, dass mit der Gebürtlichkeit, dem Zum-Vorschein-Kommen der »Vorkommnisse«, »das Licht der Welt« aufgeht, klingt mit an im Chor der Stimmen, die in der Gesamtstimmungslage der Philosophie vereint deren ursprüngliche Motivation bilden.

Am Rande angemerkt, zeigt sich hier die Grenze einer phänomenologischen Interpretation des Philosophie-motivierenden Staunens, die ausschließlich mit Husserl'schen Mitteln operieren würde. Im Rahmen einer solchen Interpretation ließe sich kein Gedankenzusammenhang finden, worin man der zuletzt hervorgehobenen Komponente des *thaumázein* einen Platz im Chor der so beschriebenen Gesamtstimmungslage zuweisen könnte, während das im Rahmen der hier vorgelegten und durch Heidegger angeregten Interpretation ohne weiteres möglich war. Dies verdient erwähnt zu werden, weil es – wie der nächste Paragraph zeigen wird – gerade Husserl ist, der im Wiener Vortrag hervorhebt, dass zur Philosophie-motivierenden Verwunderung auch die Neugier gehört, die den Forscher angesichts des Reichtums dessen überkommt, was der *kósmos* an Staunenswertem aufweist.

---

[52] Vgl. Diels/Kranz 22 B 41, B 50, B 64, B 90, B 102.

§ 8. Die Entstehung der Wissenschaft

Die großen Neuerungen des kulturellen Lebens in der spätarchaischen und klassischen Epoche des antiken Griechenland, darunter die Geburt der Philosophie und die Entstehung von Wissenschaften, fielen alle in den gleichen Zeitraum des 6. bis 4. vorchristlichen Jahrhunderts. Das deutet schon bei oberflächlicher Betrachtung auf eine innere Zusammengehörigkeit hin; denn solche Gleichzeitigkeit kann schwerlich ein Zufall sein. Das hat im letzten Paragraphen zu der Annahme geführt, dass die Motivation der Entstehung der Philosophie durch das *páthos* des Staunens in den Zusammenhang einer umfassenden Befindlichkeitslage der ganzen griechischen Kultur gehörte. Die Zugehörigkeit der Neuerungen zu dieser Gesamtbefindlichkeit lässt erwarten, dass sie eine gewisse Ähnlichkeit mit der Philosophie aufwiesen, deren Grundcharakter die doxakritische Öffnung für die Welt bildete.

Von den Neuerungen interessieren uns heute, im Zeitalter der Globalisierung, vor allem diejenigen, die – ähnlich wie die frühe Philosophie durch ihre Doxakritik – entscheidend zur Erweiterung der Aufgeschlossenheit des Menschen für das Weltganze beigetragen haben. Dazu gehört die Einführung der Demokratie, um die es in den nächsten beiden Paragraphen gehen wird, und die ersten Schritte wissenschaftlicher Forschung, die uns nun beschäftigen sollen. Die Ähnlichkeit solcher Forschung mit der Philosophie müsste sich zunächst darin zeigen, dass auch sie durch eine kritische Selbstabgrenzung von einem doxahaften Verhältnis des Menschen zur Welt ihr Profil gewann.

Die für die moderne Wissenschaft charakteristische Gestalt einer solchen Selbstabgrenzung ist uns durch den Gebrauch des Begriffs »Objektivität« zu einer solchen Selbstverständlichkeit geworden, dass auch der wissenschaftliche oder philosophische Laie das Bewusstsein hat, die Wissenschaft liefere uns »objektive« Erkenntnisse, während wir »vor« oder »außerhalb« der Wissenschaft nur zu »subjektiven« Eindrücken oder Meinungen gelangen könnten. Was im Licht der Husserl'schen Idee eines eigens der Lebenswelt gewidmeten Denkens von dieser »objektivistischen« Einstellung zu halten ist, haben wir in §4/5 geprüft und brauchen es an dieser Stelle nicht zu wiederholen. Es genügt, hier an die Unterscheidung zwischen »subjektiv« und »objektiv« zu erinnern. Das Adjektiv »subjektiv« bezieht sich, wenn es im Zusammenhang mit der Problematik wissenschaftlicher Forschung benutzt wird, auf uns Menschen als einzelne »Subjekte«; eine Erkenntnis gilt dann als »bloß subjektiv«, wenn sie geeignet ist, allenfalls Einzelne, nicht aber Alle zu überzeugen. Die Gegenüberstellung von »subjektiv« und »objektiv« betrifft also den Umfang der möglichen intersubjektiven Geltung von Erkenntnissen: Wissenschaftliche Erkenntnisse werden als »objektiv«, d. h. als transindividuell gültig anerkannt, außerwissenschaftliche Erkenntnisse hingegen nur als »subjektiv«, d. h. allenfalls für Einzelne gültig.

Die wissenschaftlichen oder außerwissenschaftlichen Erkenntnisse beziehen sich alle auf etwas, womit wir in unserem Tun und Lassen – auf welche Art und Weise auch immer – »befasst sind« und »zu tun haben«. Alle diese vielfältigen Korrelate unseres Verhaltens haben wir in den vorangegangenen Paragraphen gelegentlich mit dem in einer weiteren Bedeutung als der alltagssprachlichen verstandenen Begriff »Vorkommnis« bezeichnet, weil in dem darin anklingenden Verb »(her)vorkommen« die kulturprägende Verschränkung der Komponenten Aufgehen und Sich-Zurückziehen, Helligkeit und Dunkel, Gebürtlichkeit und Sterblichkeit – oder wie auch immer man diese innere Polarität der Befindlichkeit sprachlich fassen mag – zu vernehmen ist. Wegen dieser dem »Vorkommnis« innewohnenden Beziehung zur Befindlichkeitslage einer ganzen Kultur dürfen wir annehmen, dass es für unsere Analyse hilfreich sein kann, zu berücksichtigen, welche Rolle die Vorkommnisse bei der Bemühung um Erkenntnisse von transindividueller Geltung spielen.

Dafür gilt es als erstes zu beachten, dass sich im alltäglichen außerphilosophischen Zusammenleben von uns sterblichen Menschen zwei Grundarten von Vorkommnissen unterscheiden lassen: Wegen unseres gemeinsamen Interesses am Überleben ist dieses Zusammenleben – um einen vor allem durch Habermas populär gewordenen Begriff zu verwenden – überwiegend durch »instrumentelles Handeln« gekennzeichnet: Von der Notwendigkeit der Lebenserhaltung her sind unserem Verhalten gewisse Zwecke vorgegeben, die durch den Einsatz geeigneter Mittel verwirklicht werden müssen. Diese Mittel sind erstens Verhaltensmöglichkeiten, die uns zweckdienlich erscheinen, und zweitens irgendwelche Dinge, die wir dabei benötigen.[53] Die Mittel verweisen auf die Zwecke und umgekehrt. Aus solchen Verweisungen besteht der Verweisungszusammenhang,

---

[53] Vgl. v. Vf. *Heideggers Weg zu den »Sachen selbst«*, in: *Vom Rätsel des Begriffs*.

§ 8. Die Entstehung der Wissenschaft

also der Horizont, der unsere Alltagswelt bildet. Die Verhaltensmöglichkeiten und die Dinge sind die beiden Grundarten von Vorkommnissen, die hierbei eine Rolle spielen.

Ein Ding kann ein sinnlich wahrnehmbarer kleiner oder großer Gegenstand sein, der uns beim instrumentellen Handeln auf irgendeine Weise als Mittel dient. Das Altgriechische bevorzugte als Bezeichnung für solche Dinge das mit dem Verb *chrésthai*, »brauchen«, zusammenhängende Substantiv *chrêma*. Wir können aber auch eine »Angelegenheit«, d. h. eine situationsbezogene vergangene oder künftige Möglichkeit unseres Verhaltens, eine »Sache« im schon erwähnten weiten Sinne dieses Wortes (z. B. die »Sache« vor Gericht), als »Ding« bezeichnen; im Altgriechischen hieß das *prâgma* – zusammenhängend mit *práttein*, »handeln«. Beide Arten von Vorkommnissen – die *chrémata* und die *prágmata* – können uns im Zusammenhang eines Handelns mit einem bestimmten Ziel als zweckdienlich erscheinen, die zweite sogar in erster Linie; weil es von unseren »pragmatischen«, also auf *prágmata* bezogenen Interessen abhängt, welche Dinge uns als etwas erscheinen, das wir brauchen.

Die Dinge, die wir brauchen, die *chrémata*, bilden gleichsam die Ausstattung der Alltagswelt des instrumentellen Handelns, in der wir uns durch Gewohnheit zuhause fühlen. Weil das Zusammenleben in dem auf solche Weise als Alltagshorizont erfahrenen Lebensraum im Zeichen der Lebenserhaltung steht, ergibt sich hier, wie in § 4 angekündigt, eine erste Möglichkeit, den Begriff der Lebenswelt zu benutzen, weil er das Eigentümliche dieses Horizonts auf treffende Weise zur Sprache bringt. Ohne die Bezeichnung »Lebenswelt« zu verwenden, hat Heidegger in *Sein und Zeit* den als Alltagshorizont erfahrenen Lebensraum zum ersten Mal phänomenologisch analysiert und ihn als Bewandtniszusammenhang bezeichnet.[54] Die beim instru-

---

Festschrift für Friedrich-Wilhelm von Herrmann zum 65. Geburtstag, hrsg. v. P.-L. Coriando, Berlin 1999.
[54] Als ich im Herbst 1974 als designierter Herausgeber von Band 26 der Gesamtausgabe von Heideggers Schriften ihn in Freiburg besuchte und er sich die Zeit für ein langes Gespräch nahm, an das ich mich mit großer Dankbarkeit erinnere, kamen wir einmal auch auf den Begriff der Lebenswelt zu sprechen, und Heidegger sagte mit einer Schroffheit, die gelegentlich bei ihm zu beobachten war, »Lebenswelt – ich habe nie verstanden, was das sein soll«. In Klartext übersetzt bedeutete das natürlich, dass er mit dem sachlich naheliegenden und von vielen Phänomenologen bereits praktizierten Brückenschlag zu einem Konzept, das Husserl in der Mitte der 30er Jahre, also in der Zeit ihrer tiefsten Entfremdung entwickelt hatte, nichts zu tun haben wollte.

mentellen Handeln benötigten gegenständlichen Mittel heißen bei ihm »das Zeug«.

Wenn wir unter Lebenswelt den Horizont des alltäglichen instrumentellen Handelns verstehen, das letztlich durch die Notwendigkeit der Lebenserhaltung bedingt ist, ergibt sich daraus, was die Menschen, die in der Lebenswelt leben, primär interessieren muss: Es kann nur ihr leibliches Befinden sein, weil es die Grundlage der Lebenserhaltung bildet. Dieser Grundorientierung entsprechend richtet sich das Erkenntnisstreben der Lebensweltbewohner primär auf die Sorte von Vorkommnissen, die im Horizont des leiblichen Lebens ihre Aufmerksamkeit erregen; das sind die körperlichen Dinge, die dem menschlichen Erkennen durch die Wahrnehmung mit den Sinnesorganen zugänglich sind.

Was wir an den einzelnen Dingen sowie an ihren Beziehungen untereinander und zu uns durch die reine Sinneswahrnehmung erkennen, hängt ganz von der Verfassung jeweils meiner Sinnesorgane ab; niemand kann mich bei meinem individuellen Sehen, Hören, Riechen usw. vertreten. Das bedeutet aber: die so verstandene Lebenswelt ist ein Horizont, in dem es nur individuell gültige Erkenntnis und keine mit transindividueller Geltung gibt. So können wir die in diesem Sinne verstandene lebensweltliche Erkenntnis als ein signifikantes Beispiel für das von uns gesuchte doxahafte Verhältnis des Menschen zur Welt ansehen, von dem sich die beginnende Wissenschaft in ähnlicher Weise abgrenzt wie die anfängliche Philosophie sich selbst kritisch von der Denkungsart der Vielen unterscheidet. Die wissenschaftliche Erkenntnis konstituiert sich demnach durch ihre Selbstabgrenzung von der lebensweltlichen Erfahrung der Welt. Ihr Grundcharakter besteht ähnlich wie bei der Philosophie in der Offenheit für ein »Gemeinsames«; bei der beginnenden wissenschaftlichen Forschung ist das ihr Anspruch, zu transindividuell gültigen Ergebnissen zu gelangen. Eine solche Ähnlichkeit lässt leicht den Gedanken aufkommen, es handele sich eigentlich um eine Identität. Die Frage ist deshalb: Unterscheidet sich die bei den Griechen anfangende Wissenschaft von der damals ebenfalls beginnenden Philosophie, und wenn ja, wodurch? Diese Frage muss sich durch einen genaueren Vergleich der Motivation beider klären lassen. Im vorigen Paragraphen fehlte noch ein Kommentar zu Husserls Interpretation des Staunens, der ausgespart blieb, weil diese Stimmung, so wie Husserl sie versteht, eher die Entstehung der Wissenschaft als die der Philosophie zu motivieren scheint. Dieser Eindruck bedarf nun der Prüfung, da-

§8. Die Entstehung der Wissenschaft

mit wir zu einer zuverlässigen Bestimmung des Verhältnisses von anfänglicher Philosophie und noch in den Kinderschuhen steckender empirischer Wissenschaft gelangen können. Das ist die generelle Aufgabe dieses Paragraphen.[55] Doch wir beginnen mit der noch ausstehenden Interpretation des Staunens bei Husserl. Auch er knüpft an die in den beiden zitierten Belegstellen bei Platon und Aristoteles angesprochene Aporie-Erfahrung an, aber auf gänzlich andere Weise als Heidegger. Während dieser sich auf eine eindringliche Vertiefung in die Erfahrung der Ausweglosigkeit selbst beschränkt und die Perspektive möglicher Auswege aus der Aporie ausblendet, gilt Husserls Aufmerksamkeit gerade dieser Perspektive. Er geht davon aus, dass »alle Menschen von Natur nach Wissen streben«, wie Aristoteles im schon einmal zitierten programmatischen ersten Satz der *Metaphysik* sagt,[56] und betrachtet die Aporien, in welche dieses Wissensstreben bei besonders schwer zu lösenden Problemen geraten kann, von vornherein als Situationen, durch die wir aufgefordert sind, neue Lösungswege zu suchen.

Um von dieser Husserl'schen Interpretation des Zusammenhangs zwischen Aporie und Staunen ausgehend zu einer konkreten Vorstellung von der Entstehung der Wissenschaft zu gelangen, müssen wir uns als erstes von den Richtungen des Wissensinteresses und von den Wissensmöglichkeiten der Griechen auf dem im 6. und 5. vorchristlichen Jahrhundert erreichten Niveau ihres geistigen Lebens ein Bild machen. Was die Richtungen des Wissensinteresses betrifft, so finden wir an der im vorigen Paragraphen zitierten Stelle aus dem *Theaitetos* Platons bekannte Hochschätzung der Mathematik bestätigt, die für ihn die Musterwissenschaft war, an der sich alles messen lassen muss, was mit dem Anspruch zuverlässiger Erkenntnis auftritt. Den hohen Rang dieser Musterwissenschaft repräsentiert der Mathematiker Theodoros, ein berühmter Zeitgenosse des Sokrates, den Platon im *Theaitetos* zu dessen Gesprächspartner macht.

Das Gespräch zwischen ihnen hätte im ausgehenden 5. Jahrhundert stattfinden können (hat aber historisch wohl kaum stattgefunden). Platon dürfte den *Theaitetos* um die Mitte des 4. vorchristlichen

---

[55] Die Thematik der anfänglichen Wissenschaft, also die inhaltliche Bestimmung der Züge, durch die sich die wissenschaftlich erforschte Welt auf dem damaligen Stand der Forschung von ihrem Erscheinen als Lebenswelt unterschied, wird dabei noch unerörtert bleiben, weil der ganze II. Teil dieses Buchs sich dieser Thematik anhand des Beispiels der alteuropäischen Kosmologie der vier Elemente annehmen wird.
[56] *Pántes ánthropoi tou eidénai orégontai phýsei.*

I. Teil: Der griechische Aufbruch des Denkens in phänomenologischer Sicht

Jahrhunderts verfasst haben, aber mit dem Gespräch von Sokrates mit Theodoros und dessen Meisterschüler Theaitetos macht er darauf aufmerksam, dass die Sonderstellung der Mathematik schon lange vor seiner Zeit allgemein anerkannt war. In der Tat gab es schon im 6. Jahrhundert bei den Griechen eine besondere Wertschätzung der Mathematik, was sich besonders in der verbreiteten Verehrung des legendären Pythagoras zeigte und wofür auch Heraklits heftige Kritik an ihm in 22 B 40 und 22 B 81 (»Ahnherr der Schwindeleien«) ein indirekter Beleg ist.

Wir bewahren Pythagoras bis heute einen Ehrenplatz in unserem kollektiven kulturellen Gedächtnis, indem wir einen elementaren Lehrsatz der Geometrie mit seinem Namen verbinden, den Satz von der Flächengleichheit des Hypotenusenquadrats mit der Summe der Kathetenquadrate im rechtwinkligen Dreieck. Natürlich kommt es dabei nicht darauf an, ob Pythagoras wirklich der Urheber des Lehrsatzes war. Sein Name steht hier dafür, dass wir den Griechen die Erfindung der Wissenschaft der Mathematik oder genauer: der Geometrie zuschreiben. Hiergegen erhebt sich seit alters der – vermeintlich kritische – Einwand, dass die in einem Lehrsatz wie dem »Pythagoras« zur Sprache gebrachten geometrischen Gesetze den Völkern der vorderorientalischen Hochkulturen längst vor den Griechen bekannt waren. Solche Einwände werden heute vor allem deswegen vorgebracht, weil man damit den »Eurozentrismus«, die kolonialistische Selbstüberschätzung der europäischen Kultur entlarven möchte.

Die Wellen modischer Selbstkritik schlagen heute so hoch, dass sogar gründlich denkende Menschen einen Grundfehler des genannten Einwands nicht bemerken. Selbstverständlich dürfen wir mit hoher Wahrscheinlichkeit annehmen, dass geometrische Gesetze, wie sie in Lehrsätzen vom Typ des »Pythagoras« zur Sprache gebracht werden, in den besagten Hochkulturen schon vor den Griechen bekannt waren, und zwar wegen ihrer alle früheren Hilfsmittel weit übertreffenden Brauchbarkeit als praktische Regeln oder Anweisungen beim Bauen von Gebäuden oder beim Vermessen von Land (»Geo-metrie« bedeutet wörtlich »Land-Vermessung«). Und dass man sich dieser Regeln tatsächlich bediente, dürfen wir aus den archäologisch zutage geförderten oder rekonstruierten Resten der eindrucksvollen Bauwerke schließen, die von den altorientalischen Völkern geschaffen wurden.

Wenn man ein repräsentatives Gebäude errichtete und eine bestimmte Größe der Räumlichkeiten zu erreichen suchte, achtete man,

§ 8. Die Entstehung der Wissenschaft

wenn die Baukultur ein höheres Niveau erreicht hatte, gewiss schon sorgfältig darauf, dass die Mauern in den Ecken der Räume genau die Schenkel eines rechten Winkels bildeten, weil den Menschen schon gewohnheitlich bewusst war, dass Raumflächengröße und Rechtwinkligkeit zwischen den Mauern wechselseitig voneinander abhängen. Entscheidend ist aber, dass ein solches die Bautätigkeit begleitendes Bewusstsein eine vollkommen andere Art der Kenntnis geometrischer Regeln ist als die von Aristoteles als »theoretisch« bezeichnete Erkenntnis einer solchen Regel in der Form eines Gesetzes, das im Prinzip abgelöst von jeder auf Messungen angewiesenen Praxis in der Form einer Aussage in Erscheinung tritt, die eine der Rechtfertigung bedürftige allgemeine Behauptung enthält.

Selbstverständlich kann jemand, der eine solche Behauptung aufstellt, auch daran interessiert sein, den Inhalt der Aussage für ein praktisches Vorhaben nutzbar zu machen, wie das in antiken Legenden schon von Thales, dem laut Aristoteles ersten philosophischen Wissenschaftler berichtet wird; aber das ändert nichts daran, dass die theoretische Weise der Gegebenheit einer »Sache« als solche dadurch definiert ist, dass sie nicht im Dienste einer Praxis steht. In § 14 müssen wir auf diese Unterscheidung noch einmal zurückkommen. Für den an dieser Stelle erörterten Zusammenhang ist von besonderer Bedeutung, dass die theoretische Betrachtungsweise nur denjenigen Menschen in einer Gesellschaft möglich ist, die von der Notwendigkeit lebenserhaltender Tätigkeiten schon in solchem Maße entlastet sind, dass sie die freie Zeit – griechisch die *scholé* – haben, sich einer Art von Erkenntnis zu widmen, die nicht für die Lebenserhaltung gebraucht wird.

Eben darauf weist Aristoteles in den ersten Kapiteln der *Metaphysik* mit der ihm eigenen lapidaren Treffsicherheit hin. Unverkennbar zielt er damit auf die ökonomische Lage der Oberschicht in dem vom griechischen Volksstamm der Jonier besiedelten Kolonialgebiet an der Westküste der heutigen Türkei, wo man – vorwiegend in den blühenden Hafenstädten Milet und Ephesus – im 6. vorchristlichen Jahrhundert einen Lebensstandard erreicht hatte, der zur Kargheit des Lebens im griechischen Mutterland einen deutlichen Kontrast bildete. Für den Wohlstand gab es im Wesentlichen zwei Gründe. Der erste Grund: Zwischen den Ausläufern des Taurusgebirges im Zentralgebiet des heute türkischen ehemaligen »Kleinasien« verlaufen in der gleichen Ost-West-Richtung Flüsse, die aus den hohen Gebirgsregionen in den regnerischen Jahreszeiten große

I. Teil: Der griechische Aufbruch des Denkens in phänomenologischer Sicht

Mengen Erde nach unten an die Mittelmeerküste tragen und dort ablagern. Das dadurch entstandene Schwemmland war ein besonders fruchtbarer Boden, was für die Bewohner des antiken Jonien einen steigenden Lebensstandard mit sich brachte.[57] Und das Meer bot weitere Nahrung.

Der zweite Grund für den Wohlstand war der florierende Handel. Die Hafenstädte Joniens lagen geographisch in einer Gegend, in der sich sowohl die an die Seefahrt gebundenen Handelswege als auch die zwischen Ost und West sowie Nord und Süd verlaufenden ländlichen Handelswege kreuzten. Die Weiträumigkeit und Weltoffenheit der Handelsbeziehungen förderte nicht nur den Wohlstand, sondern sie ermöglichte auch die Begegnung mit relativ vielen andersartigen Kulturen. Diese besondere Erfahrung brachte aber für die in diesen weltoffenen Hafenstädten lebenden Griechen auch eine Verunsicherung mit sich, wie sie fast unvermeidlich dann entsteht, wenn Menschen, die sich in einer bestimmten Region mit dem ihr eigenen kulturellen Horizont bestimmter Sitten und Bräuche, religiöser und politischer Ordnung zuhause fühlen, mit den ganz anderen Elementen fremder Kultur konfrontiert werden. Die möglichen Reaktionen auf diese Situation sind ambivalent. Sie schwanken zwischen der Befürchtung, die festen Anhaltspunkte und Verbindlichkeiten des Zusammenlebens zu verlieren, und einer Neugier, die fremden kulturellen Horizonte näher kennenzulernen.

Es wäre verwunderlich, wenn diese ambivalente Situation die Art und Weise, wie im Jonien des 6. vorchristlichen Jahrhunderts Philosophie und Wissenschaft entstanden, nicht mehr oder weniger stark beeinflusst hätte. Aber Heidegger hat das überhaupt nicht in Betracht gezogen, während der philosophiegeschichtlich weit weniger gelehrte Husserl der Begegnung mit fremden Kulturen durchaus eine Bedeutung für die beginnende Philosophie zusprach. Die nicht sehr umfangreiche Äußerung – ein weiteres Beispiel für Husserls in §3 erwähnten philosophiegeschichtlichen Spürsinn – findet sich im letzten großen und datierbaren Manuskript, das er im Juli 1937 abschloss, bevor ihn vom 10. August dieses Jahres an die Krankheit an der Arbeit hinderte, die 1938 zu seinem Tode führte. So dürfen wir als Angehörige einer »globalisierten« Welt, in der die »Interkulturalität«

---

[57] Was allerdings auch im Laufe der Jahrhunderte zu einer Verlandung der Häfen führte, wodurch die in der Antike blühenden Großstädte im Mittelalter zu unbedeutenden Ortschaften wurden.

§8. Die Entstehung der Wissenschaft

mit ihren positiven und negativen Implikationen zu den zentralen Problemfeldern gehört, dieses Manuskript als eine Art Vermächtnis ansehen.[58]

Was die Begegnung der in Jonien lebenden Griechen mit fremden Kulturen für die – in Husserls Sprache so benennbare – »Urstiftung« von Philosophie und Wissenschaft angeht, so wissen wir von Autoren, die im 6. Jahrhundert auf die Konfrontation mit den fremden kulturellen Horizonten mit Neugier reagierten. Die Wissbegierde war so groß, dass sie die »Erkundung« – griechisch: *historíē* – dieser bis dahin wenig oder gar nicht bekannten Horizonte zu ihrer Forschungsaufgabe machten. Das so gesammelte Wissen bekam von dieser *historíē* seinen Namen. Der berühmteste Vertreter der *historíē* war Hekataios, wie schon Thales, Anaximander und Anaximenes eine aus Milet stammende Persönlichkeit. Zu ihrer Vollendung kam die Historíē dann im fünften Jahrhundert durch Herodot, den »Vater der Geschichtsschreibung«, der aus dem gleichen östlichen Kolonialgebiet der Griechen wie die gerade genannten, nach Aristoteles ersten Philosophen stammte, nämlich der Stadt Halikarnassos (in der Gegend des heutigen Bodrum), gut 100 km südlich von Milet und Ephesus. In seinem monumentalen Geschichtswerk verbindet er das durch die *historíē* erkundete Material mit der Geschichte der kriegerischen Auseinandersetzungen der Griechen mit den Persern und verleiht ihm damit eine überzeugende Ordnung.

Die Frage war, auf welche Richtungen des Wissensinteresses und auf welche Wissensmöglichkeiten wir bei den Griechen im 6. und 5. vorchristlichen Jahrhundert stoßen. Zuerst war uns durch das Zitat aus Platons *Theaitetos* das in der Gestalt des Pythagoras verkörperte Interesse an der Mathematik aufgefallen, aber für die früheste Zeit der Wissenschaft ließ es sich noch nicht näher qualifizieren. Nun haben wir für die Jonier in Kleinasien, die zu dieser Zeit das fort-

---

[58] Vgl. *Die Krisis der europäischen Wissenschaften ... Ergänzungsband. Texte aus dem Nachlass 1934–1937*, hrsg. v. Reinhold N. Smid, Dordrecht 1993 (*Husserliana* Bd. XXIX), Text Nr. 32, S. 388. Ich hatte schon vor dem Erscheinen dieses *Husserliana*-Bandes im Jahre 1993 in *Heraklit Parmenides* 1980 darauf hingewiesen, wie bedeutsam die Begegnung der in Jonien lebenden Griechen mit fremden Kulturen für die Entstehung des philosophisch-wissenschaftlichen Denkens war und hatte diesen Hinweis in populärer Form 1990 in meinem Mittelmeer-Reiseführer *Treffpunkt Platon*, S. 25, wiederholt. Umso mehr befriedigte mich dann 1993 bei der Lektüre des bis dahin unbekannten Husserl-Manuskripts die Beobachtung, dass schon der Begründer der Phänomenologie in dem Vermächtnis-Manuskript den Zusammenhang zwischen Interkulturalitätserfahrung und Urstiftung der Philosophie gesehen hatte.

I. Teil: Der griechische Aufbruch des Denkens in phänomenologischer Sicht

geschrittenste Niveau des kulturellen Lebens erreicht hatten, eine erste konkrete Teilantwort auf unsere Frage gefunden: Die jonische *historíē* ist als Erkundung vieler neuer Horizonte geradezu der Musterfall einer Steigerung der Wissensmöglichkeiten durch die Erweiterung des Kenntnisumfangs. Bei ihrem Streben nach mehr Wissen können Menschen aber auch einen ganz anderen Weg einschlagen, nämlich dann, wenn sie versuchen, für einzelne Naturphänomene, die ihnen rätselhaft erscheinen, durch die Aufdeckung bisher verborgener Zusammenhänge eine Erklärung zu finden.

Auch für diese Art der Wissenssteigerung bietet das milesische Denken charakteristische Beispiele. Der doxographischen Überlieferung ist zu entnehmen, dass die frühen Denker eine Fülle von – wissenschaftsgeschichtlich natürlich überholten – Theorien aufgestellt haben, mit denen besonders rätselhaft erscheinende Phänomene wie etwa die Bewegungen der Gestirne am Himmel, die Position der Erde als Körper im Kosmos, die geographische Gliederung der Erdoberfläche (Anaximander entwarf die erste Weltkarte) und anderes dieser Art aufgeklärt werden sollten. Diese Überlieferung wird auch durch das gestützt, was Aristoteles an der schon zitierten auf das Staunen bezogenen Stelle der *Metaphysik* sagt:

> … indem man anfangs über die unmittelbar sich darbietenden unerklärlichen Erscheinungen sich verwunderte, dann allmählich fortschritt und auch über Größeres sich in Zweifel einließ, z.B. über die Erscheinungen an dem Monde und der Sonne und den Gestirnen und über die Entstehung des All.

Zurück zu der Ausgangsfrage, was eigentlich durch das *thaumázein* motiviert wird, wenn wir Husserls Interpretation des Staunens folgen: Ist es die Entstehung der Wissenschaft oder die der Philosophie? Im Titel des Dialogs, aus dem die zitierte Belegstelle zum Staunen bei Platon stammt, steht der Name des Theaitetos, eines jungen Mannes, den der berühmte Mathematiker Theodoros im Gespräch dem Sokrates als besonders begabten philosophischen Nachwuchs empfiehlt. Theaitetos ist zutiefst beunruhigt durch eine Aporie, die eines der damals aufregendsten Probleme der Mathematik überhaupt bildete: das Rätsel der Inkommensurabilität der Diagonalen im Quadrat, das zur Entdeckung der Quadratwurzel führte, mit der die griechische Vorstellung von der Zahl revolutioniert wurde, die bis dahin nur die natürlichen Zahlen kannte. Wenn man sich diese Tragweite der Aporie und ihre Wirkung auf die Befindlichkeit des jungen Philosophen

§8. Die Entstehung der Wissenschaft

vor Augen stellt, kann man eigentlich nicht bestreiten, dass Platon an dieser Stelle zwischen der Entstehung der Philosophie aus der Aporie-Erfahrung und derjenigen der nicht-empirischen Musterwissenschaft Mathematik aus der gleichen Erfahrung nicht unterscheidet.

Eine entsprechende Beobachtung können wir auch – in diesem Falle mit Unterstützung bei Heraklit – für den Bereich der anfänglichen empirischen Wissenschaft am Beispiel der *historíē* machen. Heraklit sagt nämlich (22 B 35) über »wissbegierige Männer«, *philosóphous*[59] *ándras*, sie müssten »in vielem kundig sein«, wobei bemerkenswert ist, das er hier sogar das Wort *hístor*, »kundig«, benutzt, von dem die Bezeichnung *historíē* abgeleitet ist. Das klingt nach einer Gleichsetzung des philosophischen Erkenntnisstrebens mit der Wissensneugier der Vertreter der *historíē*, die als Vorläufer empirischer Sozialwissenschaft ihre Kenntnis der vielen kulturellen Horizonte zu erweitern suchten (»Neugier« hier in ihrer neutralen Bedeutung, also nicht im Sinne der mit Augustinus beginnenden Kritik an der *curiositas* verstanden).

Als Husserl in seinem Wiener Vortrag das Staunen mit der Wissensneugier gleichsetzte, hätte er sich auf diese antiken Belege berufen können. Außerdem hätte er bei einer Diskussion der »Sache«, um die es hier geht, auch auf eine gewisse Verwandtschaft philosophischer und wissenschaftlicher Fragen hinweisen können: Aus den Paragraphen 6 und 7 hat sich ergeben, dass sich mit der Entstehung der Philosophie der Übergang aus dem Zustand der gewohnten Fraglosigkeit des natürlichen Bewusstseins in den Zustand der Fraglichkeit von allem vollzieht. Mit diesem die ganze bisherige Gewohnheit umstürzenden, revolutionären Übergang hat der Übergang von durchschnittlichen Problemen wie etwa den gewöhnlichen, mehr oder weniger komplizierten Rechenaufgaben oder Beweisführungen in der Mathematik zu solchen Rätseln wie der Inkommensurabilität der Diagonalen im Quadrat eine unverkennbare Ähnlichkeit. Wegen dieser Ähnlichkeit zwischen dem Übergang von der Unfraglichkeit zur Fraglichkeit und dem Übergang von durchschnittlichen Problemen zu aporetischen Denkschwierigkeiten war es und ist es bis heute mög-

---

[59] Das Wort *philósophos* ist in der Zeit von Heraklits Schrift, also etwa anderthalb Jahrhunderte vor Platons schriftstellerischer Tätigkeit, noch nicht die Bezeichnung für einen Menschen, den eine besondere Art von Denken und Einstellung charakterisiert, wozu es erst durch Platon kommt, sondern das Wort bezeichnet nur jemanden, dem in besonderer Weise daran gelegen ist, sich in vielem oder in einem bestimmten Lebensbereich gut auszukennen.

lich, dass es zu wissenschaftlichen Diskussionen kommt, bei denen sich die philosophischen und die »einzelwissenschaftlichen« Züge nicht unterscheiden lassen. Man denke etwa an den Grundlagenstreit der Mathematik im ersten Drittel des 20. Jahrhunderts.

Berücksichtigt man die genannten Zuammenhänge, wird man sich hüten, den historischen Anfang der Philosophie rigoros von der frühen Wissenschaft zu trennen, in der dreierlei miteinander verschwistert war: in einer gewissen Führungsrolle das mathematische Denken, die neugierige Erkundung neuer Horizonte durch die *historíē* und die rätselhaften Einzelproblemen gewidmeten Erklärungsversuche durch erste Theoriebildungen. Dann kann man aber auch die damit zusammenhängende Gleichsetzung des Philosophie-motivierenden Staunens mit der Wissensneugier, die Husserls Interpretation kennzeichnet, nicht ganz verwerfen.

Auf der anderen Seite wäre es übereilt, aus dieser Situation einer gewissen Zusammengehörigkeit der beginnenden Philosophie mit den Anfängen der Wissenschaften die Konsequenz zu ziehen, dass wir die frühe Wissenschaft und die frühe Philosophie miteinander identifizieren sollten. Dagegen spricht schon der Umstand, dass beides, wenn die Rekonstruktion des ursprünglichen Selbstverständnisses der Philosophie in § 1 akzeptabel ist, nicht zur gleichen Zeit entstand: Unter den skizzierten ausnehmend günstigen Bedingungen des Lebens an der jonischen Küste wurde zunächst irgendwann an der Wende vom 6. zum 5. vorchristlichen Jahrhunderts die neuartige Möglichkeit einer wissenschaftlichen Erforschung der Welt entdeckt. Erst gegen Ende des Jahrhunderts kam es zur Reflexion dieser Entstehung, weil sich den Besonnenen die Frage aufdrängte, worauf man sich mit all den emsig entworfenen Theorien und »Erkundungen« eigentlich eingelassen habe. Für diese zeitliche Reihenfolge spricht auch der Heraklit-Spruch gegen das Vielwissen, in dem zwei der gerade genannten Protagonisten der beginnenden Wissenschaft, Pythagoras und Hekataios, namentlich erwähnt werden: »Vielwissen *(polymathíē)* lehrt nicht Vernunft zu haben, sonst hätte sie es Hesiod gelehrt und Pythagoras, außerdem auch Xenophanes und Hekataios.« (22 B 40).

Die Grundlage für die Beantwortung der oben genannten Frage nach der Einschätzung der von Heraklit und Parmenides bereits vorgefundenen Spielarten beginnender Wissenschaft bildete die Selbstunterscheidung der echten Einsicht von der durchschnittlichen Denkungsart der Menschen, der Doxa der »Vielen«. Dies war der erste

§8. Die Entstehung der Wissenschaft

Schritt, mit dem die Philosophie sich innerhalb des damals zu ganz neuen und neuartigen Erkenntnissen aufgebrochenen menschlichen Denkens von den übrigen Erkenntnisaktivitäten unterschied, was ich in §3 als Vorgeschichte der transzendentalphilosophischen Selbstunterscheidung der philosophischen von der natürlichen Einstellung interpretiert habe. In dieser Perspektive stellt sich die Geburt der Philosophie als reflektierte Antwort auf die Entstehung der Wissenschaft dar.

Durch das Wechselspiel zwischen Aufbruch zur wissenschaftlichen Forschung und philosophischer Antwort hierauf kam es zu der engen ursprünglichen Zusammengehörigkeit – die keine Identität ist – von Philosophie und beginnender Wissenschaft, von der man in Europa bis ins 19. Jahrhundert ein Bewusstsein behielt. Erst seitdem gibt es die entschiedene Emanzipation der »Einzelwissenschaften« von der Philosophie. Im frühen Denken der Griechen sind Philosophie und Wissenschaft, die später – beginnend mit der Unterscheidung von »Pragmatien« bei Aristoteles (Sachbereiche seiner Vorlesungen) – mit allmählich wachsender Entschiedenheit auseinandertraten, noch eng miteinander verbunden. Sie einte die durch die Selbstunterscheidung vom natürlichen Bewusstsein ermöglichte Öffnung für das Ganze der einen Welt, die sich zu Beginn, in der frühen Wissenschaft kritisch gegen die lebensweltliche Welterfahrung richtete und dann auf der philosophisch reflektierten Stufe solcher Kritik gegen die allgemeine Befangenheit der menschlichen Denkungsart in abgeschotteten »Sonderwelten«, den partikularen Horizonten der Doxa, durch die man sich vom »Gemeinsamen« der einen Welt abwendet.

Beiläufig sei hier angemerkt, dass diese eigentümliche Zusammengehörigkeit mit der Wissenschaft im Felde der großen kulturprägenden Gestalten des menschlichen Geistes ein »Alleinstellungsmerkmal« der Philosophie bildet. Deshalb wäre es besser, die ostasiatischen Weisheitslehren nicht als »Philosophie« zu bezeichnen. Der heute besonders von »interkulturell« orientierten Wissenschaftlern favorisierte weite Begriff von Philosophie erscheint mir nicht hilfreich, weil damit sowohl die großen ostasiatischen Traditionen als auch die europäische Tradition des Denkens ihr besonderes Profil verlieren. Die Befürchtung, mit der Feststellung, dass die ostasiatischen Weisheitslehren keine Philosophie sind, werde deren Rang eurozentrisch herabgesetzt, ist unbegründet. Die besagte Feststellung ist keine Vorentscheidung über die existenzielle Bedeutung jener Weisheitslehre. Sie lässt gerade die Möglichkeit offen, sie als bewährte reichhaltige Lebenshilfen, die nicht durch die Verbindung mit der Wissenschaft »belastet« sind, einer Philosophie der westlichen Welt vorzuziehen.

Durch den Hinblick auf Husserls Interpretation des Philosophie-motivierenden Staunens wurde unsere Aufmerksamkeit auf die ursprüngliche enge Verbindung zwischen Philosophie und Wissenschaft gelenkt. Was wir damit gewonnen haben, zeigt ein Vergleich mit der im vorigen Paragraphen kommentierten Heidegger'schen Interpretation. Diese hat zwar die große Stärke, dass sie den inneren Zusammenhang zwischen der neuen radikalen Fragebereitschaft der Philosophie und der Erschütterung der Befindlichkeit durch die Aporie-Erfahrung verständlich machen kann; aber sie tut dies um den Preis einer völligen Vernachlässigung der Verbindung des anfänglichen Denkens mit den ersten Gehversuchen der empirischen Wissenschaft.

Die Fülle an Dokumenten und Zeugnissen der sogenannten »Vorsokratiker«, die diese Verbindung dokumentiert und die in der heute als maßgebend anerkannten Sammlung von Diels/Kranz zusammengestellt ist, findet bei Heidegger keine nennenswerte Beachtung. Weil seine Sicht der frühen Philosophie für seine spätere Kritik der *Metaphysik* die grundlegende Rolle spielt, hat diese Einseitigkeit für sein ganzes seinsgeschichtliches Denken die bedenkliche Folge, dass die Philosophie ihr eigenes Verhältnis zur Wissenschaft nur in Modalitäten der Abgrenzung bestimmt – man denke etwa an Heideggers berühmt-berüchtigten Satz »die Wissenschaft denkt nicht« –, nicht aber in Modalitäten der Zusammengehörigkeit.

Diese Kritik ändert andererseits nichts daran, dass es einen wesentlichen Unterschied zwischen Philosophie und Wissenschaft in ihren frühen Gestalten gibt, den wir schon deshalb nicht verwischen dürfen, weil eine hinreichend eindringliche Lektüre von einigen uns erhalten gebliebenen Aussagen der beiden großen Vordenker der Philosophie zeigt, dass ihnen dieser Unterschied bereits bewusst war. Nach Ausweis des Heraklitspruchs 22 B 35 über die wissbegierigen Männer, aber auch anderer Zeugnisse, vor allem des kosmologischen Doxa-Teils des parmenideischen Gedichts war den Vordenkern der anfänglichen Philosophie zwar einerseits klar, dass die Einsicht, durch die sie sich von den Ansichten der großen Menge absetzten, mit den Erkundungen und Erklärungen der beginnenden wissenschaftlichen Forschung zusammengehörte. Aber ebenso war ihnen der Unterschied zwischen dem genuin philosophischen Kernbereich und diesen vielfältigen Erkundungs- und Erklärungsbemühungen bewusst.

Den deutlichsten Beleg hierfür bildet Heraklits Kritik des »Vielwissens«, der *polymathíē*, in dem schon zitierten, polemische Namensnennungen nicht scheuenden Spruch Diels/Kranz 22 B 40. Außerdem ist nicht zu verkennen, dass Heraklit die kritische Selbstunterscheidung der genuin philosophischen Einsicht von der beginnenden Forschung in einer Diktion zum Ausdruck bringt, die mit der polemischen Selbstunterscheidung von der Denkungsart der Vielen auf einer Linie liegt, was letztlich bedeutet, dass er die Denkungsart der frühen Forschung mit derjenigen der Vielen identifiziert.

Dieser Eindruck erhärtet sich, wenn man beachtet, dass die durch die Selbstunterscheidung ins Licht der Aufmerksamkeit gerückte genuin philosophische Denkungsart von Heraklit und Parmenides übereinstimmend mit dem Begriff *noûs* in Verbindung gebracht wird. In seiner Kritik der *polymathíē* sagt Heraklit, diese der *historíē* eigene Wissensart lehre nicht, *noûs* zu haben. Und in einem Vers aus dem *alétheia*-Teil des philosophischen Gedichts von Parmenides fordert die Göttin ihren Gast, den jungen Mann auf, mit seinem *noûs* das Abwesende, das Nichtgegenwärtige als gegenwärtig, als Anwesendes zu »erblicken«. (*Diels/Kranz* 28 B 4,1) Aber wie ist das zu verstehen?

Das Substantiv *noûs* hängt zusammen mit dem Verb *noeîn*, das ursprünglich zweierlei ineins meint, erstens, dass wir etwas bemerken, d.h. darauf stoßen, dass es »da ist«, und zweitens, dass wir uns für das Bemerkte so öffnen, dass es sich in dem zeigt, was und wie es ist. Beispiel: Ich bemerke, dass der Himmel blau ist, und sehe diese blaue Farbe. Ich bemerke, dass ein Vogel zwitschert, und höre dieses Zwitschern. Das Deutsche hat keinen Oberbegriff, keine sprachliche Schublade, in der wir die verschiedenen Weisen des Sich-Öffnens für das Sich-Zeigen der Vorkommnisse unterbringen könnten. Am ehesten eignet sich das Verb »vernehmen«. Mit *noeîn* ist das Vernehmen gemeint, das mit dem Bemerken des Daseins von etwas eine Einheit bildet, und das zum Verb *noeîn* gehörige Substantiv *noûs* bezeichnet die Fähigkeit zu solchem Vernehmen. Die alte deutsche Substantivbildung zum Verb »vernehmen« lautet »Vernunft«. Deshalb ist eigentlich dieses Wort eine passendere Übersetzung für *noûs* als das Wort »Geist«, das in vielen Übersetzungen steht.[60]

---

[60] Das Gleiche gilt für den Begriff *nóēsis*, dem wir im Zusammenhang mit der Methodenproblematik in Platons *Timaîos* in §17 unsere Aufmerksamkeit widmen müssen.

I. Teil: Der griechische Aufbruch des Denkens in phänomenologischer Sicht

Wenn wir irgendwelche Vorkommnisse im gerade beschriebenen Sinne »bemerken und vernehmen«, erscheinen sie uns als etwas, was – wie immer in einem zugehörigen Horizont – gegenwärtig »da« ist, wir erfahren sie als anwesende, griechisch *pareónta*. Von den außerhalb des jeweils durch das Bemerken präsenten Horizonts befindlichen, uns unzugänglichen Vorkommnissen denken wir demgemäß, sie seien abwesende, *apeónta*. Genau diesen Unterschied zwischen *apeónta* und *pareónta*, der durch die Beschränkung des *noeîn* auf die jeweils präsenten partikularen Horizonte bedingt ist, erkennt Parmenides nicht an, wenn er in 28 B 4,1 der Göttin die oben genannte Aufforderung an ihren Gast in den Mund legt, er solle »mit seinem *noûs* das Abwesende als Anwesendes erblicken«, also sozusagen geistig die Augen dafür aufmachen, dass in der einen Welt als Offenheitsdimension alles anwesend ist.

Was uns immer gegenwärtig ist und gegenwärtig sein muss, sind die gewohnten Horizonte, die wir brauchen, um uns in einer jeweils gegebenen Lebenssituation zu orientieren. Demgegenüber scheinen uns die fremden Horizonte nicht gegenwärtig zu sein, und deshalb meinen wir, wir müssten sie uns eigens durch Erkundung, *historíē*, zur Kenntnis bringen. Aber dies ist ein Grundirrtum des natürlichen Bewusstseins, das verkennt, dass uns der Universalhorizont, die eine Welt als Offenheitsdimension und »Gemeinsames«, das alle Partialhorizonte umschließt, unthematisch immer gegenwärtig ist. Diese gemeinsame Welt unterscheidet sich von den vielen fremden Horizonten mit ihren vielen uns fremden Vorkommnissen dadurch, dass sie, wie in § 6 bemerkt, als Totalität *eine einzige* ist. Weil sie den Charakter der Einheit hat, können wir sie mit unserer Vernunft, dem *noûs*, sozusagen auf einen Schlag »erblicken« (Diels/Kranz 28 B 4). Wegen dieses Zusammenhangs hebt Parmenides im *alétheia*-Teil seines Gedichts und auch in anderen Versen die Einheit des philosophisch Erkannten hervor. Und in völliger Übereinstimmung damit betont auch Heraklit in mehreren hier schon zitierten oder erwähnten Sprüchen, dass es für die philosophische Einsicht auf die Einheit ankommt (Diels/Kranz 22 B 32, B 33, B 108).

Damit bestätigt sich eine schon einmal erwähnte Beobachtung: Die von Heraklit kritisierten Vielen heißen nicht nur deshalb so, weil es sie in großer Zahl gibt, sondern auch – und vielleicht noch mehr – deswegen, weil sie in ihrer Denkungsart nicht auf das Eine konzentriert ihr Leben führen, sondern sich in der Vielheit der Vorkommnisse und Horizonte verlieren. Was hier von Heraklit und Parmenides

§8. Die Entstehung der Wissenschaft

gegen die Denkungsart der Vielen ins Feld geführt wird, eignet sich genauso als Gegenstand der Kritik an den frühen Wissenschaftlern. Die an Vielem interessierte und für das Eine blinde Denkungsart der beginnenden Forschung und insbesondere die *historíē* liegt mit der Denkungsart der Vielen auf einer Linie.

Konkret zeigt sich das insbesondere an der Art der Fragen, die von den frühen Wissenschaftlern oder den Wissenschaftlern überhaupt gestellt werden. Die für die Philosophie charakteristischen Fragen unterscheiden sich vom ganzen Bereich der wissenschaftlichen Fragen dadurch, dass sie sich auf solches beziehen, was normalerweise den Eindruck macht, es gebe überhaupt keinen Anlass zu fragen. Auch wenn die wissenschaftlichen Fragen also viel differenzierter und komplexer sind als die gewohnten Fragen in der natürlichen Einstellung, heißt das nicht, dass sie im gerade beschriebenen Sinne von *qualitativ* anderer Art als die Fragen auf der Ebene des natürlichen Bewusstseins wären.

Daran ändert sich auch in dem schon erwähnten Falle nichts, dass in einer Wissenschaft die Inangriffnahme der Lösung einer »Extremschwierigkeit« dem philosophischen Aufwerfen einer Frage dort, wo nichts fraglich erscheint, zum Verwechseln ähnlich sieht. Auch um eine besonders diffizile, möglichen Aporien ausgesetzte Aufgabe wissenschaftlicher Forschung in Angriff zu nehmen, brauche ich nicht von Grund auf meine Einstellung zur Welt zu ändern, wie das für die Bereitschaft erforderlich ist, Fragen zu stellen, die der Gewohnheit ins Gesicht schlagen. Als Motiv genügt meine schon vorphilosophisch mögliche allgemein menschliche Neugier. Die Erweiterung ihres Erkundungs- und Erklärungsfeldes in eine Region mit besonders anspruchsvollen Aufgaben bedarf im Prinzip keines Wechsels der Einstellung zur Welt.

Der Unterschied zwischen der philosophischen Einstellung auf der einen Seite und der natürlichen Einstellung auf der Gegenseite, von der auch die wissenschaftliche Forschung noch getragen bleibt, wurzelt letztlich darin, dass die Stimmen dieser Einstellungen in dem Stimmungschor, worin die Gesamtbefindlichkeit einer geschichtlichen kulturellen Welt emotional vernehmbar wird, eine grundverschiedene Klangfarbe haben. Die Stimme der Philosophie ist letztlich auf den *einen* Ton der Fraglichkeit von allem gestimmt, während in der Stimme der Wissenschaft die *Vielheit* der Töne zu vernehmen ist, in denen sich der gebürtliche Reichtum der erscheinenden Vorkommnisse meldet.

Als Fazit können wir festhalten, dass die Vordenker der anfänglichen Philosophie ein ambivalentes Verhältnis zu den ersten Schritten der Wissenschaften einnahmen. Einerseits waren sie sich der Zusammengehörigkeit ihrer philosophischen Einsicht mit der Wissenschaft bewusst. Aber andererseits erschien ihnen diese Zusammengehörigkeit letztlich nicht als ein harmonisches Verhältnis, weil sie sahen, dass die philosophische Einsicht sich in ihrem Kerngehalt unaufhebbar von der wissenschaftlichen Fragehaltung und Erkenntnis unterscheidet.

§ 9. Ethos, Logos, Isegorie

Im letzten Paragraphen waren wir davon ausgegangen, dass uns heute, im Zeitalter der Globalisierung, vor allem diejenigen Neuerungen der antiken griechischen Kultur neben der Philosophie interessieren, die – ähnlich wie die frühe Philosophie mit ihrer doxakritischen Einstellung – entscheidend zur Erweiterung der Aufgeschlossenheit des Menschen für das Weltganze beigetragen haben. Dies ist erstens der im vorigen Paragraphen erörterte Übergang des Denkens vom naiven Zuhausesein in der Lebenswelt zur Suche nach transindividuell gültigen – neuzeitlich gesprochen: »objektiven« – Erkenntnissen in der Wissenschaft, und es ist zweitens die mit der Einführung der Demokratie beginnende politische Umgestaltung des Gemeinwesens, der wir uns nun zuwenden.

Dass im antiken Griechenland die erste Demokratie der Weltgeschichte entstand, ist einigermaßen bekannt. Aber das allgemeine Interesse an diesem Ereignis ist schwach, obwohl seine Tragweite bis in unsere Gegenwart reicht. Gerade in einer Zeit, in der die Zustimmung zur menschenrechtlichen Demokratie in vielen Staaten nur ein Lippenbekenntnis ist, gebietet es sich, bei der Vergegenwärtigung des geistigen Aufbruchs, der den griechischen Anfang der Philosophie begleitete, den Umständen und Voraussetzungen der Einführung der Demokratie im alten Athen besondere Aufmerksamkeit zu widmen. Deshalb sollen dieser und die beiden nachfolgenden Paragraphen dieser Aufgabe gewidmet sein. Als erstes gilt es die wesentlichen Vorbedingungen jenes Ereignisses ans Licht zu bringen.

An der Wende vom 6. zum 5. vorchristlichen Jahrhundert wurde in der Polis Athen zwar die erste Demokratie eingeführt, aber sie gab sich selbst ursprünglich nicht den Namen *Demokratie,* sondern sie beschrieb sich als *isegoría,* eingedeutscht: »Isegorie«, was so viel bedeutet wie »Gleichheit im öffentlichen Reden«. In dem Kompositum *is-egoría* steckt *ísos,* »gleich«, und *agoreúein,* »auf dem Markt, der *agorá* – dem öffentlichen Platz der freien Meinungsäußerung – auftreten«. Damit ist gemeint, dass jedes Mitglied der *pólis* Athen (welche die Stadt mit diesem Namen und ihr Umland umfasste), das als ihr Bürger, *polítes,* galt, das gleiche Anrecht darauf hatte, sich an einer öffentlichen Debatte mit eigenen Äußerungen zu beteiligen. Das Entscheidende an dieser Konzeption war die Gleichheit. Sie verlieh der Isegorie eine das ganze menschliche Zusammenleben umwälzende Tragweite.

In den Hochkulturen der Menscheit blieb bis zum Auftauchen des Leitbildes der Isegorie der Eindruck beherrschend, dass die Ungleichheit einen Grundzug unseres Zusammenlebens bildet und dass wir Menschen nicht die Aufgabe haben, sie abzuschaffen, sondern die, ihr eine befriedigende soziale Gestalt zu geben. Das klassische Beispiel dafür sind die fünf Grundgebote des Konfuzianismus, die fordern, durch Verehrung der niedriger Gestellten für die gesellschaftlich höher Stehenden die fundamentalen Ungleichheiten – z. B. zwischen Lehrer und Schüler oder zwischen den Untertanen und dem Kaiser – zu respektieren. Selbstverständlich gab und gibt es bis heute in den Menscheitskulturen, in denen die Bewahrung traditioneller Ungleichheiten den ganzen Charakter des Zusammenlebens bestimmt, auch Erfahrungen von Gleichheit, etwa zwischen den Eheleuten[61] oder den Geschwistern in einer Familie oder – darauf wird hier später noch einmal die Rede kommen – zwischen Freunden. Aber es gibt sie nur gleichsam als Inseln in Teilbereichen des Zusammenlebens.

In unserer Zeit werden beständig Ungleichheiten, die man als demokratiewidrig empfindet, entdeckt, und sie erregen immer wieder neu Wellen des öffentlich bekundeten Missfallens. Nach allem, was uns aus der Geschichte der Hochkulturen bekannt ist, haben die Ungleichheiten viele Jahrtausende lang niemanden so gestört, dass es dadurch zum Aufbruch einer ganzen Kultur in Richtung Demokratie gekommen wäre. Es war weltgeschichtlich zu später Stunde, als die Athener auf die – für die bis dahin existierenden Gemeinwesen eigentlich »unmögliche« – Idee der Isegorie kamen. Wie es im Einzelnen zuging, als diese Idee in der politischen Wirklichkeit des Gemeinwesens Athen zur Richtschnur einer revolutionären Umgestaltung des ganzen Zusammenlebens ihrer Bürgerschaft wurde, diese Frage kann die Philosophie nicht beantworten. Die althistorische Forschung der letzten Jahrzehnte hat, vor allem angeregt durch die ingeniösen Beiträge von Christian Meier[62], in der Aufklärung dieser Zusammenhänge bemerkenswerte Fortschritte gemacht. Philosophisch müssen

---

[61] Vgl. v. Vf. *Generative Zeiterfahrung* in: Edith-Stein-Jahrbuch, Bd. 2 »Das Weibliche«, hrsg. v. J. Sánchez de Murillo, Würzburg 1996.
[62] Vgl. von Christian Meier vor allem: *Die Entstehung des Politischen bei den Griechen*, Frankfurt a. M. 1980.

§9. Ethos, Logos, Isegorie

wir uns darauf beschränken, eine allgemeine Erklärung dafür zu suchen, wie es überhaupt Menschen möglich war, in ihrem Zusammenhandeln aus dem Bann der fraglos selbstverständlich erscheinenden Ungleichheit auszubrechen und dem Ganzen dieses gemeinsamen Handelns eine Gestalt zu verleihen, für welche die demokratische Gleichheit zur Richtschnur wurde.

Die Umgestaltung des Zusammenlebens, um die es hier geht, betrifft nicht nur den politischen Wechsel zu einer neuen Staatsform, sondern sie verändert durch ihre Radikalität das Leben von Grund auf, also auch in Bereichen, die von Hause aus noch nichts mit »politischen«, das Gemeinwesen betreffenden Angelegenheiten zu tun haben. Das Interesse an solchen Angelegenheiten kann aber auch schon im vorpolitischen Zusammenleben dann wach werden, wenn die philosophische Doxakritik und das Erwachen der wissenschaftlichen Neugier die gewohnte Selbstverständlichkeit dieses Zusammenlebens infragestellen und sich in dieser Unruhe der ganze Aufbruch zur »Entselbstverständlichung« aller Verhältnisse abzeichnet. Deshalb müssen wir bei der Suche nach einer Erklärung für den Bruch mit dem durch Ungleichheit bestimmten Zusammenleben das ganze Aufbruchsszenario, so wie wir es in den vorangegangenen Paragraphen nachgezeichnet haben, noch einmal überdenken.

Wenn wir dabei gründlich genug ansetzen, kann ein allgemeines Bedenken aufkommen, das die Motivation des Aufbruchs betrifft. Die Philosophie setzte ein mit der Selbstabgrenzung von der natürlichen Einstellung, durch die es möglich wurde, sich auf neue Weise für die eine gemeinsame Welt zu öffnen. Aber warum konnte der Aufbruch zur Philosophie ihren Vordenkern überhaupt in irgendeiner Weise als ein vordringliches Interesse erscheinen? Sie hätten sich doch auch mit dem bisherigen Leben der Menschen in ihrer Polis und ihrer Denkungsart zufriedengeben können. Warum taten sie das nicht? Eine überzeugende Antwort hierauf kann nur lauten: Es gibt ein Interesse, das höher steht als alle Interessen, die uns Menschen an unsere gewohnte gemeinschaftliche Welt und unsere Sonderwelten binden. Dieses übergeordnete Interesse kann nur das Interesse daran sein, dass dem Menschen sein Leben überhaupt, sein Dasein als Ganzes gelingt. Nur von diesem Fundamentalinteresse geleitet konnten die Vordenker der Philosophie es wagen, sich mit ihrer Doxakritik von der ganzen fraglos selbstverständlichen Denkungsart des vorphilosophischen Lebens zu distanzieren.

Nun könnte aber das Grundinteresse am Gelingen des Lebens ins Leere gehen, weil die Möglichkeit nicht von der Hand zu weisen ist, dass dieses Gelingen aufs Ganze gesehen nicht vom Menschen abhängt. Vielleicht steht jedes Menschenleben unter so etwas wie einem guten oder schlechten Stern, d. h. einer schicksalhaften Übermacht, der sich widersetzen zu wollen sinnlos ist. Davon, dass es eine solche Übermacht gibt, die jeweils im Glücken oder Missglücken eines Menschenlebens in Erscheinung tritt, waren die Griechen auch im klassischen Zeitalter noch überzeugt. Sie bezeichneten diese Übermacht als *daímon*. Doch bei ihnen erhob sich auch ein einfacher Einwand gegen die Resignation vor dessen Macht: Die Resignation setzt die Annahme voraus, es ließe sich in unbeteiligter Abwägung entscheiden, ob das Gelingen unseres Lebens von uns Menschen selbst abhängt oder nicht. Aber diese Voraussetzung erweist sich durch eine Erfahrung als falsch, die jeder Einzelne – ich selbst – machen kann. Ich kann mich entschließen, mein Leben selbst in die Hand zu nehmen. Weil jeder diesen Entschluss fassen kann, weiß er: Für das Glücken oder Missglücken meiner Existenz kommt es wesentlich auf mich selbst an. Das aber gibt uns das Recht zu der Verallgemeinerung: Über Glück und Unglück eines Menschen entscheidet die Verfassung, die er in eigener Verantwortung seinem Dasein gibt, – und nicht irgendwelche schicksalhaften Einflüsse, die außerhalb dieser Verantwortung liegen.

Wir stoßen hier auf einen Konflikt, der sich darum dreht, wie wir die Bedeutung des Daimonischen für die dauerhafte Verfassung unseres Lebens einschätzen, die wir hier für die erste Orientierung mit dem griechischen Begriff *êthos* bezeichnen, der im Folgenden noch erläutert wird. Dieser Konflikt kann nur dadurch befriedigend gelöst werden, dass die Beteiligten ihre Auffassungen der jeweiligen Gegenseite vortragen und versuchen, sie durch gute Gründe zu überzeugen, was wir auf Griechisch ebenso vorläufig bis zur bald folgenden Erläuterung als *lógos*, »Rechenschaft«, bezeichnen. Um die Motivation des Aufbruchs zu klären, durch den der eigentlich »unmögliche« Bruch mit dem ungleichheitsbestimmten Zusammenleben, den der Begriff *isegoría* signalisiert, doch möglich wurde, müssen wir als erstes klären, was mit *êthos* und *lógos* gemeint ist. Weil diese beiden Substantive Leitworte von Heraklits Denken sind, wird zunächst eine längere Partie der nachfolgenden Überlegungen der Interpretation seiner einschlägigen Sprüche gewidmet sein.

§ 9. Ethos, Logos, Isegorie

Einer der einprägsamsten dieser Sprüche lautet: *êthos anthrópo daímon*, »[Das] Ethos [ist] für [den] Menschen [der] Daimon.« (Diels/Kranz 22 B 119) Der Satz ist auf zwei diametral einander entgegengesetzte Weisen lesbar, weil der Ton entweder auf dem ersten oder dem letzten Wort liegen kann. Das Wort *êthos* am Anfang des Spruches bezeichnete ursprünglich einen Platz für den ständigen Aufenthalt von Lebewesen, z. B. den Weideplatz für eine Tierherde oder den feststehenden Ort für die Gestirne am Himmel, solange man sie für Lebewesen hielt. Beziehen wir das auf uns Menschen, können wir einen Ort, an dem wir uns dauerhaft aufhalten, als den Platz bezeichnen, wo wir wohnen. Das »Wohnen« ist eine »Gewohnheit«. Den hier hörbaren sprachlichen Zusammenhang gibt es nicht nur im Deutschen, sondern entsprechend auch im Altgriechischen: Aristoteles macht in der *Nikomachischen Ethik* (1103 a 17 f.) darauf aufmerksam, dass der Begriff *êthos* mit langem offenem »e« von dem Wort *éthos* mit kurzem geschlossenem »e«, das »Gewohnheit« bedeutet, nur durch den Umlaut des »e« verschieden ist. Der gleiche Zusammenhang kehrt im Lateinischen wieder: *habitus* ist die »Gewohnheit« und *habitare* bedeutet »wohnen«.

Der Raum, wo wir wohnen, kann vor allem dann ein Platz sein, wo wir uns wohlfühlen, ein echtes Zuhause, wenn wir uns der Dauerhaftigkeit dieses Aufenthaltsortes einigermaßen sicher sein können. Als handelnde Wesen in der unbeständigen Welt müssen wir Menschen uns bei unseren wechselseitigen Beziehungen wenigstens auf die Zuverlässigkeit der guten Gewohnheiten der Anderen verlassen können, die lobenswerten Haltungen, die in vielen Kulturen – bemerkenswerterweise auch in Gesellschaften mit einer von Europa völlig unbeeinflussten Tradition – als »Tugenden« bezeichnet werden. Um der Verlässlichkeit des Zusammenlebens willen sind wir Menschen gehalten, ein Verhalten gemäß den Tugenden als unseren normalen Lebensstil zu pflegen. Der Begriff *êthos* bezeichnet eine durch diese normative Normalität geprägte Verfassung des Zusammenlebens, wodurch unsere Welt zum Raum für ein echtes gemeinsames Wohnen wird.

Wenn wir Heraklits Spruch so lesen, dass der Ton auf dem letzten Wort liegt, sagt er: Das *êthos* ist keine Gewohnheit, die vom Verhalten des Menschen abhinge, sondern etwas, was so unberechenbar wie ein Daimon, ein zufällig auftauchendes übermenschliches Wesen, unser Leben regiert. Dieser Lesart des Spruches würde eine Übersetzung wie die folgende entsprechen: »Es ist der *daímon*, von dem das

Ethos des Menschen abhängt.« Aus dem Verständnis von Ethos und Daimon, das hinter dieser Lesart steht, erklären sich die klassischen Bezeichnungen der Griechen für das gelungene oder misslungene Leben: Die erstere Art und Weise des Lebens, die *eudaimonía*, verdankt sich einem guten *daímon* (*eu*, »gut, freundlich, wohlgesinnt«, vgl. *eu-angélion*, latinisiert *evangelium*, »gute Botschaft«), die letztere, die *dysdaimonía*, einem schlechten *daímon* (*dys*: Vorsilbe, die ein Misslingen, Missraten usw. anzeigt).

Wäre diese Lesart des Spruches, für die sich Heidegger entschieden hat, berechtigt, würde Heraklit damit nur die bis dahin gängige Auffassung der Griechen festschreiben. Aber dagegen spricht zweierlei: Heraklits ganze Doxakritik ist von einer Haltung der scharfen und entschiedenen Abkehr vom bis dahin Selbstverständlichen getragen. Dazu kommt die hier schon mehrfach beobachtete Nähe von Platon zu Heraklit, der auch auf diesem Felde an ihn anzuknüpfen scheint, wenn er am Ende der *Politeia* im Mythos von Ēr diesen sagen lässt: »Nicht wird euch der *daímon* erlosen, sondern ihr werdet euch den *daímon* wählen« (617 e 1); das klingt auch sprachlich fast wie eine ausdrückliche Bestätigung der Lesart, für die der Ton von *êthos anthrópo daímon* auf dem Wort *êthos* liegt und die man im Deutschen durch eine kommentierende Übersetzung etwa so verdeutlichen könnte: »Es liegt an dem *êthos*, das der Mensch sich selbst zugezogen hat, welche Art von *daímon* sein Leben bestimmt.« Hier sei außerdem angemerkt, dass wir auch an dieser Stelle wieder auf eine Affinität von Husserls Phänomenologie zum anfänglichen philosophischen Denken bei den Griechen stoßen; denn das Grundmotiv des phänomenologischen Philosophierens, das Husserl selbst immer wieder hervorhob, war die Verantwortung, die der Philosoph damit übernimmt.

Wenn die hier bevorzugte Lesart des Heraklit-Spruches stichhaltig ist, ließen sich die Vordenker der Philosophie bei ihrer Doxakritik von dem Fundamentalinteresse daran leiten, dass wir Menschen das uns gemeinsame Ethos selbst verantworten. Aber darüber, welche Gewohnheiten das Ethos einer menschlichen Gemeinschaft enthalten soll, kann es nicht von vornherein Einigkeit geben. Auseinandersetzungen sind hier unvermeidlich. Entscheidend ist, dass sie nicht mit körperlicher Gewalt ausgetragen werden, sondern so, dass die Beteiligten wechselseitig die Gründe dafür offenlegen, weshalb sie für diese oder jene Weise des Verhaltens eintreten, und dass sie damit zeigen, wofür sie die Verantwortung übernehmen. Ohne solche

§9. Ethos, Logos, Isegorie

wechselseitige Rechtfertigung bleibt die Gestalt des Ethos einer menschlichen Gemeinschaft der Unberechenbarkeit des Daimonischen überlassen. Das vom Menschen selbstverantwortete Ethos und die wechselseitige Rechtfertigung des eigenen Tuns und Lassens gehören untrennbar zusammen.

Solche Rechtfertigung bezeichnen wir im Deutschen mit der Wendung »Rechenschaft ablegen« oder auch »Rechenschaft geben«. Zur zweiten Formulierung gibt es im Griechischen mit der Formel »*lógon didónai*« eine genaue Parallele. Die Formel erklärt sich aus dem in §2 schon erläuterten altgriechischen Verständnis der Sprache. Der grundlegende Zug des Sprechens ist nach diesem Verständnis das *deloûn*, das Offenlegen. Etwas offenlegen heißt: es aus einer Verborgenheit hervorholen. Deshalb bezeichnen die Griechen das im Bereden Offengelegte als un-verborgen, *a-lethés*, was wir mit »wahr« wiedergeben.[63] Gemäß diesem Verständnis des Sprechens darf man beim Miteinanderreden erwarten, dass die Anderen die Gründe nicht verstecken, warum sie so handeln, gehandelt haben oder zu handeln beabsichtigen, wie sie es jeweils gerade tun. Wenn wir so wie die Griechen der Antike sprachlich »kommunizieren«, halten wir die Motive unseres Handelns nicht unter Verschluss und behalten sie auf diese Weise bei uns, sondern geben sie, indem wir sie offenlegen, an die Anderen weiter. Dieses Geben vollzieht sich als ein Reden, mit dem wir Rechenschaft über die Gründe unseres Handelns ablegen. So ist das Miteinanderreden ein Geben, *didónai*, der sprachlich dargelegten Rechenschaft, des *lógos*.

Die Rechtfertigung meines Handelns durch das Rechenschaftgeben hat, wie oben gesagt, zur Voraussetzung, dass ich für mein Handeln und für meine daraus resultierende Lebensverfassung verantwortlich bin; nur wenn mir eine Handlung, wie Kant formuliert, »zurechenbar« ist, hat die Bemühung um Rechtfertigung einen Sinn. So ist das Verständnis des Wortes *lógos* in der Formel *lógon didónai* als »Rechenschaft« nicht zu trennen von der Verantwortung des Menschen für sein *êthos*, auf die gemäß der hier vorgeschlagenen Interpretation der Heraklitspruch *êthos anthrópo daímon* zielt. Und

---

[63] Ob das Wort *alétheia* einen vorgriechischen Ursprung hat oder ob es in der Sprachgeschichte des Griechischen entstanden ist, und zwar dadurch, dass der Wortstamm »leth«, der ein Verbergen bezeichnet, mit dem *alpha privativum* versehen wurde, brauchen wir hier nicht zu entscheiden. Es genügt, dass die Griechen in den Jahrhunderten ihrer antiken Geschichte das Wort immer in diesem Sinne verstanden haben.

es ist kein Wunder, dass Heidegger, der die Identifikation des *êthos* mit dem *daímon*, d. h. eine Entlastung des Menschen von der uneingeschränkten Verantwortung für sein Handeln, für die Pointe dieses Spruches hält, die Übersetzung von *lógon didónai* mit »Rechenschaft geben« ausdrücklich ablehnt.[64]

Durch den inneren Zusammenhang zwischen Eigenverantwortung und Rechenschaftgeben hatte die anfängliche doxakritische Philosophie von vornherein latent eine Beziehung zum politischen Zusammenleben, die sich bei Heraklit schon ankündigt (vor allem in seiner Kritik an der Entmachtung des Hermódoros, vgl. dazu den nächsten Paragraphen), aber erst bei Platon mit voller Deutlichkeit hervortritt. Unter dem deprimierenden Eindruck der Verhältnisse in der Athener Demokratie, in der es 399 v. Chr. zum Justizmord an seinem verehrten Lehrer Sokrates kommen konnte, unterstellt er die Doxa zum ersten Mal mit radikaler Entschiedenheit der Norm des *lógon didónai* und versucht so, die philosophische Rechenschaft in ein umfassendes Konzept für die Gestaltung des menschlichen Zusammenlebens umzusetzen.

Den ins Auge springenden Tatbestand, dass es in der anfänglichen Philosophie diese Linie gibt, die vom *lógos* des Heraklit zum *lógon didónai* in den platonischen Dialogen führt, will Heidegger nicht wahrhaben. Damit soll nicht gesagt sein, dass sich die Bedeutung von Heraklits Leitwort *lógos* in der Bedeutung »Rechenschaft« erschöpfte. Aber in Heideggers Erläuterung der Bedeutung von »*lógos*« gibt es eine Lücke, die bisher zu wenig Aufmerksamkeit gefunden hat. Ich will nicht behaupten, dass sich diese Lücke – wie gleich zu zeigen: das Fehlen der mathematischen Seite des *lógos* – aus einer strategischen Bemühung von Heidegger erklären ließe, die Motive von Verantwortung und Rechenschaft zu vermeiden, aber die Lücke passt jedenfalls gut zu einem Heraklit-Verständnis, das ihm diese Motive abspricht.

Wie bekannt, finden wir für die altgriechische Vokabel *lógos* im Wörterbuch eine Fülle von Bedeutungen. Auf der Suche nach deren Wurzel begibt sich Heidegger, wie er das oft tut, auf das Gebiet der

---

[64] Vgl. M. Heidegger: *Der Satz vom Grund*, Pfullingen 1957, S. 181. Dazu mit Recht kritisch Ernst Tugendhat: *Der Wahrheitsbegriff bei Husserl und Heidegger*, Berlin ²1970, S. 368 Anm. Vgl. dazu auch v. Vf.: *Heidegger und das Prinzip der Phänomenologie*, in: *Heidegger und die praktische Philosophie*, hrsg. v. A. Gethmann-Siefert u. O. Pöggeler, Frankfurt a. M. 1988, S. 130 ff.

§ 9. Ethos, Logos, Isegorie

Etymologie und findet hier als ersten Anhaltspunkt das Verb *légein*, mit dem das Substantiv *lógos* zusammenhängt. Gegen Heideggers Hinweis, dass dieses Verb, das im Alltagssprachgebrauch vorwiegend in der Bedeutung »sprechen, reden, sagen« benutzt wird, ursprünglich »zusammenlesen« und in diesem Sinne »sammeln« bedeutet, ist nichts einzuwenden. Aber er lässt einen Zug des Zusammenlesens unerwähnt, der erklärt, warum das Wort *lógos* schon in seinem frühen Gebrauch mit dem Rechnen und dem Mathematischen in Verbindung gebracht werden kann. Konkret besteht das Zusammenlesen darin, dass die gesammelten Vorkommnisse in ein *Verhältnis* zueinander gebracht werden. So ist das Sammeln ein In-Erscheinungtreten-Lassen von Verhältnissen.

Dass der *lógos* eine mathematische oder rechnerische Bedeutung haben kann, erklärt sich aus seiner Grundbedeutung als Darlegung oder Sich-Zeigen von Verhältnis. Er kann von daher aber auch Ordnung, Sinn und dergleichen bedeuten. Doch vor allem erklärt sich von dieser Bedeutungskomponente her, dass er das Sprechen und alles, was in sein Bedeutungsfeld gehört, bezeichnen kann; denn alles Sprechen ist ein Darlegen von Verhältnissen. Weil es im alltäglichen Zusammenleben vor allem auf die wirtschaftlichen »Verhältnisse« ankommt, dürfte man das mit der Wendung *lógon didónai* angesprochene Rechenschaft-Ablegen primär im ökonomischen Sinne verstanden haben.

Dafür spricht beispielsweise, dass im klassischen Athen diejenigen, denen die Verwaltung öffentlicher Gelder anvertraut war, bei den offiziellen Prüfungen ihrer Tätigkeit einen Abschlussbericht vorlegen mussten, der als *lógos* bezeichnet wurde. Dafür, dass die rechnerische Bedeutungskomponente von *lógon didónai* im alltäglichen griechischen Sprachgebrauch vorgeherrscht haben dürfte, ist auch die lateinische Übersetzung mit der ebenfalls auf die Ökonomie bezogenen Wendung »*rationem reddere*« ein starker Beleg. Heidegger unterschätzt nicht nur in diesem Zusammenhang die Kompetenz der lateinischen Übersetzer, die durchaus ein gutes Gehör für die ursprüngliche Bedeutung der griechischen Vokabeln hatten.

Wegen der rechnerischen Bedeutungskomponente konnten die Begriffe *analogía* und *análogos*, die durch Kombination der Stammsilbe *leg/log* mit der Präposition *ana* gebildet wurden, zur Bezeichnung für mathematisch bestimmbare Verhältnisse, also für »Proportion« werden. Der Anklang an das Rechnen hat sich in der deutschen Wiedergabe von *lógos* mit »Rechenschaft« erhalten, und dies ist kein

I. Teil: Der griechische Aufbruch des Denkens in phänomenologischer Sicht

Abgleiten in die Uneigentlichkeit der vom Rechnerischen beherrschten »Machenschaft«, die Heidegger in den ersten *Schwarzen Heften* als einen der verhängnisvollen Grundzüge unseres Zeitalters beklagt. Es kann vielmehr durchaus zur Eigentlichkeit des *lógos* gehören, was auch die englische Wiedergabe von *lógon didónai* mit »to give account« oder »to give an account« bezeugt, die eine genaue Parallele zum deutschen »Rechenschaft geben« darstellt. Heidegger hat das Mathematisch-Rechnerische des *lógos* gänzlich übergangen, und die an das Verantwortungsmotiv erinnernde Übersetzung von *lógon didónai* mit »Rechenschaft geben« hat er, wie gesagt, ausdrücklich abgelehnt.

Wenn »Darlegung von Verhältnis« Kern und Ursprung des Bedeutungsfeldes von *lógos* bei Heraklit ist, dürfen wir erwarten, dass er sich in seinem Denken konkret auf das Erscheinen bestimmter Verhältnisse bezieht. Es kann sich beispielsweise um Verhältnisse handeln, die zur schönen Ordnung des Kosmos beitragen, wie etwa in dem Spruch 22 B 31, der vom Ineinander-Übergehen der Elemente handelt, die in bestimmten Gegenden der Welt beheimatet sind, und der in diesem Zusammenhang vermerkt, dass es dabei ein konstantes Verhältnis, *lógos*, zwischen diesen Elementen gibt. Den gleichen Gedanken dürfte Heraklit auch in dem kosmologischen Spruch B 67a festgehalten haben, den wir nur in der lateinischen Übersetzung des Textes kennen. In dieser Übersetzung taucht das Adverb *proportionaliter* auf, das eigentlich nur die lateinische Wiedergabe einer solchen griechischen Wortgruppe sein kann wie *eis ton autón lógon*, was wir aus dem Heraklitspruch 22 B 31 kennen und was so viel bedeutet wie »gemäß dem selben Verhältnis«. Das sind unzweifelhafte Belege dafür, dass *lógos* bei Heraklit auch »Verhältnis« bedeuten und deswegen auch in Zusammenhängen von Rechnen und Mathematik verwendet werden kann, was Heidegger bei seiner Interpretation des heraklitischen *lógos* völlig übergangen hat.

Die vorherrschende und auffälligste Weise des Erscheinens von Verhältnissen ist aber das Miteinander-Sprechen. Heraklits *biblíon* könnte in den Sätzen von Fragment 22 B 1, das die große Mehrheit der Interpreten für den Anfang des Buches hält, mit einer kritischen Bezugnahme auf das Sprechen der *polloí* begonnen haben; das würde dem Grundzug des heraklitischen Denkens als Doxakritik entsprechen. Diese Sätze lauten:

§ 9. Ethos, Logos, Isegorie

Für den *lógos*, der dieser hier ist, erweisen die Menschen sich immer als verständnislos, sowohl bevor sie ihn gehört wie wenn sie ihn zum ersten Mal gehört haben. Denn obschon alles gemäß diesem *lógos* geschieht, so gleichen sie doch Unerfahrenen, wenn sie sich auf die Erfahrung mit solchen Worten und Werken einlassen, wie ich sie behandele, indem ich ein Jegliches gemäß seiner Erscheinungsweise *(phýsis)* auseinanderlege und erkläre, wie es sich verhält; den anderen Menschen aber bleibt verborgen, was sie im Wachen tun, gleichwie sie vergessen, was sie im Schlafe [tun].[65]

Die Vielen beteiligen sich zwar unaufhörlich am Hören und Sprechen der Sprache, aber das, was sich dabei im Grunde ereignet, der *lógos* als Erscheinen von Verhältnis, bleibt ihnen verborgen. So kann Heraklit von ihnen sagen: »Womit sie am meisten fortwährend zu tun haben, mit dem *lógos*, von dem kehren sie sich ab, und worauf sie täglich stoßen, das erscheint ihnen fremd;« (22 B 72) »sie verstehen sich weder aufs Hören noch aufs Reden« (22 B 19); »denn Viele verstehen solches nicht, soviele auch darauf stoßen, noch erkennen sie es, wenn man sie belehrt, es kommt ihnen aber so vor.« (22 B 17) Sie verhalten sich wie der »Blöde«, der »dazu neigt, bei jedem *lógos* erschreckt aufzufahren.« (22 B 87) »Indem sie ohne Verstand hören, gleichen sie Tauben; eine Redewendung bezeugt es ihnen: [sie sind] anwesend abwesend.« (22 B 34) Wenn die Vielen beim Lesen des Büchleins von Heraklit wirklich etwas verstanden hätten und in diesem Sinne »weise« wären, hätten sie bemerkt, dass es Heraklit in seinen Sprüchen nicht um ihn persönlich ging, sondern um eine Einsicht in den Gesamtzusammenhang der Verhältnisse, der nicht durch Vielheit, sondern durch Einheit bestimmt ist: »Haben sie nicht auf mich, sondern auf den *lógos* gehört, so ist es weise, darin übereinzustimmen, dass alles eins ist.« (22 B 50)

Dass Heraklits Denken um das Erscheinen von Verhältnissen kreist, zeigt sich vielleicht am deutlichsten an seiner Entdeckung der Analogie: Er hat als erster in der Philosophie gesehen, dass ein Verhältnis von Verhältnissen, die *ana-logía*, ein Hilfsmittel – und im Falle der Erkenntnis des Göttlichen vielleicht sogar das einzige Hilfsmittel – sein kann, um für etwas schwer Verständliches oder zunächst überhaupt nicht Verständliches eine Erklärung zu geben: Die folgenden Sprüche drücken alle ein »so ... wie« aus; sie lenken die Aufmerksamkeit auf eine Entsprechung zwischen zwei Verhältnissen:

---

[65] Übersetzung nach Diels/Kranz.

»Der schönste Affe ist hässlich im Vergleich zum Menschengeschlecht« (22 B 82); »Der Mann heißt kindisch vor dem Daimon wie das Kind vor dem Mann« (22 B 79); »Der weiseste Mensch erscheint vor Gott wie ein Affe an Weisheit, Schönheit und allem anderen« (22 B 83); »Für Gott ist alles schön, gut und gerecht; die Menschen aber fassen das eine als ungerecht auf, das andere als gerecht.« (22 B 102) Und wie in §1 exemplarisch geklärt, erschließt sich auch der vielzitierte Spruch B 52 über die Königsherrschaft des Kindes mühelos dem Verständnis, wenn man beachtet, dass die in ihm enthaltene Kritik an den Vielen hier in der Form einer Entsprechung zwischen zwei Verhältnissen (»so ... wie«) ausgesprochen wird: Wir führen unser normales Leben *so* gedankenlos *wie* ein Kind bei einem Brettspiel planlos die Steine setzt.

Dass Heraklits Philosophieren den Charakter eines Verhältnisdenkens hat, ließe sich auch an Beispielen anderer Art zeigen. Aber der Hinweis auf die Entdeckung der Analogie muss hier genügen; denn es gilt nun, den Faden der umfassenderen Problematik wieder aufzunehmen und die Erfindung und Verwirklichung der Isegorie phänomenologisch verständlich zu machen.[66] Dieser zunächst unmöglich erscheinende Bruch mit der bis dahin die Welt regierenden Ungleichheit bahnt sich damit an, dass Auseinandersetzungen stattfinden, in denen Menschen, die eine größere oder kleinere soziale Einheit bilden, im Gespräch miteinander über die Gründe ihres Handelns Rechenschaft ablegen; denn indem sie das tun, folgen sie damit implizit schon der Tendenz, einander als gleichrangige Gesprächspartner anzuerkennen. Aber damit ist der entscheidende Schritt noch nicht getan, die formelle Erhebung der Isegorie zur Richtschnur für das reale Zusammenleben der Bürger in der Polis.

Wie ist es zu erklären, dass Menschen die traditionelle Bindung ihres Horizontbewusstseins an die Ungleichheit so radikal lockern konnten, dass sich der Durchbruch zu einer alles beherrschenden Vorstellung von Gleichheit ereignete? Die Gleichheit wird mit dem Aufkommen der Idee der Isegorie zur Richtschnur für das Ganze der vielfältigen Formen menschlichen Zusammenlebens in der Lebenswelt. Eine solche, die ganze Welt einer Kultur normierende und revolutionär vom Gewohnten abweichende Leitvorstellung wie die

---

[66] Für die nachfolgenden Ausführungen bis zum Ende des Paragraphen sei auf die ausführlichere Erörterung des ganzen Komplexes der mit der Isegorie verbundenen Probleme in *Politische Welt* hingewiesen.

§ 9. Ethos, Logos, Isegorie

Gleichheit der Isegorie setzt sich normalerweise nicht auf sanfte Weise von selbst durch, sondern nur im Konflikt mit der bisher als Selbstverständlichkeit gewohnten Leitvorstellung des sozialen Lebens – im vorliegenden Falle der Ungleichheit. Zu diesem Konflikt kommt es aber nur, wenn uns der lebensweltliche Horizont unseres Handelns bewusst wird; denn nur dann können wir bemerken, dass das ganze Zusammenleben in der Lebenswelt davon abhängt, wie dieser Konflikt ausgeht. Mit dem Bewusstwerden der Lebenswelt eröffnet sich auch die Möglichkeit, Gleichheit und Ungleichheit bei der Gestaltung des Zusammenlebens gegeneinander abzuwägen.

Aber für ein solches Abwägen bedarf es einer gewissen Ruhe, einer zumindest zeitweiligen Distanz zur Unruhe unseres alltäglichen Verhaltens, die darin besteht, dass wir uns mit unserem Verhalten ständig in den Bahnen vorgezeichneter Verweisungszusammenhänge *bewegen*. Nur wenn wir mit dieser Bewegtheit innehalten, gewinnen wir den erforderlichen Abstand, durch den uns der Verweisungszusammenhang als solcher und die Möglichkeit einer revolutionär neuen Leitvorstellung für das ganze Zusammenleben bewusst werden kann. Ein solches Innehalten gibt es. Wir kennen es durch die Situation, die entsteht, wenn wir ein mit anderen gemeinsames Handeln planen und uns vorher mit ihnen darüber verständigen, indem wir die Möglichkeiten besprechen, die wir für dieses Handeln haben.

Solange wir dies tun, verweilen wir dabei, dass die geplante oder in Erwägung gezogene künftige Handlung für uns noch den Status einer Möglichkeit hat, und wir verzichten währenddessen darauf, mit dem wirklichen Vollzug der Handlung über ihr bloßes Möglichsein hinauszugehen. Diesen Verzicht üben wir konkret immer dann, wenn wir vor der Entscheidung für eine bestimmte Handlung die in einer Situation gegebenen Möglichkeiten gemeinsam *als* Möglichkeiten »beraten« und genau dadurch das Geflecht dieser situationsbezogenen Möglichkeiten zu einer »Angelegenheit«, einem *prâgma*, machen; zu diesem Stichwort sei an die Erläuterung des Unterschieds zwischen *prâgma* und *chrêma* im vorigen Paragraphen erinnert.

Es gibt auch das einsame Mit-sich-selbst-zu-Rate-Gehen, aber diese Form des Verweilens bei den *prágmata* ist nur ein Grenzfall; der Normalfall ist die intersubjektive Gemeinsamkeit der Beratung, das Miteinander-Reden. Durch die gemeinsame Beratung von Handlungsmöglichkeiten als zunächst einmal bloßen Möglichkeiten wird uns die Lebenswelt als ein Horizont bewusst, dessen Charakter wesentlich dadurch bestimmt ist, dass Menschen die Gestaltung ihres Zusammenleben von solchen gemeinsamen Beratungen über ihre Handlungsmöglichkeiten abhängig machen. Und in diesem Rahmen kann es dazu kommen, dass das Für und Wider von Gleichheit und Ungleichheit zur Diskussion steht.

Das Sich-Beraten hat allerdings nur dann den gerade angesprochenen Charakter der Erwägung von Handlungsmöglichkeiten *als* Möglichkeiten, wenn über die Möglichkeiten eines Handelns entschieden wird, bei dem es von vorneherein ausgeschlossen ist, dass seine künftigen Folgen mit Sicherheit im Voraus bekannt sein könnten. Diese Art von Handeln bezeichnet Aristoteles in der *Nikomachischen Ethik* als *prâxis*, »Handeln«, wobei er diesen Begriff, den er auch in einer weiten Bedeutung als Oberbegriff für *alle* Arten von Handeln verwenden kann, in einer engeren Bedeutung gebraucht, nämlich als Bezeichnung für diejenige Art von Handeln, die – phänomenologisch gesprochen – damit zu ihrer Erfüllung gelangt, dass sie gelingt.

Von dieser Art des Handelns, die ihre Erfüllung in sich selbst, in ihrem eigenen Vollzug findet, unterscheidet Aristoteles die *poíesis*, das Handeln als ein »Hervorbringen«, das seine Erfüllung außerhalb seiner selbst, nämlich in dem zukünftigen Zustandekommen des Hervorgebrachten, des *érgon*, des in einem weiten Sinne verstandenen »Werks«, findet. Weil durch die Ausrichtung auf das Werk die möglichen künftigen Folgen im Umriss bekannt sind, gibt es bei der *poíesis* die Beratung mit Experten. Sie hat den Sinn, sich selbst überflüssig zu machen, indem sich durch die zuverlässige Auskunft der Fachleute über die Zweckdienlichkeit bestimmter Mittel für das Zustandekommen des *érgon* ein weiteres Verweilen bei der aktuellen Angelegenheit erübrigt.

Bei der *prâxis*, dem »Handeln« im engeren und eigentlichen Sinne, gibt es im Prinzip keine Sicherheit bezüglich der Zukunft; denn was beim Gelingen oder Misslingen der Handlung herauskommen wird, ist nicht durch ein Werk vorgezeichnet, worin ein herstellendes Handeln zu seiner Erfüllung käme. Deshalb verliert die Beratung erst dann den Charakter eines nur vorläufigen Innehaltens, wenn die fragliche Angelegenheit in den Bereich der *prâxis* im engeren Sinne gehört, für die es keine Experten geben kann. Allerdings wird seit alters gegen die Zukunftsoffenheit solcher *prâxis* der Einwand erhoben, es gebe eine alltägliche Erfahrung, die unbestreitbar zeige, dass wir normalerweise über eine gewisse Kenntnis dessen verfügen,

§ 9. Ethos, Logos, Isegorie

was in der Zukunft bei unserem Handeln herauskommt: Wir haben beim Handeln ein gewisses Repertoire an Gewohnheiten, mit denen bestimmte Erwartungen bezüglich seiner zukünftigen Resultate verbunden sind, und auf diese Gewohnheiten können wir uns zwar nicht immer, aber in der ganz überwiegenden Zahl der Fälle verlassen. Gäbe es diese Verlässlichkeit und die daraus resultierende Kenntnis der Zukunft nicht, könnten wir überhaupt nicht handeln.

Zur sachgerechten Interpretation dieser Beobachtung können wir Kant heranziehen, auf dessen Begriff der reflektierenden Urteilskraft wir im nächsten Paragraphen näher eingehen müssen. Er unterscheidet in der *Kritik der Urteilskraft* den reflektierenden vom bestimmenden Gebrauch der Urteilsfähigkeit. Beim letzteren Gebrauch betrachte ich die jeweilige Situation, mit der ich bei einem bestimmten Handeln konfrontiert bin, als ein Beispiel für eine mir schon bekannte allgemeine Regel. Ein einfaches Beispiel: Ich bleibe mit meinem Auto vor einer die Farbe Rot zeigenden Ampel stehen, weil mir die Regel »Stopp bei Ampel auf Rot!« vertraut ist. Damit bestimme ich die angetroffene Situation, indem ich sie als einen Anwendungsfall unter eine mir schon bekannte allgemeine Regel *subsumiere*. Den reflektierenden Gebrauch der Urteilsfähigkeit muss ich nur dann aktivieren, wenn ich für die angetroffene Situation keine allgemeine Regel kenne. Dann muss ich eine solche Regel erst finden oder erfinden, und hierfür muss ich die gegebene Situation überdenken, also »reflektieren«.

Der bestimmende Gebrauch der Urteilskraft ist in unserer verwalteten Welt der bei weitem überwiegende geworden. Millionen Menschen sind in allen möglichen privaten und öffentlichen Verwaltungen tätig und haben dabei die Aufgabe, bestimmte Angelegenheiten gemäß jeweils vorgegebenen Regelwerken als Fälle zu »bearbeiten«. Auch dafür bedarf es der mehr oder weniger anspruchsvollen Überlegung, aber nicht der »Beratung« im hier beschriebenen Sinne. Dieses ausdrückliche Innehalten eines Kreises von Menschen zum Zweck einer gemeinsamen Erwägung von Handlungsmöglichkeiten *als* Möglichkeiten ist nur dann erforderlich, wenn mit dem betreffenden Handeln etwas im strengen Sinne Neues in Angriff genommen wird, d.h. ein Vorhaben, für dessen Realisierung es keinerlei Regel gibt und dessen Auswirkungen in der Zukunft schlechterdings unbekannt sind.

Um etwas in solch radikalem Sinne Neues anzufangen, bedarf es einer dafür günstigen Situation, die von den Griechen der Antike als *kairós* bezeichnet wurde. In den modernen europäischen Sprachen sehe ich kein Wort, das in seinem heutigen Gebrauch gleichbedeutend mit *kairós* verwendet würde. Machiavelli hatte in seinem frühen Italienisch den Begriff *occasione*, »Gelegenheit«, mit einer Bedeutung verwendet, in der er *kairós* semantisch noch äquivalent war. Für die Griechen der Antike hatte der *kairós* einen so hohen Rang, dass er teilweise sogar als Gott verehrt wurde. Diese Hochschätzung war insofern berechtigt, als für eine Beratung über die Möglichkeit eines wirklich Neues stiftenden Handelns entscheidend wichtig ist, ob die gegebene Situation tatsächlich ein *kairós* ist oder nicht; man weiß es immer nur nachher. Um diese Frage geht es auch bei einem in die Tiefe reichenden Streit der Ansichten. Entsprechend zeigt sich die wirkliche Freiheit eines Menschen nach Hannah Arendts treffendem Urteil darin, dass er zu einem Handeln fähig ist, mit dem er in diesem Sinne einen Anfang machen kann. Und der Anfang der Philosophie, von dem dieses ganze Buch handelt, ist ein Beweis der Anfangskraft, für den der Autor des Buches die Griechen der Antike bewundert.

Wir können festhalten, dass es in der Tat eine gewisse Vorkenntnis der Resultate unseres Handelns in der Zukunft gibt, aber das gilt nur für die alltägliche Gewohnheit eines von der subsumierend bestimmenden Urteilskraft geleiteten Handelns, nicht jedoch für ein Handeln im emphatischen Sinne, das Handeln als Anfangen-können, mit dem unsere Freiheit in Erscheinung tritt. Für solches Handeln bleibt die Zukunft als der Ort des Neuen, dessen Möglichkeit sich im *kairós* auf umstrittene Weise ankündigt, das schlechthin Unbekannte. Der einzige Weg, der uns davor bewahren kann, uns nicht ganz blind in das Wagnis der *prâxis* im engeren Sinne stürzen, in der wir solcher Ungewissheit ausgesetzt sind, ist die Beratung, wenn wir sie dafür nutzen, die Handlungsmöglichkeiten so umsichtig wie möglich zu erwägen. Das menschenmögliche Höchstmaß an Umsicht ist dadurch erreichbar, dass alle an der Beratung Beteiligten ungehindert ihre Ansichten zu den Handlungsmöglichkeiten äußern können und insofern einander gleichgestellt sind.

Die auf solche Weise erfahrene Gleichheit dürfen wir in Anbetracht der ungewöhnlichen Diskussionsfreudigkeit der Griechen gewiss als einen der Gründe für den Sieg der Gleichheit über die traditionelle Fixierung auf die Ungleichheit ansehen. Dieser Sieg lässt sich nicht monokausal erklären, aber die Gleichstellung aller Beteiligten bei der Beratung könnte ein starkes Motiv gewesen sein. Dafür spricht die Verwandtschaft des Beratens mit dem gemeinsamen *lógon*

§ 9. Ethos, Logos, Isegorie

didónai. Beides ist zwar nicht dasselbe, aber es gehört eng zusammen, weil es beide Male um ein sprachliches Vorbringen von überzeugungskräftigen Gründen geht. Nicht zufällig ist mit der *is-egoría* eine Gleichheit im Bereich des öffentlichen *Redens*, des *agoreúein*, gemeint (Umlaut des a von *agoreúein* zu e in *-egoría*).

Der innere Zusammenhang zwischen der gemeinsamen Beratung und der Ausrichtung des ganzen sozialen Lebens auf die Demokratie war den Griechen selbst klar bewusst. Das zeigt sich besonders deutlich in ihrem Gebrauch des Vokabulars, das sich auf das Miteinander-Beraten bezieht: *boulé*, »Rat«, *bouleúesthai*, »miteinander beraten«, *euboulía*, »Wohlberatenheit«. Ein schlagender, aber nach meinem Eindruck noch zu wenig beachteter Beleg hierfür ist Platons Frühdialog *Protagoras*, den er vielleicht als Werbe- und Programmschrift der neugegründeten Akademie veröffentlichte. Eine Reihe von Indizien spricht dafür, dass Platon in diesem Dialog dem, was der historische Protagoras schriftlich und mündlich geäußert hat, sehr nahe bleibt. Protagoras trat auf als ein Lehrer, der den Anspruch erhob, seine Schüler für ihr Engagement in der demokratischen Polis Athen tauglich zu machen. Deshalb dürfen wir annehmen, dass sich in seinem von Platon annähernd getreu nachgezeichneten Verständnis des demokratischen politischen Gemeinwesens weitgehend das Selbstverständnis der ersten Demokratie der Weltgeschichte spiegelt. Vor diesem Hintergrund ist es bemerkenswert, dass sich bei Protagoras die Begriffe aus dem Vokabular des Beratens häufen, wenn es um das Zusammenleben in der Polis geht.

I. Teil: Der griechische Aufbruch des Denkens in phänomenologischer Sicht

§ 10. Meinungsstreit und Öffentlichkeit

Die Erhebung der Isegorie zur Richtschnur für das reale Zusammenleben der Bürger in der Polis war ein wirkliches Handeln, und – wie schon in § 7 in Erinnerung gebracht – reicht eine rein intellektuelle Argumentation nicht aus, Menschen zur Bereitschaft für ein wirkliches Handeln zu bewegen, zumal dann, wenn damit wie im Falle der Entscheidung für die Einführung der Isegorie revolutionär völliges Neuland betreten wird. Es bedarf dafür der Wirksamkeit von Beweggründen im Bereich der Gefühle.[67] Lässt sich eine solche »Motivation« in unserem Zusammenhang finden? Das ist nicht nur eine historische Frage; denn sie stellt sich nicht allein bei der Entstehung der ersten Demokratie in Athen, sondern auch in der Gegenwart, wenn sich uns die Frage aufdrängt, welche Stimmung heute der Beweggrund für die Aufrechterhaltung einer gefährdeten Demokratie oder für ihre Wiederherstellung nach ihrem Zusammenbruch sein könnte.

Die Verwirklichung der Isegorie verlangt vom einzelnen Bürger die Bereitschaft, an einer rechenschaftlichen sprachlich ausgetragenen Auseinandersetzung teilzunehmen. Diese Auseinandersetzung ist aber nur dann vom Geist der Übernahme von Verantwortung getragen und mehr als ein unverbindlicher »Meinungsaustausch«, wenn jeder, der daran teilnimmt, bereit ist, sich für das *lógon didónai* der Anderen und für ihre Suche nach einem *kairós* zu öffnen, und zugleich mit der entsprechenden Bereitschaft der Anderen rechnen darf. Um diese Bereitschaft aufzubringen, muss jeder sich im wörtlichen Sinne »zurückhalten«, also sich selbst in solchem Maße und in solcher Form aus dem Erscheinen zurückziehen, dass er eben dadurch Raum gibt für die Äußerungen, mit denen die Anderen beim Vortragen ihrer Gründe in der Auseinandersetzung in Erscheinung treten können. Die Griechen der Antike bezeichneten ein solches Verhalten gegenüber dem Anderen mit dem Begriff *aidós*, für den in diesem Kontext der Begriff Scheu das beste deutsche Äquivalent sein dürfte. Erst von dem hier genannten Raumgeben her wird voll verständlich, warum das *lógon didónai*, das sprachliche Kundtun einer Rechenschaft, ein »geben«, *didónai*, ist.

---

[67] Vgl. v. Vf.: *Eigentliche Existenz und politische Welt* in: *Kategorien der Existenz. Festschrift für Wolfgang Janke*, hrsg. v. K. Held u. J. Hennigfeld, Würzburg 1993.

§ 10. Meinungsstreit und Öffentlichkeit

Es springt ins Auge, dass das von solcher Scheu getragene Verhalten geradezu eine Art Kopie der »Verschränkung« von Sich-Zurückziehen und Raumgeben ist: Indem ich dafür Raum gebe, dass ein Anderer in die Helle des Erscheinens hervortreten kann, mache ich es möglich, dass sich in diesem Geschehen in gewisser Weise sein Zur-Welt-Kommen, seine Geburt wiederholt; durch meinen Rückzug in die Unauffälligkeit lasse ich den Anderen noch einmal – wie die schöne deutsche Wendung lautet – »das Licht der Welt erblicken«. In diesem meinem Verhalten kommt meine Bereitschaft zum Vorschein, mich in der sprachlich ausgetragenen Auseinandersetzung auf die Seite der Gebürtlichkeit zu schlagen, und diese Bereitschaft ist die »emotionale«, im Bereich der Gefühle angesiedelte Motivation dafür, dass jene Auseinandersetzung mit der beschriebenen Ernsthaftigkeit wirklichen von Verantwortung getragenen Handelns stattfindet.

Vielleicht trägt zu dieser Motivation auch ein Beweggrund bei, dessen Bedeutung für die Entstehung der Isegorie-Vorstellung sich durch die folgende Überlegung rekonstruieren lässt: Alle Menschen haben eingestandener- oder uneingestandenermaßen den Traum von einer friedlichen Welt. Ein Zusammenleben, in dem alle den Anderen mit Scheu begegneten, wäre die Verwandlung dieses Traums in Wirklichkeit. In einem so gearteten Zusammenleben hätte niemand den Anderen etwas voraus; alle wären einander darin gleich, dass sie die Freiheit respektieren, mit der die Anderen ihre Ansichten vorbringen. Solch ein lückenloser wechselseitiger Respekt könnte nicht – und müsste auch nicht – bedeuten, dass alle Menschen für einander »Freunde« im emphatischen Sinne dieses Wortes wären, wohl aber würde er implizieren, dass alle einander mit einer freundlichen Grundeinstellung begegnen, d. h. mit einem Gefühl des Aufeinander-Zugehens und nicht des Auseinanderstrebens. Das Altgriechische hat für eine solche ganz undramatisch zu verstehende »Hinneigung« zu etwas oder zu jemandem die Silbe *phil*, mit der entsprechende Komposita gebildet werden können: Der *phil-hippos* ist der »Pferdefreund«, der *philo-sophos* ist in der ursprünglichen Bedeutung des Wortes jemand, dem an einem überlegenen Sich-Auskennen *(sophía)* gelegen ist, usw.

Zu einer Einstellung, in der wir den Anderen in diesem Sinne »zugeneigt« begegnen würden, gehörte das Gefühl des Einander-Gleichseins. Ganz deutlich wird der Zusammenhang zwischen »Zuneigung« und Gleichheit im Falle der echten persönlichen Freundschaft, in der ich jemandem nicht deshalb zugeneigt bin, weil ich mir davon einen Vorteil oder Annehmlichkeitsgewinn verspreche, sondern deshalb, weil mich seine ethisch lobenswerte Verfassung – in traditioneller Sprache: seine Tugenden – anzieht. Wie Aristoteles in den umfangreichen Analysen gezeigt hat, die in der *Nikomachischen Ethik* der Freundschaft, *philía*, gewidmet sind, gehört zu dieser selbstlosen Art von Freundschaft das Bewusstsein der Freunde, einander gleich zu sein.[68] Der eine Partner mag der oder dem Anderen in mancherlei Hinsicht über- oder unterlegen sein, aber damit sie echte Freunde sein können, müssen sie in einer wesentlichen Hinsicht das Gefühl haben, einander gleich zu sein. Aus dem Gefühl der rechenschaftlich diskussionsfreudigen Bürger der Polis, *einander als Gleiche zugeneigt* zu sein, kann ein gemeinsames vorpolitisches Bewusstsein von Gleichheit erwachsen, und auch dies könnte dazu beigetragen haben, dass die Entstehung der politischen Leitvorstellung einer Gemeinschaft von Gleichen möglich wurde.

Es bleibt aber die Frage, woran es liegt, dass Menschen sich mit solchem Verhalten, wie gerade skizziert, auf die helle Seite der Gebürtlichkeit, den Aufgang ins Erscheinen schlagen, und nicht auf die dunkle Gegenseite in der Verschränkung, die Sterblichkeit. Der Grund hierfür muss darin zu finden sein, dass alle Menschen – und so auch vor zweieinhalb Jahrtausenden die Griechen – mit ihrer Existenz eingebunden sind in die jeweils gegenwärtige umfassende Befindlichkeitslage ihrer geschichtlichen Welt mit ihrer Kultur (vgl. hier §7 und §8). Ob und warum sich ein bestimmter Mensch oder eine bestimmte Menschengruppe von der Neugier der beginnenden Wissenschaft für den Reichtum der Vorkommnisse im *kósmos* anstecken lässt oder vom philosophischen *páthos* der Fraglichkeit von allem überwältigt wird, das hängt von den in der herrschenden Befindlichkeitslage angetroffenen faktischen Lebensumständen ab. Das Entsprechende gilt von der Rolle der Scheu in der Gesamtbefindlichkeitslage einer Kultur in einem bestimmten Zeitalter.

Wenn wir im Lichte der vorangegangenen Überlegungen zum *lógon didónai* auf die Befindlichkeitslage der griechischen Kultur im Zeitalter ihrer höchsten Kreativität zurückblicken, zeigt sich eine Parallelität zwischen der Neugier der beginnenden Wissenschaft und der verbreiteten und kulturprägenden Bereitschaft, sich der Leidenschaft des Miteinander-Diskutierens hinzugeben. Bei beidem gibt im

---

[68] Vgl. vor allem die Kapitel 7 bis 9 im 8. Buch der *Nikomachischen Ethik*.

§ 10. Meinungsstreit und Öffentlichkeit

Chor der Stimmungen die von der Helligkeit des gebürtlichen Erscheinens erfüllte Grundstimmung den Ton an. In § 7 hatte sich gezeigt, dass die anfängliche Philosophie im Unterschied dazu als ein Erwachen der Fraglichkeit von allem durch die entgegengesetzte dunkle Stimmung oder Befindlichkeit der Sterblichkeit motiviert ist. So charakterisiert den ganzen gemeinsamen Aufbruch von Philosophie, Wissenschaft und Umgestaltung der politischen Verhältnisse ein innerer Widerstreit der Gestimmtheiten.

In diesem Widerstreit zeigt sich die gebürtlichkeitsfreundliche Stimmung als Scheu, d. h. als eine Zurückhaltung, die es möglich macht, das Auftreten des Anderen, mit dem er seine Ansichten vorträgt, zu respektieren. Diese Haltung bedeutet nicht, dass ich die Ansichten des Anderen übernehmen müsste, sondern nur, dass ich im Voraus offen dafür bin, die Stimme seiner Rechenschaft, seines *lógon didónai*, und seiner Beiträge zur Beratung von Handlungsmöglichkeiten zu hören und die jeweils offengelegten Gründe für seine Ansichten durch die Prüfung ihrer Überzeugungskraft zu würdigen. Dies aber ist schwer, weil ich – wie im vorigen Paragraphen gezeigt – im Bereich der *prâxis*, des »Handelns« im engeren Sinne, die Zukunft, also auch die künftigen Ansichten der Anderen, im Prinzip nicht kennen kann. Die Zurückhaltung der Scheu besteht in ihrem Kern darin, dass ich den Spielraum für die möglichen Ansichten des Anderen offen halte, indem ich es nicht zulasse, dass jemand exklusiv das Recht hat, seine Ansicht vorzubringen, während den anderen Beteiligten dieses Recht vorenthalten bleibt.

Die Scheu ist als solche noch nicht im eigentlichen Sinne »politisch«; man könnte sie als vorpolitisch bezeichnen, weil sie aus der Geschichte der Erfindung und Einführung der Demokratie im antiken Griechenland nicht wegzudenken ist. Sie wird erst dann explizit politisch, wenn sie zur Richtschnur für die wirkliche institutionelle Gestaltung des Zusammenlebens im Gemeinwesen wird, wie dies in der Polis Athen mit der Umgestaltung des Zusammenlebens gemäß der Isegorie geschah. Auf diese reale politische Umgestaltung und die damit verbundene Problematik beziehen sich der vorliegende und der nachfolgende Paragraph.

Die zur politischen Richtschnur gewordene Scheu war der erste Schritt in der langen europäischen Geschichte der Respektierung dessen, was im deutschen *Grundgesetz* als »Würde des Menschen« bezeichnet wird, wobei man hinzufügen muss, dass dieser Respekt in der Geschichte seiner Wandlungen mit dem biblisch-christlichen

Glauben an die Gleichheit aller Menschen vor Gott, der in der Spätantike kulturprägend wurde, eine Gestalt annahm, die in ihrem Folgenreichtum den griechischen Ursprung gewiss noch übertraf.[69] Die Vergegenwärtigung dieses ganzen Geschehens muss für uns ein Thema unseres besonderen lebendigen Interesses sein, weil wir heute, in der anhaltenden Krise der internationalen politischen Welt, uns wieder dessen bewusst werden, dass es gerade der Verlust der Scheu war, der das 20. Jahrhundert mit seinen totalitären und fundamentalistischen Zügen zu einer einzigen Katastrophe machte. Die Geschichte der sich wandelnden Scheu ist nicht abgeschlossen. Ein großer Schritt war die Entscheidung einer großen Staatengemeinschaft nach dem zweiten Weltkrieg, formell die »Menschenrechte« zu deklarieren. Und der Geist der Scheu meldet sich heute in allen an skrupellose und gewaltbereite Machthaber gerichteten Appellen, in denen es um die Rettung verfolgter und gequälter Menschen geht.

Angenommen, ein Gemeinwesen macht sich daran, die Leitvorstellung der Gleichheit in Gestalt der Isegorie trotz der überall im menschlichen Zusammenleben tief verwurzelten Vorherrschaft der Ungleichheit in die politische Realität umzusetzen, muss dieses Unterfangen auf viele Schwierigkeiten stoßen. Wie ließ es sich zunächst im alten Athen vermeiden, dass das Zusammenleben an den dadurch entstehenden Konflikten scheiterte, sodass am Ende doch ein der Leitvorstellung der Isegorie entsprechendes Sozialleben zur dauerhaften Wirklichkeit werden konnte? Unter den Schwierigkeiten zieht eine sogleich besondere Aufmerksamkeit auf sich, weil sie allgemeiner Natur und so fundamental ist, dass wir mit ihr beginnen müssen.

Für die Verwirklichung der Isegorie als einer Form der Gleichheit aller Bürger kommt es gemäß dem vorigen Paragraphen grund-

---

[69] Dass es neben der griechischen »Urstiftung« eine mindestens ebenso gewichtige zweite Urstiftung unserer Kultur in Gestalt des biblischen Glauben gab, haben Husserl und Heidegger in ihren geschichtlichen Anamnesen zur gegenwärtigen globalen Krise kaum berücksichtigt. Die Dürftigkeit der Gedanken, die sie dem biblischen Glauben widmen, erklärt sich nach meiner Auffassung daraus, dass beide Denker – wie die meisten Autoren ihrer Zeit – in dieser Hinsicht das Entscheidende nicht oder nicht deutlich gesehen haben: Auch die – um noch einmal Husserls Sprache zu benutzen – »Urstiftung« des biblischen Glaubens entsprang einer neuartigen, revolutionären Aufgeschlossenheit für das Ganze der Welt, allerdings einer Aufgeschlossenheit gänzlich anderer Art als die bei den Griechen durch die Umgestaltung der Polis zur Demokratie und durch die Entdeckung des philosophisch-wissenschaftlichen Denkens. Um diese These einer interessierten Öffentlichkeit vorzustellen und zu rechtfertigen, habe ich 2018 *Biblischer Glaube* veröffentlicht.

§10. Meinungsstreit und Öffentlichkeit

legend darauf an, dass sie alle gleichermaßen das Recht haben, sich mit ihren Ansichten an der öffentlichen Diskussion der gemeinsamen Angelegenheiten der Polis zu beteiligen. Offenkundig kann mit »alle Bürger« niemand anderes gemeint sein als »die Vielen«, *hoi polloí,* die am Anfang der Philosophie zum Gegenstand der Doxakritik wurden, weil sie nach Heraklit mit ihrer Denkungsart einen Fortschritt im Weltbezug des Menschen verhindern. Hier ist daran zu erinnern, dass diese Kritik keine akzidentelle Begleiterscheinung der anfänglichen Philosophie ist, sondern sich von ihr nicht trennen lässt, weil das Selbstverständnis des beginnenden Denkens auf seiner Selbstunterscheidung von der Denkungsart der Vielen beruht. Wie soll es möglich sein, dass wir nun gerade den Vielen die Verantwortung für das Gemeinwesen überlassen, indem wir ihnen allen ausnahmslos das gleiche Recht zubilligen, bei den öffentlichen Disputen über die politischen Entscheidungen mitzureden?

Wie sich in §2 herausgestellt hatte, richtete sich die Kritik an den Vielen in ihrer Wurzel gegen die in deren Leben herrschende Zersplitterung in ein Vielerlei. Worauf es bei Heraklit für das menschliche Leben ankommt, ist die Gesammeltheit auf das »Eine«, wie u. a. dem hier schon kommentierten Spruch B 50 zu entnehmen war: »Haben sie nicht auf mich, sondern auf den *lógos* gehört, so ist es weise, darin übereinzustimmen, dass alles eins ist.« Die gleiche Einheit betont auch der folgende Spruch, dessen Bezugnahme auf Gesetz und Mauer einer Polis für die Erörterung der politischen Implikationen von Heraklits Denken und dessen Erwähnung des göttlichen Gesetzes für die Diskussion seines religionsphilosophischen Aspekts bedeutsam ist. Aber auch darauf hier einzugehen würde das Buch überfrachten. Der Spruch lautet: »Es tut not, dass die, die mit Einsicht reden, sich mit dem Gemeinsamen Aller stärken, gleichwie die Polis mit dem *nómos,* und noch viel stärker; denn alle menschlichen *nómoi* nähren sich von dem einen göttlichen [*nómos*]; der herrscht nämlich, soweit nur immer es ihm passt, und er reicht aus für Alle und darüber hinaus« (22 B 114).

Für unseren Zusammenhang ist besonders wichtig, dass in Heraklits Augen die Einheit auch den Beurteilungsmaßstab für das politische Leben bildet, etwa, wenn er in 22 B 33 sagt: »Gesetz [kann] auch [sein], dem Willen eines Einzigen zu folgen«, oder in 22 B 49: »Einer gilt mir zehntausend, wenn er der Beste ist.« Heraklit hält hier an der alten bei Homer in der *Ilias* zu findenden Maxime fest, die Odysseus in einer Rede vor Troja so formuliert: »Niemals frommt

I. Teil: Der griechische Aufbruch des Denkens in phänomenologischer Sicht

Vielherrschaft im Volk; nur einer sei Herrscher« (Übersetzung Voß). Dieser Denkweise dürfte auch die besonders provokante und heftige Polemik des Heraklit gegen seine Landsleute in der Polis Ephesus entsprechen: »Es wäre für die Epheser angemessen, sich alle als Erwachsene aufzuhängen und den unreifen Kindern die Stadt zu überlassen; haben sie doch den Hermódoros, ihren besten Mann, hinausgeworfen mit den Worten: Von uns soll keiner der tüchtigste sein, oder wenn, dann anderswo und bei anderen.« (22 B 121)

Heraklit muss vom Übergang zur Demokratie, der sich zu seinen Lebzeiten auf der anderen Seite des ägäischen Meeres in der Polis Athen ereignete, zumindest gehört haben; aber wir wissen nicht, ob es schon eine Tendenz zur Demokratie war, die zur Entmachtung des Hermódoros in seiner Heimatstadt Ephesus führte. Wenn ja, wäre die zitierte Äußerung sogar ein Beleg dafür, dass Heraklit als der reflektierende Denker, der er war, bereits den fundamentalen Gegensatz zwischen seiner eigenen Auffassung und dem Geist der Demokratie erkannte. Die Demokratie als Isegorie beruht darauf, dass sie der Vielheit öffentlich Raum gibt, die in den oft divergierenden Ansichten der vielen Bürger zutage tritt. Die Vielheit dieser Ansichten und der dadurch bedingte politische Meinungsstreit sind in der demokratischen Polis nicht nur zugelassen, sondern sogar erwünscht, weil eine echte Beratung von dem Interesse geleitet ist, möglichst umsichtig zu sein. Offenkundig steht dies zur Auffassung von Heraklit in schärfstem Gegensatz.

Philosophisch wird die neue Aufgeschlossenheit der Griechen für die Welt durch die Kritik an der in viele divergierende Ansichten zersplitterten Doxa ermöglicht. Andererseits beruht die Umformung der Polis zu einer demokratischen politischen Welt darauf, dass die Vielheit der Ansichten der Bürger respektiert und gerade nicht kritisiert wird. Die Rolle der Doxa ist also zweideutig: Im politischen Bereich wird sie als Grundlage einer Steigerung der Weltoffenheit des Menschen akzeptiert, nämlich seiner Aufgeschlossenheit für die politische Welt, während sie in der anfänglichen Philosophie gerade als ein Hindernis für die Steigerung der Weltoffenheit betrachtet wird. Wenn das kein Widerspruch sein soll, kann die Doxa, die für die politische Welt eine positive Rolle spielt, nicht mit der Doxa identisch sein, die von der frühen Philosophie kritisiert wird. Worin besteht ihr Unterschied?

Wir sahen im vorigen Paragraphen, dass die neue Orientierung an der Leitvorstellung der Isegorie sich in der Erfahrung des Mit-

§10. Meinungsstreit und Öffentlichkeit

einander-Beratens vorbereitete, bei dem alle Beteiligten deshalb das gleiche Rederecht haben, weil anerkannt wird, dass sich im Felde der *prâxis* im engeren Sinne die Unbekanntheit der künftigen Handlungsfolgen nicht beseitigen lässt und dass es deshalb in den zur Beratung anstehenden Angelegenheiten keine Fachleute wie bei einer *poíesis* geben kann. Das bedeutet nun auch, dass kein Beteiligter das Recht hat, für seine Ansicht den Anspruch zu erheben, sie sei die endgültige Wahrheit. Ungeachtet dessen ist es denkbar, dass über die Handlungsmöglichkeiten in einer gegebenen Situation treffendere und weniger treffende Urteile gefällt werden.

Um ein Urteil zu fällen, das die Anderen als treffend oder zumindest als diskussionswürdig anerkennen können, muss ich bei meiner eigenen Meinungsbildung darauf Rücksicht nehmen, dass die Beurteilung der Situation unvermeidlich umstritten ist. Ich darf nicht nur meine eigene Stimme hören, mit der ich meine Sicht den Anderen bekannt mache; sondern ich muss meine Stimme auf die Stimmen der Anderen abstimmen, weil ihre Stimmen – vor allem bei der Frage, ob eine gegebene Situation ein *kairós* ist oder nicht – immer Gegenstimmen sein können. Um dieser Umstrittenheit der Situationsbeurteilung Rechnung zu tragen, muss ich bereit sein, meiner Ansicht eine Gestalt zu geben, durch die sie eine Chance hat, allen anderen, die möglicherweise eine andere Ansicht haben, akzeptabel zu erscheinen.

Wie diese Bereitschaft konkret werden kann, hat erstmals Kant in seiner schon erwähnten Analyse der reflektierenden Urteilskraft verdeutlicht, und durch Hannah Arendt ist die grundlegende Bedeutung dieser Kant'schen Gedanken für das Verständnis der politischen Welt deutlich geworden. Jene Bereitschaft besteht darin, sich bei der Bildung eines Urteils in die Standpunkte der Anderen zu versetzen. Dadurch wird, wie Kant formuliert, ein »allgemeiner Standpunkt« gewonnen, der es erlaubt, das eigene Urteil zu reflektieren und eigens daraufhin zu prüfen, ob es geeignet ist, den Anderen angesonnen zu werden.[70] Die Bezeichnung »reflektierende« Urteilskraft lässt sich auch von dieser Reflexion her verstehen.

Der eh und je zur Doxa gehörende Meinungsstreit wird durch den reflektierenden Gebrauch der Urteilsfähigkeit zu einem neuarti-

---

[70] Vgl. Immanuel Kant: *Kritik der Urteilskraft* §40 (Akademie-Ausgabe Bd. V, S. 295).

I. Teil: Der griechische Aufbruch des Denkens in phänomenologischer Sicht

gen Wettstreit um die treffendste Ansicht. Er setzt die gemeinsame Überzeugung voraus, dass der Meinungsstreit im Felde der *prâxis* nicht durch eine Wahrheit beendet werden kann, die den wirklich existierenden oder denkbaren Experten vorbehalten wäre. Das gilt auch für die Philosophenkönige in Platons *Politeia*. Den Philosophen definiert, wie Sokrates hier in der Begründung seiner Forderung nach Philosophenkönigen ausführlich erklärt, die Fähigkeit, das Ganze zu sehen. Als solcher hat er, wie Platon meint, auch den Blick für das Ganze der politischen Verhältnisse und ist dadurch in der Lage, zwischen den im Gemeinwesen einander widerstreitenden Kräften einen Ausgleich herbeizuführen. Aber mit der Epistemokratie solcher »Universalisten« wird aus der *prâxis* wieder eine *poíesis*, und der neuartige Streit der Ansichten, der durch den reflektierenden Gebrauch der Urteilsfähigkeit möglich wäre, findet nicht statt.

Nur wenn anerkannt wird, dass im Felde der *prâxis* grundsätzlich keine Aussicht auf ein Ende des Meinungswettstreits durch das Erreichen einer Wahrheit besteht, wird bei der Beratung der Plural der möglichen Handlungen *als* Möglichkeiten offen gehalten. Deshalb sollen nach Möglichkeit alle Ansichten als Sichten der gegebenen Situation und der sich vielleicht daraus ergebenden Handlungsperspektiven eine Stimme haben, mit der sie Allen zu Gehör kommen. Jede auf die Situation bezogene Ansicht darf und soll, soweit es geht, den Beteiligten und allen, die an einer in Rede stehenden gemeinsamen Angelegenheit interessiert sind, bekannt sein. Die Handlungsmöglichkeiten werden in diesem Sinne offengelegt, und damit verwandelt sich der vorpolitische Verweisungszusammenhang in einen Horizont, dessen Charakter wesentlich durch den Geist des Offenlegens, der Erzeugung von »Öffentlichkeit« bestimmt ist. Dieser Horizont ist nichts anderes als die politische Welt. Das Merkmal, an dem jeder sie erkennen kann, ist die »Öffentlichkeit«.

Im Unterschied zum lateinischen *publicus*, das mit *populus* (»Volk«) zusammenhängt *(res publica = res populi)*, und seinen Abwandlungen in einer Reihe heutiger Sprachen hat das deutsche Wort »öffentlich« das Hilfreiche, dass es durch den sprachlichen Zusammenhang mit dem Wort »offen« den Kontrast zu einer Verborgenheit anklingen lässt. In der Tat wird bei der nachfolgenden Erörterung einer zweiten großen Schwierigkeit der Kontrast zwischen der dann zu klärenden Verborgenheit der Lebenswelt und der Öffentlichkeit der politischen Welt eine wichtige Rolle spielen. Außerdem gibt es beim Sich-Öffnen eine Gradualität: Die Umwandlung der vorpolitischen in die politische Welt bedeutet ein Mehr an Offenheit des Menschen für die Welt, eine Steigerung seiner »Weltoffenheit«. Indem durch die streitbare öffentliche Beratung die Handlungsmöglichkeiten erstmals *als* Möglichkeiten in Erscheinung treten, kommt damit notwendig auch die Freiheit des Anfangenkönnens, des Ergreifens einer Gelegenheit für das Neue, der *kairós* zur Geltung. So bringt die Steigerung der Weltoffenheit durch den Wettstreit um die treffendste Ansicht auch die Freiheit in ihrem vollen Umfang zum Erscheinen. Die offene Dimension der politischen Welt tut sich konkret dadurch auf, dass Menschen sich zu einer Gemeinschaft vereinigen, deren Primärzweck es ist, das In-Erscheinung-Treten der Freiheit im öffentlichen Erwägen und Ergreifen von Handlungsmöglichkeiten zu ermöglichen, und eben dies ist die Demokratie. Der in ihr herrschende »Meinungsstreit« ist nicht mehr die Zerstrittenheit derjenigen Doxa, die von der beginnenden, nach Einheit strebenden Philosophie wegen ihrer Befangenheit in der Vielheit kritisiert wurde. Diese Doxa ist dann überwunden, wenn der Streit zum Wettstreit um das treffendste Urteil geworden ist, an dem jeder teilnimmt, der bei der Diskussion der Handlungsmöglichkeiten im Felde der gemeinsamen Angelegenheiten des Gemeinwesens von seiner Urteilsfähigkeit den von Kant aufgedeckten reflektierenden Gebrauch macht.

Allerdings ist das Nachdenken über die politische Welt bis heute der Versuchung ausgesetzt, die beiden Arten von Streit nicht zu unterscheiden, weil es eine irritierende Ähnlichkeit zwischen ihnen gibt: Weil in der demokratischen Beratung am Ende Entscheidungen gefällt werden müssen, kann von den vielen möglichen Ansichtsperspektiven jeweils immer nur eine bei der Verwirklichung der Handlungsmöglichkeiten den Sieg davontragen. Durch diese Beschränkung hat das politische Beraten und Entscheiden insofern eine Ähnlichkeit mit dem Miteinanderreden in der natürlichen Einstellung, als dieses Miteinanderreden oft ebenfalls auf einen Streit um die Durchsetzung des eigenen Standpunkts hinausläuft. Diese Ähnlichkeit kann das Nachdenken verleiten, die Beschränktheit der politischen Auseinandersetzungen durch die Perspektivität der Ansichten mit der Interessenbeschränktheit gleichzusetzen, die durch die Befangenheit in Sonderwelten entsteht.

Aber was ist eigentlich falsch an dieser Gleichsetzung? Sie ist deshalb verfehlt, weil der sonderweltlich motivierten Beschränktheit der freie Blick für das Gemeinsame der Welt fehlt. Demgegenüber ist die genuin politische Auseinandersetzung gerade *in* ihrer Perspektivität auf die gemeinsame Welt des politischen Gemeinwesens bezogen; jede Meinungsperspektive ist ein Aspekt, im wörtlichen Sinne eine »Ansicht«, die sich durch die Einbettung in den von der reflektierenden Urteilskraft hervorgerufenen Wettstreit potentiell auf alle mit ihr konkurrierenden Ansichten und damit auf das Ganze der politischen Welt bezieht. Jede solche Perspektive ist zwar immer noch eine partikulare Ansicht, also eine *dóxa* im Sinne des in § 1 erläuterten Pluralgebrauchs dieses Begriffs. Aber diese Doxa ist nicht mehr die, die Heraklit und Parmenides kritisiert hatten, sondern sie hat durch ihren Bezug auf die Welt als öffentliche, politische Welt einen neuen Charakter angenommen. Sie ist nun eine Doxa, die zwischen den Extremen der sonderweltlichen Beschränktheit auf der einen Seite und der philosophischen Weltoffenheit auf der anderen Seite eine mittlere und vermittelnde Möglichkeit darstellt.

Wie wichtig die Entdeckung dieser vermittelnden Position ist, mag eine didaktische Zwischenbemerkung zeigen: Die Philosophie als ein *lógon didónai* muss erklären, was Menschen, die in der Doxa befangen sind, überhaupt dazu bewegen kann, sich auf das philosophische Rechenschaftgeben einzulassen. Die natürliche Einstellung lässt sich durch eine Kritik aufbrechen, die von der durch die reflektierende Urteilskraft ermöglichten Verrechenschaftlichung im Felde der Doxa selbst ausgeht. Ich will damit nicht sagen, dass dieser Weg der Vermittlung der einzig mögliche ist. Er könnte aber besonders geeignet sein, Menschen, deren potentielles Interesse an der Philosophie durch ihre Eindrücke vom politischen Leben geweckt wurde, die Philosophie näher zu bringen.

Die auf die zuletzt beschriebene Weise mit der Rechenschaft über ihren Weltbezug imprägnierte, »verrechenschaftlichte« Doxa ist die Art von Ansicht, die in einer Polis, in der die Freiheit der öffentlichen Diskussion der gemeinsamen Angelegenheiten herrscht, deren Bürger in die Lage versetzt, an dieser Diskussion teilzunehmen. Den inneren Zusammenhang zwischen der Freiheit als primärem Zweck des Gemeinwesens und verrechenschaftlichter Doxa scheint als erster Aristoteles gesehen zu haben. Wenn es vor Kant eine Ahnung von der politischen Bedeutung der reflektierenden Urteilsfähigkeit gegeben hat, ist sie am ehesten in der geradezu »protophänomenologisch« zu nennenden Analyse der *phrónesis*, der »Klugheit«, im 6. Buch der *Nikomachischen Ethik* zu finden.

Mit der Entdeckung der »verrechenschaftlichten Doxa« ist die erste große Schwierigkeit behoben, an der die Einführung der

Isegorie ins reale politische Zusammenleben zu scheitern drohte. Diese tiefgreifende Umgestaltung des Lebens in der Polis scheitert *nicht* an der Doppelrolle der »Vielen«, dass sie sowohl Gegenstand der philosophischen Kritik als auch mitverantwortliche Bürger bei der Gestaltung der politischen Verhältnisse sind und dass sie in der ersten Hinsicht die Steigerung der Weltoffenheit behindern und sie in der zweiten Hinsicht ermöglichen. Aber woran kann sie dann scheitern?

§11. Demokratie und Ungleichheit

Die Verwirklichung der Isegorie stößt neben der Schwierigkeit, die durch den im vorigen Paragraphen entwickelten Gedanken ausgeräumt wurde, auf eine zweite, die zwar nicht so allgemeiner Natur ist wie die dort behandelte, aber sich in bestimmter Hinsicht als unüberwindlich herausstellen wird. Sie bezieht sich auf den Bereich der Lebenserhaltung, der die Grundlage und Voraussetzung allen menschlichen Lebens und Zusammenlebens bildet. Die Schwierigkeit besteht darin, dass dieser Bereich in solcher Weise von Grund auf durch die Ungleichheit der in ihm tätigen Menschen gekennzeichnet ist, dass nicht zu sehen ist, wie es hier zu einer Gleichheit der Beteiligten kommen soll. Es handelt sich um die Lebenswelt, sofern wir sie – das ist eine ihrer in §4 angekündigten Bedeutungsvarianten – als »Lebenserhaltungswelt« verstehen. Mit der Ungleichheit, die in der so verstandenen Lebenswelt herrscht, scheint die Gleichheit der Isegorie schlechthin unvereinbar, und die Ungleichheit lässt sich nicht vermeiden oder aufheben, weil sie durch die Notwendigkeit der Lebenserhaltung bedingt ist. Aber dies ist nur eine plakative Vorankündigung. Bei der Vertiefung ins Detail werden sich überraschende Konsequenzen ergeben, vor allem die Legitimation einer Ungleichheit innerhalb der Demokratie, von der sich herausstellen wird, dass gerade sie die Demokratie vor ihrem Scheitern bewahrt.

Die Notwendigkeit der Lebenserhaltung, aus der sich die in diesem Bereich des Zusammenlebens herrschenden Ungleichheiten ergeben, hat zwei Aspekte; denn wir müssen uns auf zweifache Weise um die Aufrechterhaltung und Fortsetzung unseres Lebens kümmern, weil wir zugleich einzelne Menschen und Mitglieder der Gattung »Mensch« sind. Als Einzelne sind wir »alltäglich«, d.h. Tag für Tag, und als Menschheitsgattung von Generation zu Generation mit der Aufgabe konfrontiert, dass wir uns periodisch »re-generieren« müssen.[71] Die *Generierung* von Nachkommenschaft in der nächsten *Generation* und ihre Betreuung beim Heranwachsen ist die gattungsbezogene »Re-Generation«. Die individuelle Regeneration besteht in der alltäglichen Bedürfnisbefriedigung, nämlich Beschaffung und

---

[71] Vgl. v. Vf.: *Generative Zeiterfahrung* in: J. Sánchez de Murillo (Hrsg.): Edith-Stein-Jahrbuch, Bd. 2 »Das Weibliche«, Würzburg 1996, S. 265 ff.

§ 11. Demokratie und Ungleichheit

Aufnahme von Nahrung, Sorge um die Einhaltung von Phasen der Ruhe und des Schlafs, Bereitstellung oder Anfertigung von »Lebens-Mitteln« verschiedener Art usw. Für diese Aufgaben braucht der Mensch im alten Europa das »Haus«, griechisch *oîkos*, in seiner doppelten Bedeutung: Es bezeichnet die Art von Gemeinschaft, die dadurch entstand, dass Menschen bei der Bewältigung aller Aufgaben der Regeneration an der gleichen Wohnstätte zusammenwirkten, und diese Wohnstätte selbst, die ebenso eine Prunkvilla sein kann wie ein schlichter Raum mit Schlafstellen auf dem Boden für die Familienmitglieder aus drei Generationen. Für eine sachgerechte Bezeichnung des so verstandenen Hauses können wir erneut den Begriff der »Lebenswelt« in seiner Vieldeutigkeit wieder aufgreifen, weil das instrumentelle Handeln, durch das sich dieser gemeinsame Lebensraum als Horizont, also als eine »Welt« konstituiert, in der Notwendigkeit der Erhaltung des *Lebens* seine Wurzel hat.

An dieser Stelle könnte der Verdacht aufkommen, die Idee einer solchen von anderen »Welten« unterscheidbaren Lebenserhaltungswelt sei nur ein Gedankenprodukt der philosophischen Phantasie. Aber der Verdacht erledigt sich durch die Beobachtung, dass es eine solche eigene Welt der individuellen und gattungsbezogenen Lebenserhaltung bei den Griechen der Antike und danach in der ganzen Geschichte der vorneuzeitlichen europäischen Kultur tatsächlich gab. Wie bekannt, unterschieden die Griechen zwei real voneinander getrennte Lebensräume, einerseits die Polis als Welt der öffentlichen Sichtbarkeit und andererseits das Haus, den *oîkos*, der schon durch die architektonische Abgeschlossenheit auf seiner der öffentlich begehbaren Straße zugekehrten Seite signalisiert, dass das Leben der antiken Familie innerhalb des Hauses für die Öffentlichkeit verborgen bleibt.

Diesem Hinweis könnte man entgegenhalten, dass wegen des neuzeitlichen Übergangs zur kapitalistischen Wirtschaftsweise die antike Großfamilie als sozialer Lebensraum in den hochentwickelten Industriegesellschaften heute nicht mehr existiert; an ihre Stelle ist durch das Öffentlich-Werden des ehemals in den privaten Häusern stattfindenden Wirtschaftens die moderne »Gesellschaft« getreten. Als »System der Bedürfnisse«, wie Hegel in der *Rechtsphilosophie* § 189 – § 198 formuliert, d. h. als eine Abhängigkeit Aller von Allen in allen Belangen der Lebenserhaltung durch die dafür erforderliche Befriedigung von Bedürfnissen, hat sie bis auf schwindende geringfügige Reste die Regenerationsaufgaben des *oîkos* auf der ganzen Skala von der Ernährung bis zur Geburt übernommen.

Aber dagegen bleibt zu bedenken, dass die Wohnstätte für Menschen, welche die gemeinsame Lebenserhaltung in einer rechtsförmigen Partnerschaft verbindet, nicht die soziale Gestalt der vormodernen Großfamilie oder der neuzeitlichen bürgerlichen Familie haben muss. Außerdem verdient Beachtung, dass wir heute zwei Begriffe benutzen, in denen das griechische Wort *oîkos* enthalten ist, um die Fragestellungen zu bezeichnen, in denen wir uns mit der Lebenserhaltung des Menschen in seinen vielfältigen sozialen Gestalten beschäftigen. Wir nennen die Wissenschaft von den Gesetzen der gesellschaftlichen Bedürfnisbefriedigung und Arbeit »Öko-nomie« und das neuerwachte Nachdenken über die naturhaften Lebensbedingungen der planetarischen Gesellschaft »Öko-logie«. Es ist zumindest zu prüfen, ob wir diese Bezeichnungen, die beide den Bestandteil *oîkos*, also »Haus« enthalten, nicht als Indizien dafür werten dürfen, dass die Lebenswelt als Lebenserhaltungswelt, wie auch immer sie unter den wechselnden Bedingungen der Geschichte sozial gestaltet wird, einen häuslichen Charakter hat. Dann stellt sich allerdings die Frage: Worin besteht diese Häuslichkeit?

Für die Beantwortung dieser Frage können wir davon ausgehen, dass die bei der Erörterung der ersten Schwierigkeit schon angedeutete Verborgenheit des Lebens im *oîkos* kein beliebiger und zufällig entstandener Zug des Zusammenlebens war. Er entsprang vielmehr wie alle solchen Grundzüge menschlichen Zusammenlebens einer rekonstruierbaren und verstehbaren Motivation. Das »Haus« ist der gewohnheitliche Ort für das Wohnen, von dem hier schon einmal bei der Erläuterung des *êthos* in § 9 die Rede war. Mit der Vorstellung des Wohnens verbindet sich die eines dauerhaften Geschütztseins. Im ähnlichen sprachlichen Klang der Begriffe »Geborgenheit« und »Verborgenheit« meldet sich eine sachliche Zusammengehörigkeit: Was nicht verborgen ist, ist durch seine Sichtbarkeit in qualitativ anderer Weise Gefährdungen ausgesetzt als das, was der Sichtbarkeit entzogen ist.

Allerdings gibt es bei den Gefährdungen eine Gradualität. In den Grenzsituationen von Geborenwerden, Krankheit und Sterben sind sie unvergleichlich bedrohlicher als in der alltäglichen Fortsetzung des regenerativen Handelns. Deshalb wird der häusliche Charakter der Lebenswelt vor allem durch das Verborgenbleiben jener Grenzsituationen gewahrt. Die Regeneration in Grenzsituationen unter-

§11. Demokratie und Ungleichheit

scheidet sich deutlich von der alltäglichen Fortsetzung des regenerativen Handelns, die ganz überwiegend den Charakter des Wirtschaftens hat. Zwar kann heute auch das Wirtschaften der Verbergung bedürfen, aber in der Regel nicht deshalb, weil es um Leben und Tod geht, sondern beispielsweise darum, eine geheimgehaltene Produktion vor der Spionage der geschäftlichen Konkurrenz zu schützen.

Das wirtschaftliche Handeln, der ökonomische Sektor der Regeneration, ist heute in den hochentwickelten Industrienationen kaum noch im privaten Haus, sondern im Normalfall in technisch organisierten Industriebetrieben und Handelszentren angesiedelt. Das betrifft allerdings nur in prinzipieller, vornehmlich rechtlicher Hinsicht den »Ort« des ökonomischen Handelns und schließt – wie sich gegenwärtig durch die Corona-Pandemie gezeigt hat – nicht aus, dass die reale Berufstätigkeit des Einzelnen in seiner Privatwohnung als »homeoffice« stattfindet.[72] Auf der prinzipiellen Ebene gehört die fortschreitende Verlagerung aller ehemals im *oîkos* angesiedelten Regenerationsvorgänge in die öffentliche Sichtbarkeit der Gesellschaft zur Signatur unseres Zeitalters. Aber wir können doch fragen, ob auch das regenerative Geschehen in den Grenzsituationen restlos in diese Verlagerung einbezogen werden muss. Vielleicht kann die phänomenologische Erinnerung daran, dass die Verlagerung kein Naturgeschehen wie das Wetter, sondern vom Menschen zu verantworten ist, dazu führen, dass wir im Umgang mit der in den Grenzsituationen stattfindenden Regeneration mehr Besonnenheit als bisher walten lassen.

Das »Haushalten«, die *oiko-nomía* (-*nomía* von *nómos*, »Gesetz«), die für die Bewältigung der Regenerationsaufgaben vor allem in ihrem wirtschaftlichen Sektor erforderlich ist, verlangt schon in der Antike Planung und Koordination. Weil die Bewohner des *oîkos* dafür aber aus vielen Gründen, auf die im Einzelnen einzugehen für den vorliegenden Zusammenhang nicht erforderlich ist, unterschiedlich gut geeignet sind, ergibt sich die Notwendigkeit, eine(n) oder einige Beteiligte(n) mit der Führung des Haushalts zu betrauen und die anderen ihrer Führung zu unterstellen. In dieser Verteilung der Arbeit auf Befehlende und Gehorchende herrscht das Verhältnis von »Herr und Knecht«, wie Hegel mit Anspielung auf den *despótes*, den

---

[72] Was die Einschätzung der Bedeutung des Homeoffice angeht, stellen sich nicht erst seit der Corona-Pandemie viele wirtschaftswissenschaftlich diskussionsbedürftige Fragen. Aber darauf kam natürlich im Rahmen dieses Buches nicht eingegangen werden.

»Herrn« des Hauses in der griechischen Antike, in einem berühmten Kapitel der *Phänomenologie des Geistes* formuliert. Aus diesem Verhältnis ergibt sich zwingend eine Reihe von Ungleichheiten zwischen den Mitgliedern des Haushalts, die von den Regenerationsaufgaben des *oîkos* her gerechtfertigt sind und nicht beseitigt werden können.

In den modernen Großunternehmen von Produktion und Handel der hochentwickelten Industrienationen kehren diese Ungleichheiten mit einer enormen Steigerung ihrer Komplexität darin wieder, dass es vielfältige Abstufungen der Verantwortlichkeiten und entsprechende Hierarchien in der Leitung und Organisation der Betriebe gibt. Eine unbeschränkte Gleichstellung aller Beteiligten wie bei der im vorigen Paragraphen beschriebenen Beratung kommt in der modernen Wirtschaft von vorneherein nicht in Betracht; denn sie könnte nur zu Lähmungen der Betriebsabläufe führen, die zur Folge hätten, dass die Ziele der Unternehmen entweder gar nicht oder auf höchst unbefriedigende Weise erreicht würden und dass infolgedessen auch das ganze Zusammenspiel im System der Bedürfnisse auf die Dauer immer mehr vom Zusammenbruch bedroht wäre.

Ungeachtet der Unvermeidlichkeit solcher Hierarchien, die durch die in der Lebenswelt als Lebenserhaltungswelt herrschenden Notwendigkeiten bedingt sind, wird nicht nur für das Wirtschaftsleben, sondern auch für andere Bereiche der modernen Gesellschaft wie etwa die Universitäten immer wieder die allgemeine Forderung nach »mehr Demokratie« erhoben.[73] Dieser Forderung kommt man in Deutschland nach durch die in mehreren Varianten praktizierte und gesetzlich geregelte »Mitbestimmung« (in einigen Kontexten auch »gesellschaftliche Mitbestimmung« genannt), die von der politischen Partizipation zu unterscheiden ist. Der Begriff »Partizipation«, der das lateinische Wort *pars*, »Teil«, enthält, besagt, dass ich als *Teil* der Bürgerschaft, d. h. als »Bürger«, das Recht habe, an der Beratung und Entscheidungsfindung eben dieser Bürgerschaft im

---

[73] Die Mitbestimmung im ökonomischen Bereich hat eine strukturelle Ähnlichkeit mit der Mitbestimmung an den Universitäten, die sich in den letzten Jahrzehnten in Deutschland durchgesetzt hat. Da ich selbst in der »Hochschulpolitik« einer deutschen Universität engagiert war, hatte ich dadurch Gelegenheit, Erfahrungen zu sammeln, die mir geholfen haben, beim Nachdenken über die im vorliegenden Paragraphen angesprochenen Probleme die phänomenologisch geforderte Nähe zur »Sache« walten zu lassen und auf diesem heiklen Felde keine Denkgebäude zu konstruieren, wie das Philosophen auch heute noch gerne tun.

§11. Demokratie und Ungleichheit

Prinzip uneingeschränkt *teil*zunehmen oder *teil*zuhaben. Demgegenüber impliziert der Begriff der *Mit*-bestimmung, dass den von einer Entscheidung der Leitungsinstanzen Betroffenen im Rahmen der nicht eliminierbaren Ungleichheit vor allem im ökonomischen Sektor der Regeneration die Möglichkeit eingeräumt wird, in partiellen Bereichen und Hinsichten unter Einhaltung bestimmter Einschränkungen mitzuberaten und mitabzustimmen.

Man kann der Forderung nach »mehr Demokratie« durch Mitbestimmung mit der Feststellung begegnen, es gehe bei der Problematik der Demokratie nur um die juristische Frage des Für und Wider einer bestimmten Verfassung und ihrer Implikationen und deshalb sei es eigentlich überflüssig, um die Mitbestimmung so viel Aufhebens zu machen, wie es heutzutage geschieht. Dieser Hinweis berücksichtigt nicht, dass die Einführung der Isegorie – wie auch die Bemerkungen zu diesem Thema in den vorangegangenen Paragraphen gezeigt haben – schon im antiken Athen mehr war als ein nur das Recht betreffender politischer Vorgang. Die Umgestaltung des Zusammenlebens, um die es bei der Isegorie ging, betraf nicht nur den politischen Übergang zu einer neuen rechtlichen Gestalt des Gemeinwesens, sondern sie veränderte durch ihre Radikalität die »Atmosphäre« des Zusammenlebens von Grund auf, also auch in Bereichen, die von Hause aus nichts mit den »politischen«, das Gemeinwesen betreffenden Angelegenheiten zu tun hatten.

Die Forderung nach »mehr Demokratie« durch Mitbestimmung hat also von der Herkunft der Demokratie her einen historischen Hintergrund, durch den sie als berechtigt erscheinen kann. Andererseits ist die Forderung oft durch eine geschichtsphilosophische Überzeugung motiviert, die weit über eine Berufung auf jenen historischen Hintergrund hinausgeht. Nach dieser Überzeugung, hinter der letztlich – aber zumeist ohne Kenntnis ihrer Anhänger – Hegels Bestimmung der Geschichte als »Fortschritt im Bewusstsein der Freiheit« steht, ist die Geschichte ein Prozess mit einem Ziel, das sich für unseren Zusammenhang so bestimmen lässt, dass es in allen Bereichen des Zusammenlebens zu einer einschränkungslosen Partizipation Aller an allen Entscheidungen kommen soll, also zu einer vollständigen »Politisierung« des Ganzen der sozialen Verhältnisse.

Im Licht dieser Überzeugung erscheinen alle Formen der Mitbestimmung nur als Übergangsstadien im Prozess der sich Schritt für Schritt durchsetzenden Partizipation. Die Übergangsstadien sind so etwas wie Eisschollen, deren Schicksal es ist, über kurz oder lang zu schmelzen und aufgelöst zu einem Bestandteil des Stroms der Partizipation zu werden. Der Prozess kommt an sein Ende, wenn alle Eisschollen der Mitbestimmung geschmolzen und in den Fluss der Partizipation übergegangen sind. Zu dieser Vorstellung vom Verlauf der Geschichte brauchen wir inhaltlich nicht Stellung zu nehmen; denn sie ist in phänomenologischer Sicht in wörtlichem Sinne »nichtssagend«: Es gibt keine Erfahrungsevidenz, durch die eine solche geschichtsphilosophische Annahme wie die hier vorausgesetzte These, die Geschichte unterliege der Bestimmung, sich als fortschreitende Demokratisierung zu vollziehen, gestützt oder widerlegt werden könnte.

Obwohl wir inhaltlich zu dieser Vision des Geschichtsverlaufs keine Position beziehen, können wir sie doch in methodischer Hinsicht charakterisieren. Der auffälligste Zug dieser Vorstellung vom Geschichtsverlauf liegt darin, dass wir uns dessen Endstadium zwar konkret nicht vorstellen können, weil es im Unendlichen liegt, aber eine Denkmöglichkeit haben, für die es in der neuzeitlichen Infinitesimalrechnung ein Muster gibt: die Bildung eines »Limes«: Wir denken uns die zeitweise gültigen Mitbestimmungsregelungen als eine Reihe, die so geordnet ist, dass in ihr jedes spätere Glied einen Fortschritt gegenüber dem vorhergehenden darstellt, weil sich in ihm ein Stück mehr Mitbestimmung in Partizipation verwandelt. Das Ende dieser Reihe fortschreitender Annäherung an die vollständige Partizipation liegt im Unendlichen und kann deshalb nicht zum Gegenstand einer Anschauung, sondern nur gedacht werden. In diesem Sinne kann man es, wenn man Husserls Terminologie benutzt, als etwas »Ideales« und entsprechend den gerade beschriebenen Prozess als »Idealisierung« bezeichnen. Die »Krisis der europäischen Wissenschaften«, die Husserl 1936 in seinem von uns als Vermächtnis aufgefassten letzten Werk thematisiert, besteht für ihn, wie in §4 erläutert, in einem »Objektivismus«, der die Wissenschaften zu einer Vergessenheit der Lebenswelt verurteilt – einer Vergessenheit, die im nächsten Paragraphen zur Sprache kommen wird. Dem Text der *Krisis*-Abhandlung und den Manuskripten im Umkreis dieses Werks lässt sich entnehmen, dass in Husserls letzten Jahren die »Idealisierung« für ihn besondere Bedeutung gewann, weil ihm diese geistige Operation als die Ursache der objektivistischen Lebensweltvergessenheit der im Werktitel genannten Wissenschaften erschien, wobei er unverkennbar vor allem an die neuzeitliche Naturwissenschaft dachte.[74] In der Weiterentwicklung der Phänomenologie nach Husserl konnten wir aber lernen, dass wir nicht verpflichtet sind, nur im Bereich der Wissenschaftskritik mit dem Konzept der Idealisierung zu operieren. Wie die oben skizzierte Beschreibung der sich steigernden Politisierung gezeigt hat, kann dieses Konzept auch zu einem besseren Verständnis anderer Krisenphänomene der modernen Welt beitragen.

Der geistige Prozess der Idealisierung ist überall dort möglich, wo unser Verhalten einen intentionalen Charakter hat und von dem Bestreben geleitet ist, das, worin die jeweilige Intention Erfüllung findet, in eine optimale Verfassung zu bringen. Das können beispielsweise bestimmte soziale Verhältnisse wie bei der uns hier beschäftigenden Problematik sein, aber auch irgendwelche handwerklichen Erzeugnisse wie etwa ein runder Tisch.[75] Ein Tischler, der dieses Möbelstück anfertigt, wird normalerweise dann zufrieden sein, wenn die Platte des Tischs einen solchen Grad an runder Beschaffenheit aufweist, wie im praktischen Gebrauch des Tischs benötigt wird. Die Menschen, die an einer großen runden Tischplatte wie in China eine Mahlzeit einnehmen, sind nicht an einer exakten mathematisch definierten Kreisförmigkeit interessiert, sondern an dem Grad von Rundheit, der dem jeweiligen praktischen Bedarf entspricht. So hält sich die Erfüllung der Optimierungstendenz normalerweise in den Grenzen von typischen Erscheinungsweisen, die ein jeweiliges Interesse anschaulich befriedigen.

Mit der Idealisierung gehen wir über diese Normalität hinaus. Wir lassen den zu einem Optimum hinführenden Vervollkommnungsprozess in Gedanken ins Unendliche weiterlaufen und tun so, als hätten wir diesen Prozess trotz seiner Unendlichkeit vollständig »durchlaufen«, wie Husserl in einer *Krisis*-Beilage formuliert.[76] So gelangen wir jeweils zu einem Optimum, das wir im Bereich der Anschauung nicht erreichen können, einem jenseits der Anschaulichkeit im Unendlichen liegenden Grenzwert. Bei der Tischplatte ist dieser *limes* eine uneingeschränkt runde Kreislinie, also der gedachte Kreis in der Geometrie, und bei unserem Beispiel die vollständige Umwandlung der Mitbestimmung in Partizipation.

---

[74] Für den hier folgenden Text vgl. in *Europa* das Kapitel *Idealisierung als Schicksal Europas*.
[75] Husserl *Krisis* S. 23.
[76] Husserl *Krisis* S. 359.

I. Teil: Der griechische Aufbruch des Denkens in phänomenologischer Sicht

Wodurch kann das Konzept der Idealisierung für die Analyse der Krisenphänomene der heutigen Welt hilfreich sein? Entscheidend ist die Rolle, welche die Resultate von Idealisierungsoperationen in unserem Leben spielen. Obwohl die Resultate nur etwas Gedachtes sind, das den Bereich anschaulicher Erfüllung transzendiert, behandeln wir sie so, als seien sie uns durch Anschauung gegeben, und integrieren sie auf diese Weise in unser auf Anschauung beruhendes normales Verhalten in der alltäglichen Lebenswelt. So entsteht eine Routine, in der wir mit dem jeweils gedanklich erzeugten Optimum so umgehen, als sei es in gleicher Anschaulichkeit gegeben wie die innerhalb einer normalen lebensweltlichen Praxis real erreichbaren Optima; das Bewusstsein vom Unterschied beider geht verloren.

Es entsteht eine eigene neue Verhaltensmöglichkeit, die wir so praktizieren, als sei sie von den vertrauten Verhaltensmöglichkeiten vor der Idealisierung nicht verschieden. Das aber hat eine äußerst weitreichende Folge: Die innerhalb der Anschaulichkeit erreichbaren normalen Optima erscheinen im Vergleich mit den durch Idealisierung gewonnenen Optima als schwach, weil sie von diesen um ein Unendliches – die Unendlichkeit als Dimension der Limesbildung – übertroffen werden. Und wenn beide Optima in der Praxis als gleichartig erscheinen, kann das nur dazu führen, dass die schwachen normalen Optima von den starken Idealisierungsoptima aus dem lebensweltlichen Bewusstsein verdrängt werden.

Auf diese Weise werden die Idealisierungsprodukte zu Selbstverständlichkeiten, welche die ursprünglichen lebensweltlichen Selbstverständlichkeiten verdecken. Sie werden, wie Husserl sich ausdrückt, zu einem »Ideenkleid«, das die darunter liegende Lebenswelt so überlagert, dass sie in Vergessenheit gerät. Husserl benutzt im Titel seines letzten Werks den Begriff »Krisis« als medizinische Metapher. Die Frage ist: auf welche Therapie will er – gleichsam als philosophischer Arzt unserer Gesellschaft – mit seiner Gegenwartsdiagnose der Lebensweltvergessenheit hinaus? Man hat Husserls Absicht oft einseitig interpretiert und dadurch missverstanden: Als ehemaliger Mathematiker ist er kein Gegner der Limesbildung als solcher, und es kann ihm nicht darum gehen, von nun an auf Idealisierungsoperationen und auf die durch sie zu erreichenden Erfüllungsoptima zu verzichten oder sie sogar rückgängig zu machen; denn das würde bedeuten, uns der technischen Errungenschaften zu berauben, die wir in der modernen Welt der Idealisierung verdanken. Die Absicht kann aber auch nicht umgekehrt darin bestehen, dass wir das normale Erfüllungsstreben sozusagen stilllegen und uns auf die Idealisierungsoptima beschränken.

Ähnlich wie das reine geometrische Rundsein als *limes* einer Idealisierung auf das aus praktischem Interesse anschaulich optimierte Rundsein – beispielsweise der Tischplatte – zurückverweist, können wir alle Idealisierungsresultate auf korrespondierende »normale«, d.h. lebensweltlich erreichbare Optima zurückbeziehen. Durch solche Erinnerung an die jeweils entsprechenden normalen lebensweltlichen Erfüllungsmöglichkeiten können wir unsere gewohnte Vorstellung vom *Verhältnis* der beiden Arten von Erfüllungsoptima korrigieren: Durch das »Ideenkleid« ist es uns weitgehend zur Selbstverständlichkeit geworden, die normalen Erfüllungsoptima an den durch Idealisierung gewonnenen zu messen. Husserls Therapievorschlag läuft darauf hinaus, dass wir unsere Vorstellung vom Beurteilungsgefälle zwischen normaler Erfüllung und Idealisierungserfüllung umkehren, d.h. dass wir die Normalerfüllung zum Maßstab machen, den wir an den Umgang mit den Idealisierungsresultaten anlegen. Mit dieser Umkehrung konkretisiert sich die Umkehrung der Betrachtungsperspektive von wissenschaftlicher Welt und Lebenswelt, von der schon in §4 bei der einführenden Erörterung des Lebensweltbegriffs die Rede war.

Dass eine solche Konkretisierung der Vergessenheitsdiagnose und der aus ihr ableitbaren therapeutischen Perspektive hilfreich sein kann, zeigt der Vergleich mit Heidegger, der unserem Zeitalter ebenfalls eine Vergessenheitsdiagnose stellt.[77] Heideggers Diagnose der Seinsvergessenheit ist zu großflächig und dadurch zu wenig differenziert. Deshalb kann ihm beispielsweise die moderne Demokratie, wie sie in den U.S.A. entstanden ist, ebenso als ein seinsgeschichtliches Verhängnis der »Verwüstung« erscheinen wie Hitlers totalitäre Herrschaft im Deutschland seiner Zeit. Im Unterschied dazu erlaubt es die hier vorgeschlagene Konkretisierung der Vergessenheit durch einen erweiterten Husserl'schen Idealisierungsbegriff, jeweils für ein einzelnes Krisenphänomen unseres Zeitalters die Frage zu stellen, welche Idealisierungsoperation dahinter steckt und welches normale lebensweltliche Optimum für den Umgang mit dem jeweiligen Idealisierungsresultat als Korrektiv dienen kann.

---

[77] Heidegger hat zwar mehrmals für die Kennzeichnung seines eigenen Denkens die medizinische Metaphorik ausdrücklich abgelehnt; trotzdem lässt sich seine kritische Beschreibung unseres Zeitalters als eine Diagnose lesen.

I. Teil: Der griechische Aufbruch des Denkens in phänomenologischer Sicht

Um diesen allgemeinen Hinweis zu konkretisieren, möchte ich nun eine solche Prüfung der Folgen von Idealisierung an dem oben schon angesprochenen Beispiel vorführen, dem gedachten Optimum einer restlosen Umwandlung von Mitbestimmung in Partizipation und damit der Überwindung jeglicher Ungleichheit. In der anhaltenden Krise der Demokratie, von der wir durch das 20. Jahrhundert eine erschreckend konkrete Vorstellung gewonnen haben, empfiehlt es sich, diesem Idealisierungsoptimum nun als Maßstab das entsprechende lebensweltlich-anschauliche Optimum gegenüberzustellen. Der erste und grundlegende Zug dieses Optimums kann nur darin bestehen, dass in ihm nicht restlos alle Ungleichheiten eliminiert sind. Aber das kann nicht heißen, dass wir für das Zusammenleben zu einer Ungleichheit zurückkehren, wie sie das soziale Leben vor der Einführung der Demokratie durch die Isegorie geprägt hat. Wir suchen also eine »demokratische Ungleichheit«? Gibt es das?

Wir können die Frage bejahen, wenn wir noch einmal von der Situation ausgehen, durch die, wie der vorige Paragraph zeigte, die Bürger eines Gemeinwesens zur elementaren Erfahrung ihrer Gleichheit gelangen. Das ist die gemeinsame Beratung von Handlungsmöglichkeiten *als* Möglichkeiten. Schauen wir uns im Geiste der phänomenologischen Devise »Zu den Sachen selbst« die Beratung im Hinblick auf Gleichheit und Ungleichheit genauer an, so fallen zwei Züge ins Auge: Erstens: Eine Beratung ist nur in einem Teilnehmerkreis möglich, dessen Umfang eine mittlere Größe zwischen zu groß und zu klein einhält. Zweitens: Nicht alle Bürger eines Gemeinwesens sind in gleicher Weise befähigt und bereit, sich an der Beratung in einem solchen Kreise zu beteiligen. Wir haben hier also in doppelter Hinsicht eine Ungleichheit: Erstens kann nur eine begrenzte Zahl von Bürgern des Gemeinwesens an der Beratung teilnehmen, und zweitens kommt innerhalb dieses Kreises nur eine Auswahl derjenigen in Betracht, die für das beratende Miteinander-Reden die erforderliche Kompetenz mitbringen.

An dieser Ungleichheit lässt sich im Prinzip nichts ändern, weil es zwischen der Eignung für das Beraten und der Größe des Teilnehmerkreises eine Korrelation gibt: Ein gemeinsames Beraten von mehreren miteinander redenden Menschen, die alle ohne Restriktionen ihre Ansichten darlegen dürfen, hat nur dann Aussicht auf ein irgendwie brauchbares Ergebnis, wenn die Teilnehmerzahl begrenzt ist. Der Umfang des Teilnehmerkreises muss ein Maß einhalten, innerhalb dessen noch eine – zwar wahrscheinlich durch eine Versammlungsleitung geregelte, aber – unmittelbare Rede und Gegenrede möglich ist. Auf der anderen Seite darf der Kreis aber auch nicht zu klein sein, damit gewährleistet ist, dass die Erwägung von Handlungsmöglichkeiten *als* Möglichkeiten mit der wünschenswerten Weite der Umsicht vonstattengeht. Um dieses mittlere Maß durch einen Blick in die politische Praxis der Gegenwart zu veranschaulichen, in der es die technische Unterstützung durch das Mikrofon gibt, mag man an moderne Parlamente wie den Deutschen Bundestag oder das Europaparlament denken, die in ihrem Umfang – darin besteht heute weitgehend Einigkeit – an ihrer Obergrenze angelangt sind.

Alle künftigen Handlungsmöglichkeiten sind von den jeweils einschlägigen rechtlichen Bestimmungen betroffen. Deshalb ist die Beratung der Gesetze die grundlegende Aufgabe eines Gremiums, das auf dem Felde der gemeinsamen Angelegenheiten des Gemeinwesens für die Beratung über die künftigen Handlungsmöglichkeiten zuständig ist. Das erste Gremium dieser Art in der europäischen Geschichte war der römische Senat, der bereits die Gesetze beriet, aber noch nicht die Befugnis hatte, sie zu erlassen. Im weiteren Verlauf der Geschichte entstand das »Parlament« in seinen historisch unterschiedlich ausgeprägten Gestalten als die Institution, die – neben anderen grundlegenden Aufgaben wie der Kontrolle der Regierung – für das beratende gemeinsame *Reden* über die Gesetze (altfranzösisch »parlement« von »parler«) und ihre Inkraftsetzung, also die ganze »Legislative« zuständig war und ist.

So wichtig ein beratendes Gremium wie das Parlament für ein Gemeinwesen ist – es liegt auf der Hand, dass diese Institution allein nicht ausreicht, um das Handeln im Bereich der gemeinsamen Angelegenheiten eines Gemeinwesens befriedigend zu regeln. Es gibt Situationen, in denen ein Handeln ohne Verzögerung erforderlich ist, beispielsweise in Notsituationen wie im Extremfall der Erklärung eines Kriegs. In solchen Fällen würde eine Beratung viel zu lange Zeit in Anspruch nehmen, und es bedarf der Verantwortungsübernahme durch Menschen, denen die Bürgerschaft des Gemeinwesens die erforderlichen kurzfristigen Entscheidungen zutraut und die sich selbst diese Aufgabe zumuten. Auch hier gibt es eine zwingende Korrelation zwischen der Zahl und der Kompetenz der Verantwortlichen: Es können nur sehr wenige sein, vielleicht im Regelfall nur eine Person, die in der Lage ist, das Handeln der hier geforderten Art zu übernehmen. Die Römer entschieden sich beim Amt des Konsuls für die Anzahl Zwei.

Wir haben es an dieser Stelle erneut wie beim Parlament mit einer »demokratischen Ungleichheit« zu tun, nämlich der tiefgreifenden Ungleichheit der für ein gemeinsames Handeln des Gemeinwesens Verantwortlichen, die abermals eng mit der Bestimmung von deren Anzahl verknüpft ist. Es geht hier um die Betrauung von Menschen mit dem, was die Römer *potestas*, d. h. Vollmacht, nannten. Sie ist streng zu unterscheiden von der *potentia* als »Macht« in der allgemeinen Bedeutung von kraftvoller Überlegenheit. Sofern Menschen vom Gemeinwesen offiziell mit der Wahrnehmung einer *potestas* betraut sind, verwalten sie ein *officium*, ein »Amt« – dies aber nicht im Sinne der modernen Bürokratie verstanden, sondern in der Bedeutung einer im Namen des Gemeinwesens treuhänderisch zu erfüllenden Aufgabe. Bei der Besetzung solcher »Ämter« kommt es – vorausgesetzt, dass sie nicht durch Korruption entstellt wird – in erster Linie darauf an, die Ungleichheiten der Befähigung und Bereitschaft zur Wahrnehmung bestimmter politischer Vollmachten zu berücksichtigen. Eben diese Ungleichheiten lassen sich, wie schon Aristoteles in der *Politik* gesehen hat, nicht »wegdiskutieren«.

Unverkennbar haben wir zuletzt von den beiden für die Lenkung des Gemeinwesens entscheidenden Vollmachten gesprochen, die wir heute als Legislative und Exekutive bezeichnen. Weil in beiden Fällen die Zahl der Verantwortlichen beschränkt ist, kann es nicht das Volk, der *dêmos* der »Demokratie«, also die gesamte Bürgerschaft sein, welche diese Vollmachten real wahrnimmt. Andererseits besteht der Grundcharakter der Demokratie erstens in der Gleichheit, mit der ausnahmslos alle Bürger an der Verantwortung für das Gemeinwesen beteiligt sind, und zweitens darin, dass die Wahrnehmung dieser Verantwortung den Vorrang vor allen weiteren Aufgaben der Demokratie hat; letztlich muss die Bewältigung aller dieser Aufgaben davon abhängen, wie das gesamte Volk entscheidet. Demnach ist die Frage: Worin besteht die Vollmacht der Bürgerschaft, die diesem Merkmal entspricht? Die einfache Antwort lautet: Das Volk entscheidet durch Wahlen darüber, wer die Ämter besetzt und wer sie verliert. Genau dadurch ist die Partizipation aller Bürger und die Respektierung ihrer grundlegenden Bedeutung gewährleistet.[78]

---

[78] nicht aber durch das Plebiszit. Es verstößt in den meisten Fällen gegen die Korrelation zwischen der inhaltlichen Aufgabe der betreffenden politischen Institution und

§ 11. Demokratie und Ungleichheit

An dieser Stelle sei noch einmal das an Husserl anknüpfende Verfahren der phänomenologischen Krisen-Bewältigung in Erinnerung gebracht: Das Idealisierungsoptimum der Überwindung von Ungleichheit wäre die unterschiedslose Politisierung aller Arten und Weisen, wie Bürger Verantwortung für das künftige Handeln des Gemeinwesens übernehmen. Demgegenüber impliziert das entsprechende lebensweltlich-anschauliche Optimum die Übernahme von Verantwortung in den unterschiedlichen Formen von *potestas*, die oben angedeutet wurden. Im Idealisierungsoptimum wird die Differenzierung der Vollmachten zugunsten einer Politisierung vernachlässigt, für die es am Ende einzig und allein darauf ankommt, dass sich die demokratische Gleichheit der Partizipation Aller durchsetzt.

Wie stellte sich die politische Theorie der Antike hierzu, die schon zum Anfang der Philosophie gehörte: in expliziter Form durch Platons *Nomoi* und die *Politik* des Aristoteles, implizit durch einige hier schon erwähnte Heraklit-Sprüche. In ihrer ganzen Entwicklung von diesen Anfängen bis zu Ciceros *De re publica* hat das politische Denken zu diesem Egalitarismus der »reinen Demokratie« Abstand gehalten. Sie bediente sich dafür methodisch der Annahme, dass eine solche »Reinheit«, wie wir sie in phänomenologischer Sprache als charakteristisch für ein Idealisierungsoptimum bezeichnen würden, nicht nur für die Verfassungsform der Demokratie, sondern auch für die Monarchie, die Betrauung von nur einem Einzigen *(mónos)* mit der politischen Vollmacht, und ebenso für die Aristokratie – alle Vollmacht in den Händen derer, die von den Anderen oder von ihnen selbst für die »Besten« *(áristoi)* gehalten werden – denkbar ist. Man diskutierte demgemäß, ob die Existenz von Gemeinwesen mit einer solchen reinen Verfassung möglich sei, und kam überwiegend zu dem Ergebnis, dass diese reinen Verfassungsformen einen selbstzerstörerischen Charakter haben. Deshalb setzte sich in verschiedenen Spielarten die Konzeption der »gemischten Verfassung« *(genus mixtum)* durch, die Idee einer Mäßigung der sozusagen »sortenreinen« Demokratie durch die Einbeziehung von Elementen der Verfassungssorten Monarchie und Aristokratie.

Es war der in Deutschland oft unterschätzte Cicero, der – angeregt durch den Historiker Polybios (ca. 200–120 v. Chr.) – in seiner

---

ihrer Größe. Von der Aufgabe her gehören die meisten Themen einer Volksbefragung in eine Beratung und sind nicht geeignet, zum Gegenstand einer Abstimmung des ganzen Volkes zu werden, die in gleicher Weise wie eine Wahl abgehalten wird.

I. Teil: Der griechische Aufbruch des Denkens in phänomenologischer Sicht

leider nur fragmentarisch in einem Palimpsest erhalten gebliebenen Schrift über die *res publica*, die »Sache des Volkes«, in gewissem Sinne ein Fazit dieser ganzen Diskussion zog. Er benennt hier noch einmal in lateinischer Sprache die Vollmachten der verschiedenen politischen Ämter des Gemeinwesens, das in Ciceros Zeit auch bei den Römern noch die Polis, also die Stadt mit ihrem Umland war und das bei uns in der Neuzeit zum »Staat« wurde. Für die Beratung der Handlungsmöglichkeiten und der Gesetzgebung hat die *potestas* den Charakter der *auctoritas*, der Autorität, wie sie in Rom der Senat allein durch seinen Rat inne hatte, obwohl er die Gesetze nicht in Kraft setzen konnte. Die ganz anders geartete Vollmacht der Regierenden heißt mit Blick vor allem auf die Entscheidung über Krieg und Frieden *imperium*, »Oberbefehl«, und mit Blick auf die Begnadigung beispielsweise von Verbrechern *caritas*, »Erbarmen«. Die durch die Isegorie geforderte Gleichheit für alle Bürger lässt sich dadurch realisieren, dass sie die Vollmacht der »Freiheit«, *libertas*, haben, diejenigen zu wählen, die mit den genannten Aufgaben betraut werden, oder auch, sie ihrer Amtsvollmacht zu entheben.

Noch einmal in Fortsetzung von Ansätzen bei Polybios kritisiert Cicero die griechischen Theoretiker der Politik dafür, dass sie die Differenzierung der politischen Vollmachten nur am grünen Tisch entwickelt haben, wodurch ihnen die wirkliche Überzeugungskraft fehlt. Anders steht es mit der Unterscheidung der Vielfalt der Vollmachten, wenn man von ihrer historischen Entstehung ausgeht. Deswegen folgt Cicero in seiner Schrift der römischen Geschichte und erklärt sie von ihren Anfängen bis zu seiner Zeit als eine konfliktreiche Entwicklung, in der fortschreitend die monarchischen, aristokratischen und demokratischen Elemente der Machtausübung entdeckt und eingeführt wurden. Auf diese Weise wurde das römische Reich in Ciceros Sicht zum Musterbeispiel für ein ausgewogenes Gemeinwesen, worin die politischen Vollmachten so verteilt sind, dass sie den ungleichen Fähigkeiten und Einstellungen der Beteiligten entsprechen. Deshalb erscheint Cicero der Name *res publica*, eingedeutscht »Republik«, den der römische Staat sich selbst gab, als die passende Bezeichnung für ein so beschaffenes Gemeinwesen. Von daher hat der Begriff »Republik« eigentlich – entgegen dem heutigen Sprachgebrauch – normativ einen höheren Rang als der der Demokratie. Nicht zufällig bezeichnet sich Deutschland ebenso wie seine Nachbarstaaten als Republik und nicht als Demokratie.

§11. Demokratie und Ungleichheit

Aus Gründen, denen wir hier nicht nachgehen können, weil sie letztlich in der spätmittelalterlichen christlichen Philosophie und Theologie lagen, setzte sich am Anfang der Neuzeit im Verständnis des Staates der Absolutismus durch. Das machte es unmöglich, die Mäßigung im Umgang mit den politischen Vollmachten weiter in der »Mischung« von Elementen der drei reinen Verfassungsarten Demokratie, Monarchie und Aristokratie zu suchen. Der neue Weg, den Denker wie Montesquieu, Locke, Kant und die »founding fathers« der U.S.A. einschlugen, war die »Teilung der Gewalten«, d. h. die Trennung der politischen Vollmachten von Regierung (Exekutive), Gesetzgebung (Legislative) sowie Rechtsprechung (Judikative), und die Unabhängigkeit dieser Instanzen voneinander. Die »Gewaltenteilung« ist nicht dasselbe wie die Theorie und Praxis der Mischverfassung, aber sie dient in phänomenologischer Sicht dem gleichen Ziel, die durch Idealisierung erreichbare reine Optimalerfüllung des politischen Gleichheitsstrebens von der anschaulichen Normalerfahrung der »demokratischen Ungleichheit« her zu korrigieren.

Solche ausdrückliche Korrektur ist notwendig, weil die Tendenz zu einer ins Unendliche ausgreifenden Optimalerfüllung etwas Verführerisches hat. Von ihr geht ein Sog aus, ihr zu folgen und damit die im Felde der Problematik der politischen Macht notwendigen Differenzierungen zu vernachlässigen oder sogar gänzlich unbeachtet zu lassen. Aber woher erklärt sich die egalitaristische Gleichgültigkeit gegenüber diesen Differenzierungen? Wie sich in diesem Paragraphen gezeigt hat, nehmen wir mit der Differenzierung der politischen Vollmachten Rücksicht auf die Unterschiede in der subjektiven Bereitschaft und Befähigung der Bürger eines Gemeinwesens, an der Wahrnehmung der politischen Macht teilzuhaben. Damit schreiben wir »subjektiven« Motiven, also Beweggründen, die sich aus der jeweiligen Verfassung von uns Menschen als »Subjekten« ergeben, einen maßgebenden Einfluss auf die institutionelle Gestaltung der politischen Verhältnisse zu. Demnach lässt sich die Nivellierung der bei dieser Gestaltung auftauchenden Unterschiede auf das Bestreben zurückführen, dem Subjektiven keinen Raum zu geben.

Eine solche Vertreibung des Subjektiven aus unseren Lebensverhältnissen kennen wir aus der verbreiteten Einstellung, von der für viele die moderne Wissenschaft und insbesondere die Naturwissenschaft getragen ist. Für diese Einstellung zählt in der wissenschaftlichen Erkenntnis nur das Objektive, d. h. die Befunde, die von jedem möglichen Einfluss des Subjektiven gereinigt sind. So ist die Tendenz zur reinen Optimalerfüllung letztlich eine Variante dessen, was wir mit Husserl als Objektivismus bezeichnen können. Die für die Phänomenologie grundlegende Methode der Korrelationsforschung gebietet, der Spur des Objektivismus weiter nachzugehen, weil eine der beiden Seiten, die einander korrelieren – Husserl nennt sie Noesis und Noema – den Charakter des Subjektiven hat. Deshalb werden wir dieser Spur nun weiter folgen, wenn wir im II. Teil versuchen, die Anfänge der philosophisch-wissenschaftlichen Naturerkenntnis phänomenologisch zu vergegenwärtigen.

§ 12. Überleitung zum II. Teil: Objektivismus und Lebenswelt

In den vorangegangenen Paragraphen wurde versucht, mit den neuen Interpretationsmöglichkeiten, über die wir philosophisch durch die Phänomenologie und philologisch durch die Fortschritte der Forschung in der Klassischen Philologie verfügen, ein philosophiegeschichtlich adäquateres Bild als bisher vom Anfang der Philosophie zu zeichnen. Es ging aber auch darum, diesen Anfang für die heutige geistige Situation in der wörtlich zu verstehenden Bedeutung dieses Verbs zu »vergegenwärtigen«. Von dieser Absicht geleitet möchte ich im vorliegenden Paragraphen die »Aktualität« der wissenschaftsgeschichtlich überholten anfänglichen Kosmologie ans Licht stellen und dafür – wie am Ende des vorigen Paragraphen schon angedeutet – mit einer Kritik des Objektivismus beginnen, der uns daran hindert, zu sehen, dass der Gegenstand jener Kosmologie die Lebenswelt war.

Grundlegend für das transzendental-phänomenologische Verständnis des Erscheinens der Welt ist, wie mehrfach betont, das von Husserl aufgestellte und praktizierte Korrelationsprinzip: Es gibt kein Vorkommnis in der Welt ohne ein entsprechendes »Wie« seines Erscheinens-für-uns. Die moderne Naturwissenschaft beruht auf der methodischen Grundannahme, dass man von dieser Relativität des Erscheinenden auf die subjektiven Weisen seines Erscheinens absehen kann und muss. Weil man überzeugt ist, dass die subjekt-relativen Züge des Erscheinenden nur unsere Zutaten sind, die es »in Wirklichkeit« nicht gibt, lässt man nur das *objektiv* Gegebene als legitimen Gegenstand des wissenschaftlichen Forschungsinteresses gelten und verwirft das doxahafte Verhältnis des Menschen zur Welt, von dem sich die beginnende Wissenschaft in ähnlicher Weise abgrenzt wie die anfängliche Philosophie sich selbst kritisch von der Denkungsart der Vielen unterscheidet. So konstituiert sich die wissenschaftliche Erkenntnis – das war einer der in § 8 erörterten Gedanken – durch ihre Selbstabgrenzung von der lebensweltlichen Erfahrung der Welt. Ihr Grundcharakter besteht ähnlich wie bei der Philosophie in der Offenheit für ein »Gemeinsames«; bei der Wissenschaft ist das ihr Anspruch, zu transindividuell gültigen Ergebnissen zu gelangen.

In Anbetracht der mehrfach erwähnten Vieldeutigkeit des Lebensweltbegriffs können wir uns die Freiheit nehmen, ihn im gegenwärtigen Kontext in dem Sinne zu verstehen, den Husserl ursprüng-

I. Teil: Der griechische Aufbruch des Denkens in phänomenologischer Sicht

lich im Auge hatte, als er ihn zu einem philosophischen Terminus machte. Er diente als Kontrastbegriff zur wissenschaftlich erforschten und gedeuteten Welt, d.h. als Horizont alles uns vor- und außerwissenschaftlich subjekt-relativ Erscheinenden. Der Objektivismus besteht in der vollständigen *Vergessenheit* der so verstandenen Lebenswelt. Wenn wir den Begriff »Krisis« im Titel von Husserls Vermächtnis-Werk von 1936 im Sinne des medizinischen Gebrauchs als Höhepunkt im Verlauf einer Krankheit verstehen, gehört dazu auch eine Diagnose. Husserl und Heidegger stimmen darin überein, dass sie ungeachtet all ihrer tiefgreifenden Divergenzen unserem Zeitalter die Diagnose einer Vergessenheit stellen.

Dazu ist sprachlich anzumerken, dass das Verb »vergessen« hier in einer Bedeutung verwendet wird, die von der Alltagssprache abweicht. In dieser setzt der Gebrauch des Wortes »vergessen« voraus, dass ein in Vergessenheit geratenes Vorkommnis uns früher einmal gegenwärtig war, d.h. dadurch die Beachtung auf sich zog, dass es sich uns mit seinen ihm eigenen Zügen zeigte. Das Vergessen bezeichnet alltagssprachlich das Geschehnis, durch das etwas uns in solcher Weise Erscheinendes aus dem Erscheinen in eine Verborgenheit absinkt. Die Wortbildung »Vergessenheit« besagt, dass ein solches Geschehnis, das im Prinzip in der Erinnerung wachgerufen werden könnte, nicht stattgefunden hat; es herrschte vielmehr von vornherein die besagte Verborgenheit.

Bei Husserl betrifft die Vergessenheit den lebensweltlichen Horizont des Subjekt-Relativen, bei Heidegger den hier schon erwähnten Entzug des Seyns. Husserls Diagnose der Lebensweltvergessenheit bleibt zwar hinter der Reichweite von Heideggers Diagnose der Seinsvergessenheit deutlich zurück, aber sie hat, wie der vorige Paragraph am Beispiel des verfehlten egalitaristischen Verständnisses der politischen Vollmachten deutlich machen sollte, gegenüber der Heidegger'schen Diagnose auch einen großen Vorzug: Im Rückgriff darauf, dass wir über die Möglichkeit verfügen, die Erfüllung unserer Intentionen in lebensweltlicher Anschaulichkeit zu prüfen, können wir bei den heutigen Krisenphänomenen konkret über Möglichkeiten der »Therapie« nachdenken, was im Rahmen von Heideggers Konzeption nicht sinnvoll erscheint, weil diese Phänomene bei ihm eher den Charakter von schicksalhaften Verhängnissen haben.

In der heutigen globalen ökologischen Krise hat der Lebensweltbegriff für viele dann einen gewissen anheimelnden Klang, wenn er als Kontrastbegriff zu der immer durchgreifender technisch-wirt-

§12. Überleitung zum II. Teil: Objektivismus und Lebenswelt

schaftlich umgestalteten und dabei auch verunstalteten Welt von heute gebraucht wird. Das »Leben«, das man bei dieser Verwendung des Lebensweltbegriffs im Auge hat, würde bei seiner Realisierung darin bestehen, dass wir unsere Welt nicht – wie viele befürchten – als eine eigentlich unbewohnbare Müllhalde »behausen«, sondern in ihr als unserer Heimat und Wohnstätte, wo wir uns wohlfühlen, »zu Hause« sind.

Die so verstandene Lebenswelt kann uns als eine heimatliche Welt erscheinen, weil wir unterstellen, dass das Leben in einer solchen Welt grundlegend dadurch gekennzeichnet wäre, dass in ihm die *Natur* respektiert würde. Wir erfahren heute unsere Welt als einen Lebensraum, der von uns Menschen in immer radikalerer Weise, zuletzt in einer alles umfassenden Steigerung durch die Digitalisierung, umfassend technisch-wirtschaftlich verändert wird. Gegenstand dieser Veränderung kann aber ursprünglich nur die uns *vorgegebene* Welt sein, die Welt, wie sie »von selbst« – und gerade nicht durch unser menschliches Tun und Lassen – da ist, und das heißt: die »Natur«. Wir können der von uns Menschen umgestalteten modernen Welt deshalb die Lebenswelt mit Blick auf ihren Naturbezug gegenüberstellen, weil der Begriff »Natur« auf das zielt, was nicht von uns hervorgebracht wird, sondern von sich aus ohne unser Zutun ins Dasein tritt.

Dieses Von-selbst-Eintreten-ins-Sein ist auch gemeint, wenn von »Natur« im Sinne des altgriechischen Begriffs *phýsis* die Rede ist, den man schon in der Antike ins Lateinische mit dem Wort *natura* übersetzte, das seinerseits eingedeutscht als »Natur« zum Bestandteil unserer Sprache wurde. Für uns in unserer geschichtlichen Situation trifft es sich günstig, dass das anfangende griechische Denken, um das es in diesem Buch geht, inhaltlich genau damit begonnen hat, dass es inhaltlich um die *phýsis*, also das Von-selbst-Eintreten-ins-Sein kreiste. Dessen dürfen wir, obwohl uns nur indirekte Zeugnisse und Fragmente von den Schriften der frühen Denker zur Verfügung stehen, schon deshalb sicher sein, weil sie ganz selbstverständlich als *physikoí* oder *physiológoi*, d.h. Denker der *phýsis*, bezeichnet wurden, was sich bis heute darin fortsetzt, dass die sogenannten »Vorsokratiker« in den Philosophiegeschichten traditionell als »Naturphilosophen« gelten.

Wie sich das anfängliche *phýsis*-Denken im Detail entwickelt hat, wird das Generalthema im II. Teil dieses Buches sein, zu dem der vorliegende Paragraph nur überleitet. Als ersten Schritt der Über-

I. Teil: Der griechische Aufbruch des Denkens in phänomenologischer Sicht

leitung greifen wir noch einmal die Problematik des Objektivismus auf. Im vorigen Paragraphen entnahmen wir das Beispiel, an dem sich die dort entwickelte kritische Auseinandersetzung mit der Lebensweltvergessenheit konkret darstellen ließ, dem Bereich des sozialen und politischen Lebens. Im Folgenden soll uns eine ähnliche Kritik des Objektivismus am Beispiel des Bereichs der Natur beschäftigen, wobei wir uns mit dem Begriff »Natur« eigentlich auf die oben erwähnte *phýsis* beziehen.

Wie die Nachlassmanuskripte aus dem Umkreis der *Krisis*-Abhandlung zeigen, schwankte Husserl in der Frage, wann die Lebensweltvergessenheit und mit ihr der Objektivismus begonnen hat. Konkret auf das Problemfeld des vorliegenden Buches bezogen ist das die Frage, ob die Nachrichten über das anfängliche Denken darauf hindeuten, dass es bereits objektivistische Züge aufwies. Husserl, der wahrscheinlich von diesen Quellen im Detail wenig gekannt hat, kann uns bei der Beantwortung dieser Frage unmittelbar nicht helfen. Generell ist sie deshalb schwer zu beantworten, weil die Antwort davon abhängt, wie wir die antiken Nachrichten über die anfängliche Philosophie und Wissenschaft interpretieren. Das lässt sich an einem Thema gut zeigen, das in den gegenwärtigen Diskussionen über die drohende ökologische Katastrophe immer mehr die Aufmerksamkeit auf sich zieht: die »Elemente«.

Wenn wir diesen Begriff heute benutzen, beziehen wir uns damit auf die Elemente der modernen Chemie, die mathematisch durch ihre molekulare Struktur definiert sind. Andererseits ist uns aber auch der ältere Sprachgebrauch von Antike und Mittelalter noch bekannt, in denen für mehr als zwei Jahrtausende die Überzeugung zur Selbstverständlichkeit geworden war, dass die Welt aus den vier Elementen Feuer, Wasser, Erde, Luft besteht. Und auch die Erinnerung an die Vorgeschichte der Vier-Elementen-Lehre ist nicht ganz verloren gegangen: Die ersten Denker sollen angenommen haben, das Ganze der Welt bestehe aus einem einzigen dieser Elemente. Bei Thales aus Milet, dem ersten Wissenschaftler oder Philosophen, war es das Wasser, bei Anaximenes, seinem Nachfolger aus der gleichen Stadt, war es die Luft, und vielleicht ein halbes Jahrhundert später spielte bei Heraklit aus der Nachbarstadt Ephesus das Feuer die gleiche Rolle.

Wir wissen nichts darüber, wie die Denker aus Milet ihre Auffassungen begründet haben, aber es gibt darüber natürlich seit alters Vermutungen. Thales könnte, wie schon Aristoteles in Erwägung

§ 12. Überleitung zum II. Teil: Objektivismus und Lebenswelt

zieht, auf das Wasser verfallen sein, weil es die drei möglichen Aggregatzustände annehmen kann: das ihm als Normalzustand eigene Flüssigsein, als Eis die Härte des Elements Erde und als Dampf die Gasförmigkeit des Elements Luft. Anaximenes könnte die Luft gewählt haben, weil sie das Element ist, das unsere Atmung und damit das Leben ermöglicht. Und es ist dann keine bloße Vermutung mehr, dass Heraklit »sein« Element, das Feuer, mit dem Leben in Verbindung bringt, weil sich von ihm Äußerungen erhalten haben, aus denen dies hervorgeht.

Um diese Äußerungen zu verstehen, empfiehlt es sich, eine Unterscheidung zu beachten: Wir können den Begriff »Feuer« als Bezeichnung für das alteuropäische Element mit diesem Namen in doppelter Weise verwenden: Parallel dazu, dass wir als Anhänger von Thales sagen könnten, alles sei »aus Wasser«, müssten wir mit Heraklit behaupten, alles sei »aus Feuer«. Wenn wir den Begriff Feuer so verwenden, verbindet sich damit die Vorstellung, dass dieses Element etwas ist, das sich im Raume ausbreitet. Wir können aber auch davon sprechen, dass das Feuer aufflammt und uns das Licht und die Wärme spendet, die für das Leben erforderlich sind. In diesem Fall betrachten wir es als ein lebendiges Geschehen. Als ein solches Geschehen erscheint uns aber auch die Natur, die *phýsis*, wenn wir sie als Von-selbst-Eintreten-ins-Sein charakterisieren. Das Feuer als ein Geschehen ist die heraklitische Bestimmung der in diesem zweiten Sinne verstandenen Natur; es ist die Lebendigkeit der *phýsis*. Oder wenn wir auf die in § 6 eingeführte Bestimmung der Welt als Offenheitsdimension zurückgreifen, könnten wir auch sagen: Das Feuer ist das Geschehen, durch das sich diese Dimension öffnet.

Vom Standpunkt der modernen Chemie aus gesehen sind alle Theorien über die vier Elemente Produkte einer inzwischen überwundenen Naivität aus einer früheren Phase der Wissenschaftsgeschichte; im Licht objektiver naturwissenschaftlicher Erkenntnis gibt es die alteuropäischen Elemente nicht. Aber in unserer außerwissenschaftlichen Erfahrung kommen sie immer noch vor, vor allem deswegen, weil die ökologische Krise unbeabsichtigt einen Sprachgebrauch hervorruft, in dem die alten Elemente wieder auftauchen.

Da beunruhigt uns etwa die Verschmutzung von Wasser und Luft und die Verseuchung der Erde. Was verstehen wir in diesem Zusammenhang beispielsweise unter dem »Wasser«? Man könnte zunächst denken, damit sei die Materie gemeint, die wir in der modernen Chemie als H_2O definieren. Aber reines H_2O, das chemisch ganz saubere, absolut keimfreie Wasser, ist nicht das Wasser, das wir meinen, wenn wir uns in der Bedrängnis der Umweltverschmutzung wieder reines Wasser wünschen. In solchem Wasser kann man nämlich nicht *leben*. Wir meinen vielmehr so etwas wie das trinkbare Wasser reiner Bergbäche, in denen vielerlei Fische und Pflanzen existieren können, wir denken an das Wasser in einem Meer, worin man ohne Ekel und ohne Gefahr für die Gesundheit baden kann, usw.

Das zeigt: Die alteuropäischen Elemente sind das, worin und wovon Lebewesen *leben* können. Der II. Teil wird konkret verdeutlichen, wie die Elemente in den Anfängen der Wissenschaft vom *kósmos*, der frühgriechischen Kosmologie, als Träger des Lebens zum Thema werden. Als Menschen unserer Zeit, die im Geiste der modernen Naturwissenschaft erzogen sind, werden wir trotz der Lebensbedeutsamkeit der vier Elemente zunächst geneigt sein, objektivistisch daran festzuhalten, dass es sie »in Wirklichkeit« nicht gibt und dass es sich bloß um subjektive Einbildungen handelt. Allerdings können wir auch beide Aussagen und Einstellungen zum Feuer miteinander vereinigen: Wenn die alten Elemente in der Sicht der objektiven Naturwissenschaft als etwas gelten müssen, was bloß als ein subjektives Erscheinen-für-uns stattfindet, sie aber zugleich etwas sind, was eigentlich Leben ermöglicht, dann deutet dies darauf hin, dass das uns subjektiv Erscheinende in einem engen Bezug zum Leben steht, und durch eben diesen Zusammenhang würde verständlich, warum der Begriff der Lebenswelt den oben angesprochenen anheimelnden Klang haben kann.

Wie sich im vorigen Paragraphen am Beispiel der Unterscheidung politischer Vollmachten zeigte, kennzeichnet die lebensweltvergessene Einstellung eine Tendenz zur Vernachlässigung notwendiger Differenzierungen. Lässt sich auch im Denken der anfänglichen Wissenschaft von der Natur ein gravierender Differenzierungsmangel beobachten? Hier bedarf es einer terminologischen Anmerkung: In der frühesten Phase der Kosmologie kann man noch nicht von Elementen sprechen, weil sich die Vorstellung einer feststehenden Zahl voneinander deutlich unterschiedener Elemente erst in der Entwicklung des sechsten vorchristlichen Jahrhunderts auf dem Weg von den Milesiern zu Empedokles herausbildete. Deshalb empfiehlt es sich, auf dem Felde der späteren Elemente zunächst vom »Elementaren« zu sprechen. So lautet die Frage nun, ob in der anfänglichen Kosmologie, soweit wir sie kennen, auf dem Felde des Elementaren ein ähnlich auffälliger Differenzierungsmangel zu beobachten ist wie im vo-

§12. Überleitung zum II. Teil: Objektivismus und Lebenswelt

rigen Paragraphen beim egalitaristischen Verständnis von politischer Macht.

Auf den ersten Blick zeigt sich hier kein solcher Mangel. Trotzdem kann uns etwas auffallen, das uns an den Objektivismus erinnert, nämlich das Urteil der modernen Interpreten über die frühe Kosmologie. Weil der Objektivismus heute überall, wo es um die Erforschung der Natur geht, die Szene beherrscht, beeinflusst er auch unser Bild von der Philosophie- und Wissenschaftsgeschichte. Deshalb schwankt die Einschätzung der frühen Elementenkosmologie bei ihren modernen Interpreten zwischen mehreren Einseitigkeiten: Eine Minderheit vertritt die Auffassung, diese Kosmologie sei überhaupt noch nicht als Wissenschaft zu bezeich-nen, aber sie könne uns dadurch vielleicht als letzte Gestalt mythischer Welterfahrung in Europa interessieren. Die große Mehrheit der Interpreten hält sie ganz selbstverständlich für ein Stück Vorgeschichte der modernen objektiven Naturwissenschaft und misst ihre Bedeutung daran, inwieweit sie »schon« Erkenntnisse der heutigen Wissenschaft vorwegnimmt oder »noch« dahinter zurückbleibt.

Gegen die erste Einseitigkeit ist zu sagen, dass es sich in diesem frühen Stadium durchaus um den Beginn des philosophisch-wissenschaftlichen Denkens und nicht mehr um Mythologie handelt. Aber es ist offenkundig verlorene Liebesmüh, bestimmte sachlich zutreffende Einzelerkenntnisse als Belege dafür ins Feld zu führen, dass wir hier bereits von Wissenschaft sprechen dürfen. Es muss ein diese Kosmologie allgemein und im Ganzen charakterisierender Zug sein, der es erlaubt, sie als frühe Wissenschaft zu bezeichnen. Welches ist dieser Zug? Die Phänomenologie ist die Spielart von Philosophie, die uns zum ersten Mal in die Lage versetzt, diese Frage zu beantworten: Um das Beispiel vom Wasser noch einmal aufzugreifen, so stützt sich die phänomenologische Behauptung, die frühe Kosmologie sei Wissenschaft gewesen, nicht darauf, dass man damals schon irgendein rudimentäres Wissen von der objektiv feststellbaren Verbindung von Wasserstoff und Sauerstoff besessen habe. Das Wasser behält vielmehr in dieser Kosmologie genau die oben erwähnten Eigenschaften, durch die es sich als Umgebung für Lebewesen eignet. Diese Eigenschaften aber sind Weisen, wie uns als welterfahrenden Subjekten – also »subjektiv« – das Wasser als lebensförderlich erscheint; mit anderen Worten, sie sind Züge, durch die das Wasser einen Bestandteil der Lebenswelt bildet.

I. Teil: Der griechische Aufbruch des Denkens in phänomenologischer Sicht

In diesem Sinne kann man die anfängliche Kosmologie der Griechen als die früheste Gestalt wissenschaftlicher Erkenntnis der Lebenswelt bezeichnen. Diese Neubestimmung ihres Charakters wird aber erst durch die Phänomenologie möglich, weil diese sich methodisch streng an das Korrelationsprinzip hält und demgemäß immer auch die Gegebenheitsweisen der Vorkommnisse, das subjektive »Wie« ihres Erscheinens, beachtet. Durch diese Befreiung von den Fesseln des vorherrschenden Objektivismus entsteht ein neues philosophisches Interesse an der frühen Kosmologie, und die Wissenschaftsgeschichte bleibt an dieser Stelle nicht länger nur ein Orchideenfach am Rande des weiten Spektrums objektivistisch eingestellter Forschung.

In phänomenologischer Sicht erscheint die Lebenswelt mit ihren subjektiven Zügen als der bisher unerkannt gebliebene Gegenstand der frühen Kosmologie. Aber damit ist nicht ausgeschlossen, dass auch die Interpreten, die bei den »Vorsokratikern« erste Schritte eines Strebens nach objektiver Erkenntnis aufspüren wollen, Anhaltspunkte für ihre Sicht der Wissenschaftsgeschichte finden. In der Tat gibt es hierfür Beispiele. Unter ihnen vielleicht das aufschlussreichste ist der folgende Spruch von Heraklit: »Für Feuer ist Gegentausch *(antamoibé)* alles und jedes und Feuer für alles und jedes, gleichwie für Gold Waren und für Waren Gold«. (Diels/Kranz 22 B 90)

Den geschichtlichen Hintergrund des Spruches bildet die Einführung des vom jeweiligen Gemeinwesen geprägten Münzgelds in der griechisch sprechenden Welt, die sich zur gleichen Zeit wie die Entstehung von Philosophie und Wissenschaft ereignete. Die Griechen haben das »staatliche« Münzgeld – bei ihnen der Obolos, die Drachme, das Talent usw. – nicht selbst erfunden, aber sie haben es gerne übernommen, weil eine feststehende Stufung des Wertes der Münzen ihrer Neigung zum Mathematischen entgegen kam. Erfunden wurde das Münzgeld in Joniens benachbartem Reich der Lyder mit der Hauptstadt Sardes. Im vor der Bezahlung mit Münzgeld üblichen Tauschhandel hatten die Waren auf dem Markt einen ungefähren Wert, auf den sich die an einem Handel Beteiligten jeweils durch Verhandlungen einigen mussten.

Es ist höchst wahrscheinlich (aber wie immer bei der Auslegung solcher Texte nicht absolut sicher), dass Heraklit sich mit dem gerade zitierten Spruch auf die neuen Handelsverhältnisse bezieht. Das Gold kommt in dem Spruch nicht – wie sonst zumeist – wegen seiner Schönheit und wegen seines Glanzes ins Spiel, sondern nur, weil der

§ 12. Überleitung zum II. Teil: Objektivismus und Lebenswelt

Besitz dieses wertvollsten Zahlungsmittels als Deckung für das Münzgeld dienen kann. Das griechische Wort *antamoibé*, das hier in wörtlicher Übersetzung seiner Bestandteile mit »Gegentausch« wiedergegeben ist, kann im Kontext dieses Satzes nur der formelhafte Ausdruck dafür sein, dass bei einem vollzogenen Handel das Münzgeld des Käufers einer Ware von seiner Seite auf die Seite des Verkäufers hinüber wandert und dass in Entsprechung dazu die Ware einem Übergang in der Gegenrichtung unterliegt. Als Bezeichnung für die Waren verwendet der Spruch das mit dem Verb *chrêsthai*, »gebrauchen, benutzen«, zusammenhängende Wort *chrêma* (hier im Plural *chrémata*), das – wie in § 8 geklärt – in seiner Grundbedeutung das Gebrauchsding bezeichnet.

Heraklit vergleicht in dem Spruch das Verhältnis zwischen dem Feuer und den Vorkommnissen in der Lebenswelt mit dem Verhältnis zwischen den Handelswaren und dem als wertvollstes Münzgeld und Währung verstandenen Gold: In beiden Verhältnissen herrscht eine wechselseitige Austauschbarkeit. Aber was ist sachlich damit gesagt, dass »alles«, griechisch *ta pánta*, für das Element Feuer getauscht werden kann? In dieser These steckt eine Auffassung vom Sein der Dinge, die der uns seit Aristoteles gewohnten in jeder Hinsicht widerspricht: Die Dinge sind Orte, in denen die Elemente gesammelt erscheinen. Für die Erläuterung dieser Auffassung sei auf § 18/19 verwiesen. Im vorliegenden Zusammenhang interessiert nur die Frage, ob mit dem »alles«, über das dieser Spruch eine Aussage macht, schon etwas »Objektives« gemeint ist oder gemeint sein kann.

Auf den ersten Blick scheint es möglich, die Frage zu bejahen. Bei dieser Antwort lassen wir uns von der Vorstellung leiten, der Ausdruck *ta pánta*, »alles«, sei ein Sammelbegriff, mit dem die Gesamtheit aller erdenklichen Vorkommnisse als ein Ganzes bezeichnet wird. Der Vergleich mit dem Handel weckt in uns die Vorstellung, dieses Ganze sei eine Art gigantisches Warenlager. In einem solchen Lager kommt es nur auf Parameter wie Umfang oder Lückenlosigkeit des Vorrats an; die Besonderheit der einzelnen Stücke interessiert nicht. Alle Stücke sind darin einander gleich, dass sie zum bereitgehaltenen »Bestand« gehören, wie wir mit einem hier passenden Leitwort aus Heideggers seinsgeschichtlicher Sprache sagen können. Unverkennbar haben wir es hier mit einer Vorstellung zu tun, die ein solcher Differenzierungsmangel kennzeichnet, wie er für das objektivistische Verhältnis zur Welt charakteristisch ist.

I. Teil: Der griechische Aufbruch des Denkens in phänomenologischer Sicht

Dass es sich bei der skizzierten Vorstellung von »Allem« tatsächlich um eine objektivistische Denkweise handelt, lässt sich daraus schließen, dass Heraklit sich mit seinem Spruch auf ein Entwicklungsstadium des Handels bezieht, in dem durch den Übergang zum geprägten Münzgeld viele subjektive Unterschiede des ehemaligen Tauschhandels wegfallen: In jener Form des Handels konnte im Prinzip je nach der subjektiven Situation von Käufer und Verkäufer und den dadurch wechselnden Rahmenbedingungen jede Verhandlung zwischen ihnen zu einem unvorhersehbar neuen Ergebnis führen. Mit dem Münzgeld zieht in den Handel der Geist einer von den subjektiven Wertschätzungen unabhängigen Vereinheitlichung und Berechenbarkeit ein. Es beginnt ein Prozess der Entsubjektivierung, den man als praktische Entdeckung von so etwas wie Objektivität bezeichnen könnte. Indem Heraklit diese Entwicklung durch seinen Spruch de facto anerkennt, ist er auf dem Weg zu einer objektivistischen Auffassung von der Welt als Gesamtheit der Vorkommnisse.

Aus den letzten Überlegungen scheint sich zu ergeben, dass sogar Heraklit trotz seiner mehrfach beobachteten Lebensweltnähe der Annahme von Bereichen objektiver Erkenntnis in seinem Denken einen Platz einräumt. Aber hier ist an den Hinweis zu Beginn dieser Gedankenreihe zu erinnern, dass das Verständnis des frühen griechischen Denkens in besonders hohem Maße von der Stellungnahme der Interpreten abhängt. Im gerade skizzierten Verständnis des »Alles« ist eine »Kleinigkeit« – wie Platons Sokrates ironisch angemerkt hätte – nicht berücksichtigt: Das »ta pánta« im griechischen Text des Spruches meint nicht einfach »alles« als eine Gesamtheit, die wir uns als eine differenzierungslose Masse vorstellen, sondern eine Menge, von der uns bewusst ist, dass sie aus unterschiedlichen Vorkommnissen besteht. *Pánta* ist der Plural von *pâs*, »jeder« oder »jedes«, und dies bleibt als semantische Nuance in der Vorstellung des Plurals bewusst. Im Deutschen kann man dies mit der Wendung »alles und jedes« spiegeln, deren wir uns in den bisherigen Paragraphen schon mehrfach bedient haben und die auch in der Übersetzung des Spruches steht. Kann man bei dieser Sachlage die Behauptung aufrechterhalten, dass Heraklit der auf Objektivität ausgerichteten Erkenntnis in seinem Denken einen Platz einräumt?

Wie erwähnt, ist die nähere Bestimmung des Elementaren durch die Unterscheidung von vier Elementen eine spätere Entwicklung der frühen Wissenschaft. Die Tatsache, dass Heraklit, bei dem diese Unterscheidung noch fehlt, das von ihm gesehene Elementare durch

§ 12. Überleitung zum II. Teil: Objektivismus und Lebenswelt

eine Bezugnahme auf den münzgeldbasierten Handel zu bestimmen sucht, ist vielleicht ein erster Schritt der frühen Wissenschaft in Richtung auf ein noch in weiter Ferne liegendes objektivistisches Selbstverständnis. Und vielleicht ist auch die Konkretisierung des Elementaren durch die Unterscheidung von vier kanonisch feststehenden Elementen ein damit vergleichbarer Schritt.

Aber die Entwicklung der frühen Kosmologie ist ambivalent. Man kann in ihr nicht nur die ersten tastenden Schritte in Richtung auf ein objektivistisches Selbstverständnis entdecken. In ihr meldet sich auch ein Gespür für das Eigentümliche des Elementaren, das uns durch unsere »Befindlichkeit« erschlossen ist. Als Heidegger dieses Wort in *Sein und Zeit* zu einem Grundbegriff seiner hermeneutischen Phänomenologie machte, nutzte er die Doppeldeutigkeit des deutschen Wortes »Befinden« bzw. »befinden«: Wir sprechen zum einen substantivisch von unserem Befinden und beziehen uns damit auf unsere leibliche oder psychische Verfassung. Zum anderen verwenden wir das gleiche Wort auch verbal, wenn wir von etwas sagen, es befinde sich an einem bestimmten Ort. Durch diesen Doppelgebrauch kommt schon in dem Begriff »Befindlichkeit« zur Sprache, dass es vor der intentionalen Polarität von Subjekt und Objekt eine vorgegenständliche Zusammengehörigkeit meiner Empfindungen, Gefühle, Stimmungen auf der einen Seite mit der Weise gibt, wie mir auf der anderen Seite meine räumliche Umgebung bewusst ist

Was diese zweite Seite, die elementare Erschlossenheit von Räumlichkeit betrifft, so kennt jeder Mensch seinen Platz in der Welt, weil er weiß, dass er »hier« ist und dass dieses »hier« immer mitwandert – gleichgültig wie er sich verhalten mag. Dieses Wissen beruht nicht auf einer vergegenständlichenden Erkenntnis, sondern es ist im Bewusstsein jedes Menschen einfach da im Vollzug seines Verhaltens. Mit seinem unverlierbaren Hier befindet sich jeder Mensch – für sein subjektives Bewusstsein – an einem privilegierten Platz, weil ihn die Positionierung an diesen Ort im lebensweltlichen Raum zum Bezugspunkt aller horizontalen und vertikalen Orientierungsrichtungen macht, die er wie jeder Mensch mit deiktischen Vokabeln wie »oben – unten«, »links – rechts« usw. kundtun kann.

Alles, was dem Menschen aus diesen Richtungen entgegentritt, begegnet ihm notwendigerweise in drei großen Weltgegenden; denn es taucht entweder in der Senkrechten zwischen »oben« und »unten«, im Spielraum zwischen Himmel und Erde auf; oder es erscheint ihm irgendwo in der Horizontalen, d.h. in einer Richtung, die man mit

I. Teil: Der griechische Aufbruch des Denkens in phänomenologischer Sicht

Unterscheidungen wie »links – rechts« oder »hier vorne – dort hinten« anzeigen kann. Innerhalb dieses horizontalen Bereichs aber gibt es eine Grundunterscheidung durch den Gegensatz von Erde und Gewässer, oder in griechischer Weltsicht: von Land und Meer. Wie diesen drei Weltgegenden die Elemente zugeordnet sind, wird eine phänomenologische Rekonstruktion in § 18 zeigen.

Mit der Erschlossenheit der in Weltgegenden gegliederten Räumlichkeit der Lebenswelt gehört das »Emotionale«, die Vielfalt des Gefühlslebens innerlich zusammen, wie sich an vielen der sogenannten »impersonalen Sätze« zeigen lässt, beispielsweise einer Aussage, die jemand in der Mittagshitze eines Hochsommertags äußern könnte: »es ist heiß«. Mit dieser Aussage ist sowohl gemeint, dass dem Sprecher selbst heiß ist – mit all den subjektiven angenehmen oder unangenehmen Empfindungen, die dazu gehören, als auch, dass der Lebensraum hier unten auf der Erde von oben, vom Himmel her von Hitze durchdrungen ist. In solchen Aussagen, die im Schlussparagraphen dieses Buchs noch einmal genauer betrachtet werden, herrscht eine eigentümliche Indifferenz von Subjekt und Objekt: Sie beziehen sich auf das räumliche Ganze unserer jeweiligen lebensweltlichen Umgebung, aber auf solche Weise, dass sie Zustände unseres subjektiven Befindens in dieser Umgebung zur Sprache bringen.

Unser Menschenleben durchläuft solche wechselnden Befindlichkeitszustände, weil es »zwischen« Geburt und Tod stattfindet, wobei diese beiden Ereignisse nicht nur die Rolle von äußerlichen Grenzen spielen, sondern immer auch innerlich unsere Existenz bestimmen, indem sie sich in unseren jeweiligen Stimmungen auf vorintentionale Weise melden. Das vielfarbige Spiel unserer vielen und vielfältigen Gefühle und Launen ist nur das oberflächliche Szenario oberhalb der Tiefe, in der unsere Existenz sich durchgängig in einer Schwebelage zwischen der Erneuerung der Frische des Geborenwerdens auf der einen Seite und den Vorboten des Sterbens auf der anderen Seite befindet. Wir können hier den Schlüsselbegriff der Überlegungen zur Geburt der Philosophie, die »Verschränkung«, wieder aufnehmen. Die Verschränkung von aufgehendem und niedergehendem Leben erleben wir im Wechsel zwischen Zuständen, deren Charakter vorherrschend durch den Rückbezug auf die Erneuerungskraft der Geburt oder durch den Vorbezug auf die Vernichtungskraft des Todes bestimmt wird.

Der Verschränkung der subjektiven Zustände entsprechen die Polaritäten im vorintentionalen Bewusstsein vom lebensweltlichen

§12. Überleitung zum II. Teil: Objektivismus und Lebenswelt

Raum: Auf die Seite der Lebenserneuerung gehören das strahlende Licht und die lebenspendende Wärme, die in den Perioden des Tages oder des Sommers die ganze Dimension des Elementaren in ihrem Erscheinen durchdringen, die andere Seite kennzeichnet das unheimliche Dunkel und die zum Erstarren führende Kälte, worin sich während solcher Perioden wie Nacht oder Winter der Tod als weltbeherrschende Macht meldet. Jeder dieser Befindlichkeitszustände schlägt irgendwann um in den entgegengesetzten Zustand.

Entscheidend ist nun, dass jeder solche Zustand bei diesem Umschlagen zwar eine begrenzte Dauer und damit ein Ende hat, dass aber das Geschehen des Umschlagens sich immer weiter fortsetzt. Da diese Fortsetzung des Umschlagens nichts anderes ist als ein Weiterlaufen des Lebens, bedeutet das, dass in der Polarität von Leben und Tod das Leben die Übermacht hat. So zeigt das Umschlagen, dass es bei allen solchen Veränderungen um die Selbstbehauptung des Lebens gegen den Tod geht. Und die Unaufhörlichkeit des Umschlagsgeschehens ist ein sich stets aufs Neue wiederholender Sieg über den Tod. Es kann natürlich vorkommen, dass durch besondere Umstände ein bestimmtes Umschlagsgeschehen abbricht. Aber das ändert nichts daran, dass die Fortsetzung des Geschehens den Normalfall und das Ausbleiben den Ausnahmefall bildet.

Damit bestätigt sich noch einmal auf neue Weise, dass der Kosmos, dem das Erkenntnisinteresse der frühen Kosmologie gilt, die *Lebenswelt* ist, wobei der Ton auf dem Wort »Leben« liegt. Wir können somit die bisherigen Bestimmungen der Lebenswelt um einen weitere Variante ergänzen: Sie ist auch der Raum der Selbstbehauptung des Lebens beim Umschlagen der Befindlichkeitszustände der vorgegenständlich erschlossenen und in elementare Gegenden gegliederten Welt.

Die Beobachtung, dass das Umschlagsgeschehen im Prinzip niemals abbricht, bedeutet konkret, dass auf ein Umschlagen von der dunklen zur hellen Seite der Befindlichkeitszustände immer ein Umschlagen in der Gegenrichtung folgt. In der heutigen aufgeklärten Welt gibt es viele Menschen, die eine der beiden klassischen religiösen Überzeugungen, den mehr »westlichen« ursprünglich biblischen Glauben an eine Auferstehung der Toten oder den mehr »ostasiatischen« Glauben an eine Wiedergeburt im Kreislauf der ewigen Wiederkehr aufgegeben haben und deswegen behaupten, mit ihrem Tod komme das Umschlagsgeschehen ihrer eigenen Existenz an ein Ende. Aber dazu ist zu sagen: Auch wenn es nach dem Sterben eines Menschen als Individuum tatsächlich keinerlei Rückkehr aus dem Todeszustand zu dem des Lebens gibt, so findet eine solche Rückkehrbewegung doch immer für die Gattung »Mensch« statt. Solange sich die Menschheit nicht selbst vernichtet, erneuert sich die Gattung immer wieder dadurch, dass auf die wegsterbende Generation eine neue Generation folgt.

Bei der Beschreibung des Umschlagsgeschehens haben wir einen Zug dieses Geschehens schon gestreift, der wegen seiner besonderen Bedeutung eigens hervorgehoben werden muss: Das Umschlagen erfolgt in der Regel nach einer zumeist nicht streng feststehenden, aber doch begrenzten Zeitspanne, und dies bedeutet, dass das Auftreten der Befindlichkeitszustände einen periodischen Charakter hat. Das Musterbeispiel für diese Periodizität sind die Jahreszeiten, deren grundlegende Bedeutung für das Leben den Griechen der Antike sehr bewusst war – ein Heraklitfragment (22 B 100) lautet: »Die Jahreszeiten [*hórai*], die alles bringen« –, die aber auch in modernen Kulturen noch lebendig bewusst bleiben kann, wie das Beispiel Japan zeigt.

Zwischen der Periodizität und der Bestimmung der Welt als Offenheitsdimension gibt es einen inneren Zusammenhang. Die Offenheit der Welt als Lebensraum ist kein ruhender Zustand, sondern die Bewegung der *phýsis* als Von-selbst-ins-Sein-Treten – eine Bewegung, die nichts anderes ist als das Geschehen, durch das sich dieser Lebensraum öffnet. Dieses Öffnungsgeschehen setzt sich beständig fort in der Selbstbehauptung des Lebens, die sich beim periodischen Umschlagen der Befindlichkeitszustände immer aufs Neue wiederholt; denn jedes Umschlagen von der dunklen zur hellen Seite der Zustände ist ein Sieg der gebürtlichen über die sterbliche Befindlichkeit und damit eine Erneuerung der Freigabe eines Lebensraums der Offenheit.

Dieser Freigabe eines offenen Raumes steht in der ursprünglichen Verschränkung das Sich-Zurückziehen ins Dunkel einer Verborgenheit gegenüber. Beides gehört zusammen, weil das Sich-Zurückziehen dasjenige Geschehen ist, durch das sich die Freigabe eines offenen Raumes ereignet. Aber die Pointe ist: Die beiden so miteinander verschränkten Seiten widerstreiten einander gerade *in* ihrer Zusammengehörigkeit. So ist das Öffnungsgeschehen keine glatte Bewegung; es ist in sich gebrochen, weil auf beiden Seiten – um hier ein Spiel mit der Sprache zu Hilfe zu nehmen – ein Ziehen stattfindet: auf der dunklen Seite das Sich-Zurückziehen ins Verborgene, auf der hellen Seite das Heraufziehen der Offenheitsdimension.

§ 12. Überleitung zum II. Teil: Objektivismus und Lebenswelt

Mit Blick auf diese Sachlage können wir das Umschlagsgeschehen als in sich *gegenzügig* bezeichnen.

Die Gegenzügigkeit des Umschlagsgeschehens lässt sich zwanglos veranschaulichen als Lebendigkeit des Feuers. Sein Lodern verbreitet ein Licht und eine Wärme, die dadurch Leben spenden, dass sie verzehren und zerstören. Wir werfen deshalb einen Blick auf das heraklitische Feuer. In seinem Flackern – mal schlagen die Flammen ungebremst hoch, mal verschwinden sie beinahe im unscheinbaren Glühen eines Asche-Häufleins – zeigt sich die innerhalb ihrer selbst gegenstrebig gespannte Zusammengehörigkeit von Erneuerung und Absterben, von Aufgehen-ins-Helle und Verschwinden-ins-Dunkel.

Wir sprechen hier, wie eingangs bemerkt, noch nicht vom Feuer als einem der vier etablierten Elemente, sondern von dem Elementaren, das Heraklit in den Sprüchen zum Feuer im Blick hat. Es ist das Geschehen der *phýsis* als Von-selbst-ins-Sein-Treten. Solange wir uns auf diese Sicht beschränken und von der systematischen Einbeziehung des Feuers in die spätere Vier-Elementen-Lehre absehen, erscheint es als ein Geschehen, das als das Elementare für das Ganze der Lebenswelt grundlegende Bedeutung hat. Später in der fertigen Kosmologie, die wir in einer ausgereiften Form bei Aristoteles in seiner Schrift *De caelo* antreffen, ist das Feuer nur noch eines der Elemente, die jeweils in einer der Weltgegenden des lebensweltlichen Kosmos beheimatet sind. Die Weltgegenden und die den Elementen eigenen Bewegungen werden hier in § 18 noch genauer zur Sprache kommen.

Mit der Reduktion der Bedeutung des Feuers auf die Rolle eines von mehreren Elementen geht eine Verflachung der Periodizitätsvorstellung Hand in Hand. Perioden wie Tag und Nacht, Sommer und Winter, Gesundheit und Krankheit, Jugend und Alter in der Aufeinanderfolge der Generationen wird zwar in der frühen Kosmologie durchaus Beachtung geschenkt, aber was daran interessiert, ist eigentlich nur die schlichte Beobachtung, dass wir immer mit dem irgendwann sicher zu erwartenden Ende des gegenwärtig herrschenden Zustands und seiner Ablösung durch den entgegengesetzten Zustand rechnen müssen. Es fehlt die tiefer dringende Reflexion auf die innere Zusammengehörigkeit der abwechselnd auftretenden Zustände. Eine Reihe von Fragmenten Heraklits (22 B 30, B 31, B 41, B 64, B 84a, B 94, B 120) gibt zwar Anlass zu der begründeten Vermutung, dass er sich in diesen Textstücken zu jener Zusammengehörigkeit geäußert hat, aber leider ist der Wortlaut der meisten dieser Stücke uns nur in solch fragmentarischem Zustand bekannt, dass der Versuch, aus ihnen systematische kosmologische Zusammenhänge zu rekonstruieren, den Rahmen der vorliegenden Untersuchungen sprengen würde.

Neben Heraklit 22 B 30/31 ist es eigentlich nur der vieldiskutierte Satz des Anaximander, der einen solchen Versuch aussichtsreich erscheinen lässt. Dieser erste – zufällig erhalten gebliebene – uns annähernd vollständig bekannte Satz der Wissenschaftsgeschichte erfordert aber für eine angemessene und »belastbare« Interpretation längere Ausführungen, auf die ich im vorliegenden Buch verzichtet habe, weil sie in Gestalt des II. Kapitels von *Natürliche Lebenswelt* schon publiziert sind. Hier möchte ich mich auf den Hinweis beschränken, dass im Satz des Anaximander der innere Zusammenhang zwischen solchen Zustandsperioden wie den oben genannten durch die Zeit (*chrónos*, im Griechischen maskulin) hergestellt wird, die als Richter dafür sorgt, dass die Perioden eine ihnen zugewiesene Verweildauer nicht überschreiten.

Für den gegenwärtigen Zusammenhang ist die lebensweltliche Periodizität mit der in ihr waltenden Gegenzügigkeit deshalb von besonderer Bedeutung, weil die dunkle Seite der Befindlichkeitszustände, die einander periodisch folgen, den Charakter des Sich-Zurückziehens ins Verborgene hat, der in diesem Buch unter Aufnahme eines Leitworts aus Heideggers seinsgeschichtlichem Denken als Entzug bezeichnet wird. Gemäß dem Gedanken aus Platons *Timaios*, von dem wir ausgegangen waren, gibt der Entzug die offenen Räume für das Erscheinen der Vorkommnisse frei. Aber das Wort Entzug signalisiert, dass er sich bei dieser Freigabe zurückhält. Diese Zurückhaltung bedeutet konkret kosmologisch, das der Entzug die Freiräume der Offenheit nur gleichsam zögernd freigibt und sie deshalb nur zeitweilig und das heißt: periodisch gewährt.

Mit dieser Interpretation des Entzugs bekommt er einen systematischen Stellenwert in der Problematik der von der frühen Kosmologie thematisierten Periodizität des Elementaren, Das ist ein anderer Zusammenhang als bei Heidegger, bei dem der Begriff des Entzugs im Zusammenhang der Interpretation der Seinsgeschichte und der Grundstellungen der Metaphysik auftaucht. Auf die Geschichte des Denkens kam in den vorangegangenen Paragraphen nur beiläufig die Rede, weil es in diesem Buch um den Anfang der Geschichte des Denkens und nicht um seine spätere Fortsetzung ging. Aber den Ab-

§ 12. Überleitung zum II. Teil: Objektivismus und Lebenswelt

schluss des I. Teils dieser Untersuchungen mag ein kurzer paradigmatischer Ausblick auf das neuzeitliche Schicksal des Feuers bilden. Wie in § 11 erläutert, kann man die Lebenswelt – systematisch betrachtet – mit Rückbezug auf den antiken *oîkos* u. a. als die häusliche Welt bezeichnen. Ihre soziale Gestalt war im vorneuzeitlichen Europa die Familie. In unterschiedlichen technischen Lösungen spendete das Feuer Wärme und Licht. Was uns heute diesen Dienst leistet, bezeichnen wir nicht mehr als »Feuer«, sondern als »Energie«. Das hängt damit zusammen, dass in der Moderne die soziale Formation, die wir »Gesellschaft« nennen, als Hegel'sches »System der Bedürfnisse« die Stelle des antiken *oîkos* eingenommen hat.

Die universale Interdependenz von Bedürfnisbefriedigung und Arbeit, die den Charakter der Gesellschaft ausmacht, wäre nicht möglich, wenn der Gesellschaft keine allgemein zugängliche Energie zur Verfügung stünde. Das Leben der Gesellschaft speist sich aus dieser Energie. Deshalb ist die Energiebeschaffung heute kein marginales Problem, sondern die Grundbedingung der globalen Existenz der Menschheitsgesellschaft. Die allgemeine Verfügbarkeit von Energie hat die Priorität vor allen anderen Fragen. Zufolge dessen ist das Verhältnis der modernen Gesellschaft zur Natur wesentlich dadurch bestimmt, dass in ihr die Energiereserven zu finden sind. Deshalb herrscht in den Debatten um die verträglichen Quellen der Energiegewinnung – Kohle oder Atomenergie oder sogenannte »erneuerbare Energien« – eine besondere Leidenschaft.

An der Energie interessiert letztlich nur eines: dass sie in ausreichendem Maße jederzeit zur Verfügung steht. So ist es im Grunde gleichgültig, welche Qualitäten sie im Einzelnen aufweist. Das erinnert an den einförmigen Bestand der gegen das Münzgeld-Gold eintauschbaren Waren im oben kommentierten Heraklitspruch. »Energie« ist ein im Prinzip eigenschaftsloser, gleichförmiger Bestand, ein reines Quantum an Kraft, das für die gesellschaftliche Lebenserhaltung erforderlich ist. Systematisch nimmt die Energie aber in der modernen häuslichen Lebenswelt die Stelle des antiken Feuers ein. Das Feuer wiederum besitzt durch die zuletzt dargestellte Gegenzügigkeit der Befindlichkeitszustände ausgeprägte Qualitäten. Alle diese Differenz begründenden Charaktere werden für den gleichförmigen Bestand an Energie bedeutungslos. Objektivismus und Lebensweltvergessenheit haben endgültig gesiegt.

II. Teil: Kosmologie der Elemente von Thales bis Aristoteles

§ 13. Die vier Ursachearten und der Doppelsinn von *phýsis*

Der hier beginnende II. Teil ist der Versuch einer konkreten Bewährungsprobe für den I. Teil, worin ein allgemeiner systematischer Umriss für eine phänomenologische Vergegenwärtigung der Geburt der Philosophie bei den Griechen entworfen wurde. Wir können an die Überlegungen in § 12 am Ende des I. Teils anknüpfen, in denen der objektivistische Glaube, nur die von jedem subjekt-relativen Bezug befreiten Aussagen vornehmlich der modernen Naturwissenschaft dürften einen Wahrheitsanspruch erheben, als Vergessenheit der Lebenswelt kritisiert wurde. Dem Objektivismus wird in der *Krisis*-Abhandlung von 1936 die Entdeckung der Lebensbedeutsamkeit der subjekt-relativen Erkenntnis gegenübergestellt. Die Besinnung auf die vergessene Lebenswelt soll aufdecken, worauf sich der wissenschaftliche Glaube an objektive Erkenntnis letztlich stützt, und dadurch wiederum sollen sowohl die Rechtmäßigkeit als auch die Grenzen des Anspruchs objektiver Erkenntnis sichtbar werden.

Die Lebensbedeutsamkeit der subjekt-relativen Erkenntnis gründet sich vor allem auf den Zusammenhang zwischen Lebenswelt und Naturerfahrung: Soweit wir unter »Lebenswelt« den Lebensraum verstehen, der den technischen Eingriffen vorausgeht, mit denen wir unsere ganze Umgebung umgestalten, verdankt sie ihr Sein nicht einem menschlichen Tun, sondern kommt »von selbst« zum Sein. Dieses Von-selbst-Entstehen ist aber die Seinsweise, die wir als Natur bezeichnen. Wenn wir uns in der so verstandenen natürlichen Lebenswelt heimatlich wohlfühlen und in ihr zu Hause sein wollen, müssen wir sie respektieren und schonen. Es ist dieser Zusammenhang, der letztlich die Hoffnung von Umweltschützern und Umweltaktivisten motiviert, die Besinnung auf die Schonungsbedürftigkeit der Natur und ein solcher Besinnung entsprechendes Handeln könnten uns davor schützen, dass unsere moderne Arche

Noah, das Raumschiff Erde, zu einer Müllhalde und am Ende unbewohnbar wird.

In dem Streben nach »Besinnung« treffen sich die heute für den Schutz der Umwelt Engagierten mit Husserl und Heidegger, die beide diesen Begriff zur gleichen Zeit, Mitte der dreißiger Jahre des vorigen Jahrhunderts, unabhängig voneinander als Leitwort benutzt haben, obwohl sie sich menschlich und philosophisch so auseinandergelebt hatten, dass Heidegger nicht einmal zu Husserls Beerdigung ging. Damit sich die Besinnung im Verhältnis zur Natur bei den oft leidenschaftlichen Diskussionen der Beteiligten nicht in einer Sprachverwirrung verliert, sei den weiteren Ausführungen eine kurze Verständigung über den Gebrauch des Begriffs »Natur« vorausgeschickt; denn der Begriff hat einen Doppelsinn, der von vorneherein beachtet werden sollte. Einerseits verstehen wir unter »Natur« einen Gesamtbereich dessen, was es überhaupt gibt, des »Seienden«, und andererseits benutzen wir den Begriff als Bezeichnung für eine Weise, wie etwas Seiendes ins Sein gelangt, wie es »wird« oder »entsteht«:

Etwas Seiendes kann dadurch entstehen, dass wir Menschen uns darin auskennen, wie die betreffende Sache, z. B. ein Haus oder ein Stuhl, gemacht, hergestellt, produziert wird. Im älteren deutschen Sprachgebrauch konnte man solches Sich-Auskennen als »Kunst« bezeichnen, weil dieser Begriff noch in seiner ursprünglichen weiten Bedeutung gebraucht wurde. Die so verstandene Kunst nannten die Griechen *téchne*, wovon der moderne Begriff »Technik« abgeleitet ist. »Natur« als Weise des Entstehens meint, dass etwas nicht durch uns, unsere *téchne* oder »Technik«, sondern »von selbst« zur Existenz kommt. Das Gleiche war oben mit der Seinsweise des Von-selbst-Entstehens gemeint. – »Natur« als Gesamtbereich von Seiendem bezeichnet denjenigen Teil alles Seienden überhaupt, dessen Eintreten ins Sein durch die Entstehungsweise des »von selbst« gekennzeichnet ist. Der erste dieser beiden Naturbegriffe ist der grundlegende; denn wir könnten nicht von einem Gesamtbereich dessen, was von selbst entsteht, sprechen, wenn wir nicht schon die Entstehungsweise des von Von-selbst-ins-Sein-Gelangens im Blick hätten.

Bei der Bemühung um begriffliche Klarheit lässt sich Aristoteles nicht umgehen, der als erster Vorlesungen über die »Natur« – altgriechisch *phýsis* – gehalten hat. Ihr reichhaltiger Text ist erhalten geblieben und trägt in den meisten Übersetzungen den eingedeutschten Titel »Physik«, womit hier nicht eine auf Hypothese und Experiment gestützte empirische Wissenschaft wie die heutige Physik ge-

§ 13. Die vier Ursachearten und der Doppelsinn von *phýsis*

meint ist, sondern eine Klärung der grundlegenden Begriffe und Phänomene, auf die wir bei einer philosophischen Untersuchung der veränderlichen Welt stoßen.

Aristoteles ist sich in allen seinen Vorlesungen dessen bewusst, dass seine Überlegungen mit denen anderer, zumeist früherer Autoren konkurrieren, und er setzt sich mit diesen Denkern bereitwillig auseinander. Das gilt auch für die *physikoí* oder *physiológoi*, die »Naturphilosophen« aus den griechischen Kolonialgebieten zwei Jahrhunderte vor ihm, deren Auffassungen er in vielen Einzelfragen der *Physik* diskutiert. Aber auch in der Sammlung von Vorlesungen, die in der Tradition unter dem Namen *Metaphysik* überliefert wurde, nimmt er zu ihnen Stellung, und hier entwirft er im 3.–7. Kapitel des ersten Buchs einen kurzen Rückblick auf die geschichtliche Entwicklung der anfänglichen Philosophie und Wissenschaft in ihren ersten zwei bis drei Jahrhunderten. Darin stellt er die Denker vor seiner Zeit als Vorläufer seiner eigenen Position vor, bei denen sich die philosophische Erkenntnis der *phýsis* von einseitigen Positionen bis zu der bei ihm selbst erreichten Vollständigkeit entwickelte.

Die systematisch überzeugende Rekonstruktion der Abfolge der Gedankenschritte des beginnenden griechischen Denkens in dieser ersten Zusammenschau der Anfänge muss in der nachfolgenden Philosophie den Eindruck hervorgerufen haben, nach dieser Darstellung lohne sich die große Mühe nicht, die alten Texte weiterhin abzuschreiben. Jedenfalls hielt man es für ausreichend, ihre Gedanken in Form von lehrbuchartigen Darstellungen, »Doxographien«, zusammenzufassen. Was wir vom frühen griechischen Denken wissen – und das ist nicht wenig –, kennen wir im wesentlichen aus den Doxographien. Wenn wir die frühen griechischen Denker heute als »Vorsokratiker« bezeichnen, folgen wir im Grunde noch immer der Darstellung des Aristoteles; denn versteckterweise besagt dieser Ausdruck soviel wie »Vor-Aristoteliker«; auffälligerweise haben nämlich einige der sogenannten Vor-Sokratiker gar nicht vor Sokrates gelebt, sondern waren im 5. vorchristlichen Jahrhundert seine Zeitgenossen.

Man darf sagen: Bis heute sind – allein Heidegger ausgenommen – die maßgebenden Denker von Hegel über Nietzsche bis Husserl und in ihrem Gefolge die Philosophiehistoriker der aristotelischen Sicht der Vorsokratiker gefolgt, ohne überhaupt zu bemerken, dass sie damit ein Vorurteil übernahmen. Bis zur Gegenwart gilt: Wir können nicht anders als den Beginn des europäischen Denkens zu-

II. Teil: Kosmologie der Elemente von Thales bis Aristoteles

nächst gleichsam durch die aristotelische »Brille« zu sehen, weil die ganze Überlieferungslage nichts anderes zulässt. Allerdings stellt sich uns, nachdem wir das anerkannt haben, doch die Aufgabe, den Versuch zu machen, diese Brille einmal abzusetzen. Dazu sind wir wiederum nicht nur – und nicht primär – wegen der historischen Treue verpflichtet, sondern vor allem deshalb, weil wir vielleicht durch eine unverfälschte Beschäftigung mit den ersten Gedanken von Philosophie und Wissenschaft eine Chance haben, Einsichten über die lebensweltliche *phýsis*-Erfahrung zurückzugewinnen, die später durch die immer mächtiger werdende Herrschaft des Geistes der objektivistisch werdenden Wissenschaft dauerhaft verschüttet wurden.

Aber es wäre eine Illusion, zu meinen, wir könnten unsere aristotelisch gefärbte Sicht des frühgriechischen Denkens mit einem Federstrich revidieren und uns sogleich unmittelbar den ersten Philosophen und Wissenschaftlern nähern. Wir müssen uns dessen bewusst werden, dass wir in jedem Schritt der Beschäftigung mit dem Geist des frühen Denkens so tief von Aristoteles abhängig sind, dass wir diese Abhängigkeit normalerweise nicht einmal bemerken. Wenn ich in den vorliegenden Ausführungen vom frühgriechischen Denken spreche, beziehe ich mich »eigentlich« auf die ersten griechischen Denker im 6. Jahrhundert noch vor dem im 5. Jahrhundert mit Sokrates beginnenden Zeitalter, dem dann auch Aristoteles im 4. Jahrhundert angehört. Aber faktisch ist der erste Schritt, den wir tun müssen, um auf seriöse Weise zu einem Verständnis der beginnenden Wissenschaft zu gelangen, die Auseinandersetzung mit Aristoteles.

Warum kommt er in den erwähnten Kapiteln der *Metaphysik* überhaupt auf die »Naturphilosophen« und damit auf die Frühgeschichte des philosophisch-wissenschaftlichen Denkens zu sprechen? Im 1. Buch der *Metaphysik* möchte er seine Leserschaft ausdrücklich in den Geist der grundlegenden philosophischen Wissenschaft einführen, die er selbst nicht als *Metaphysik,* sondern als »Erste Philosophie« oder auch »Weisheit« *(sophía)* bezeichnet hat. In diesem Zusammenhang kommt er auf die frühen Denker zu sprechen. Diese Themenkombination ist kein Zufall: Obwohl die Veröffentlichung der ersten Schriften der sogenannten Vorsokratiker zur Zeit des Aristoteles schon mindestens zwei Jahrhunderte zurückliegt, interessiert er sich genau deshalb für diese Schriften, weil auch für ihn noch die *phýsis,* die Natur, das grundlegende Thema von Philosophie und Wissenschaft bildet. In diesem Sinne betrachtet er die frühen Denker als seine geistigen Vorfahren. Als erstes müssen wir

§ 13. Die vier Ursachearten und der Doppelsinn von *phýsis*

uns nun vom Rückblick des Aristoteles auf seine »Vorgänger« ein genaueres Bild machen.

Dem Rückblick liegt die Vier-Ursachen-Lehre des Aristoteles zugrunde. Sie gehört zum philosophischen Basiswissen und ist unzählige Male in Lehrveranstaltungen und Lehrbüchern wiederholt worden. Aber um diese Routine durch eine kritische phänomenologische Reflexion aufzubrechen, empfiehlt es sich, kurz an das Begriffsraster dieser Lehre, vor allem an das ursprüngliche griechische Vokabular zu erinnern, das sich auf lebensweltliche Anschauung stützt. Der grundlegende Begriff in Kapitel 3 (983 a bis 984 b) lautet »Ursache«, griechisch *aitía* (Plural: *aitíai*) oder *aítion*.[79] Mit dem Wort *aitía* oder *aítion* ist alles das gemeint, was – wie wir in der deutschen Alltagssprache sagen – »an etwas schuld ist«. Die »Ursache« in diesem weiten griechischen Sinne ist das, was das Sein von etwas anderem »verschuldet«, was gleichsam dafür verantwortlich ist. Anders ausgedrückt, »Ursache« ist alles das, dem etwas sein Sein, d. h. seine Existenz und Beschaffenheit, verdankt.

Dass wir von Ursachen sprechen können, hängt mit einem Grundgedanken des Aristoteles und schon seines Lehrers Platon zusammen: Wenn etwas entsteht, ins Sein gelangt, dann geschieht dies immer so, dass das, was entsteht, *als* etwas – als etwas Bestimmtes – ans Licht tritt, anders ausgedrückt: dass es sich mit einer Bestimmtheit darbietet. Für dieses Sich-als-etwas-Zeigen haben wir – um an die Einleitung zu erinnern – das einfache Wort »Erscheinen«. Alles Sein ist ein Erscheinen. Konkret betrachtet bezeichnet das »Sein« – das »ist« – keinen statischen Zustand, sondern eigentlich ist gemeint, dass sich etwas ereignet, dass etwas geschieht. Was beim Sein geschieht, ist das Eintreten in ein bestimmtes sinnliches oder geistiges »Aussehen«. Aber was ist hier unter »Aussehen« zu verstehen?

Alles, womit wir zu tun haben und was uns so begegnet, dass wir es mit einer Bezeichnung benennen können, bietet uns einen sinnlichen oder geistigen Anblick, durch den es uns als etwas in seiner Artung Bestimmtes, etwas der Art nach Bestimmtes erscheint; es weist eine arthafte Bestimmtheit auf, griechisch: ein *eîdos*. Durch diese Bestimmtheit wird das jeweilige Seiende erkennbar *als*-etwas, es gewinnt seine Identität und wird dadurch zu dem, *was* es ist. Indem das Seiende seine arthafte Bestimmtheit erlangt, tritt es gleichsam ein

---

[79] Ein Hinweis zur Aussprache des Plurals von *aítion*: *aítia*: Dieses Wort wird auf der ersten Silbe betont im Unterschied zum Singular des Wortes *aitía*.

ins Licht seiner Erkennbarkeit. In diesem Sinne vollzieht sich »Sein« als ein Geschehen, das wir mit Formulierungen wie »Ans-Licht-Treten« oder »Zum-Vorschein-Kommen« kennzeichnen können.

Wählen wir ein Beispiel, das Aristoteles selbst gerne benutzt, das Haus. Wenn wir vor einem Haus stehen und die Frage stellen: »*was* ist das da?«, antworten wir: »ein Haus«. Das *was* etwas ist, nennen wir auch das »Wesen«; das Wesen ist in diesem Sinne das Wassein einer Sache, beim Beispiel des Hauses das Haussein. Deshalb wird in manchen Übersetzungen vom »Wesen« oder in der klassischen Übersetzung von Hermann Bonitz vom »Wesenswas« gesprochen. Der Wesensanblick, die Wesensart macht eine Sache zu dem, was sie ist; sie verleiht ihr in diesem Sinne ihre Gestalt, sie prägt die Sache. Die prägende Gestalt heißt auf griechisch *morphé:* die lateinische Übersetzung des Begriffs *morphé* ist durch die Auswirkung der Philosophie auf unsere Alltagssprache zu einem Grundwort der deutschen und anderer westlicher Sprachen geworden: *forma*, »Form«.

Die prägende Gestalt, die Wesensart ist eine Art von Ursache. Wir können nämlich die Frage, was an einer Sache, beispielsweise an dem Haus, schuld ist, mit der Auskunft beantworten, das Haus verdanke sein Sein der Gestalt, der Form, die es zu dem macht, *was* es ist. Die Sache liegt als solche vor, sie *ist*, weil sie eine arthafte Bestimmtheit aufweist. Das *eîdos* »Haussein« ist Ursache, Verschuldendes für alles, was uns in der Welt als Haus begegnet und von uns so benannt werden kann. Die lateinische Übersetzung von *aitía* lautet *causa*. Bei der ersten Weise von Ursachesein (»Kausalität«) besteht die *causa* in der *forma*. Deshalb bezeichnet die lateinisch sprechende Schulphilosophie des Mittelalters, die Scholastik, diese Ursache als *causa formalis*, als »Formalursache«. Zu Beginn des 3. Kapitels benennt Aristoteles die Wesensart als die erste Ursache, weil das *eîdos* für die Identifikation der Sache entscheidend, für sie »wesentlich« ist.

Aber es gibt weitere Arten von Ursache, die Aristoteles ebenfalls in diesem Kapitel aufzählt. Das Seiende kommt zum Erscheinen, indem es die Gestalt, *morphé*, die »Form« annimmt, die es durch sein *eîdos* erhält. Aber damit ein solcher Formungsprozess stattfinden kann, muss schon etwas vorliegen und bereitliegen, *woran* sich uns ein Wesensanblick darbietet. Beim Beispiel des Hauses sind das unter anderem die Steine oder Holzbalken, die so bearbeitet und zusammengefügt sind, dass uns dadurch ein Haus erscheint. Dieses Vor- und Bereitliegende »unterliegt« der Formung und bildet in diesem Sinne das Zugrundeliegende, das *hypokeímenon*, – in lateinischer

§13. Die vier Ursachearten und der Doppelsinn von *phýsis*

Übersetzung: *substratum*, »Substrat«, wörtlich: »das Daruntergebreitete«.

Was der Formung unterliegt, ist zugleich das, »woraus« etwas ist, beim Haus das Material, der Stoff seiner Anfertigung. Das griechische Wort für »Stoff« lautet *hýle*; dieses Wort wurde ins Lateinische mit *materia* übersetzt; daher die Begriffe »Materie« und »Material« als Bezeichnung für das, woraus etwas ist. Auch das Material, woraus eine Sache besteht, ist an ihr schuld. Diese Ursacheart heißt entsprechend in der scholastischen Begriffssprache *causa materialis*, »Materialursache«. Wenn wir später auf die Elemente zu sprechen kommen, werden wir uns besonders für die *hýle* interessieren müssen. Aber ihrer Bedeutung können wir nur gerecht werden, indem wir vom Zusammenhang der vier Ursachearten ausgehen.

Wenn »Sein« als Geschehen der Gestaltgewinnung stattfindet, erfüllt sich, platonisch-aristotelisch gedacht, immer eine Grundtendenz, die im Erscheinen liegt, die Tendenz, den Anblick einer arthaften Bestimmtheit darzubieten. Das Geschehen, worin sich diese Tendenz erfüllt, ist das griechisch verstandene »Entstehen«, *gígnesthai* – oder mit dem zu diesem Verb gehörigen Substantiv ausgedrückt: die *génesis*. Das Entstehen hat immer ein Ziel, worauf es sich hinbewegt, ein Ende, worin es sich vollendet oder erfüllt, griechisch ein *télos*; dieser vollendende Abschluss ist die gestaltgebende arthafte Bestimmtheit als das Wesen, die *ousía*. Weil die *génesis* ohne ein solches Ziel nicht stattfinden könnte, bildet auch das eine Art von Ursache. Das lateinische Wort für »Zweck« lautet *finis*. Von daher die lateinische Bezeichnung *causa finalis*, »Finalursache« oder »Zweckursache«.

Wir können hier eine Formel aus Platons Spätphilosophie im Dialog *Philebos* zu Hilfe nehmen. Platon sagt: Jegliches Sein ist eine »Entstehung in das Wesen hinein«, *génesis eis ousían*.[80] Alles Sein – so lautet die damit aufgestellte grundlegende These von Platon – kommt zustande durch die Bewegung der Gestaltwerdung, durch das Eintreten ins Erscheinen-*als*-etwas. Aristoteles ist in dieser Hinsicht ein treuer Schüler Platons: Er interpretiert alle Veränderungen im Licht der Veränderung, die zugleich das Urgeschehen des Seins bildet: des Eintretens ins Erscheinen.

Hier sei eine Zwischenbemerkung zur Wiedergabe von *gígnesthai* und *génesis* im Deutschen eingeschoben: Die Übersetzer

---

[80] *Platon Philebos* 26 d 8.

schwanken zwischen »entstehen« und »werden« (bzw. den entsprechenden Substantiven), und zwar zumeist, ohne die Entscheidung für die eine oder die andere Möglichkeit eigens zu begründen. Aber das wäre dann ratsam, wenn im Griechischen nur *ein* Wort mit zwei unterscheidbaren Bedeutungen zur Verfügung steht, im Deutschen aber zwei entsprechende Vokabeln benutzt werden können. Das ist gelegentlich bei *génesis* bzw. *gígnesthai* der Fall. Dann – und eigentlich nur dann –, wenn sie im Sinne der *génesis eis ousían* gemeint sind, passt im Deutschen das Verb »entstehen« bzw. das Substantiv »Entstehung«. Es kann aber sein, dass es an der betreffenden Textstelle nur um die Veränderung als solche, ein Sich-Ändern ohne Zielrichtung geht, also darum, dass irgendein Wechsel der Beschaffenheit von etwas oder irgendeine andere Änderung der im Text angesprochenen Situation stattfindet, oder dass ganz allgemein das bloße »immer-wieder-anders« als Grundcharakter des Geschehens der Welt zur Sprache gebracht wird. In solchen Fällen würde es der Klarheit dienen, wenn dann die Übersetzung mit »werden« gewählt würde.

Zurück zur Aufzählung der Weisen des Ursacheseins: In ihr fehlt noch eine vierte Art von Ursache. Das Geschehen, oder wie die Griechen gesagt hätten: die »Bewegung«, *kínesis*, der Gestaltgewinnung kommt nicht von selbst in Gang, sondern muss durch etwas ausgelöst, in Gang gebracht werden, beim Haus beispielsweise durch den Bauherrn oder den Architekten. Auch dieses Auslösende ist schuld am Sein des Hauses, also ebenfalls »Ursache«. Aristoteles bezeichnet sie als den »Anfang der Bewegung«, *arché tes kinéseos* (*arché*: »Anfang«, *kinéseos*: Genitiv von »Bewegung« – zu diesem Begriff später mehr). Der lateinische Name für diese Ursacheart lautet *causa efficiens*, »bewirkende Ursache«, »Wirkursache«; denn der Bewegungsanstoß »bewirkt« den Formungsprozess.

Diese Ursacheart hat in der neuzeitlichen Wissenschaft eine Vorrangstellung erlangt. Wenn wir heute von Ursächlichkeit, Kausalität, reden, denken wir in erster Linie oder sogar ausschließlich an die Wirkursache. Durch die Gleichsetzung mit der Wirkursache hat der Begriff der Ursache gegenüber den Griechen eine starke Verengung erfahren. Deshalb kann die Übersetzung von *aitía* oder *aítion* mit »Ursache« im heutigen Deutsch oder mit »cause« im Englischen leicht in die Irre führen.

Gegenläufig dazu, dass die Wirkursächlichkeit in der neuzeitlichen Wissenschaft enorm aufgewertet wurde, ist die in unserer Aufzählung dritte Ursacheart, die für Aristoteles noch vorrangig wichtig

§ 13. Die vier Ursachearten und der Doppelsinn von *phýsis*

war, in der modernen Wissenschaft fast ganz untergegangen. Vom Alltagssprachgebrauch her ist uns diese Ursacheart aber wohlvertraut: Dass ein Haus überhaupt und in einer bestimmten Gestalt gebaut wurde, liegt in unseren Augen auch daran, dass man es »umwillen« eines bestimmten Zweckes errichtet hat, nämlich ein Stadion für den Sport und seine Zuschauer, ein Rathaus für die Stadtverwaltung usw. Auf Griechisch heißt »um willen« *hou héneka*. Das »um willen« – substantiviert: »das Worumwillen« – ist das, weshalb es jemandem als gut, d. h. als erstrebenswert erscheinen kann, z. B. ein bestimmtes Gebäude zu bauen. Deshalb kann Aristoteles diese Ursacheart auch als das »Gute« bezeichnen.

Dieser skizzenhafte Überblick über die sogenannte Vierursachenlehre bedarf nun aber für seinen Abschluss einer unentbehrlichen Ergänzung: Die ganze Unterscheidung der vier Ursachearten hat ihre Grundlage in dem Unterschied von Stoff und Form, und zwar deshalb, weil die beiden zuletzt genannten Ursachearten, die Wirkursache und die Finalursache, bei genauerer Betrachtung mit der Formalursache eine Einheit bilden: Das, was den Anstoß für eine Gestaltgebung gibt, und das, um dessentwillen sie geschieht, hat immer den Charakter eines *eîdos*. Beim Hausbau beispielsweise ist der Anstoßgeber ein Mensch, also ein Seiendes von der Wesensart »Menschsein«. Ein Haus kann für ein Restaurant gebaut werden, und ein Restaurant ist ebenfalls ein Was, ein Seiendes mit einem Wassein, usw. Dass hinter der Vierteilung der Ursachearten eigentlich eine Dichotomie steckt, wird für die Überlegungen in den nächsten Paragraphen wichtig werden.

Wir können uns nun verständlich machen, wie Aristoteles im 3. Kapitel die Beschäftigung mit seinen Vorgängern rechtfertigt. Er sagt, wenn wir ihn einmal in Ich-Form reden lassen: Es lohnt sich zu prüfen, ob sie (meine Vorgänger) noch andere Weisen von Ursache-Sein entdeckt haben als die vier Ursachen, die ich selbst unterscheide. Falls ja, muss ich meine eigene Theorie über die Ursachen alles Seienden revidieren, falls nein, wäre mir das eine willkommene Bestätigung. Die Pointe ist natürlich, dass Aristoteles den zweiten Fall annimmt.

Aristoteles glaubt außerdem beobachten zu können, dass es bei der Entwicklung des philosophisch-wissenschaftlichen Denkens seiner Vorgänger einen Fortschritt gab: Sie entdeckten Schritt für Schritt die vier Weisen des Ursacheseins, aber keiner von ihnen war in der Lage, die Gesamtheit der vier Ursachen zu erfassen. Ihnen allen kamen sie nur einseitig zu Gesicht. Erst bei mir – wenn wir Aristoteles erneut in Ich-Form über die früheren Denker reden lassen – sind alle vier Ursacheweisen berücksichtigt. Erst bei mir hat das Denken das Stadium seiner Reife erreicht. Was vor mir an Denken stattfand, war bloße Vorgeschichte. – Ein Blick in die neuesten Philosophiegeschichten zeigt, dass die Darstellungen noch immer von der Vorstellung geleitet sind, im frühen Denken habe sich ein Fortschritt dieser Art vollzogen, – auch wenn die Autoren vermeiden, die Begrifflichkeit des Aristoteles zu benutzen.

Nach Aristoteles waren die allerersten Denker nicht einmal in der Lage, mehr als nur eine Ursacheart zu erkennen, nämlich die Materialursache. In der frühesten Zeit interessierte man sich allein für den Stoff, aus dem die Welt ursprünglich besteht. In den Philosophiegeschichten kann man diese aristotelische Interpretation der Frühphase des Denkens dann bis heute vergröbert in der griffigen These wiederfinden, die ersten Wissenschaftler seien Materialisten gewesen. Warum das eine primitive Vergröberung der Auffassung des Aristoteles ist, wird später klar werden.

Als stofflicher Urgrund für das Sein der Welt als ganzer kamen in der Sicht von Aristoteles und für die nachfolgende Antike überhaupt nur die vier Elemente Feuer, Wasser, Erde und Luft in Betracht. Nach Aristoteles bestand die Beschränkung des allerersten Denkens nicht nur darin, dass man allein die Materialursächlichkeit kannte. Man differenzierte auch noch nicht zwischen den vier Elementen als den konkreten Gestalten des Weltstoffs. Die ersten Vorsokratiker wurden auch des Elementaren der Elemente nur auf einseitige Weise ansichtig, sie sahen es jeweils in einem einzigen Element vereint: Thales aus Milet – der Tradition nach der erste Philosoph und Wissenschaftler, am Anfang des 6. vorchristlichen Jahrhunderts – im Wasser, Anaximenes, ebenfalls Milesier, aus der Mitte des gleichen Jahrhunderts, in der Luft und Heraklit aus Ephesus, der Nachbarstadt von Milet, schon an der Wende zum 5. Jahrhundert, im Feuer. Für die frühen Wissenschaftler in der ersten Phase des »vorsokratischen« Denkens konzentrierten sich alle Arten von Ursächlichkeit und alle Elemente in einem einzigen Element.

Wenn wir der aristotelischen Sicht weiter folgen, brachte das 5. Jahrhundert eine zweite Periode, in der man darauf kam, dass die materiellen Prinzipien für die Erklärung der Welt nicht ausreichen; man überwand die Einseitigkeit der Anfangszeit und entdeckte die Bedeutung der nicht-materiellen Ordnungsgründe der Welt, d.h.

§13. Die vier Ursachearten und der Doppelsinn von *phýsis*

der Ursachen, die Aristoteles als *eîdos* und *télos*, also als Wesensart und Zweck bezeichnet. Als der erste wichtige Neuerer in dieser Richtung erscheint Anaxagoras aus Klazomenai (in der Nähe des heutigen Izmir), der im 5. Jahrhundert lebte und die zweite Hälfte seines Lebens in Athen verbrachte. Das *eîdos* oder die *idéa*, die »Idee«, – was im Wesentlichen bei ihm dasselbe ist – entdeckte dann Aristoteles' Lehrer Platon aus Athen im griechischen Mutterland.

Soviel mag als Durchmusterung der Phasen genügen, welche die Philosophie in den ersten beiden Jahrhunderten ihrer Existenz gemäß der Entwicklung durchlaufen hat, die Aristoteles am Leitfaden seiner Unterscheidung von vier Ursachearten rekonstruiert. Es sollte deutlich geworden sein, dass dieser Rückblick auf die anfängliche Entwicklung der Philosophie für Aristoteles zugleich eine Vergegenwärtigung der Vorgeschichte seines eigenen Denkens ist. Das kann er aber nur deshalb sein, weil Aristoteles sich von einer für ihn selbst selbstverständlichen Voraussetzung leiten lässt: Er nimmt an, dass alle Denker vor ihm dasselbe zum Gegenstand ihrer Frage gemacht haben und am gleichen Thema interessiert waren wie er selbst in der *Metaphysik*. Auf diese Gemeinsamkeit des Themas macht er selbst im 1. Buch aufmerksam, indem er es mit zwei Namen bezeichnet: *arché* und *phýsis*; aber gemeint ist nur *eine* Sache, nämlich die *arché* als *phýsis* oder die *phýsis* als *arché*. Daraus ergibt sich für uns die Frage, wie beides miteinander zusammenhängt.

Eine erste Hilfe für ihre Beantwortung finden wir im ersten »Begriffswörterbuch« der *Metaphysik*, ihrem 5. Buch. Nach der Auskunft des Aristoteles in diesem Text ist die *arché* »das erste Von-Woher« von allem, was es gibt, der »Ursprung« der Welt überhaupt. Gemeint ist damit aber nicht der Anfang von allem Seienden im zeitlichen Ablauf der Entwicklung der Welt, also z. B. der »Urknall«, von dem man heute in der Astrophysik spricht. Ein solcher Anfang wäre etwas Vergangenes. Die Philosophen suchten vielmehr denjenigen Anfang, der in allem, was es gibt, immer *gegenwärtig* ist, die Herkunft, die alles Seiende *jetzt* bestimmt und beherrscht. Das zum Substantiv *arché* gehörige Verb *árchein* bedeutet sowohl »anfangen, beginnen« als auch »herrschen, beherrschen«. Die Bedeutung von *arché* als »Herrschaft« hat sich beispielsweise in Wörtern wie »Monarchie« erhalten (»Mon-archie«: Herrschaft von einem Einzigen, *mónos*). Die lateinische Übersetzung von *arché* ist *principium*, eingedeutscht: »Prinzip«. Die beste deutsche Wiedergabe, um den einheitlichen Doppelcharakter von *arché* als beherrschendem Anfang hörbar zu machen, stammt von Kant; sie lautet: »Anfangsgrund«. Der Anfangsgrund ist der Anfang, der als beherrschende Grundlage gegenwärtigen Bestand hat.

Was damit gemeint ist, können wir uns leicht beispielsweise an dem Verhältnis zwischen Quelle und Strom veranschaulichen. Die Quelle ist der Anfang eines Baches oder eines Flusses in dem Sinne, dass in ihr das Wasser anfänglich zu strömen beginnt. Das Hervorkommen des Wassers aus der Quelle ist aber nichts Vergangenes, es bleibt auch für das, was nach diesem Anfang geschieht, beherrschend und bestimmend; denn der Bach oder der Fluss existiert nur, solange das Wasser strömt, und die Menge und die Qualität des Wassers, das durch das Flussbett läuft, hängt von der Reichhaltigkeit und Reinheit der Quelle ab. So bleibt das ursprüngliche Hervorquellen des Wassers aus der Quelle im Fluss gegenwärtig.

Wie wir im 3. Kapitel der *Metaphysik* den Sätzen ab 983 b entnehmen können, nimmt Aristoteles bei der Interpretation des Denkens seiner Vorgänger von vornherein als selbstverständlich an, dass sie alle wie er selbst in der *Metaphysik* die *arché* oder die *archaí* – den Anfangsgrund oder die Anfangsgründe – der Welt gesucht haben. Weil ein Anfangsgrund das, was durch ihn begründet wird, bestimmt oder beherrscht, ist er etwas, was an dem von ihm Beherrschten »schuld ist«, also eine Ursache, *aitía*. Deshalb ist für Aristoteles klar, dass seine Vorgänger als *arché*-Sucher nach der Ursache oder den Ursachen alles Seienden fragen mussten. In diesem Sinne spricht er in diesem Kapitel mehrfach von den »Prinzipien und Ursachen«, *archaí kai aitíai*. Das »und« ist hier, grammatisch gesprochen, ein »explikatives und«: die Anfangsgründe erweisen sich als Ursachen. Auf den gleichen Zusammenhang zielt Aristoteles, wenn er im ersten Satz des 3. Kapitels von den »Grundursachen« spricht. Im Griechischen steht *ex archés aítia*. Das bedeutet wörtlich »Ursachen aus dem Anfang«, und damit ist gemeint: Ursachen, die den Charakter des Anfangsgrundes haben, – man könnte auch umgekehrt sagen: Anfangsgründe, die den Charakter von Ursachen haben.

In der Zeile unmittelbar vor 983 b weist Aristoteles darauf hin, dass er die Vierursachenlehre in den »Büchern über die Natur«, also in seiner *Physik*, ausführlicher behandelt hat. Dass Aristoteles hier sein Grundwerk über die *phýsis*, die Natur, erwähnt, passt dazu, dass er gleich danach von seinen Vorgängern spricht; denn sie waren ja in seinen Augen *physikoí* oder *physiológoi*, »Naturphilosophen«. Den Gegenstand der *Physik* bildet alles Seiende, das durch »Bewegung«,

§ 13. Die vier Ursachearten und der Doppelsinn von *phýsis*

kínesis, gekennzeichnet ist. Mit diesem griechischen Wort ist nicht nur die Ortsbewegung gemeint, sondern alle Arten von Veränderung, von Wandelbarkeit überhaupt. Aristoteles hat in der *Physik* analysiert, welche Arten von *kínesis* es gibt. Mit diesem Thema werden wir uns später – in § 18 – noch beschäftigen müssen. Das Gebiet der *Physik* ist der Gesamtbereich dessen, was irgendwie veränderlich ist.

Die aristotelische *Physik* ist von der modernen Naturwissenschaft namens Physik grundverschieden, weil sie ein Teil der Philosophie ist. Als Philosophie handelt sie – in der Sicht der von Platon und Aristoteles ausgehenden Tradition – vom Sein. Dieses Sein hat den Charakter einer Bewegung, nämlich der »Entstehung in das Wesen hinein«, *génesis eis ousían*. Diese »Bewegung«, das Urgeschehen des Seins, so hatten wir gesehen, vollzieht sich bei der Natur »von selbst«. Wenn wir so formulieren, haben wir dabei primär das Lebendige, also Pflanzen und Tiere in ihrem Entstehen und Wachsen, vor Augen. Aber eigentlich muss man sagen: Das Von-selbst-Erscheinen charakterisiert nicht nur das Lebendige im engeren Sinne dieses Wortes, sondern es ist der Grundzug von allem, was wir in unserer Lebenswelt antreffen.

Das hängt mit der grundlegenden Erfahrung des Seienden in der Lebenswelt zusammen, der Erfahrung nämlich, dass alles veränderlich ist, der *kínesis* unterworfen. Zu dieser Veränderlichkeit gehört, dass das, womit wir zu tun haben, zum Verschwinden verurteilt ist und über kurz oder lang vergeht. Doch dieses Vergehen und Verschwinden führt nie dazu, dass das Seiende in der Lebenswelt überhaupt wegbleibt, d. h. dass das Erscheinen ganz und gar aufhört. Das Werden und Entstehen überhaupt trägt beständig über die alles beherrschende Vergänglichkeit den Sieg davon. Dass sich das Erscheinen im Gegenzug zur Vergänglichkeit unwiderstehlich immerfort erneuert, also den Charakter des Lebens hat, ist die Erfahrung der *phýsis* in der ursprünglichen Bedeutung, die in dem, was wir direkt oder indirekt von den Gedanken der ersten Denker kennen, noch durchscheint.

Von dieser frühen *phýsis*-Erfahrung her kann man die Bezeichnung »Lebenswelt« in einem Sinne verstehen, der über die Bedeutungen des Begriffs, die im I. Teil genannt wurden, hinausgeht: Für die ganze antike Philosophie ist die Welt eine von grundauf lebendige Welt; alles was in dieser Welt erscheint, alles Seiende ist »belebt«; so steht es sogar ausdrücklich im *Timaios*, dem für die vorliegenden

II. Teil: Kosmologie der Elemente von Thales bis Aristoteles

Untersuchungen besonders wichtigen Dialog aus Platons Spätzeit, mit dessen Hilfe wir schon die Konzeption der Verschränkung in §6 klären konnten und auf den wir uns auch in den Paragraphen 16–18 stützen werden. Dass für Aristoteles das Sein alles in der Welt Erscheinenden in diesem Sinne den Charakter der *phýsis* hat, hat er mit den frühen griechischen Denkern gemeinsam. Er sagt zwar im 3. Kapitel bei seinem Rückblick auf diese Denker, er interessiere sich für seine Vorgänger, weil er prüfen möchte, wie weit sie mit der Frage nach den Ursachen gekommen sind. Aber unsere Interpretation würde an der Oberfläche bleiben, wenn wir uns mit dieser Auskunft zufrieden gäben. Was Aristoteles eigentlich und in tieferer Weise mit den ersten Philosophen verbindet, ist die Faszination durch die *phýsis*.

In dem gerade beschriebenen Sinne besteht unsere Grunderfahrung von allem, was uns in der Lebenswelt begegnet, nach Aristoteles darin, dass das Geschehen des Werdens all dieses Seienden von selbst stattfindet. Bei dem im engeren Sinne Lebendigen – Pflanzen und Tieren – zeigt sich aber besonders deutlich, dass etwas *von selbst* ins gestalthafte Erscheinen gelangt. Es fällt hier in die Augen, weil Leben genau darin besteht, dass die »Bewegungen« des Lebendigen, seine Veränderungen, im Normalfall keiner aktiven Hilfe von außen bedürfen. Beim Lebendigen haben die Bewegungen ihre Ursache im Lebendigen selbst. Vor allem aber bedarf das Geschehen des Erscheinens, der Gestaltgewinnung hier keiner Einwirkung von außen. Im Lebendigen selbst gibt es etwas, was schuld daran ist, also die »Ursache«, *aitía*, dafür ist, dass sich jenes Geschehen vollzieht. Am Lebendigen können wir paradigmatisch den Charakter der *phýsis* ablesen, weil sein Erscheinen seine Ursache in sich selbst hat und in diesem Sinne »von selbst« geschieht.

Von daher können wir nun verstehen, inwiefern die *arché* als *phýsis* oder die *phýsis* als *arché* zu verstehen ist. Die *arché* ist ein Anfang, der in dem von diesem Anfang ausgehenden Seienden gegenwärtig und beherrschend bleibt. Genau diesen Sachverhalt haben wir nun bei der *phýsis*, der Natur, angetroffen: Was von Natur existiert, trägt die Ursache seines Seins in sich selbst, und diese Ursache ist tatsächlich ein erster Anfang, der in dem jeweiligen Seienden dauerhaft gegenwärtig und beherrschend bleibt. Diese Einheit von Anfangen und Beherrschen zeigt sich besonders schön am Wachstum von etwas Lebendigem. Das Geschehnis des Wachsens geht aus von einem ersten Anfang, einem Ursprung in Gestalt eines Keims usw., und dieser anfängliche Ursprung besitzt in sich eine Kraft, die den

§13. Die vier Ursachearten und der Doppelsinn von *phýsis*

Wachstumsprozess auch noch in den Phasen nach dem Beginn beherrscht; denn das heranwachsende Lebendige entwickelt und entfaltet sich, indem es beständig von der anfänglichen genetischen Ausstattung her seine Artung empfängt und so in sein *eîdos* eintritt. Der Anfang bleibt also auch in den späteren Phasen der Entwicklung noch gegenwärtig. So ist es kein Zufall, dass »*phýsis*« in der Sprachgeschichte ursprünglich »Wachstum« bedeutet; denn dieses Substantiv gehört zusammen mit dem Verb *phýein*, »wachsen«.

Wenn es Aristoteles wie seinen Vorgängern um die *phýsis* als *arché* geht, muss uns an seiner Unterscheidung der vier Ursachen etwas auffallen, ja sogar befremden. Fassen wir noch einmal die Basisunterscheidung ins Auge, auf der die Differenzierung der vier Ursacheweisen beruht: die Gegenüberstellung von Formalursache und Materialursache. Wir hatten zuletzt gesehen: Was – etwa bei der Errichtung eines Hauses – als erstes an der Existenz und Beschaffenheit des Hauses »schuld« ist und in diesem Sinne seine »Ursache« bildet, ist das *eîdos*, die arthafte Bestimmtheit als Form, als prägende Gestalt, *morphé*. Das Haus verdankt sein Sein aber auch der *hýle*, dem Stoff, welcher der Formung unterliegt. War es eigentlich ein Zufall, dass wir diese Sachlage an einem solchen Beispiel wie dem des Hauses erläutert haben?

Wenn wir die Weltsicht des philosophischen Staunens verlassen und den nüchternen Blick des Alltags auf das Haus richten, ist es offenkundig, dass dieses Seiende nicht von selbst da ist, also nicht dank der Natur existiert, sondern sein Sein einer menschlichen Tätigkeit verdankt – im Unterschied zu einem gewachsenen Felsen, einem Baum, einer Blume, die Beispiele wären für solches, was zur Natur gehört. Aber lässt sich an solchem Seienden eigentlich die Unterscheidung von prägender Form und Material erkennen? Wir wissen zwar im Alltag, dass eine Pflanze für ihr Wachsen und Gedeihen die Erde, in der sie steht, sowie Licht, Luft und Wasser braucht. Aber im normalen alltäglichen Sprachgebrauch würde uns das nicht veranlassen, zu behaupten, Erde, Licht, Luft und Wasser seien Materialien, »Baustoffe«, aus denen die Pflanze in der Natur oder von der Natur hergestellt wird. Um uns so auszudrücken, müssen wir bewusst oder unbewusst schon die Voraussetzung machen, dass es im Innern der Natur oder vielleicht jenseits der Natur irgendeine unsichtbare Macht gibt – beispielsweise den biblischen Schöpfergott –, die ähnlich wie wir Menschen über eine Kunst verfügt, die sie befähigt, beispielsweise Pflanzen herzustellen.

Aber mit einer solchen Voraussetzung werden wir der Art und Weise, wie uns das Wachstum der Pflanzen konkret im Alltag begegnet, nicht gerecht. Wenn wir im Winter erwarten, dass sich bald im Frühjahr die Knospen vieler Pflanzen öffnen und die ersten Blumen zu blühen beginnen, dann denken wir dabei nicht an irgendein nichtmenschliches Wesen, das für einen solchen Beginn des Frühjahrs sorgen wird, sondern wir verlassen uns ganz selbstverständlich darauf, dass es in der eigenartigen und wunderbaren Kraft der Pflanzen und Bäume selbst liegt, sich so zu entwickeln, dass sie zu einer bestimmten Jahreszeit blühen. Das heißt aber, wir vertrauen genau auf das, was das Wort *phýsis* seinem ursprünglichen Wortsinne nach besagt: Wachstum als Selbst-Ursächlichkeit, als Leben.

Wenn wir phänomenologisch unbefangen, d. h. möglichst vorurteilslos die Weise beschreiben, wie uns etwas erscheint, was von Natur da ist, kommen wir offenbar nicht auf den Gedanken, daran einen Unterschied von Stoff und Form abzulesen. In ungezwungener Weise können wir diesen Unterschied nicht an etwas von Natur Bestehendem finden, sondern nur an etwas, was wir selbst hervorgebracht, angefertigt haben wie beispielsweise ein Haus; denn etwas herstellen bedeutet seinem eigenen Sinne nach: ein vorliegendes Material so bearbeiten, dass ein Erzeugnis von einer gewünschten Beschaffenheit, also aristotelisch gesprochen: von einer bestimmten Form herauskommt.

Mit dieser Überlegung haben wir unter der Hand zwei Arten und Bereiche von Dingen unterschieden, die Dinge, die von Natur, d. h. von selbst da sind, und solche Dinge, die nicht von selbst, sondern »künstlich« (= »aus Kunst«) entstehen, indem wir sie hervorbringen. Wir machen von dieser Unterscheidung so problemlos Gebrauch, dass sie so klingt, als sei sie eine bare Selbstverständlichkeit; aber sie ist es nicht. Das kann man daran bemerken, dass sie erst zu einem bestimmten Zeitpunkt der Geschichte eingeführt wurde, nämlich von Aristoteles. Er hat erstmals diese beiden Grundarten von Seiendem unterschieden: Auf der einen Seite stehen die Naturdinge, »das Seiende, das von Natur ist«. »Seiend« heißt auf Griechisch *on*, »von Natur« oder »durch Natur« heißt *phýsei* (Dativ von *phýsis*). Entsprechend heißt das »von Natur Seiende« *phýsei on*. Den Naturdingen, den *phýsei ónta* (*ónta* Plural von *on*), stellt Aristoteles das Seiende gegenüber, das durch menschliches Machen entsteht. Das alltagssprachliche griechische Wort für solches Seiende lautet *érgon*, »Werk«.

§ 13. Die vier Ursachearten und der Doppelsinn von *phýsis*

Für das Werk, also das Erzeugnis menschlicher Hervorbringung, hat Aristoteles eine Bezeichnung eingeführt, die parallel zu der Bezeichnung *phýsei on* für das Naturding gebaut ist: Das Werk geht aus einem planvollen Erzeugen, Anfertigen, Produzieren hervor. Aber ein solches »Machen« – griechisch *poieîn* (das zugehörige Substantiv lautet *poíesis*, woraus »Poesie« wurde) – kann nur stattfinden, wenn es von unserem Verstehen, Sich-Auskennen, d.h. einem Wissen im weitesten Sinne dieses Wortes geleitet ist. Das griechische Wort hierfür – *téchne*, »Kunst« – kennen wir schon; es bezeichnet die Fähigkeit, die jemanden in die Lage versetzt, etwas hervorzubringen, nämlich ein Werk, *érgon*. Das Werk verdankt sein Sein einem hervorbringenden Machen *(poieîn)*, aber weil hinter dem Machen als Ursache eine *téchne*, eine Kunst, steht, muss man sagen: dasjenige Seiende, das wir als Werk bezeichnen, ist eigentlich ein Seiendes, das durch Kunst zustandegekommen ist, ein »durch Kunst Seiendes«, griechisch: *téchnê on*.

Unter »Kunst« verstehen wir einmal den Gesamtbereich dessen, was der Mensch »durch Kunst« zustandegebracht und gestaltet hat: die *téchne ónta*, alles »durch Kunst Seiende«. Andererseits ist mit »Kunst« auch ein Anfangsgrund und eine Ursächlichkeit gemeint, nämlich der Umstand, dass der Mensch Ursache dessen ist, was er anfertigt, herstellt, produziert. In dieser Bedeutung verwenden wir das Wort »Kunst«, wenn wir beispielsweise von einem »Kunstwerk« sprechen; denn dieser Begriff besagt, dass das betreffende Werk durch die Kunst des Künstlers zustandegekommen ist, d.h. durch das Wissen, das Sich-Auskennen, das ihn bei der Hervorbringung des Werks leitete. Dieser Doppelsinn des Begriffs »Kunst« entspricht der Unterscheidung, die wir in § 12 beim Begriff »Natur« gemacht hatten.

Der Begriff »Natur« erhält für uns heute seine Trennschärfe durch die Gegenüberstellung mit »Kunst«; d.h. wir verstehen den Sinn des Ausdrucks »von selbst« aus der Konfrontation mit der Entstehung durch menschliche Herstellung. Aber diese Gegenüberstellung ist nicht so selbstverständlich, wie es auf den ersten Blick scheint. Ein geschichtliches Indiz dafür finden wir, wenn wir das frühe griechische Naturdenken betrachten. Das Grundthema der ersten Denker war zwar die *phýsis*, aber es fällt auf, dass sie das, was *phýsis* heißt, zunächst nicht aus der Gegenüberstellung zum menschlichen Herstellen und zur Kunst verstanden haben. Das lebensweltliche Erscheinen geschieht nicht nur bei dem im engeren Sinne lebendigen

Seienden, sondern auch bei dem, was Menschen durch ihre Kunst hervorbringen, »von selbst«.

Demnach müssen wir nun unterscheiden zwischen einem ursprünglichen weiten Begriff von »Natur« im anfänglichen Denken und einer verengten Bedeutung, die der Begriff »Natur« durch die Gegenüberstellung zum menschlichen Machen bekommt. Die ursprüngliche, weite Begriff von Natur klang immer wieder nach in der europäischen Dichtung, wenn dort »die Natur« gepriesen oder gefeiert wurde. Erst Aristoteles hat ausdrücklich die Unterscheidung von *phýsei on* und *téchne on* eingeführt. Er interessiert sich zwar im Rahmen der metaphysischen Frage nach den Anfangsgründen eigentlich für das *phýsei on*, weil das Sein eines solchen Seienden durch die *phýsis* als *arché* bestimmt ist; aber um die *arché* als *aitía* bestimmen zu können, muss er sich am *téchne on* orientieren; denn der Grundunterschied der Ursachen »Form« und »Stoff« fällt uns nicht an dergleichen wie einer Blume, sondern an unseren Werken ins Auge.

Trotzdem müssen wir die kritische Frage stellen, ob Aristoteles uns nicht gerade mit der Gegenüberstellung von Natur und Kunst, die in seinen Augen der bestmöglichen Klärung des Naturbegriffs dienen sollte, den Zugang zur frühgriechischen Erfahrung der Natur verstellt hat. Vielleicht ist die lebensweltliche Natur gerade deshalb im Laufe der europäischen Denkgeschichte in Vergessenheit geraten, weil Aristoteles die *phýsis* als selbstursächliches Sein nur durch die Unterscheidung von Ursachearten am *téchne on*, am Werk erläutern konnte. Aber dann ist die Frage, warum Aristoteles sich am Werk orientieren musste, um die Unterschiede zwischen den Ursachearten aufdecken zu können.

§ 14. *ti katá tinós* – Bedarfshorizonte und Seinshorizont

Der vorige Paragraph endete mit der Frage: Warum musste Aristoteles sich am Werk orientieren, um die Unterschiede zwischen der Ursachearten aufdecken zu können? Die Antwort lautet: Weil wir, die wir die *téchne* philosophisch analysieren, als Menschen in der Lage sind, uns in die *téchne* als Wissen eines Herstellers, der ebenfalls ein Mensch ist, hineinzuversetzen, können wir am Wissen des Herstellers alle Differenzierungen der Ursächlichkeit ablesen. Wir können ohne große intellektuelle Mühe erkennen, dass die *téchne*, das Sich-Auskennen des Herstellers, griechisch: des *téchnites*, verschiedene für den Herstellungsprozess unentbehrliche Bestandteile enthält:

Das Herstellen ist veranlasst durch irgendeinen Bedarf – diese Motivation des Herstellens wird im Folgenden bedeutsam werden. Veranlasst durch einen Bedarf hat der Hersteller einen Zweck im Auge, um dessentwillen er etwas herstellen will. Er weiß, dass diesem Zweck nur eine bestimmte Gestalt für das geplante Werk entspricht. Die gewünschte Gestalt verweist ihn auf geeignete Stoffe und schließlich ebenso auf die Frage, wie sich der Herstellungsprozess in Gang setzen lässt. Das zeigt: Die vier Ursachearten – und zwar genau diese vier – zeigen sich deshalb in der »Kunst«, weil sie ein Wissen ist, das eben diese verschiedenen Bestandteile umfasst, nämlich das Bewusstsein von einem »Worumwillen«, einer für die Verwirklichung dieses Worumwillen geeigneten Gestalt, eines für die zweckgerechte Verwendbarkeit geeigneten Materials und einem Auslöser des Herstellungsgeschehens.

Ein solches Wissen findet sich im Bereich der Natur nicht. Der aus einem Sprössling heranwachsende Baum weiß nichts über sein eigenes Material, über das Ziel seines Wachstums usw. Allerdings könnte man einwenden, das sei eine unbewiesene Behauptung, der Baum könne eben nicht reden und deshalb wüssten wir nichts darüber, ob es nicht doch irgendein geheimnisvolles pflanzliches »Bewusstsein« des Baumes von seinem Stoff, seiner Gestalt usw. gibt. Deshalb müssen wir unsere Frage noch vertiefen: Warum lassen sich bei der Kunst die Ursachen unterscheiden, die im Wissen des Herstellers, des *téchnites*, bewusst werden und zur Sprache gebracht werden können, und warum ist das bei den Naturdingen nicht möglich – es sei denn, wir übertragen die Ursachendifferenzierung, die wir schon aus dem Bereich der Kunst kennen, auf die Natur?

Die Antwort auf diese Frage ergibt sich daraus, dass wir alle unsere Überlegungen mit Aristoteles im Rahmen der Metaphysik anstellen und deshalb nach Anfängen – *archaí* – suchen, die in dem, was aus ihnen hervorgeht, gegenwärtig und beherrschend bleiben. Die *téchne* bildet zwar den beherrschenden Anfang für das hervorbringende Machen, die *poíesis*, durch die ein Werk, *érgon*, zustandekommt, aber im Werk ist sie nicht mehr gegenwärtig. Das wäre nur dann der Fall, wenn der Hervorbringer, der die *téchne*, das Sich-Auskennen für die Herstellen eines Werks beherrscht, beispielsweise der Architekt, immer mit seinem Werk, etwa einem Haus zusammenbliebe. Das Werk dürfte vom Hervorbringer nicht trennbar sein. Aber so verhält es sich offenkundig nicht. Die *téchne* des Herstellers beendet gleichsam ihre Herrschaft über die Herstellung mit dem Abschluss des Herstellungsprozesses, dem fertigen Werk. Mit diesem Abschluss wird das Werk aus der Herrschaft dessen, der es herstellt, entlassen; es bedarf für sein Sein der Gegenwart des Herstellers nicht mehr.

Der Architekt mit seiner *téchne* ist im gegenwärtigen Sein des Hauses nicht mehr anwesend, und doch besteht sein Werk, das Haus, weiter. Deshalb können wir ja beispielsweise bedeutende Bauwerke der Vergangenheit, Tempel oder Kirchen, bewundern, auch ohne dass wir wissen, wer das Bauwerk errichtet hat. Bei den Werken, den *téchne ónta*, lassen sich der Anfangsgrund, eben die *téchne*, und das Sein des betreffenden Seienden, des *érgon*, voneinander trennen. Dass der Hersteller sich nach der Herstellung von seinem Werk lösen und entfernen kann, erwartet er schon während der Herstellung. Das ist nicht irgendeine beliebige Erwartung, auf die er auch verzichten könnte, sondern er muss diese Erwartung haben; denn sein Herstellungsprozess dient keinem anderen Ziel als das Werk fertigzustellen und es dadurch gerade von dem Herstellungsprozess und dem Hersteller unabhängig zu machen.

Weil es in diesem Sinne notwendig zum Herstellen gehört, die später eintretende Distanz zwischen Hersteller und Werk zu erwarten, hat der Hersteller von vornherein ein Bewusstsein von seinem Werk und dessen Herstellung. Die erwartete Ablösung des Werks vom Herstellen und vom Hersteller macht es dem *technítes* möglich, ein darauf bezogenes Sich-Auskennen, ein Wissen zu entwickeln, die »Kunst«, *téchne*. Dieses Wissen gehört zwingend zum Herstellen, weil die von vornherein erwartete Distanz zwischen dem Hersteller mit seiner Kunst, der *arché*, auf der einen Seite und dem Werk auf der anderen Seite gleichsam den Spielraum für dieses Wissen eröffnet.

§14. *ti katá tinós* – Bedarfshorizonte und Seinshorizont

Die Pflanze *kann* dieses Wissen nicht haben, weil es in ihrem Leben gerade kein Stadium gibt, in dem es zu einer Distanz, einer Trennung zwischen ihrer *arché* und der fertigen, ausgewachsenen Pflanze käme.

Nur der Abstand zwischen der *arché* und dem aus der *arché* hervorgehenden Seienden macht es möglich, dass im Sich-Auskennen des Herstellers die vier verschiedenen Weisen von Ursächlichkeit hervortreten. Weil es bei dem von Natur Seienden eben diesen Abstand nicht gibt, da hier das Seiende für sein Sein auf die beständige Gegenwart der *arché* angewiesen ist, kann hier die Vierursächlichkeit ursprünglich nicht hervortreten. Aber daraus ergibt sich eine fundamentale Frage: Wenn sich die Differenzierung der vier Ursachen aus dem gerade entwickelten Grunde ursprünglich allein im Bereich der Kunst zeigen kann, was gibt Aristoteles dann überhaupt das Recht, mit dieser Differenzierung auch im Bereich der Natur zu operieren?

Diese Frage lässt sich zwei Teilfragen zerlegen: Erstens, woher nimmt Aristoteles überhaupt die *Möglichkeit*, die Natur im Licht dieser Unterscheidung zu betrachten? Zweitens, woher nimmt er das *Recht* zu einer solchen Betrachtung? Um zunächst die erste Frage zu beantworten, achten wir darauf, dass wir mit allen unseren Überlegungen Aristoteles darin folgen, dass er unter der Philosophie »eine gewisse Wissenschaft« – *epistéme tis* – versteht (*Metaphysik* 1003 a 19), eine Wissenschaft zwar von ganz eigenartiger Beschaffenheit, worauf wir jetzt nicht eingehen können. Aber in jedem Falle gehört zu einer Wissenschaft – was auch immer ihre Besonderheit sein mag –, dass sie ihre Erkenntnisse sprachlich kundtut; wer nicht redet oder schreibt, treibt keine Wissenschaft.

Nun ist die Grundform, in der wissenschaftliche Erkenntnisse sprachlich dargelegt werden, die Aussage, z.B. ein Aussagesatz wie »die Tafel ist weiß«. An diese Beobachtung können wir anknüpfen, indem wir etwas näher darauf eingehen, wie eine Aussage gebaut ist. Die Aussage hat eine bestimmte immer wiederkehrende Grundstruktur, und diese Struktur ist – das ist für uns hier entscheidend – unabhängig davon, ob wir mit unserer jeweiligen Aussage über ein Naturding oder über ein von uns Menschen hervorgebrachtes Werk sprechen.

Bevor wir versuchen, diese Struktur zu beschreiben, können wir der Deskription aber eine Annahme vorausschicken, mit der wir Aristoteles folgen. Er nimmt an, dass sich in der Grundstruktur des Aussagens die Struktur dessen spiegelt, worauf wir uns mit unseren Aussagen beziehen. In jeder Aussage ist – erkennbar oder implizit – als tragender Bestandteil das Wort »ist« enthalten – oder irgendeine Abwandlung davon wie etwa »sind«.[81] Dieses Wort »ist« lässt nach Aristoteles darauf schließen, dass das, worauf sich Aussagen beziehen, immer etwas irgendwie Seiendes ist; denn mit dem Wort »das Seiende« meinen wir ja nichts anderes als etwas, was *ist*.

Wenn die Struktur der Aussage, die wir uns gleich vor Augen führen wollen, der Struktur des Seienden überhaupt entspricht, dann kann diese Struktur eine Brücke bilden zwischen dem Nachdenken über die Ursächlichkeit in der Natur und dem über die Ursächlichkeit in der Kunst. Die Übertragung der Unterscheidung von vier Ursacheweisen aus dem Bereich des durch *téchne* Seienden auf das *phýsei* Seiende wäre deshalb möglich, weil jegliches Seiende unabhängig davon, ob es zur Natur oder zur Kunst gehört, eine gemeinsame Struktur besitzt, nämlich die Struktur, die in den Aussagesätzen sprachlich zum Vorschein kommt.

Aber welches ist diese Struktur? Als erstes können wir feststellen, dass hier von einer Struktur der indoeuropäischen oder indogermanischen Sprachen die Rede ist. Schon die Griechen haben auf die Struktur unseres Sprachsystems geachtet, und dabei ist zum Vorschein gekommen, dass es unterschiedliche Arten von Sätzen gibt, beispielsweise Wunschsätze, Fragesätze, Befehlssätze – und eben auch: Aussagesätze. In Fortsetzung gewisser Ansätze in der Spätphilosophie seines Lehrers Platon hat Aristoteles beobachtet oder zumindest behauptet, dass die Aussagesätze in unseren Sprachen eine grundlegende Rolle spielen, und zwar eben deswegen, weil sie sich durch das in ihnen enthaltene »ist« auf das Sein des jeweiligen Seienden beziehen, über das jeweils in einer Aussage gesprochen wird. Wegen ihrer Bezogenheit auf das Sein hat die Struktur dieser Sätze für den indoeuropäischen Sprachtyp eine Modellfunktion, über die wir bei Aristoteles das Folgende erfahren:

Die Struktur der Aussagesätze bringen wir dadurch zum Ausdruck, dass wir von einer Aussage dies sagen: Wir sprechen in ihr »über« etwas, nämlich *über* das Seiende, auf das wir uns mit dem

---

[81] Jede Aussage, die an der Prädikatsstelle ein Vollverb enthält, lässt sich – so die problematische Behauptung von Aristoteles – in eine semantisch äquivalente Aussage umwandeln, die aus einer nominalen Bestimmung (Partizip oder Adjektiv) und einer finiten Form des Verbs »sein« besteht. Beispiel: »Der Fisch schwimmt« besagt dasselbe wie »Der Fisch ist schwimmend«.

§14. *ti katá tinós* – Bedarfshorizonte und Seinshorizont

betreffenden Satz beziehen. So können wir beispielsweise die Aussage machen: »diesda ist ein Tisch« oder »der Tisch ist ein Möbelstück«. Das, »worüber« wir in einer solchen Aussage sprechen, liegt, wie man im Deutschen ähnlich wie im Altgriechischen formulieren kann, der Aussage »zugrunde«. Komplementär zum »Worüber« der Aussage gibt es auch ein »Darunter«, nämlich das, worüber das Aussagen ergeht: das Darunter ist das, was dem Worüber unterliegt, das »Unterliegende«, griechisch *hypokeímenon*. In dem Satz »diesda ist ein Tisch« ist das, was meinem Aussagen unterliegt, das »Diesda«, also das, worauf ich jetzt mit dem Finger zeige; es ist das *hypokeímenon*. Und das, was ich darüber aussage, lautet: »Tisch«. Bei dem anderen Beispielsatz »der Tisch ist ein Möbelstück« ist das *hypokeímenon* der Tisch und das darüber Ausgesagte ist die Bestimmung »Möbelstück«.

Der von Aristoteles eingeführte Begriff *hypokeímenon* wurde schon im vorigen Paragraphen bei der Erläuterung des Begriffs der *hýle*, des Stoffs, erwähnt und dabei wurde darauf hingewiesen, dass die geläufige lateinische Wiedergabe von *hypokeímenon* »Substrat«, *substratum*, lautet. In dem auf das Sprechen und damit auf die Grammatik bezogenen Zusammenhang, bei dem wir jetzt stehen, wird aber traditionell eine andere Übersetzung ins Lateinische bevorzugt, nämlich *subiectum*, »Subjekt«. *Subiectum* bedeutet wörtlich »das Unterworfene«, nämlich das, was dem Worüber der Aussage unterworfen ist.

Wie sprechen wir in einer Aussage über das ihr Unterworfene und Zugrundeliegende, das *hypokeímenon* bzw. *subiectum*? Wir bringen es auf solche Weise zur Sprache, dass wir es *als* das erscheinen lassen, was es ist. Was heißt das? In dem Beispielsatz »diesda ist ein Tisch« bezeichnet das Wort »diesda« dasjenige, was meiner Aussage »unterworfen« ist, also das *hypokeímenon*, und in dem Satz »der Tisch ist ein Möbelstück« hat das Wort »Tisch« diese Funktion; es ist, wie wir in der Grammatik sagen, das »Subjekt« des Satzes. In diesem Falle ist die Bestimmung »Möbelstück« das über das Subjekt Ausgesagte, im ersten Falle die Bestimmung »Tisch«. Mit solchen Bestimmungen lassen wir das Subjekt, das der Aussage Unterliegende, *als* etwas erscheinen, *als* Tisch, *als* Möbelstück usw.

Das zeigt den engen inneren Zusammenhang zwischen unserem Sprechen über das Seiende und dem Sein dieses Seienden. Das Sein des Seienden ist, wie oben schon erläutert, ein Erscheinen, ein Eintreten in eine arthafte Bestimmtheit, die es erlaubt, das jeweilige

Seiende *als* etwas anzusprechen. Wir sehen nun, dass das Erscheinen des Seienden *als* etwas und das Sprechen darüber in Aussagesätzen eng zusammengehörige Geschehnisse sind. Unser Sprechen *ist* nichts anderes als ein Vollzug, worin wir das Erscheinen des Seienden eigens geschehen *lassen*. Wir lassen in unserer Sprache das Erscheinen und seine Struktur selbst erscheinen. Man könnte auch umgekehrt sagen: In der Struktur des Erscheinens kehrt die Struktur unseres Sprechens wieder. In dieser Umkehrbarkeit steckt eines der zentralen Probleme gerade auch der Gegenwartsphilosophie, in der seit einiger Zeit die alte Problematik des Realismus wieder diskutiert wird. Aber das muss und kann hier beiseite gelassen werden; denn im vorliegenden Zusammenhang geht es allein um die Entsprechung der Struktur des Seins des Seienden und der Aussagen über das Seiende.

Doch was ist nun diese Struktur? Gemäß der Auffassung des Aristoteles ist unsere Sprache insgesamt nach dem Muster ihrer elementaren Aussagesätze gebaut. Alle Sätze sind fokussiert in zweierlei »etwas«; »etwas« heißt auf Griechisch *ti*. Das eine Etwas ist das Darunterliegende, das andere Etwas ist das, was darüber gesagt wird. Der Bestandteil »über« in dem Wort »darüber« bringt die Präposition *katá* zum Ausdruck, nach der in diesem Zusammenhang das nachfolgende Substantiv im Genitiv steht. So lässt sich das Grundmuster der Sätze in die Formel fassen: *ti katá tinós (tinós* ist der Genitiv von *ti)*, »etwas über etwas«. Entscheidend ist nun: Wenn die mit dieser Formel bezeichnete Struktur auch die Struktur des Erscheinens des Seienden, des Seins des Seienden ist, dann bedeutet Sein bzw. Erscheinen notwendigerweise: Eintreten in eine Bestimmtheit: etwas *ist*, es begegnet uns als ein Seiendes, bedeutet: es kommt so zum Vorschein, dass ein Zugrundeliegendes einer Bestimmung unterliegt und eine arthafte Bestimmtheit erhält. Demnach unterscheiden sich die beiden Etwas, formelhaft ausgedrückt, so, dass das eine Etwas die *Bestimmung* ist und das andere Etwas das, was der Bestimmung unterliegt, kurz gesagt: das *Bestimmbare*. »Etwas über etwas« bedeutet also »Bestimmung eines Bestimmbaren«.

Eines der möglichen Beispiele für die Struktur des »etwas über etwas« ist der Grundunterschied, auf dem die Vierursachentheorie aufbaut, der Unterschied von Stoff und Form: Wenn ein vor- und bereitliegendes Material gemäß einer *téchne* gestaltet wird, ist diese Formung geradezu ein Musterbeispiel für das Verhältnis, das die Formel »etwas über etwas« ausdrückt: Es ist kein Zufall, dass es im Deutschen möglich ist, zu formulieren, ein Material werde einer Ge-

§ 14. *ti katá tinós* — Bedarfshorizonte und Seinshorizont

staltung »unterzogen«. Damit ist gemeint, dass der Stoff der Behandlung durch seine Formung »unterliegt«; er ist das, was unten liegt, und die Behandlung durch die Gestaltung vollzieht sich gleichsam von oben her über ihn. Dieses Verhältnis eines auf ein Darunter bezogenen Darüber bringt auch die Formel »etwas über etwas« mit dem Wort »über« zum Ausdruck. Die griechische Präposition *katá*, die hier mit »über« ins Deutsche übersetzt wird, meint im Zusammenhang der Formel *ti katá tinós* ebenfalls ein Von-oben-nach-unten. Bei der Gestaltung eines Materials, durch die ein Werk zustandekommt, liegt das Material gleichsam unten bereit für das Geschehen der Formung, das darüber ergeht.

Damit hat sich geklärt, warum Aristoteles die elementare Unterscheidung zwischen den beiden Ursachen Stoff und Gestalt, Materialursache und Formalursache auf alles Seiende, auch die *phýsei ónta*, die Naturdinge, beziehen konnte, obwohl die Unterscheidung eigentlich nur *einem* Bereich des veränderlichen Seienden konkret entnommen ist, nämlich dem Bereich der *téchne ónta*. Aristoteles hielt das für möglich, weil das Sein und Erscheinen dieser Dinge ebenso wie das Sein von allem überhaupt, worüber wir Aussagen machen können, durch die Struktur *ti katá tinós* bestimmt wird. Doch nun stellt sich die zweite eingangs genannte Frage: Wird die Struktur *ti katá tinós* dem Sein der Naturdinge wirklich gerecht? Aristoteles *kann* diese Struktur zwar darauf anwenden, aber *darf* er das auch? Lässt die »Sache«, um die es geht – das *phýsei ón* – das von sich her zu?

Die Antwort ergibt sich daraus, dass das Sein alles Seienden, also auch dessen, was nicht durch Kunst ins Sein gelangt, den Grundcharakter des Erscheinens hat, des Eintretens in eine arthafte Bestimmtheit, also der *génesis eis ousían*, des Werdens-ins-Wesen-hinein. Wenn wir dieses Geschehen des Seins betrachten, sehen wir, dass es eine Richtung hat; es ist eine Bewegung mit der Tendenz zur arthaften Bestimmtheit, also zum *eîdos*. Aber was sich in eine bestimmte Richtung bewegt, kommt her aus der entgegengesetzten Richtung; seine *Herkunft* liegt in dieser entgegengesetzten Richtung. Demnach bewegt sich das Sein als Geschehen der *génesis eis ousían* gleichsam zwischen zwei Polen, nämlich der Herkunft und dem *eîdos*, worauf das Geschehen zuläuft.

In der Vierursachen-Theorie trägt der Pol, der dem *eîdos*, dem Wesen des Seienden, gleichsam gegenüberliegt und ihm entgegengesetzt ist, die Bezeichnung *hýle*, »Stoff«. Das ist allerdings nicht selbstverständlich; denn mit der Kennzeichnung der Herkunft des

Seienden als *Material* gehen wir über den Gedanken, dass die *génesis eis ousían* als ein zielgerichtetes Geschehen eine Herkunft hat, hinaus. Die Herkunft können wir nur dann als Stoff bezeichnen, wenn wir uns schon am Geschehen der Herstellung von etwas orientieren; denn nur dort – im Bewusstsein des Herstellers, des *téchnites* – finden wir die Unterscheidung zwischen der Gestalt und dem Material, das für die Gestaltung vor- und bereitliegen muss. Um dem *phýsis*-Charakter der *génesis eis ousían* also wirklich gerecht zu werden, müssen wir sorgfältig darauf achten, dass wir nicht durch eine voreilige Benutzung des Begriffs der Materialursache in die Interpretation der *phýsis* aus der Gegenüberstellung zur *téchne* zurückfallen und uns dadurch den Weg zum ursprünglichen weiten Verständnis der *phýsis* und damit zum Verständnis des frühgriechischen Denkens versperren.

Wir können jetzt jedenfalls soviel sagen: Wenn wir auf das Seinsgeschehen der *génesis eis ousían* achten, dann zeigt sich uns – unabhängig von der Orientierung an der *téchne* – zumindest *ein* Unterschied, nämlich der zwischen dem *eîdos* als *télos* des Geschehens einerseits und der Herkunft des Geschehens andererseits, und auf diesen Unterschied lässt sich – allerdings nur unter Bezugnahme auf die *téchne* – der Grundunterschied von *eîdos* und *hýle*, Form und Stoff, beziehen, auf dem die Vierursachentheorie aufbaut.

Offenbar können wir jenen Unterschied von Zielgestalt und Herkunft dann sehen, wenn wir auf das *Sein* des Seienden achten und dadurch entdecken, dass das Sein als Geschehen der *génesis eis ousían* stattfindet. Aber dann müssen wir fragen, wie wir überhaupt dazu kommen, vom Sein zu sprechen. Welche Einstellung nehmen wir eigentlich in der Metaphysik ein, wenn wir hier jegliches Seiende daraufhin untersuchen, dass es *ist?* In welcher Haltung gelingt es uns, das Seiende *als* Seiendes, d.h. im Hinblick auf sein *Sein* zu betrachten? Im alltäglichen Leben außerhalb der Philosophie erscheint uns das Seiende unter allen möglichen Gesichtspunkten, z.B. unser Körper unter dem Gesichtspunkt der Gesundheit, das Essen unter dem Gesichtspunkt seines Wohlgeschmacks, die Waren im Supermarkt unter dem Gesichtspunkt ihres Preises usw. Alle solche Gesichtspunkte oder Hinsichten lassen wir hinter uns, wenn wir uns dafür entscheiden, das Seiende unter der einzigen Hinsicht zu betrachten, die bei allem und jedem Seienden möglich ist, der Hinsicht des Seins.

Wir können diesen Sachverhalt in der Sprache der Phänomenologie auch so ausdrücken: Vor und außerhalb der Philosophie, also in Husserls Terminologie: in der »natürlichen Einstellung«, erscheint

§ 14. *ti katá tinós* – Bedarfshorizonte und Seinshorizont

uns das Seiende nicht im Horizont seines Seins, sondern in vielen anderen Horizonten wie Gesundheit, Preis, Geschmack usw. Das gilt nun auch für das *téchne on*, das »durch Kunst Seiende«. Wenn wir solches Seiende, also das vom Menschen Hergestellte, so betrachten, wie wir das im normalen außerphilosophischen Leben tun, dann ist der Hauptgesichtspunkt für diese Betrachtung unser Bedarf, d. h. die Frage, wofür wir ein bestimmtes Produkt, ein »Werk« in unserem Leben brauchen. Als wir das Bewusstsein beschrieben haben, das ein *technítes* bei der Herstellung eines Werks hat, sind wir von diesem Gesichtspunkt ausgegangen: Das Bewusstsein des Herstellers ist darin verankert, dass sein Werk in irgendeinem Lebenszusammenhang gebraucht wird. Dieses Bewusstsein bestimmt den Zweck, das »Worumwillen« des herzustellenden Werks, aus dem Zweck ergibt sich dann als zweites die arthafte Bestimmtheit, die Gestalt des Werks, daraus wiederum das geeignete Material und schließlich als viertes die Vorstellung von einem »Anfang der Herstellungsbewegung«.

Das bedeutet: Die Unterscheidung der vier Ursacheweisen in Orientierung an der *téchne* wird möglich, weil dabei der Gesichtspunkt des Bedarfs leitend ist. Und damit hat sich etwas Entscheidendes herausgestellt: Die leitende Hinsicht der Betrachtung bei der Differenzierung der vier Ursachen ist eine Hinsicht der außerphilosophischen, natürlichen Einstellung, es ist nicht die philosophische Hinsicht des Seins. Wenn wir hingegen von der *génesis eis ousían* sprechen, betrachten wir das Seiende im Hinblick auf sein Sein; das Sein ist unsere Hinsicht. Als wir oben zwei Pole im Geschehen des Seins, die Zielrichtung auf das *eîdos* und die dieser Richtung entgegengesetzte Herkunft, unterschieden haben, war diese Unterscheidung unabhängig vom Blick auf das Bewusstsein eines *technítes*, auf den wir uns im vorigen Paragraphen bezogen hatten.

Nun könnte man noch einwenden, dass wir zur näheren Beschreibung der *génesis eis ousían* den Begriff des *eîdos* brauchen. Woher haben wir diesen Begriff? Das *eîdos* ist als das, was einem Zugrundeliegenden seine Form, *morphé*, verleiht, eine der vier Ursachen, und für die Differenzierung der vier Ursachen bedürfen wir der Orientierung an der *téchne*. Haben wir uns also nicht doch zumindest indirekt durch den Gebrauch des Begriffs *eîdos* auf die Kunst bezogen? Die Antwort lautet: nein. Auch der Gebrauch des Begriffs *eîdos* erklärt sich ursprünglich allein aus der Einstellung der Metaphysik, mit der wir die natürliche Einstellung verlassen. Alle Gesichtspunkte, Hinsichten, unter denen wir in der außerphilosophischen Lebenseinstellung das Seiende betrachten können, sind mit irgendeinem Interesse unseres natürlichen Lebens verbunden. Wir achten auf den Wohlgeschmack der Speisen, weil uns am guten Essen gelegen ist, wir prüfen die Waren im Supermarkt unter dem Gesichtspunkt ihres Preises, weil wir sparsam leben wollen, wir sorgen uns um unseren körperlichen Zustand, weil wir gesund sein möchten, usw. Immer motiviert uns ein Interesse. Wenn wir hingegen das Seiende rein im Hinblick auf es selbst, also in seinem *Sein* betrachten, ist kein solches Interesse im Spiel.

Der Hinblick auf das Sein ist ein ganz und gar gelassener Blick, ein Blick, der unbefangen offen ist für das Erscheinen, das Ins-Sein-Treten des Seienden. Es ist ein Blick der reinen Betrachtung, also in der Sprache des Aristoteles: der geistige Blick der *theoría*, von der in § 8 im Zusammenhang mit der frühen Mathematik – Stichwort »Pythagoras« – schon einmal flüchtig die Rede war. Was kann sich den Augen unseres Geistes zeigen, wenn für den theoretischen Blick alles das nicht in Betracht kommt, was sich uns im Lichte irgendeines Interesses zeigt? Es gibt nur eine Antwort: Was sich hier ursprünglich zeigt, kann nur die arthafte Bestimmtheit sein, in die das Seiende mit dem Geschehen seines Seins, mit seinem Erscheinen eintritt. Fazit: Auch für den Gebrauch des Begriffs *eîdos* brauchen wir keine Orientierung an der *téchne*, – im Gegenteil: Wir sind hier von allen Interessen, durch die eine *téchne* motiviert sein kann, so weit entfernt wie nur irgend möglich.

Nach diesen Überlegungen dürfen wir es für einigermaßen gesichert halten, dass wir uns bei der Unterscheidung der beiden Pole der *génesis eis ousían* – Zielrichtung auf das *eîdos* und Herkunft des Geschehens – nicht auf die Orientierung an der *téchne* bzw. am Bewusstsein des *technítes* zu stützen brauchen. Damit aber sind wir bei dem Versuch, uns der alten weiten Bedeutung von *phýsis* zu nähern, ein Stück weitergekommen. Wenn wir nämlich für die Erkenntnis der Basis des Grundunterschieds von Stoff und Form nicht auf die Orientierung am Herstellungsbewusstsein des *technítes* angewiesen sind, zeichnet sich damit erstmals ein Zugang zum alten weiten Naturbegriff ab, zur *phýsis* als dem jegliches Seiende umfassenden Geschehen der lebendigen Selbsterneuerung. Es eröffnet sich die Möglichkeit, den engen Naturbegriff, d. h. die aristotelische Gegenüberstellung von *phýsei on* und *téchne on* zu überwinden. Von nun an muss unsere Hauptfrage sein, wie wir diese Möglichkeit konkret ergreifen können.

§14. ti katá tinós – Bedarfshorizonte und Seinshorizont

Die letzten Überlegungen haben die Tür zu dem Gedankenweg geöffnet, auf dem wir jene Gegenüberstellung verlassen können. Wir sind jetzt nämlich in der Lage, zu durchschauen, warum diese so selbstverständlich erscheinende Gegenüberstellung von grundauf problematisch ist. Sie ist es deshalb, weil mit ihr der Horizont des Betrachtung des Seienden als Seienden, nennen wir ihn kurz den »Seinshorizont«, und die Bedarfshorizonte nicht streng auseinandergehalten werden:

Wir können auch im Alltagsleben bei irgendetwas, das in unserem Bedarfshorizont auftaucht, das Von-Woher suchen, also nach dem fragen, von wo ausgehend es entstanden ist, und wir können mit solchem Fragen durchaus bis zu einem ersten Von-Woher, also einer *arché* vordringen. Ich sehe etwa in einem Geschäft eine Ware, die mich so sehr interessiert, dass ich wissen will, wer sie ursprünglich hergestellt hat. So folge ich in meinen Alltagshorizonten Verweisungszusammenhängen, die mich bis zur *téchne* des Herstellers als Anfangsgrund, als *arché* führen. Jeder solche Verweisungszusammenhang ist ein Beispiel für den Bedarfshorizont des Alltagslebens. Aber was wir erreichen, indem wir solche Verweisungszusammenhänge bis zu ihrem Anfang verfolgen, ist immer nur der Ursprung in einer *téchne*, und zur *téchne* gehört, dass sie in dem, was von ihr ausgeht, nicht gegenwärtig bleibt.

Mit dem Übergang zur *theoría* verlassen wir die Bedarfshorizonte des Alltagslebens und betrachten jegliches Seiende im reinen Horizont seines Seins. Dadurch können wir für alles Seiende die Art von *arché* entdecken, die wirklich uneingeschränkt Anfangsgrund ist, nämlich ein Anfang, der – im Unterschied zur *téchne* – im Sein des Seienden, das von ihm herkommt, gegenwärtig bleibt. Das gilt auch für die gerade als Beispiel genannte Ware in einem Geschäft. Entscheidend ist nun für unsere kritische Würdigung der Gegenüberstellung von *téchne on* und *phýsei on*, Natur und Kunst, *phýsis* und *téchne*: Diese beiden Arten von Anfangsgrund kommen nur innerhalb entsprechender Horizonte zum Vorschein, dem des Seins und dem des Bedarfs.

Weil wir die Einstellung wählen können, in der sich uns diese Horizonte jeweils eröffnen, die natürliche oder die theoretisch betrachtende Einstellung, haben wir die Möglichkeit, den Ursprung jedes menschlichen Werks auf doppelte Weise aufzufassen: Wenn wir ein Werk, beispielsweise die erwähnte Ware, als etwas ansehen, das wir gebrauchen und das in diesem Sinne in einen Bedarfshorizont gehört, dann muss uns sein allererster Ursprung als eine *téchne* erscheinen. Wenn wir die Ware aber rein als Seiendes betrachten und sie auf diese Weise in den Horizont des Seins eingebettet sehen, dann erscheint uns ihr anfänglicher Ursprung als *phýsis*, als Natur. Je nach dem Horizont, für den wir uns öffnen, kann uns der anfängliche Ursprung eines Werks wie etwa der besagten Ware als Natur oder als Kunst erscheinen.

Diese doppelte Betrachtungsmöglichkeit der *arché* des Werks hat nun aber für die Philosophie ihre großen Tücken. Es liegt nämlich nahe, zu vergessen, dass diese doppelte Möglichkeit an entsprechende Horizonte und an die Einstellungen gebunden ist, in denen die Horizonte zum Vorschein kommen. Wenn man das nicht beachtet, führt die Unterscheidung der beiden Anfangsgründe *phýsis* und *téchne* zu einer gefährlichen Verwirrung. Dann muss nämlich der Eindruck entstehen, als gäbe es innerhalb der Philosophie zwei auf der gleichen Ebene miteinander konkurrierende Arten von Anfangsgründen: Natur und Kunst. Es sieht dann so aus, als könnte ein und dasselbe Seiende, ein bestimmtes Werk, beispielsweise die erwähnte Ware, in ein und derselben Hinsicht zwei verschiedene Anfangsgründe haben. Die Hinsichten, unter denen wir die Ware betrachten können, ergeben sich aus den beiden grundverschiedenen Horizonten, in die sie sich einordnen lässt, dem des Bedarfs und dem des Seins. Wenn wir beide Horizonte nicht unterscheiden, weil wir die entsprechenden Einstellungen nicht auseinanderhalten, scheint es so, als seien die Hinsichten, unter denen die *arché* der Ware einmal als Natur und einmal als Kunst erscheint, identisch. Aber das ist ein Widerspruch und deshalb unmöglich; es kann nicht zweierlei Verschiedenes für ein und dasselbe Seiende in ein und derselben Hinsicht Anfangsgrund sein.

Weil das unmöglich ist, muss die Philosophie nun einen Ausweg aus dem Widerspruch suchen. Der *sachgerechte* Ausweg würde in der Erkenntnis bestehen, dass es die Fragehorizonte und damit die Hinsichten sind, die es erlauben, die beiden Arten von Anfangsgrund ohne Widerspruch auf ein und dasselbe Seiende zu beziehen. Wenn man das nicht beachtet, bleibt nur ein anderer Ausweg: Man muss zwei Bereiche von Seiendem unterscheiden, für die jeweils nur eine der beiden Arten von *arché* gleichsam zuständig ist. Der eine Bereich besteht dann aus all dem Seienden, das der Mensch hervorgebracht hat, also den Werken, den *érga*. Und in den anderen Bereich gehören all die Dinge, die von selbst, von Natur entstanden sind. So führt die

§14. *ti katá tinós* – Bedarfshorizonte und Seinshorizont

Suche nach einem Ausweg aus dem Widerspruch zu der Annahme, dass man die Gesamtheit des veränderlichen Seienden in zwei Großbereiche teilen muss, nämlich die Klasse desjenigen Seienden, das zur Natur, zur *phýsis* gehört, und eine andere Klasse von Seiendem, das zur menschlichen Kunst zu zählen ist. Und genau damit sind wir bei der Unterscheidung von Kunst und Natur, *phýsei ónta* und *téchne ónta* angelangt.

Damit haben wir ein erstes Ziel unserer Überlegungen erreicht: Die auf Aristoteles zurückgehende Einteilung des Seienden – der *ónta* – in *phýsei ónta* und *téchne ónta* entstammt einer Verengung des Naturbegriffs, deren Herkunft sich aufklären lässt: Zu dieser Verengung ist es dadurch gekommen, dass die Horizonte von Sein und Bedarf nicht streng auseinandergehalten wurden. Es wurde nicht beachtet, dass die Anfangsgründe *phýsis* und *téchne* uns von Hause aus in diesen beiden grundverschiedenen Arten von Horizont begegnen. So konnten *phýsis* und *téchne* als zwei Arten von Anfangsgründen erscheinen, die so angesehen wurden, als konkurrierten sie miteinander gleichsam auf der gleichen Ebene. Und so konnte die weite alte Bedeutung von *phýsis* weitgehend in Vergessenheit geraten. Dass auch das von uns Menschen Gemachte etwas Erscheinendes ist und dass jegliches Erscheinen von der Kraft der Selbsterneuerung zehrt, dass also die *phýsis* den Anfangsgrund für schlechthin alles veränderliche Seiende bildet, – das Bewusstsein von diesem einfachen Sachverhalt ist bei der Einteilung in die beiden Bereiche Natur und Kunst untergegangen.

II. Teil: Kosmologie der Elemente von Thales bis Aristoteles

§15. »Element« und »Atom« als erste Themen der Philosophie

Aristoteles folgt bei seiner Interpretation des frühen Denkens der Vermutung, dass die Reihenfolge, in der die Ursacheweisen entdeckt wurden, kein Zufall war. Es bestand vielmehr »von der Sache her« eine gewisse Notwendigkeit für eine bestimmte Reihenfolge. In diesem Sinne heißt es in der *Metaphysik* (984 a 18) »Beim weiteren Fortschritt wies ihnen die Sache selbst – *autó to prâgma* – den Weg und nötigte sie zur Forschung.« Diese Formulierung erinnert in auffälliger Weise an die uns schon bekannte Devise »zu den Sachen selbst«, mit der Husserl in den *Logischen Untersuchungen* die Phänomenologie begründete. Aristoteles betrachtet diejenigen als seine Vorgänger, die sich wie er ganz von der »Sache selbst« leiten ließen. So kann man sagen, dass er sich mit dieser Formulierung lange vor der Entstehung der Phänomenologie schon zu ihrem Geist bekannte.

Die »Sache«, von der die »Protophänomenologen«, die Aristoteles als seine Vorgänger ansah, geistig in Bann geschlagen wurden, war die *phýsis*, und mit Bezug auf sie fragten sie – jedenfalls nach dem Bild, das Aristoteles von ihnen zeichnet – nach der *arché*, dem Anfangsgrund oder den Anfangsgründen des Seienden in der Natur, das den Charakter der Veränderlichkeit hat, und diese Sache wies ihnen den Weg, als erstes der Herkunft des Gestaltwerdens alles Seienden aus der *hýle*, dem Material, nachzugehen, das für das Entstehen das erste Zugrundeliegende, das *hypokeímenon* bildet. Nach Aristoteles taten sie das, indem sie den stofflichen Anfangsgrund näher zu bestimmen suchten.

Einer der Grundzüge einer *arché* besteht darin, dass sie das Allererste ist, der nicht mehr hinterfragbare Anfang. Demgemäß müssen wir prüfen, ob es in der reichen Vielfalt des Stofflichen so etwas gibt wie ein erstes Material. Die Antwort des Protophänomenologen Aristoteles auf diese Frage lautet: Dieses Erste der Stofflichkeit sind die vier Elemente. Das trifft sich damit, dass in den vorliegenden Überlegungen die alten Elemente wegen der heutigen Umweltproblematik in §12 schon das Thema bildeten, das zum II. Teil überleitete. Konkret betrachtet, ist die stoffliche Ursache als *arché* ein Element oder eine Gruppe von Elementen. Was die ersten Denker als Urstoff der Welt angesehen haben, waren tatsächlich irgendwelche der später klassisch gewordenen Elemente: bei Thales aus Milet das Wasser, bei Anaximenes aus Milet die Luft, bei Heraklit aus Ephesus das Feuer

§15. »Element« und »Atom« als erste Themen der Philosophie

und schließlich bei Empedokles aus Agrigent Feuer, Wasser, Erde und Luft. Nur die Erde wurde von keinem der frühen Denker als Urstoff benannt. Unsere Frage muss demnach lauten: Welcher gedankliche Weg führt vom Stoff als Anfangsgrund zu seiner näheren Bestimmung als Element?

Die *arché* ist das anfänglich Erste. Welchen Sinn kann es haben, beim Stofflichen, Körperlichen von etwas anfänglich Ersten zu sprechen, und wieso hat dieses Anfängliche den Charakter des »Elements«? Mit *arché* ist ein Anfang des Erscheinens von veränderlichem Seiendem gemeint, der das betreffende Seiende nicht von außen bestimmt, so wie die *téchne* das fertiggestellte Werk, sondern als innerer Anfang. Als etwas beherrschend Gegenwärtiges ist dieser Anfang *hypokeímenon*. Der *hypokeímenon*-Charakter zeigt sich in der *hýle* mit sinnlich wahrgenommener körperlicher Präsenz. Das Material, aus dem das veränderliche Seiende besteht, ist etwas Körperliches. Das Erscheinen des veränderlichen Seienden ist eine Bewegung in der weiten Bedeutung dieses Begriffs, eine *kínesis*. Gibt es zwischen der so verstandenen Bewegung und dem körperlichen Material einen Zusammenhang?

Es wurde bereits erwähnt, dass es verschiedene Arten von Veränderung, *kínesis*, gibt. Könnte es eine Art von *kínesis* geben, die sich in eine engere Beziehung zum körperlichen Stoff bringen ließe? Wir wissen schon: Die grundlegende Veränderung bei allem veränderlichen Seienden ist sein Erscheinen, die *génesis eis ousían* als Einrücken von Material – wenn wir uns der Terminologie der Vierursachenlehre bedienen – in eine gestalthafte Bestimmtheit. Was geschieht eigentlich, genauer betrachtet, mit einem körperlichen Material, wenn es bei solcher Gestaltgewinnung zum *hypokeímenon* wird?

Wenn wir etwas als Material bei der Anfertigung von etwas verwenden, verändern wir seine Beschaffenheit, um es der vorgesehenen Gestalt anzupassen. Was wir am Material verändern, sind irgendwelche Eigenschaften, d. h. Züge, *wie* es sich uns darbietet. Nach den Eigenschaften einer Sache erkundigen wir uns, indem wir fragen, *wie* sie beschaffen ist. Das »Wie« der Beschaffenheit heißt auf griechisch *poión*. Das *poión*, das Wiebeschaffensein, ist eine der Weisen, wie etwas *ist* und wie wir dieses »ist« – das Sein von etwas – in Aussagesätzen zur Sprache bringen können. Etwas ist beispielsweise von der Beschaffenheit »weich« oder »hart«, und wir können eben dies aussagen, indem wir von einer Sache, etwa einem Metall, sagen: »Eisen ist hart«.

II. Teil: Kosmologie der Elemente von Thales bis Aristoteles

Die verschiedenen Seins- und Aussageweisen hat Aristoteles in seiner Schrift über die Kategorien analysiert. In der griechischen Alltagssprache wurde das Wort *kategoría* beim Gerichtsverfahren verwendet. Der Angeklagte wird vom Ankläger rechtlich klassifiziert und als das, was er ist, angesprochen, als Dieb, als Mörder usw. Jede solche Weise des Seins und Angesprochenseins ist eine *kategoría*. Aristoteles hat dieses Wort zu einem philosophischen Grundbegriff gemacht, nämlich zur Bezeichnung für die möglichen Weisen, wie wir das Sein von etwas an- und aussprechen können.

Eine der Kategorien ist das *poión*, das Wiebeschaffen. Auf Latein heißt »wiebeschaffen« *qualis* (bzw. in der Neutrumform *quale*). Das zugehörige abstrakte Substantiv lautet *qualitas*, eingedeutscht »Qualität«, »Wie-Beschaffenheit«. Die Kategorie der Qualität spielt eine Rolle bei der Veränderung von Material. Seine Veränderung bei der Anfertigung von etwas kann in einem Wechsel der Beschaffenheit bestehen. Um eine Statue zu gießen, muss man beispielsweise das harte Metall verflüssigen. Der Wechsel der Beschaffenheit besteht, wie man sich an jedem anderen Beispiel dieser Art klarmachen kann, darin, dass der Stoff von einer Qualität in die entgegengesetzte übergeht, beispielsweise von hart zu weich. Dieses Übergehen von einer Beschaffenheit zur entgegengesetzten heißt in der Sprache des Aristoteles *metabolé*, – wörtlich übersetzt: »Umschlag«, also Wechsel der Eigenschaft als Übergang zum Gegenteil. Die *metabolé,* der Qualitätswechsel, ist eine der Arten von Veränderung, die unter den weiten Begriff der Bewegung, der *kínesis*, fallen.

Alle Arten von *kínesis* betreffen irgendeine Kategorie. Eine andere Art von *kínesis* als die *metabolé* ist die Ortsveränderung. Auch sie kommt bei der Umgestaltung eines Materials zu Herstellungszwecken in Betracht. Beim Bau eines Hauses beispielsweise müssen Steine oder Hölzer von einem Ort an einen anderen verlagert werden. Das An-einem-Ort-Sein ist bei Aristoteles eine Kategorie.[82] Wie werden die Materialien dadurch verändert, dass sie im Herstellungsprozess einer Ortsbewegung unterworfen werden? Die Hölzer, die man beispielsweise bei der Errichtung eines Gebäudes verwendet, müssen aus einem Baumstamm herausgeschnitten werden. Dabei wird ein

---

[82] Zwei Jahrtausende später hat sich das in der *Kritik der reinen Vernunft* geändert. Weil der Ort eine Bestimmung des Raumes und dieser für Kant eine Form der *Anschauung* des uns Erscheinenden ist, kann der Ort nicht mehr zu den Kategorien gehören; denn diese sind für Kant Formen des *Denkens*.

§15. »Element« und »Atom« als erste Themen der Philosophie

Material, in diesem Falle das Holz, zerteilt. Diese Zerlegung ist eine Ortsbewegung; denn die Stücke des Materials, die zu Teilen gemacht werden, treten durch die Zerteilung auseinander. Auseinandertreten heißt aber: an verschiedene Orte gelangen. Bei der Fertigstellung des Werks, beispielsweise des Hauses, werden die Teile zusammengefügt, d. h. von ihren verschiedenen Orten her an einem Ort vereinigt. Diese spezielle Ortsbewegung, das räumliche Zerlegen und Zusammenfügen, spielt bei der Herstellung eines körperlichen Werks die wichtigste Rolle.

Indem wir Materialien räumlich teilen oder an einem Ort zusammenfügen, machen wir aus einem vorliegenden Stoff zwei oder mehrere Stücke, und umgekehrt: wir vereinigen Mehreres zu einem Einzigen. Diese Art von Veränderung besteht also im Übergang von einer Einheit zur Vielheit bzw. umgekehrt. Eines, mehreres, vieles können wir miteinander vergleichen, indem wir es zählen: Wir benötigen ein, zwei, drei Balken von dem zersägten Holz oder soundsoviele Steine als Baumaterial. Auch das Wieviel, griechisch: *póson*, ist eine Weise, wie etwas ist und als seiend angesprochen wird. »Wieviel« heißt lateinisch *quantum* und die entsprechende Kategorie *quantitas*, »Quantität«.

Wenn wir einen Stoff beim Herstellungsprozess verändern, kann es sich um eine *metabolé*, also einen Beschaffenheitswechsel, oder aber um die gerade erörterte besondere Art von Ortsbewegung – das räumliche Teilen und Zusammenfügen von Material – handeln. Die *metabolé* bezieht sich auf die Kategorie der Qualität, die räumliche Teilung und Zusammenfügung hingegen auf die der Quantität. Wir sehen so, dass bestimmten Kategorien bestimmte Arten von Veränderung, *kínesis* entsprechen. Nun können wir die beiden zuletzt unterschiedenen Arten von *kínesis* auf die Veränderung des Stofflichen *als* Stofflichen beziehen. Und dadurch wiederum gewinnen wir die Möglichkeit, das Stoffliche als *arché* und *hypokeímenon* zu bestimmen.

Bei der Teilung und Zusammenfügung besteht die Bearbeitung eines Materials darin, dass wir Bestandteile räumlich trennen oder vereinigen. Aber auch bei der Qualitätsveränderung kann es vorkommen, dass wir mit Bestandteilen zu tun haben. Wenn wir beispielsweise eine Fläche grün bemalen wollen, aber keine grüne Farbe haben, können wir Gelb und Blau mischen. Man kann verschiedene Qualitäten mischen, um eine neue Qualität zu erhalten. Das körperliche Material, der Stoff, ist in diesem Sinne auch hinsichtlich der Qualität teilbar und zusammenfügbar.

Auch bei der Mischung setzen wir etwas zusammen; aber es handelt sich um Stücke, die hinsichtlich ihrer Qualität, ihrer Eigenschaften verschieden sind. Hiervon müssen wir die räumliche Zusammenfügung unterscheiden. Eine örtliche Trennung und Vereinigung von Bestandteilen kann stattfinden, ohne dass es eine Verschiedenheit von Eigenschaften gibt, nämlich dann, wenn man mit einem in sich völlig homogenen Material arbeitet. Dies ist der reine Fall von räumlicher Teilung und Vereinigung eines Materials. Diese Art von Veränderung bezieht sich ausschließlich auf die Kategorie der Quantität. Der genau entgegensetzte Fall ist die vollkommene Mischung, bei der sich zwei Stoffe, beispielsweise die Farben Gelb und Blau, am selben Ort befinden, also räumlich nicht getrennt vorliegen, aber sich als Eigenschaften immer noch unterscheiden. Die Veränderung eines Materials durch die so verstandene Mischung bezieht sich ausschließlich auf die Kategorie der Qualität.

Diese Überlegungen erlauben uns nun, die Frage nach der *arché* konkret auf das körperliche Material zu beziehen. Dabei müssen wir das Material *als* Material betrachten, d. h. als Stoff, den wir für eine Gestaltung verwenden. Worin besteht der Anfang des Formungsprozesses? Wenn wir diese Frage auf das Material *als* verwendbares Material beziehen, müssen wir darauf achten, wie wir es verwenden: Wir vereinigen Bestandteile, die bereits getrennt vorliegen oder von uns für die Verwendung getrennt werden, zum fertigen Werk. Die Verwendung besteht also in der Zusammensetzung einzelner Bestandteile. Das fertige Werk als Ende des Gestaltungsprozesses ist etwas Zusammengesetztes. Der allererste Anfang – die *arché* – des Zusammensetzens würde darin bestehen, dass die Bestandteile überhaupt noch nicht in einen Vereinigungsprozess eingetreten sind und ihrerseits auch noch nicht das Resultat einer Zusammensetzung sind. An einem Anfang, vor dem es keinen anfänglicheren Anfang mehr gibt, dürfte noch keinerlei Zusammengesetztheit vorliegen. Es gibt hier ausschließlich stoffliche Bestandteile, die in diesem Sinne den Charakter der Einfachheit haben.

Um beim Stoff, dem körperlichen Material, das einer Hervorbringung zugrundeliegt, auf die *arché* zu stoßen, müssen wir nach den Bestandteilen fragen, aus denen das Werk zusammengesetzt oder gemischt ist, und wir müssen weiterfragen nach den zugrundeliegenden Bestandteilen, aus denen diese Bestandteile bestehen, und dieses Fragen müssen wir solange fortsetzen, bis wir bei denjenigen Bestandteilen angekommen sind, bei denen sich das Weiterfragen er-

§ 15. »Element« und »Atom« als erste Themen der Philosophie

übrigt, weil sie etwas Körperliches sind, das in einem strengen Sinne als einfach zu bezeichnen ist, weil es nicht in noch einfachere Bestandteile zerlegt werden kann. Dies nennt Aristoteles die »einfachen Körper«. Den eigentlichen materiellen Anfangsgrund, die *hýle* als *arché*, bilden die einfachen Körper.

Hier müssen wir noch einmal darauf zurückkommen, dass die Zusammengesetztheit von Körperlichem sich auf zwei Kategorien beziehen kann, die Quantität und die Qualität, je nachdem wir unter der Veränderung des Materials die räumliche Teilung und Zusammenfügung verstehen oder den reinen Beschaffenheitswechsel, die *metabolé*. Entsprechend gibt es eine anfängliche Einfachheit hinsichtlich der Quantität und der Qualität. Wenn einem Körper mit Bezug auf seine Quantität jede Zusammengesetztheit fehlt, handelt es sich um das, was die Griechen als *átomon*, »Atom« bezeichnen.

»*A-tomos*« heißt »un-teilbar«. Ein »Atom« in der ursprünglichen Bedeutung, in der es im frühen griechischen Denken eingeführt wurde, ist ein »einfacher Körper«, dessen Einfachheit von der Ortsbewegungsart »räumliche Teilung und Zusammensetzung« her gedacht ist. Die Unteilbarkeit bezieht sich demgemäß auf die räumliche Quantität. Das Atom kann nicht mehr in Teile mit einem noch kleineren räumlichen Umfang zerlegt werden; es ist das der Ausdehnung nach Kleinste. Die stoffliche *arché* ist erst in einer späten Phase des frühen griechischen Denkens in diesem Sinne als Unteilbares aufgefasst worden, nämlich im fünften Jahrhundert bei Leukipp und seinem viel bekannter gewordenen Schüler Demokrit, die Zeitgenossen des Sokrates, also keine »Vorsokratiker« waren, obwohl sie als das von Hermann Diels und Walther Kranz in ihre Sammlung *Die Fragmente der Vorsokratiker* aufgenommen wurden.

Das »Atom« bezeichnet nur eine von zwei Spielarten der »Unteilbarkeit«. Die andere verkörpert das der Qualität, d. h. der Art nach, der Eigenschaftlichkeit nach Unteilbare. Aristoteles bezeichnet es als *stoicheîon*, was wir mit »Element« übersetzen. Zu diesem Stichwort hier ein paar Anmerkungen: Im 5. Jahrhundert v. Chr. tauchen in einem Gedicht über die *phýsis*, von dem sich relativ umfangreiche Stücke erhalten haben, zum erstenmal die alteuropäischen Elemente Feuer, Wasser, Erde, Luft in ihrer uns vertrauten Vierzahl auf. Empedokles, der Verfasser des Gedichts – wie Parmenides eine Persönlichkeit aus dem westlichen Kolonialgebiet der Griechen, nämlich aus Agrigent in Sizilien – spricht von den vier »Wurzeln« des Weltganzen. Die Wörter, mit denen er die Wurzeln im einzelnen bezeichnet, klingen in unseren Ohren eher wie die Namen von Gottheiten. Obwohl Empedokles hierdurch und auch durch seine Rückkehr von der Prosaform zur Gedichtform dem Mythos noch nahestand, kann man wissenschaftsgeschichtlich das Faktum nicht bestreiten, dass seit seinem Gedicht in das Nachdenken über das Elementare die Tendenz einzog, sich zu einer – natürlich noch naiven – wissenschaftlichen Theorie der vier Elemente zu entwickeln.

Streng systematische Begründungen der Art und Vierzahl der Elemente sind uns erst von Platon und Aristoteles bekannt, die ihre einschlägigen Schriften, die in den nachfolgenden Paragraphen noch kommentiert werden, alle in der Mitte des 4. Jahrhundert v. Chr. verfasst haben. Aber wir wissen leider nicht, wie sich das Nachdenken über die Elemente in den etwa hundert Jahren zwischen Empedokles und Platon und Aristoteles entwickelt hat. Wir kennen zwar das *Corpus Hippocraticum*, die älteste Sammlung von Schriften der wissenschaftlichen Medizin, die im 5. Jahrhundert v. Chr. durch den Arzt Hippokrates auf der ostgriechischen Insel Kos begründet wurde, und wir können auch einigermaßen sicher sein, dass ein oder zwei der Schriften in dieser Sammlung aus dem 5. Jahrhundert stammen. In diesen Texten spielen die vier Elemente schon eine deutlich erkennbare Rolle, aber eine Systematik ihrer Vierheit zeichnet sich in diesen medizingeschichtlich interessanten Schriften nicht ab, weil es in ihnen nicht um die Elemente als solche geht; sie werden nur im Kontext des ärztlichen Umgangs mit Krankheit und Gesundheit zum Thema.

Nachdem Empedokles noch von vier »Wurzeln« gesprochen hatte, muss sich im 5. Jahrhundert der Begriff *stoicheîon* als Bezeichnung für die Elemente durchgesetzt haben. Zur gleichen Zeit wurde ihre Vierzahl kanonisch; jedenfalls wird in den besagten Schriften von Platon und Aristoteles mit einer gewissen Selbstverständlichkeit von ihrer Vierzahl ausgegangen, und die Bezeichnungen Feuer, Wasser, Erde, Luft werden ebenso selbstverständlich benutzt. Ursprünglich bezeichnet das Wort *stoicheîon* ein Zeichen, das für einen bestimmten Laut im Alphabet steht, also, mit einem alten deutschen Wort ausgedrückt, einen »Letter«.

Das *stoicheîon* A beispielsweise ist nicht der erste Laut, den wir aussprechen, wenn wir das Wort »Aristoteles« buchstabieren, sondern es ist das Schriftzeichen A. Ein geschriebener Text in einer Buchstabenschrift ist aus solchen Lettern zusammengesetzt, und er lässt sich lesen und verstehen, weil es sich um eine endliche, relativ

§15. »Element« und »Atom« als erste Themen der Philosophie

kleine Anzahl von Zeichen handelt und sie alle durch ihre unverwechselbare Beschaffenheit unterschieden sind. Lettern zählen wir auf, wenn wir ein Stück aus dem Alphabet aufsagen, z.B. wenn wir die drei Konsonanten buchstabieren, mit denen die zweite Hälfte des lateinischen Alphabets beginnt: »L M N«. Daraus machten die Römer ein Kunstwort zur Übersetzung von *stoicheîon*: »el-em-en-tum«: *elementum*, Element, und zeigten damit, dass sie den ursprünglichen Sinn des griechischen Begriffs richtig verstanden hatten.

Viele Buchstabenzeichen lassen sich zwar in verschiedene Einzelstriche zerlegen; aber keiner dieser Einzelstriche ist noch einmal ein neuer Buchstabe, also ein Zeichen für einen Laut. Der Laut, den ein Letter bezeichnet, wird nicht in weitere Laute zerlegt, deren Mischung er wäre, so wie die Farbe Grün eine Mischung aus Gelb und Blau ist. In diesem Sinne sind die Lettern tatsächlich etwas der Beschaffenheit nach Einfaches. Damit haben wir bereits die Definition verständlich gemacht, die Aristoteles im 5. Buch der *Metaphysik* vom »Element« gibt. Dieses schon früher erwähnte erste Begriffslexikon der Philosophiegeschichte enthält Definitionen fast aller tragenden Begriffe des aristotelischen Denkens. Die des Elements lautet: »Element nennt man das Erste, woraus eine Sache zusammengesetzt ist; dieses Erste liegt innerhalb der Sache vor und ist seiner Artung nach nicht in andere Arten teilbar.« (1014 a 26) Diese Definition bringt, ohne dass Aristoteles das eigens sagt, zum Ausdruck, dass das *stoicheîon* Anfangsgrund ist; denn das Erste zu sein, das *innerhalb* der Sache vorliegt, ist, wie schon geklärt, genau der Grundcharakter einer *arché*.

Weil ein Element, wie die Definition ganz allgemein sagt, etwas ist, das in seiner Artung, dem arthaften Aussehen, *eîdos*, nach nicht in einfachere *eîde* teilbar ist, müssen es in einer Sprache nicht nur die durch die Buchstaben bezeichneten Laute sein, die man als etwas der Qualität nach nicht weiter Teilbares betrachten kann. Man kann beispielsweise auch die Silben der Wörter für etwas in ihrer Beschaffenheit Einfaches halten, worauf Platon an einer Stelle im *Timaios* (48 b 8) hinweist. Ein schönes Beispiel dafür ist die koreanische Hangul-Schrift aus dem 15. Jahrhundert, deren deutlich voneinander abgegrenzte und in sich geschlossene Schriftzeichen konsequent nur Silben darstellen. In jedem dieser Silbenzeichen sind zwar nach einer festen Regel Striche zusammengefügt, welche die in der betreffenden Silbe enthaltenen Konsonanten und Vokale anzeigen, aber diese Striche treten nicht als etwas Selbständiges in Erscheinung, sondern nur in das ganze Silbenzeichen integriert.

Wir müssen nun noch einmal darauf zurückkommen, dass der erste Anfang der stofflichen Zusammensetzung nicht nur in qualitativer Hinsicht als Unteilbarkeit, also Element, sondern auch in quantitativer Hinsicht als Unteilbarkeit, also Atom, denkbar ist. Auch das räumlich nicht weiter Verkleinerbare kommt in Betracht, wenn man nach einer stofflichen Ursache sucht, die den Charakter der *arché* hat. Trotzdem betrachtete Aristoteles die Elemente als diejenige Art von materiellen Anfangsgründen, die für den Beginn von Philosophie und Wissenschaft noch eher in Betracht kam als die Atome. Die Geschichte des Denkens fing für ihn nicht zufällig mit der Entdeckung von Elementen an. Warum?

Damit ein Stoff uns als ein irgendwie brauchbares Material für einen bestimmten Herstellungsprozess erscheinen kann, muss er schon eine Eignung dafür aufweisen. Diese Eignung aber besteht in diesen oder jenen Eigenschaften des Materials. Die Veränderung des Stoffes kann immer nur darin bestehen, dass eine bereits vorliegende Gestalt umgestaltet wird. Deshalb muss das anfängliche Material zunächst als ein Stoff in den Blick des Denkens treten, der eine Gestalt, eine Beschaffenheit aufweist, ein arthaftes Aussehen, das eine weitergehende Gestaltwerdung ermöglicht. Die Elemente sind gemäß der aristotelischen Definition genau das hier geforderte dem arthaften Aussehen nach Einfache. Deswegen ist es, mit den Augen des Aristoteles betrachtet, kein Zufall, dass sich der stoffliche Anfangsgrund dem Denken zunächst als *stoicheîon* und nicht als *átomon* dargestellt hat.

Das Denken in seiner anfänglichen Einfachheit beginnt, wie sich im vorigen Paragraphen ergeben hatte, mit einer einzigen Ursacheweise, die in ihrem »Aussehen«, nämlich dem sinnlich wahrgenommenen *hypokeímenon*-Charakter, bereits das Ursachesein im ganzen in Erscheinung treten lässt. Weil sie das tut, enthält sie in sich schon – wenngleich noch unentfaltet – das Ganze des erst später viergliedrig differenzierten Ursacheseins. Das bedeutet aber: die stoffliche Ursache lässt auch die anderen drei Weisen des Ursacheseins mit in Erscheinung treten. Diese, die Wesensgestalt, der Zweck und der Bewegungsanstoß, gehören ihrerseits eng zusammen, wie sich bei der Erörterung des Gedankenzusammenhangs gezeigt hatte, der in den Paragraphen 13 und 14 entwickelt wurde.

Die Lebendigkeit der Selbsterneuerung, also die *phýsis*, verdankt sich dem Bewegungsanstoß und dem Worumwillen; diese beiden aber bilden in ihrer Verklammerung mit dem *eîdos* ein Ganzes

§ 15. »Element« und »Atom« als erste Themen der Philosophie

von Ursächlichkeit. Wenn der Stoff die anderen Arten von Ursächlichkeit *mit* in Erscheinung treten lässt, kann das demnach nur bedeuten: in ihm zeigt sich dieses Ganze von Ursächlichkeit, also die selbstursächliche Beweglichkeit, die Lebendigkeit der *phýsis*. Kurz: der Stoff als Anfangsgrund muss durch Lebendigkeit gekennzeichnet sein, er darf kein toter Stoff sein. Eines der beiden griechischen Wörter für »Leben« lautet *zoé*. Weil die allerersten Denker dem Stoff, der *hýle*, Leben – *zoé* – beilegten, ist ihre in der Philosophiegeschichtsschreibung oft anzutreffende Bezeichnung als »Hylozoisten« vertretbar.

Man kann die vier alten Elemente im Hinblick darauf vergleichen, inwieweit sie geeignet sind, als etwas Lebendiges zu erscheinen. Dann zeigt sich sogleich, dass die Elemente eine unterschiedliche Nähe zur Veränderlichkeit, zur lebendigen Bewegtheit des Seienden in der Lebenswelt aufweisen. Am lebendigsten von allen Elementen ist das Feuer. Wie sich schon in § 12 angedeutet hatte, ist das Feuer das Element der Lebendigkeit selbst. In ihm wird die beständige Selbsterneuerung des Lebens sinnlich anschaulich; das Feuer kann absterben wie etwas Lebendiges, und es erneuert sich in seiner Lebendigkeit, indem es anderes verzehrt. Am anderen Ende der Skala steht die Erde. Sie weist die geringste Nähe zur Lebendigkeit und Bewegtheit auf. Die Erde ist das in sich ruhende Element schlechthin. Sie ist schwer und von sich her unbeweglich. Ihr fehlt die Fähigkeit und Bereitschaft, sich selbst von sich aus zu verändern. Daher ist es in der Sicht des Aristoteles nicht verwunderlich, dass bei den frühesten Denkern der Elemente: Thales, Anaximenes und Heraklit, von den vier Elementen nur die drei Elemente Wasser, Luft und Feuer als materielle Anfangsgründe in Betracht gezogen wurden.

Wir haben bisher zwei Fragen bezüglich des Anfangs der Philosophiegeschichte beantwortet. Die erste Frage war: Warum wurde als erstes die stoffliche Ursache entdeckt? Die zweite Frage lautete: Warum erschien der stoffliche Anfangsgrund dem frühesten Denken gerade als Element? Nun können wir eine dritte Frage anschließen, mit der wir erneut versuchen, ein geschichtliches Faktum im protophänomenologischen Geist des Aristoteles von der Sache her zu erklären. Faktum ist, dass von den vier klassischen Elementen der späteren Entwicklung zunächst das Wasser die Aufmerksamkeit des Denkens auf sich gezogen hat. Aristoteles geht im 3. Kapitel des 1. Buches der *Metaphysik* darauf ein, dass Thales, in seinen Augen der erste Philosoph und Wissenschaftler der Geschichte,[83] das Wasser zum stofflichen Anfangsgrund erklärt hat. Unsere dritte Frage muss deshalb lauten: Warum konnte dem Thales gerade dieses Element – und nicht eines der anderen drei Elemente – als *die* materielle *arché* erscheinen?

Warum hat er nicht mit demjenigen Element als *arché* begonnen, das ihm wegen seiner Lebendigkeit für sein hylozoistisches Verständnis von stofflichem Anfangsgrund eigentlich am geeignetsten hätte erscheinen müssen: dem Feuer? Plakativ gefragt, warum hieß der erste Philosoph nicht Heraklit, sondern Thales? Die Antwort findet man, wenn man bedenkt, dass das *eine* Element, mit dem die Denkgeschichte begann, als *arché* nicht nur alle die Aufgaben mitübernehmen musste, die sich später auf die vier Ursacheweisen verteilten. Das eine Element des Anfangs musste auch in der Lage sein, die Züge aller erst später differenzierten Elemente an den Tag zu legen. Die erste stoffliche Ursache musste nicht nur das Ganze von Ursächlichkeit, sondern auch das Ganze von Elementarität implizit in sich enthalten.

Dieses Erfordernis erfüllte allein das Wasser: Es war zwar nur eines der späteren vier Elemente, aber in ihm erschienen schon Grundzüge aller Elemente. Augenscheinlich ist nämlich das Wasser, so wie wir es aus unserer lebensweltlichen Erfahrung kennen, in der Lage, auch im Aussehen, in der Gestalt der anderen Elemente zu erscheinen: Das was die moderne Chemie als Aggregatzustände bezeichnet, begegnet uns beim Wasser in der Alltagserfahrung: Wir treffen es hier nicht nur als Flüssigkeit an, sondern auch verdampft und gefroren. Als Dampf tritt das Wasser ein in die Gestalt des Elements »Luft«, und wenn der Wasserdampf noch brennend heiß ist, ist in der Hitze auch das Feurige gegenwärtig. Wenn das Wasser gefriert, wird es fest und nimmt damit das Aussehen des Elements Erde an.

Entscheidend ist nun für die Interpretation des Wassers als *arché*, dass es diese Wandlungsfähigkeit im Alltag auch ohne menschliches Dazutun aufweist; es nimmt in diesem Sinne »von selbst« die Gestalt der anderen Elemente an. Die Selbstursächlichkeit aber ist der Grundzug der *phýsis*, der lebendigen Selbsterneuerung des Erscheinens. Die eigentliche *arché* ist die *phýsis*. In der Wandlungsfähigkeit, die das Wasser auch ohne unsere Einwirkung aufweist, verkörpert

---

[83] Hier sei an den Versuch in §1 erinnert, in dem ein anderes »Narrativ« für die Frühgeschichte von Philosophie und Wissenschaft vorgeschlagen wird.

§15. »Element« und »Atom« als erste Themen der Philosophie

sich stofflich die Lebendigkeit der *phýsis*. Und so dürfte es für Aristoteles keine Überraschung gewesen sein, zu beobachten, dass der erste der *phýsis*-Denker auf den Gedanken kam, das Wasser zu *dem* einen Element schlechthin, zu *dem* einen Anfangsgrund zu erklären.

Im Vorgriff auf die noch folgenden Ausführungen zum Elementaren sei hier aber ergänzend angemerkt, dass das bisher über das Wasser Gesagte vielleicht in anderer Hinsicht nicht ausreicht, um befriedigend zu erklären, warum Thales dem Wasser im Kosmos der Elemente eine besondere Rolle zugeschrieben hat. Man wird seiner Denkweise vermutlich eher gerecht, wenn man berücksichtigt, dass er dieses Element nicht nur allgemein und abstrakt als »das Wasser« zum Thema gemacht hat, sondern auch und vielleicht sogar vorrangig in den konkreten Gestalten, in denen wir in der Lebenswelt damit zu tun haben, also in Wetter-Erscheinungen wie Regen oder Verdunstung. Obwohl das Wassser nach unten fließt und insofern mit der unteren Weltregion der »Erde« zusammengehört, besitzt es verglichen mit der Erde als Element eine relative Durchsichtigkeit und Durchlässigkeit. Dadurch ist es auch der Luft als Element des Himmels verwandt und kann deshalb zwischen Himmel und Erde eine Vermittlerrolle spielen, indem es in den gerade genannten Wetter-Phänomenen als das Medium erscheint, worin sich der Austausch zwischen dem lebensweltlichen Oben und Unten vollzieht. Diese Rolle könnte der eigentliche Grund für die besondere Bedeutung sein, die das Wasser bei Thales bekam.

§16. Die dunkle Herkunft des Erscheinens

Wir befinden uns auf dem Wege einer von dem »Protophänomenologen« Aristoteles inspirierten Besinnung auf das ursprüngliche weite Naturverständnis der frühen griechischen Denker, das beständig sich selbst erneuernde Erscheinen, die *génesis eis ousían*. Nunmehr möchte ich daran anknüpfen, dass wir durch die Betrachtung dieses Erscheinens im Lichte der Struktur *ti katá tinós* auf die Frage seiner Herkunft gestoßen waren. Wir hatten gesehen, dass wir uns bei der Suche nach dem ursprünglichen Verständnis von *phýsis* davor hüten müssen, diese Herkunft sogleich mit Hilfe eines Begriffs aus der Vierursachentheorie als *hýle*, als Material aufzufassen.

Der Versuch, den Bereich der Herkunft des Erscheinens genauer zu bestimmen, wird uns später zur Problematik der Elemente zurückführen. Zunächst stößt dieser Versuch aber auf eine große Schwierigkeit, von der wir eine konkretere Vorstellung gewinnen können, indem wir das Seinsgeschehen mit einer Wanderung vergleichen, die ebenfalls ein Geschehen mit einem Ziel ist. Das Ziel ist wahrscheinlich nicht überall auf dem Wege optisch sichtbar, aber zumindest steht es dem Wanderer geistig vor Augen. Was er bei seinem Voranschreiten irgendwie »in Sicht« hat, ist etwas Bestimmtes, ein Berg, eine Kapelle, ein Gasthaus oder was auch immer. Dieses Ziel der Wanderung bietet ihm als etwas Bestimmtes einen arthaften Anblick. Um des Ankommens bei diesem Anblick willen findet die Wanderung statt. Dieser Vergleich kann uns verständlich machen, warum uns, wenn wir in der philosophischen Einstellung der *theoría* unseren Blick auf das Seinsgeschehen richten, nicht zufällig als erstes jener Anblick ins Auge fällt, das *eîdos*, auf welches das Seinsgeschehen hinläuft. Das Wort *eîdos* und das eng damit verwandte Wort *idéa* bedeuten sprachgeschichtlich in der Tat so etwas wie Sicht oder Anblick. Das Substantiv *idéa* hat den gleichen Stamm »[w]id« wie etwa das lateinische *videre*, »sehen«.

Das Seinsgeschehen vollzieht sich in Richtung auf etwas, was gesehen werden kann, es bewegt sich auf Sichtbarkeit zu. Nun kann aber nur dort etwas sichtbar werden, wo es Licht gibt. Noch einmal im Bilde der Wanderung gesprochen sieht der Wanderer in der Perspektive seines Ziels Licht, und das Wegstück, das er schon hinter sich gebracht hat und das in seinem Rücken liegt, verliert normalerweise mit dem Weiterschreiten seine Beachtung, es gerät gleichsam in den

§16. Die dunkle Herkunft des Erscheinens

Schatten seiner Aufmerksamkeit; Schatten aber ist etwas Dunkles, es ist der Bereich, wo das Licht nicht hingelangt. So gehört beim Seinsgeschehen, beim Erscheinen des Seienden in der Lichtdimension der arthaften Bestimmtheit auch das Dunkel der Herkunft dieses Erscheinens zu dem Geschehen. Aber weil das Geschehen sich auf das Licht zubewegt, richtet sich der Blick des menschlichen Geistes in der *theoría* primär auf dieses Licht, auf das geistig Sichtbare.

So ist es kein Zufall, dass sich das Streben nach Wissen in der griechischen Philosophie seit Platon auf diese Dimension des Lichts, der Erkennbarkeit von arthafter Bestimmtheit gerichtet hat. Deshalb ist oft mit Recht gesagt worden, die Erste Philosophie, die Metaphysik, sei von Anfang an »Lichtmetaphysik« gewesen. Mit dem Dunkel der Herkunft des Erscheinens hat sie sich schwergetan. Aber wenn wir uns auf das weite alte Verständnis von *phýsis* besinnen wollen, müssen wir uns gerade dieser dunklen Herkunft zuwenden.

Dabei können wir als erstes eine einfache, aber verräterische Beobachtung machen: Ins Altgriechische zurückübersetzt heißt »Herkunft« *génos*, oder in der uns geläufigen lateinisch abgewandelten Form: *genus*. Das ist ein vor allem in der Logik geläufiger Begriff, der üblicherweise mit »Gattung« übersetzt wird. In der traditionellen Logik gehört das *eîdos* als Art, lateinisch *species*, in ein *genus*, eine Gattung. Die Art ist eine geistig anschaubare Bestimmtheit und steht als etwas in diesem Sinne Sichtbares im Licht. Die Gattung ist eine umfassendere Bestimmtheit, aber als Bestimmtheit ebenfalls etwas geistig Sichtbares. Sie gehört also ebenfalls in die Dimension des Lichts. Diese Dimension gibt es bei Aristoteles immer sozusagen in zwei Stufen: Auf der unteren Stufe zeigt sich uns das *eîdos*, die *species*, die Art, und auf der oberen das *genus*, die Gattung. Das *genus* begegnet uns also in der gleichen Perspektive unseres geistigen Blicks in die Dimension lichthafter Bestimmtheit.

Aber eigentlich bedeutet *génos* »Herkunft«, und normalerweise liegt die Herkunft von etwas eher im Dunkeln. Auf jeden Fall ist es möglich, dass die Dimension der Herkunft von etwas ein Bereich der Dunkelheit und nicht des Lichtes ist. Die Wiedergabe von *génos* mit »Gattung« ist nicht falsch. Aber dass es zur Selbstverständlichkeit geworden ist, *génos* mit »Gattung« zu übersetzen und die mögliche Wiedergabe mit dem Begriff »Herkunft« völlig außer acht zu lassen, zeigt, dass das *génos* in einer Linie mit dem *eîdos* gesehen wird und dass man es ebenso wie das *eîdos* der Dimension des Lichts zuordnet. Sogar auf dem scheinbar metaphysisch ganz neutralen Gebiet der

II. Teil: Kosmologie der Elemente von Thales bis Aristoteles

Logik ist die Philosophie bis heute der Orientierung der klassischen griechischen Philosophie an dem Licht, in dem das *eîdos* erscheint, also dem Geist der angeblich längst überholten Lichtmetaphysik verpflichtet geblieben; denn sie interessiert sich, wie die Übersetzung zeigt, nur für die lichthafte Bestimmtheit von *genus* und *species* und belässt das *génos* als dunkle Herkunft genau dort, wo es als Dimension der Dunkelheit auch hinzugehören scheint: im Dunklen, im Schatten der Nichtbeachtung.

Aber wenn wir dem anfänglichen Verständnis der *phýsis* auf die Spur kommen wollen, müssen wir beim Geschehen des Erscheinens gerade die dunkle Herkunft bedenken. Platons alles überragende Bedeutung für die ganze Philosophie, die er nie verlieren wird, zeigt sich auch an dieser Stelle wieder, und zwar erneut im *Timaios*. Platon besitzt hier die Kühnheit, entgegen dem überall herrschenden unwiderstehlichen Hang zu lichthafter Bestimmtheit das *eîdos* der als Herkunft zu verstehenden Gattung als *amydrós* zu bezeichnen. (49 a 2). Dieses Adjektiv bezeichnet eine schattenhafte, trübe Dunkelheit, in der die Umrisse der Dinge verschwimmen. Genau diese Beschreibung passt in diesem Zusammenhang als Attribut zur herkunftsmäßigen Gattung, weil es hier um etwas geht, bei dem die Konturen heller Bestimmtheit schwinden.

Es ist nicht nur bemerkenswert, dass Platon überhaupt eine Dimension dunkler Unbestimmtheit als Herkunftsbereich des Erscheinens thematisiert, sondern besondere Beachtung verdienen auch die beiden methodischen Maßnahmen, die er im *Timaios* ergreift, um überhaupt das Paradoxon einer dunklen Gattung zur Sprache bringen zu können. Die erste Maßnahme besteht darin, dass er eine besondere für diese Aufgabe geeignete Art der Darlegung von Erkenntnissen, den *eikós lógos*, die »wahr-scheinliche« sprachliche Rechenschaft, zum Thema der Aufmerksamkeit macht und von anderen Arten von *lógoi* unterscheidet. Dies wird das Hauptthema des nachfolgenden Paragraphen sein. Die zweite Maßnahme betrifft die systematische Stellung, die Platon im Gang der Rückbesinnung auf die dunkle Herkunft des Erscheinens der Erörterung der Gattungsproblematik zuweist. Darauf können wir hier schon eingehen:

Der Text des *Timaios* besteht ganz überwiegend aus einem Vortrag, den der Namengeber des Dialogs hält. Er entwickelt darin Schritt für Schritt eine lebensweltliche Kosmologie. Jeder der Schritte bezeichnet eine Stufe der Bestimmtheit in der Ordnung der Vorkommnisse, mit denen wir in der Welt zu tun haben. Der Gedanken-

§16. Die dunkle Herkunft des Erscheinens

gang erreicht seinen Gipfel in der Erschaffung der Zeit, deren besondere und vollkommene Ordnung zunächst als Grundlage aller weiteren Bestimmtheiten erscheint. Aber dann folgt die Überraschung, dass die Ordnung der Zeit noch eine Voraussetzung hat, nämlich die *chóra*, das lebensweltlich Platzgebende für die Elemente, das in den deutschen Übersetzungen üblicherweise mit dem Begriff »Raum« wiedergegeben wird, was nicht falsch ist, aber oft zu Missverständnissen führt.

Platon hätte die Darstellung der Kosmologie mit dem so verstandenen »Raum« als allererster Voraussetzung jeglicher Ordnung beginnen können. Aber genau an dieser Stelle kehrt er die erwartbare Reihenfolge um und lässt die Einführung der *chóra* nachträglich auf die Zeit folgen. Damit macht er spürbar, dass zwischen der *chóra* als dunkler Herkunft und den mit der Zeit beginnenden Ordnungsstufen keine Kontinuität besteht. Der »Raum« der Elemente ist als dunkle Gattung im wörtlichen Sinne etwas »*sui generis*«. Das Sachproblem, das in der Frage der Reihenfolge der Erörterung von Raum und Zeit im Vortrag des Timaios beschlossen liegt, hat die Philosophie seitdem immer wieder beschäftigt. Es lässt sich vereinfacht in die Frage kleiden: Was hat in der Konstitution der Ordnung der Welt den Vorrang, der Raum oder die Zeit? Welche dieser beiden Gattungen bildet in der Abfolge der Stufen, in denen sich die Ordnung der Welt aufbaut, die unterste Ebene, das alles tragende Fundament?

Wenn man das vergangene 20. Jahrhundert als einen in seinem Gepräge relativ einheitlichen Abschnitt der Philosophiegeschichte betrachtet, erscheint es vielen im Rückblick als die Epoche, in der die Zeit diese Fundamentalbedeutung erlangte. Um zu sehen, dass diese Einschätzung zutrifft, genügt ein flüchtiger Blick in einige Hauptwerke der Philosophie und der philosophienahen Romanliteratur aus der ersten Jahrhunderthälfte: Henri Bergson: *Essai sur les données immédiates de la conscience*, Thomas Mann: *Der Zauberberg*, Edmund Husserl: *Vorlesungen zur Phänomenologie des inneren Zeitbewusstseins*, Martin Heidegger: *Sein und Zeit*, Robert Musil: *Der Mann ohne Eigenschaften*, Marcel Proust: *A la recherche du temps perdu*. Aber in der zweiten Hälfte des Jahrhunderts wiederholte sich – nach beinahe zweieinhalb Jahrtausenden wahrlich verblüffend – das nachträgliche Auftauchen der Raumproblematik aus dem *Timaios*, als man in den sogenannten Geisteswissenschaften,

II. Teil: Kosmologie der Elemente von Thales bis Aristoteles

und auch in der phänomenologischen Philosophie den »spatial turn« proklamierte.[84]

Sachlich ist die Frage: Was verleiht dem Raum – im *Timaios* dem Raum der Elemente – einen so eigentümlichen Charakter, dass er in der philosophischen Analyse allzuleicht vernachlässigt wird und erst nachträglich genügend Beachtung findet? Die Antwort auf diese Frage steckt bei Platon schon in dem Titel, mit dem Timaios das Thema angibt, dem die ganze nachträgliche Erörterung des Raumes für die Elemente und dieser Elemente selbst gewidmet ist: Mit all dem wird »das durch Notwendigkeit Entstandene«, *ta di' anánkes gignómena* (*Timaios* 47 e 3) behandelt. Was mit diesem Thema gemeint ist, ergibt sich aus dem Kontrast zu den anderen Vorkommnissen und Bestimmtheiten, die vorher im Vortrag besprochen wurden und denen der *kósmos* seine schöne Ordnung verdankt, also der Zeit und den anderen Ordnungsfaktoren:

Sie alle verdanken ihr Entstehen nicht einer Notwendigkeit, sondern der Gönnerschaft, der frei gewährten Gunst das Baumeistergottes, des *demiourgós*, welcher der geschaffenen Welt ihre schöne Gestalt verliehen hat. Dieser Gott ist ein guter Gott; denn ihn erfüllt im Unterschied zu den traditionell verehrten griechischen Göttern gegenüber der Welt und den Menschen kein Neid, *phthónos* – ein Begriff, der zur Vermeidung von Missverständnissen vielleicht besser mit »Missgunst« übersetzt werden sollte; denn da die »leicht lebenden« griechischen Götter alles haben, gibt es für sie keinen Grund, auf uns Menschen neidisch zu sein.

Alles Weitere zur dunklen Herkunft des Erscheinens in Platons Sicht sei nun, wie angekündigt, den nachfolgenden Paragraphen überlassen, damit im Rahmen des vorliegenden Paragraphen noch die bereits begonnene Gegenüberstellung jener Herkunft mit ihrer Darstellung und Deutung durch Aristoteles zu Ende gebracht werden kann. Bei ihm ist die Interpretation der Herkunft des Erscheinens nichts anderes als die Erläuterung der Ursacheart »*hýle*« auf der Grundlage seiner Vierursachentheorie.

Wie schon geklärt, sind die vier Ursacheweisen *archaí*, beherrschende Anfänge. Nun ist ein Anfang, der gegenwärtig beherrschend bleibt, nichts anderes als eine Herkunft. Wenn wir die Ursache

---

[84] Ich hätte nichts dagegen, wenn die beiden nachfolgenden Paragraphen als ein kleiner Beitrag zur Rückbesinnung auf die grundlegende Bedeutung des Raumes gelesen würden.

§16. Die dunkle Herkunft des Erscheinens

»Stoff« im Zusammenhang mit der Herstellung eines Werks aus einem bestimmten Material konkret betrachten, fällt in die Augen, dass die Kennzeichnung des Stoffes als im Dunkeln liegende Herkunft zutrifft: Im Deutschen kann man sagen, dass etwas »aus« einem Stoff, einem Material gestaltet oder angefertigt wird. Die Präposition »aus«, die das Deutsche in diesem Zusammenhang benutzt, ist aufschlussreich: Dasjenige, wovon etwas »ausgeht«, indem es »daraus« hervorgebracht wird, bildet für das Hervorgebrachte, das Produkt, die Herkunft. Diese Herkunft aber bleibt, wenn die Hervorbringung gelungen ist, d. h. wenn das Werk wirklich zustandegekommen ist, tatsächlich weitgehend im Dunkeln:

Normalerweise, wenn wir ein Produkt im alltäglichen Bedarfshorizont gebrauchen oder benutzen, legen wir nämlich wert darauf, dass sein Material nicht als solches in Erscheinung tritt. Es soll vielmehr bei der reibungslosen Verwendung des Produkts gerade verschwinden. Wenn uns an einem Erzeugnis in irgendeiner Weise das Material auffällt, z. B. wenn ich am Blech meines Autos Rost entdecke oder wenn es an einem hölzernen Möbelstück abstehende Holzteile gibt, an denen man sich verletzen kann, dann ist mit dem betreffenden Produkt, mit dem Werk etwas nicht in Ordnung; die Herstellung war irgendwie fehlerhaft. Eine gute Herstellung hat zur Folge, dass das Material, woraus etwas hergestellt wurde, gerade nicht als solches ans Licht kommt, sondern im reibungslosen Gebrauch des Produkts unauffällig und insofern im Dunklen bleibt.

Nur am Rande sei der Fall erwähnt, dass das Material eines Werks auffällig werden *soll*, nämlich dann, wenn es sich um ein Kunstwerk handelt. Das Holz etwa, aus dem die Skulptur eines Bildhauers wie Donatello oder Riemenschneider besteht, oder das Keramikmaterial, aus dem eine wertvolle japanische Tee-Schale geformt ist, spielen für das Erscheinen dieser Werke eine signifikante Rolle; die Materialien sollen eine bestimmte Art von Färbung, von glatter oder rauher Oberflächenbeschaffenheit, von Glanz oder Stumpfheit aufweisen usw. Der künstlerischen Gestaltung kann also gerade daran gelegen sein, den Stoff als solchen ans Licht treten zu lassen. Aber das widerspricht unserer Beobachtung nicht. Sie galt für Erzeugnisse, die wir im Bedarfshorizont des Alltags gebrauchen, und für diesen Gebrauch trifft es weiterhin zu, dass das Material als solches möglichst unbemerkt bleiben soll. Das Kunstwerk hingegen ist nicht für den Gebrauch bestimmt, es sprengt den Bedarfshorizont. Darin ist es den Gedanken der Metaphysik verwandt (was im übrigen nicht zu dem voreiligen Schluss verleiten sollte, Philosophie und Kunst kämen am Ende zur Deckung).

In der klassischen Tradition der Metaphysik seit Aristoteles hatte das Licht als Herkunftsdimension des *eîdos* von vornherein und immer eine Vorrangstellung gegenüber dem Dunkel der Herkunft des veränderlichen Seienden aus einer *hýle*. Die Vorrangstellung des Lichts ergab sich auch aus der sprachlichen Grundstruktur *ti katá tinós*, »etwas über etwas«, der Bestimmung eines zugrundeliegenden Bestimmbaren, die sich unter anderem in dem Verhältnis von *eîdos* und *hýle* konkretisiert. In dieser Grundstruktur gibt es eine von vornherein unterlegene Seite; die Gestalt gilt als das, was sich prägend und formend eines vorgegebenen Materials bemächtigt.

In der lateinischen Übersetzung für das zugrundeliegende Bestimmbare, das *hypokeímenon*, im Begriff des *subiectum*, verrät sich die Herrschaft des *eîdos* über die *hýle*: »subiectum« bedeutet »das Unterworfene«, und das ist wörtlich zu verstehen: die in einem Krieg Unterlegenen, die Besiegten, heißen im Lateinischen *subiecti*. Die *hýle*, das Material als *subiectum* »unterliegt« (ein Wort aus der Sprache eines Kampfes um Überlegenheit) der Bestimmung durch die prägende Wesensgestalt; denn die Gestaltwerdung ist ein Werden-ins-Wesen-hinein, *génesis eis ousían*. Die *ousía*, das Wesen, heißt so, weil es das »Wesentliche« ist, d. h. das, worauf es im Geschehen des Erscheinens ankommt; denn die *ousía* bildet in diesem Geschehen die Zweckursache, das Worumwillen, also das, um dessentwillen das ganze Erscheinungsgeschehen stattfindet.

Vielleicht hat die ganze traditionelle Erste Philosophie der dunklen Herkunft des Erscheinens Gewalt angetan, indem – wenngleich in vielen ganz unterschiedlichen Varianten – immer die bei Aristoteles getroffene Vorentscheidung in Geltung blieb, dass die Bestimmtheit, die Dimension des Lichtes, gemäß der Struktur »etwas *über* etwas« – das »über« als Ausdruck der »Über-legenheit« verstanden – die wesentliche, die beherrschende Seite im Erscheinungsgeschehen bildet. In der ganzen Philosophiegeschichte hat eine Ahnung von dieser Gewaltsamkeit rumort. Sie hat sich immer wieder darin gemeldet, dass es Philosophen gab, die versuchten, die Hierarchie von *eîdos* und *hýle*, von Bestimmtheit und bestimmbarer Materie, auf den Kopf zu stellen und anstelle des *eîdos*, der *idéa*, die Materie zum Wesentlichen zu erklären.

Dies waren die Anläufe des Materialismus in seinen verschiedenen Formen. Sie waren vergeblich, weil es in den beinahe zweieinhalb

§16. Die dunkle Herkunft des Erscheinens

Jahrtausenden seit Aristoteles kein Materialismus geschafft hat, den Stoff an Stelle der Bestimmtheit zur maßgebenden Ursache zu erheben. Dafür hätte es dem Materialismus gelingen müssen, die Bestimmtheit, also die drei nichtmateriellen Ursachen, aus der bestimmbaren Materie abzuleiten. Das konnte nie gelingen; denn was auch immer man unter der Materie verstand, – sie blieb, weil sie als das zugrundeliegende Bestimmbare gefasst wurde, von der Bestimmtheit abhängig. Der Materialismus ist in allen seinen Spielarten gescheitert. Das ändert aber nichts daran, dass in der Bemühung der Materialisten, mit der Umstülpung der Rangordnung von Stoff und Bestimmtheit der dunklen Herkunft des Erscheinens zu angemessener Geltung zu verhelfen, fast immer eine ernstzunehmende Ahnung im Spiel war: die Ahnung, dass mit der Vorentscheidung für den Vorrang der Bestimmtheit möglicherweise von vornherein der Zugang zu einem der Lebenswelt gerecht werdenden Verständnis der *phýsis* in ihrer ursprünglichen weiten Bedeutung verbaut war.

Diese Ahnung hätte nur zur Erfüllung kommen können, wenn man die grundlegende Unterscheidung von Bestimmtheit und Bestimmbarem und die darauf beruhende Unterscheidung von *eîdos* und *hýle* von grundauf mit und gegen Aristoteles sowie mit Offenheit für Platons ingeniöse Perspektiven überdacht hätte. Aber diese Aufgabe hat die Philosophie erst in Angriff nehmen können, seit Heidegger durch sein radikal eindringliches Fragen gezeigt hat, dass nichts von dem, was den Philosophen am griechischen Nachdenken über das Sein bis dahin selbstverständlich erschienen war, beispielsweise die Unterscheidbarkeit von vier Ursachen, wirklich selbstverständlich ist. Mir scheint, die meisten Philosophen haben dies bis heute nicht in seiner vollen Tragweite zur Kenntnis genommen. Ich bin mit den hier vorgelegten Überlegungen im Prinzip Heideggers Anregung gefolgt, auch wenn mir, wie schon in §2 erklärt, seine Interpretation des griechischen Denkens am Leitfaden der Seinsproblematik philosophiehistorisch unhaltbar erscheint.

In der nunmehr gewonnenen Perspektive können wir sagen: Das philosophische Denken der Tradition ist der dunklen Herkunft des Erscheinens ausgewichen, weil das Licht, worin sich die arthafte Bestimmtheit des Seienden – das *eîdos* – zeigt, seit den Griechen eine Vorrangstellung einnahm, und dazu hat auch Aristoteles beigetragen, unter anderem dadurch, dass er die dunkle Herkunft als stoffliche Ursache interpretierte. Mit dieser kritischen Bemerkung zu Aristoteles soll aber nicht gesagt sein, er habe die *hýle* zugunsten des *eîdos* vernachlässigt. Ein solcher Vorwurf würde ihm nicht gerecht werden. Die Abgewogenheit seiner philosophischen Theorie von der Natur zeigt sich gerade darin, dass er es vermeidet, das Erscheinen, die *génesis eis ousían*, einseitig von der Seite der Gestaltgewinnung her zu interpretieren.

Aristoteles liegt sehr daran, die stoffliche Seite des Erscheinens angemessen zu gewichten, indem er die drei nichtstofflichen Ursachen als eine Einheit auffasst, der er die Stoffursache gegenüberstellt. Damit erkennt er an, dass jede Gestaltgewinnung auf ein vor- und zugrundeliegendes Material angewiesen ist, das in die Bestimmtheit des *eîdos* eintritt. Indem Aristoteles die drei nichtstofflichen Ursachen als Einheit dem Stoff gegenüberstellt, zeigt er zugleich, dass er dank des theoretischen Blicks der Ersten Philosophie auf das Sein des Seienden überhaupt das frühe griechische Bewusstsein von der ursprünglichen Weite des *phýsis*-Begriffs bewahrt.

Obwohl Aristoteles durch die Grundunterscheidung von *téchne on* und *phýsei on* und durch die damit verbundene Vierursachentheorie das verengte Verständnis von *phýsis* auf den Weg gebracht hat, wäre es also verfehlt anzunehmen, wir müssten uns von seiner Vorsokratiker-Interpretation verabschieden, um einen Zugang zum weiten ursprünglichen *phýsis*-Begriff zu gewinnen. Um unseren Weg der Besinnung auf dieses alte weite Naturverständnis fortzusetzen, wenden wir uns deshalb nun noch einmal dem Rückblick des Aristoteles auf das Denken seiner Vorgänger in der *Metaphysik* zu. Er erhebt hier für sein eigenes Denken den Anspruch, erst bei ihm seien alle Ursacheweisen, die früher nur teilweise gesehen wurden, vollständig berücksichtigt. In dieser Sicht erscheint als das Auffälligste am anfänglichen philosophisch-wissenschaftlichen Denken sein Mangel an Differenziertheit. Wie Aristoteles im 3. Kapitel sagt, kam seinen frühesten Vorläufern nur eine einzige Ursache zu Gesicht, nämlich der Stoff, die *hýle*. Das klingt zunächst kritisch: Das frühe Denken war so anfängerhaft und unentwickelt, will sagen: so undifferenziert, dass es noch nicht in der Lage war, die Vielheit der Ursacheweisen auseinanderzuhalten. Aber man kann aus der Darstellung des Aristoteles auch etwas anderes heraushören:

Um den Plural der Ursacheweisen zu sehen, hätten die ersten Denker sich an der *téchne* orientieren müssen, und das hätte bedeutet, dass sie die Unterscheidung zwischen *téchne on* und *phýsei on* gemacht hätten. Aber eben diese Unterscheidung spielte bei ihnen noch keine maßgebende Rolle, weil sie das weite Verständnis von

§16. Die dunkle Herkunft des Erscheinens

phýsis hatten. Und deshalb waren sie noch nicht in der Lage, ihre Aufmerksamkeit eigens auf das *téchne on* zu richten und so die Ursachenvielfalt zu erkennen. Aber eben die Tatsache, dass ihnen die Unterscheidung zwischen *téchne on* und *phýsei on* noch fehlte, war bei Licht betrachtet kein Mangel, sondern entsprach im Gegenteil dem Geist der philosophischen *theoría*, in der die alltäglichen Bedarfshorizonte auf den Seinshorizont hin überschritten werden. Es war keine anfängerhafte Gedanken-Armut, sondern eine vorbildliche Einfachheit, weil sie zeigt, dass die ersten Denker sich noch unbeirrt am Seienden *als* Seienden, am Seienden überhaupt orientierten. Sie waren nicht deswegen unfähig, die Ursachendifferenzierung zu erkennen, weil sie als Anfänger schlechte Philosophen waren, sondern umgekehrt: weil sie in der ursprünglichen Unbefangenheit des Anfangs nichts anderes als das Sein im Sinn hatten und also besonders gute Philosophen waren.

Damit kann uns nun das Interesse des Aristoteles an seinen Vorläufern in einem anderen Licht als vorher erscheinen. Die frühen Denker sind in seinen Augen Zeugen dafür, dass die konkrete Entdeckung des vierfachen Ursacheseins alles andere als eine Selbstverständlichkeit war. Gerade weil die anfängliche Philosophie mit Entschlossenheit die wesentliche Aufgabe des Denkens wahrnahm, konnte sie von der anfänglichen undifferenzierten Einheit der Ursächlichkeit nur mühsam – Schritt für Schritt fragend – zu einer Differenzierung vordringen. Weil das anfängliche Fragen sich noch nicht an der *téchne* orientierte, konnte es nur einen einzigen Anfangsgrund ansetzen. Wenn man diese eine *arché* nachträglich mit Aristoteles als Ursache interpretiert, muss man von ihr sagen: Diese *eine* Ursache übernimmt gleichsam stellvertretend für die vier später entdeckten Ursachearten die ganze Aufgabe des Ursacheseins. Aber von dieser Stellvertreterrolle des einen Anfangsgrundes wissen die ersten Denker selbst natürlich noch nichts.

So war – aus der späteren Perspektive der Vierursachenlehre betrachtet – der erste Schritt des anfänglichen Denkens die Entdeckung der Ursächlichkeit in einer einzigen Ursache, nämlich der *hýle*. In ihr, im Stoff, erblickten die frühesten Denker das Ursachesein im ganzen. Es lohnt sich, auf die Formulierung zu achten, mit der sich Aristoteles im 3. Kapitel auf genau diese Sachlage bezieht. In der Bonitz-Übersetzung der *Metaphysik* sagt er (984 a 17): »Hiernach möchte man das nach Art des Stoffes gedachte Prinzip *(arché)* als das einzige ansehen«. Was in dieser bewährten Übersetzung mit der Formulierung

»nach Art des Stoffes gedacht« wiedergegeben wird, lautet im Griechischen: *en hýles eídei*, das heißt wörtlich: »im Aussehen – *eîdos* – der *hýle*«.

Damit sagt Aristoteles: Die *arché* erscheint in einem Aussehen, einem Anblick, *eîdos;* die anfängliche Ursache *zeigt sich*, sie wird dem Denken bereits sichtbar, aber sie bietet sich dem geistigen Blick der Philosophen nur in einem einzigen undifferenzierten Aussehen, dem des Stoffes, dar; dem anfänglichsten Denken kann das Ursachesein nur in Gestalt einer einzigen Ursache zu Gesicht kommen. Mit dieser Ausdrucksweise ist aber, wenn man genau hinhört, gesagt, dass die Ursächlichkeit bei den frühen Denkern durchaus schon vollständig zum Erscheinen kam, nur dass diese Vollständigkeit gleichsam komprimiert war in einer einzigen Weise ihres Erscheinens. Die *hýle* erscheint als *der* Anfangsgrund schlechthin, als *die* einfache *arché*, die – aus der Retrospektive des Aristoteles geurteilt – implizit alle Ursächlichkeit in sich enthält.

Nun müssen wir mit Aristoteles zu verstehen suchen, warum die *eine* Ursache, in der sich für die ersten Denker die ganze Ursächlichkeit konzentrieren musste, gerade der Stoff war. Hätten sie sich nicht auch für eine der anderen drei Ursachearten, die Form, den Zweck oder den Bewegungsanfang, entscheiden können? Warum kamen diese Möglichkeiten am Anfang nicht in Betracht? Hier kann folgende Überlegung helfen: Das Ganze des Ursacheseins ist, wie sich dem zitierten Satz des Aristoteles entnehmen lässt, den ersten Denkern in der Einfachheit eines einzigen Aussehens, des Anblicks einer einzigen Weise von Ursächlichkeit zu Gesicht gekommen. Daraus ergibt sich die Frage: welches war denn das Aussehen – das *eîdos*, der Anblick – worin sich das eine Ursachesein überhaupt vorab zu aller Differenziertheit der Ursacheweisen einheitlich zeigen konnte?

Wenn es möglich ist, dass alle vier Weisen von Ursächlichkeit in der einfachen Gestalt einer einzigen Weise des Ursacheseins erscheinen, dann setzt das voraus, dass sie alle mindestens einen Zug gemeinsam haben; sie müssen in etwas übereinstimmen, das sie alle vereint. Und dieser Zug muss in derjenigen Ursacheweise besonders auffällig in Erscheinung treten, mit deren Entdeckung die Philosophiegeschichte begonnen hat, also der *hýle;* sonst wäre nicht erklärbar, warum das Denken die Ursächlichkeit zuerst gerade in der Gestalt dieser und nicht in einer der anderen drei Ursachearten ans Licht gebracht hat. Das, was Ursachesein überhaupt heißt, muss im stofflichen Ursachesein besonders deutlich zum Vorschein kommen.

§ 16. Die dunkle Herkunft des Erscheinens

Die anfängliche Frage des Denkens war die nach der *arché* oder den *archaí*. Der allen Weisen des Ursacheseins gemeinsame Grundzug kann deshalb für die beginnende Philosophie nur darin bestehen, dass die Ursachen als *archaí* Anfänge sind, die in dem durch sie verursachten Seienden dauerhaft gegenwärtig bleiben. Diesen Grundzug des beständigen Vorliegens drückt das Wort *hypokeímenon* aus. Dieser Zug aber zeigt sich in erster Linie in dem Material eines Werks; denn das, *woraus* etwas gemacht ist, erscheint uns vordringlich als das Beständige und Bleibende in dem betreffenden Ding. Ein und dasselbe Material kann bleiben, während immer anderes daraus gestaltet wird. Wenn etwa das Material vieler moderner Gebrauchsartikel – Metall oder Plastik beispielsweise – »recycled« wird, bleibt es bestehen, aber es wird für neue Produkte mit einem anderen *eîdos* verwendet. Dass wir den Stoff als beständiges Material bei etwas von Menschen Hergestellten betrachten, wird auch sprachgeschichtlich dadurch bestätigt, dass das Wort *hýle*, das wir mit »Stoff« übersetzen, ursprünglich das Holz bezeichnet – das Holz aber im Hinblick darauf, dass wir es für den Bau von dauerhaft benutzten Werken wie Häuser oder Schiffe gebrauchen.

In solchen Fällen hat der Stoff den Charakter des *hypokeímenon*, des dauerhaften Vorliegens. Allerdings gibt es auch die Möglichkeit, dem *eîdos* diesen Charakter zuzuschreiben; denn die Materialien eines Werks können wechseln, während die arthafte Bestimmtheit bleibt. Beispiel: Die Holzbalken eines japanischen Tempels werden im Laufe der Jahrhunderte ersetzt, aber die Gestalt und damit die Identität des Tempels bleibt. Trotzdem haben wir von unserer alltäglichen Erkenntnis her den Eindruck, dass sich der Charakter des *hypokeímenon* an der *hýle* deutlicher zeigt als am *eîdos*. Woran liegt das?

Der Stoff ist beim veränderlichen Seienden etwas Körperliches, und dieses wird uns dadurch zugänglich, dass wir es *wahrnehmen*; die Stofflichkeit der Dinge ist uns durch unsere Sinne gegeben und bietet uns einen sinnlichen Anblick. Das *eîdos* hingegen, der Gegenpol beim Geschehen des Erscheinens, bietet uns zwar auch einen Anblick, aber einen solchen geistiger Art. Das hier von uns Erblickte ist etwas geistig Gesehenes. Was immer dies aber heißen mag: »geistig etwas sehen«, – es verschafft uns, wenn man phänomenologisch die normalen Maßstäbe unserer alltäglichen Sprache und Erfahrung anlegt, keinen so leichten Zugang zu dem Gesehenen wie das schlichte Wahrnehmen mit den Sinnen:

Das Stoffliche besitzt für unsere Sinne eine *Gegenwart*, die wir als unmittelbar empfinden, obwohl sie uns – wie vor allem phänomenologische Analysen gezeigt haben – das Stoffliche nicht so unmittelbar präsentieren, wie wir im außerphilosophischen Bewusstsein meinen. Wenn wir uns hingegen ein *eîdos* geistig vor Augen stellen, sind wir uns – allein schon deshalb, weil wir für seine sprachliche Bezeichnung so künstliche Formulierungen wie z. B. »das Haussein« gebrauchen müssen – dessen bewusst, dass es einer eigenen Operation unseres Denkens bedarf, durch die wir uns die arthafte Bestimmtheit in einem wörtlichen Sinne »ver-gegenwärtigen«. Deshalb gehört es zur alltäglichen Normalität unseres Erkennens, dass wir alles, wovon wir sonst Kenntnis haben, an der überwältigenden Gegenwart messen, mit der sich uns das sinnlich Gegebene aufdrängt. Immer und überall ist uns aber im sinnlich Gegebenen das Stoffliche gegenwärtig, und von daher gilt vom Stoff, dass er verglichen mit dem *eîdos* das wesentlich auffälligere *hypokeímenon* ist.

Wegen ihrer sinnlichen Präsenz macht die körperliche *hýle* auf uns den Eindruck, es sei der *hypokeímenon*-Charakter des ursächlichen Anfangsgrundes selbst, der in ihr sichtbar und greifbar wird. Der Stoff in seiner stabilen Körperlichkeit erscheint in einem wörtlichen Sinne als die »Verkörperung« dessen, was *hypokeímenon* heißt. So ist für Aristoteles klar, dass die ersten Philosophen als radikale Seinsdenker, die nach dem Anfangsgrund fragten, sich für dasjenige interessieren *mussten*, wodurch eine *arché* überhaupt *arché* ist, nämlich durch ihren Charakter, *hypokeímenon* zu sein. Da dieser gemeinsame Charakter aber in der sinnlichen Gegenwart der *hýle* »verkörpert« ist, musste ihnen die Ursächlichkeit überhaupt zunächst »im Aussehen der *hýle*« zu Gesicht kommen. So konnte diese Ursache am Anfang des Denkens die Rolle der *arché* schlechthin übernehmen.

Mit dieser Erklärung erledigt sich ein für allemal ein verbreitetes Missverständnis des frühen Denkens, das wir schon streiften: die Meinung, die ersten Philosophen seien Materialisten gewesen. Diese Kennzeichnung der ersten Denker impliziert den Vorwurf der Einseitigkeit. Ein Materialist lässt *ausschließlich* die *hýle* als Prinzip, als Anfangsgrund gelten und leugnet die andere Seite, das Gestalthafte der Bestimmtheit. Die Bestimmtheit können wir uns, wie wir gerade sahen, nur durch eine gedankliche Operation als solche vergegenwärtigen. Was uns auf solche Weise gegeben ist, bezeichnen wir als das Geistige oder Ideelle; das Ideelle des Geistes liegt auf der Seite des

§16. Die dunkle Herkunft des Erscheinens

eîdos. Von einer Leugnung der ideellen Gegenseite zum Materiellen zu sprechen, d.h. von einem gegen den »Idealismus« gerichteten »Materialismus«, hat nur Sinn, wenn der Unterschied zwischen *hýle* und *eîdos* schon gemacht ist, und eben dies ist im frühen Denken wegen der fehlenden Gegenüberstellung von *phýsis* und *téchne* nicht der Fall. Das in jenem Denken gesehene Prinzip des Seienden als Seienden war nicht einseitig »bloße Materie«, sondern Prinzipienhaftigkeit überhaupt – Stofflichkeit und Geistigkeit ineins – in Gestalt des *hypokeímenon*-Charakters, wie er sich im Stoff verkörpert.

II. Teil: Kosmologie der Elemente von Thales bis Aristoteles

§ 17. Die Methode der Kosmologie in Platons *Timaios*

Bei unserer Besinnung auf das weite alte Verständnis von Natur bei den Griechen haben wir uns ausgehend von der aristotelischen Vierursachenlehre mit der allem Veränderlichen zugrundeliegenden *hýle* zunächst als Atom und Element und dann als dunkle Herkunft beschäftigt. Damit sind wir nun auf eine nähere Bestimmung der Elemente selbst vorbereitet und wenden uns dafür dem schon mehrfach erwähnten *Timaios* zu. Der Dialog aus Platons Spätzeit ist der Schlüsseltext im II. Teil dieses Buches, weil er die vier alteuropäischen Elemente nicht naiv zum Thema macht, sondern im Rahmen einer methodischen Erwägung der Frage, wie sie überhaupt zum Gegenstand einer philosophischen Untersuchung werden können.

Mit dieser Frage bezieht sich das philosophische Denken und Erkennen auf sich selbst, und so bestätigt auch der *Timaios* noch einmal die Ausgangsthese dieser Untersuchungen, dass die Philosophie von Anfang an einen reflexiven Charakter hatte. Ohne eine lange Vorgeschichte der Einübung einer differenzierten Selbstbezüglichkeit des philosophischen Denkens wäre Platons bemerkenswert elaborierte Entfaltung der Methodenfrage im *Timaios* nicht möglich geworden. Er denkt hier darüber nach, ob es Entsprechungen zwischen unserer Denkungsart und der Weise gibt, wie uns die Vorkommnisse – d. h. alles, womit auch immer wir in unserem Verhalten zu tun haben – erscheinen.

Die nachfolgende Interpretation einiger Partien des *Timaios* soll zeigen, dass und wie die Methodenreflexion in diesem Dialog u. a. zu dem Ergebnis führt, dass es zwischen der einsichtsvollen, philosophischen Denkungsart und der des Menschen in seiner außerphilosophischen Durchschnittlichkeit (den *polloí*), in Platons Sprache: *epistéme* und *dóxa*, etwas Vermittelndes geben muss – eine Vermutng, zu der uns in § 5 auch schon die am Leitfaden des parmenideischen Gedichts entwickelte Problematik der Lebenswelt geführt hatte. Im *Timaios* wird sich dieses Vermittelnde als der *eikós lógos* erweisen, die noch der *dóxa* angehörige, aber schon verrechenschaftlichte Darlegung von Erkenntnissen, die den Charakter der »Wahr-scheinlichkeit« haben und auf der nicht scharf markierten Grenze zwischen Naturphilosophie und empirischer Naturwissenschaft liegen. Der vorliegende Paragraph wird sich dieser methodischen Reflexion widmen, und der darauf folgende § 18 wird dann davon handeln, zu welchen Aussagen

§17. Die Methode der Kosmologie in Platons *Timaios*

über die Elemente Platon im *Timaios* auf dieser methodischen Basis kommt.

Den ganzen Dialog eröffnet ein Einleitungsgespräch des Sokrates mit drei Personen: Timaios, ein – uns historisch nicht bekannter – Pythagoräer und der Namengeber der Schrift, Kritias, ein Verwandter von Platon, und Hermokrates, ein Politiker aus Syrakus, wo Platon mit dem Versuch scheiterte, die Konzeption seiner *Politeia* in der politischen Wirklichkeit zur Geltung zu bringen. Aus dem Gespräch kann man den Eindruck gewinnen, dass Platon wohl den Plan hatte, die im *Timaios* entwickelte Naturphilosophie in eine umfassendere Schriftengruppe einzuordnen. Dann hätte der Dialog wahrscheinlich den ersten Teil einer Trilogie (möglicherweise sogar einer Tetralogie) von mehreren Gesprächen bilden sollen, deren Problematik weit über die Kosmologie dieses Dialogs hinausgereicht hätte. Dazu ist Platon aber nicht gekommen. Vom Geplanten scheint er neben dem *Timaios* nur noch einen Teil des *Kritias* verfasst zu haben, der als Fragment erhalten geblieben ist. Man darf annehmen, dass es in der vollständigen Schriftengruppe um die Weltgeschichte in einem weitesten Sinne gegangen wäre, die sowohl die Geschichte der Welt als Natur als auch die der Menschenwelt und insbesondere Athens umfasst hätte.

Von der Welt als Natur handelt der *Timaios*. Er enthält eine philosophische Kosmologie, in der für eine große Zahl von Phänomenen der Natur jeweils eine Erklärung gegeben wird – »Natur« hier entsprechend der Eingangsunterscheidung in §12 als derjenige Teil der Gesamtheit des Seienden verstanden, dessen Entstehungsweise das »von selbst« kennzeichnet. Die Ordnung der so verstandenen Natur soll verständlich gemacht werden. Dies geschieht in Gestalt einer Geschichte, in der Timaios erzählt, dass und wie ein göttlicher Baumeister, ein *demiourgós*, der Welt ihre schöne Ordnung verliehen und sie in diesem Sinne geschaffen hat. Die »Erschaffung« der Welt durch den Demiurgen ist die Entstehung ihrer Geordnetheit. Bei dieser Schöpfungsgeschichte handelt es sich also nicht um eine »Schöpfung aus dem Nichts«; der Gedanke der *creatio ex nihilo* ist erst unter dem Einfluss der biblischen Tradition bei den Kirchenvätern entstanden. Im *Timaios* wird nur die Frage nach den Grundlagen der Ordnung des *kósmos* gestellt und beantwortet.

Das relativ umfangreiche Einleitungsgespräch geht in eine kurze zweite Einleitung über, in der Timaios ankündigt und erläutert, welches Thema er in einem Vortrag behandeln wird, den er gleich halten soll. Weil Sokrates am Ende dieser Erläuterungen mit freundlicher

Ironie feststellt, dass nun wohl das *prooímion* – eigentlich das »Vorspiel«, das »Präludium« einer Gesangsdarbietung – abgeschlossen sei, werde ich diese Partie des Textes (27 c 1 – 29 d 3) im Folgenden als »kleines Proömium« bezeichnen. Es verdient als erstes unsere Aufmerksamkeit, weil es den Auftakt der eingangs erwähnten Reflexion auf die Methode der im *Timaios* entwickelten Erkenntnis der Natur und der Elemente im Besonderen bildet. Es beginnt damit, dass Timaios als Thema des kommenden Vortrags die Erschaffung der Welt angibt und uns dabei die Wahl lässt, ob wir als Bezeichnung für die Welt einen der Begriffe *pân* (»Ganzes«), *kósmos* oder *ouranós* (»Himmel«) oder auch ein anderes Wort vorziehen.

U. a. im Vorgriff auf diese Stelle wurden in den vorangegangenen Paragraphen die Begriffe *kósmos* und *pan* verwendet und erläutert. Der »Himmel«, *ouranós*, meint in der griechischen ebenso wie noch heute in der deutschen Alltagssprache das Ganze dessen, was über uns ist. Sofern der so verstandene »Himmel« in seiner riesigen Weite uns als das schlechthin Allumfassende erscheint, kann dieses Wort auch als Name für das All, das Ganze der Welt überhaupt dienen, wie das in den Schriften von Platon und Aristoteles häufig zu beobachten ist. Der »Himmel« bezeichnet für die Griechen und für die europäische Tradition bis ins 18. Jahrhundert aber auch die Ordnung der Kreisläufe der Gestirne, in der uns die Geregeltheit der Zeit erscheint. So begegnet uns das Ganze der Welt auch durch die Erfahrung des Himmels als schöne Ordnung, als *kósmos*.

Indem Bezeichnungen wie *kósmos* oder *ouranós* zu Namen für das Ganze der Welt werden, erscheint diese von vornherein als etwas schön Geordnetes, und als das wird sie in der Weltschöpfungsgeschichte des *Timaios* in der Tat angesehen. Die Ordnung ist ein Gefüge von Bestimmungen, die dem All durch den göttlichen Demiurgen verliehen wurden, der dabei als Weltbaumeister die Ideen als Baumuster *(paradeígmata)* vor Augen hatte. Eine solche Gestaltgebung geschieht nicht »aus dem Nichts«, *ex nihilo*, sondern sie setzt etwas bereits vorliegendes Bestimmbares voraus, dem die Bestimmungen gegeben werden; das ist formal schon der gleiche Bedingungszusammenhang, der dann in der Vierursachentheorie des Aristoteles zur Annahme des Stoffes als *hypokeimenon* führt.

Der Vortrag besteht zunächst in einem inhaltsreichen Überblick über die Phänomene der natürlichen Lebenswelt, die in der Kosmologie des Timaios eine – wie sich im nächsten Paragraphen zeigen wird – »pythagoreische« Erklärung finden. Den Auftakt dieses Vor-

§17. Die Methode der Kosmologie in Platons *Timaios*

trags bildet das kleine Proömium. In ihm erinnert Timaios als erstes an die bekannt gewordene und etablierte Ideenlehre, die Platon in seinem Hauptwerk, der *Politeia*, und in anderen Dialogen wie dem *Phaidon* oder dem *Symposion* entwickelt hatte, die in der gleichen mittleren Periode seines Denkens entstanden. Timaios sieht sich zu dieser Erinnerung veranlasst, weil er überzeugt ist, der Baumeistergott sei deshalb in der Lage gewesen, die Welt als einen schönen Kosmos zu erschaffen, weil ihm dabei die Ideen, das schlechthin veränderungsfrei Seiende, als Baumuster gedient hätten. Diesem Rückgriff auf die Gedankenwelt der *Politeia* verleiht Platon literarisch Gestalt mit der Fiktion, das Gespräch im *Timaios* sei die Fortsetzung des am Tag davor geführten Gesprächs der *Politeia*. Wie lange es nach der Abfassung der *Politeia* real gedauert hat, bis Platon den *Timaios* schrieb, ist uns nicht bekannt, aber es gibt jedenfalls guten Grund für die Annahme, dass zwischen der Abfassung der klassischen Dialoge der mittleren Periode und den ganz anders gearteten Spätschriften, zu denen auch der *Timaios* gehört, eine deutliche Zäsur lag.

Eine Voraussetzung der Ideenlehre, die – gemäß der fiktiven Erinnerung von Timaios – »gestern« Thema des Gesprächskreises war, ist die für Platon selbstverständliche Annahme, dass »Sein« Beständigkeit bedeutet. Im Lichte dieser Voraussetzung gelten die Ideen als das wahrhaft Seiende; sie sind auf seiende Weise, »seiendermaßen« – griechisch *óntōs* – seiend, und das unterscheidet sie von den sinnlich wahrnehmbaren Gegebenheiten unserer Lebenswelt, deren Existenzweise das Werden ist. Timaios beginnt das kleine Proömium mit einer Frage, die sich auf diese Grundunterscheidung bezieht und die wörtlich übersetzt so lautet: »Was ist das immer Seiende, das ein Werden nicht hat *(génesin ouk échon)*, und was ist das immer Werdende, aber niemals Seiende *(on oudépote)*?« (27 d 5–7)

Wenn man die Kennzeichnung des »immer Werdenden« in dieser Frage mit den in Platons mittlerer Periode üblichen Formulierungen vergleicht, fällt auf, dass das »immer Werdende« früher als etwas Seiendes – *on* – bezeichnet wurde. Das Sein dieses Seienden wurde zwar verneint; aber bei dieser Negation machte Platon sich zunutze, dass es in der altgriechischen Sprache zwei Möglichkeiten der Verneinung gab: die Negation mit der Partikel *ou* (oder, angepasst an den Anlaut des nachfolgenden Wortes, auch *ouk*) und die mit der Partikel *me*. Das *ou* bringt eine uneingeschränkte Verneinung zum Ausdruck, während die weniger radikale Verneinung durch das *me* nur besagt, dass einer Sache, die von der Negation betroffen ist, etwas fehlt, das eigentlich zu ihr gehört.[85]

So bedeutet *me on* zwar »nicht seiend«, aber nur in dem Sinne, dass einem Seienden zum vollen Sein etwas vorenthalten bleibt, was ihm gemäß der Bedeutung des Begriffs »Sein« nicht fehlen sollte, nämlich die Beständigkeit und Unwandelbarkeit, das Sich-gleich-Bleiben, wie es im kleinen Proömium mehrfach heißt. In der Frage des Timaios fehlt – das kann einem mit Platons Texten vertrauten Leser auffallen – das *me* oder eine äquivalente Wendung; es gibt nur das *ou* und eine Zusammensetzung mit dieser Partikel *(oudépote)*. Mit dem Fehlen eines *me* zugunsten des alleinigen Gebrauchs des *ou* gibt uns Platon zu verstehen, dass das immer Werdende schlechthin kein Sein besitzt; wir haben in unserer Lebenswelt nur mit Vorkommnissen zu tun, an denen nichts beständig ist. Es findet ausschließlich *génesis* – oder als Infinitiv des zugehörigen Verbs formuliert: *gígnesthai* – statt, ein »Werden« bzw. »werden«, das hier im Kontrast zur Beständigkeit des Seins als ein Geschehen verstanden werden muss, das den Grundcharakter des »immer wieder anders«, des Sich-selbst-nie-Gleichbleibens hat. So wird mit dem Wegfall der Differenzierung zwischen *ouk on* und *me on* der Gegensatz zwischen den beständigen Ideen und unserer unbeständigen Welt extrem zugespitzt.

Der Satz, der unmittelbar auf die zitierte Eingangsfrage folgt, beantwortet diese Frage, indem er Auskunft darüber gibt, welche Möglichkeiten wir haben, das zu erkennen und zur Sprache zu bringen, was uns in den beiden Bereichen begegnet, die in der Frage unterschieden werden, dem beständig Seienden und dem immer Werdenden. Von diesen Möglichkeiten hängen Sinn und Tragweite einer Kosmologie ab, wie sie Timaios vortragen wird: Er geht von der Annahme aus, dass beiden Bereichen jeweils eine bestimmte Weise des Erkennens und darüber Redens entspricht, dem immer Werdenden die Wahrnehmung, *aísthesis*, und dem immer Seienden die *nóēsis*,

---

[85] Das wahrscheinlich bekannteste Beispiel für den Unterschied zwischen den Verneinungspartikeln *me* und *ou* ist der für die heute vorherrschende Tendenz, das Element der Disziplinierung in der Erziehung restlos zu eliminieren, unakzeptable Satz des Komödiendichters Menander: *ho me dareís ánthropos ou paideúetai*, »der nicht *(me)* geschundene Mensch wird nicht *(ou)* erzogen«. Mit der Wendung »der nicht geschundene Mensch« ist entsprechend dem *me* gemeint: der Mensch, dem es vorenthalten blieb, geschunden zu werden.

§17. Die Methode der Kosmologie in Platons *Timaios*

oft ebenso wie *noûs* missverständlich mit »Denken« übersetzt.[86] Hier stellen sich zwei Fragen: Warum macht Platon diese Entsprechungen zum Thema, und worauf will er mit der oben beobachteten Zuspitzung hinaus?

Timaios schlägt in der Nachbetrachtung zu seinem Vortrag selbst eine Brücke zum kleinen Proömium, indem er die beiden Bereiche, die er in der Eingangsfrage unterschieden hatte, das beständig Seiende und das immer Werdende, nun als zwei Gattungen, *géne* (Plural von *génos*), bezeichnet (48 e 7). Die Weise, wie die Ideen, die Gegenstände der ersten Gattung, erkannt und zur Sprache gebracht werden, beruht auf der *nóēsis*, und die Weise, wie das Entsprechende mit dem Inhalt der zweiten Gattung, dem immer Werdenden, geschieht, stützt sich auf die *aísthesis*. Die übliche Übersetzung von *aísthesis* mit »Wahrnehmung« – gemeint ist das Wahrnehmen mit den Sinnen – ist in diesem Zusammenhang unproblematisch. Aber die Wiedergabe von *nóēsis* mit »Denken« führt leicht zu Missverständnissen, weil wir normalerweise unter »Denken« ein geistiges Verknüpfen verstehen. Das Substantiv *nóēsis* und parallel dazu *noûs* gehört aber mit dem Verb *noeîn* zusammen, das – wie in §8 schon geklärt – ein einfaches »Bemerken und Vernehmen« bezeichnet.

Im Zusammenhang der Ideenlehre ist das *noeîn* das einfache geistige Schauen der Bestimmtheit dessen, womit wir jeweils zu tun haben. Jede Bestimmtheit von Vorkommnissen in unserer Welt bietet – metaphorisch gesprochen – den Augen unseres Geistes einen unsinnlichen Anblick. Jeder solche Anblick eröffnet eine Sicht, in deren Licht wir das einzelne uns Erscheinende *als* etwas identifizieren können, d. h. als das ansprechen können, *was* es ist. Die Ideen sind dieses »Was« selbst und und bieten als das eine geistige Ansicht, die ihrerseits die Sicht auf alles eröffnet, was an der betreffenden Bestimmtheit teilhat. Der Mensch muss die so verstandenen »Ideen« schon immer mit seinem *noûs* erblickt haben, um in ihrem Licht die Vorkommnisse dieser irdischen Welt, der Welt des immer Werdenden, als das wahrnehmen zu können, *was* sie sind.

Wir können nur deshalb die Vorkommnisse in unserer Welt *als* etwas identifizieren, weil wir uns dabei auf die zuverlässige Orientierung verlassen, die uns die Ideen bieten. Um uns diesen Dienst leisten zu können, müssen die Ideen selbst aber unveränderlich beharren.

---

[86] Vgl. hier die Erläuterungen dazu in §8.

II. Teil: Kosmologie der Elemente von Thales bis Aristoteles

Wenn unser Sprechen-über-etwas sich auf die so verstandenen Ideen als Gegenstand des *noeîn* bezieht und stützt, ist es unerschütterlich zuverlässig; denn dann ist es ein Reden, *légein*, im Geiste des *lógos*, den wir in § 9 schon als eine auf Gründe gestützte und dadurch überzeugende Rechenschaft kennengelernt haben. Das Reden über das hingegen, was in der Wahrnehmung, *aísthesis*, unseren Sinnen erscheint, kann diesen stabilen Charakter nicht besitzen, weil das Wahrgenommene als solches durch Unbeständigkeit und Veränderlichkeit gekennzeichnet ist.

Timaios benutzt in dem Satz, der als eine erste Antwort auf die Eingangsfrage des kleinen Proömiums folgt, den Begriff *lógos* und versteht ihn in dem gerade in Erinnerung gebrachten Sinne, also als eine durch Begründung überzeugende Rechenschaft. Der *lógos* kommt an dieser Stelle deswegen ins Spiel, weil Timaios ihn bei der folgenden Unterscheidung braucht, die sich auf die beiden Gattungen bezieht: Die eine Gattung enthält das, was wir durch *nóēsis metá lógou*, »*nóēsis* mit *lógos*«, erfassen können, nämlich die Ideen als das beständig Bleibende, und die andere das, wovon wir durch *dóxa met'aisthéseos alógou*, »*dóxa* mit *lógos*loser Wahrnehmung« eine doxahafte Ansicht haben, also das immer Werdende: Dieses letztere kann zwar bei uns den Eindruck hervorrufen, als sei es etwas, das *ist*, etwas Seiendes, aber das ist ein bloßer Anschein; es ist nicht »auf seiende Weise« *(óntōs)* »seiend« *(on)*, sondern bietet uns nur einen unbeständigen Anblick und in diesem Sinne eine schwankende »Ansicht«, *dóxa*, von wirklichem Sein.

Diese Unterscheidung ist im *Timaios* kein Selbstzweck; die Überlegungen im kleinen Proömium sollen ja der methodischen Vorklärung der Beschaffenheit des kosmologischen Vortrags dienen, den Timaios halten wird, wobei wir gewiss unterstellen dürfen, dass es Platon nicht nur um die Vorklärung bei diesem einen Vortrag geht. Der Vortrag dient durch seinen kosmologischen Inhalt als Musterbeispiel für eine sprachliche Darlegung von Erkenntnissen, in der es um Vorkommnisse im Bereich der *phýsis* geht. Passt auf eine solche Darlegung die Kennzeichnung als *dóxa met'aisthéseos alógou* (28 a 1), »Ansicht mit *lógos*loser Wahrnehmung«? Wenn man diese Frage mit Ja beantworten dürfte, würde sich eine Kosmologie, wie sie Platon dem Timaios in den Mund legt, und alles damit Verwandte im Prinzip nicht unterscheiden vom Geschwätz im Bereich der außerphilosophischen *dóxai*, die keiner strengen Rechenschaft durch Begründungen bedürftig und fähig sind und die das Reden der in diesem

§17. Die Methode der Kosmologie in Platons *Timaios*

Bereich befangenen Menschen der Zufälligkeit ihrer Sinneseindrücke ausliefern.

Außerdem hätte diese Auffassung die Konsequenz, dass es als Alternative zu solcher Doxa nur eine einzige Art von Philosophie gäbe. Man könnte sie als so etwas wie eine Gedankenmathematik mit reinen »noëtischen«, d.h. der *nóēsis* entnommenen ideenhaften Bestimmtheiten bezeichnen. Das Miteinanderreden, das *dialégesthai*, würde hier zu vollkommener gedanklicher Konsistenz und Strenge gelangen. Für eine solche »Dialektik« hat Platon selbst in seiner Spätzeit Musterbeispiele hinterlassen: In der zweiten Hälfte des *Parmenides* – eines Dialogs, der wahrscheinlich dem *Timaios* zeitlich vorhergeht – wird eine Gedankenübung vorgeführt, die sich rein auf noëtische Bestimmungen wie »Seiend«, »Nichtseiend«, »Einheit«, »Andersheit« usw. bezieht. Im *Sophistes* werden die »obersten Gattungen«, d.h. die allgemeinsten Bestimmungen von allem, wie »Sein«, »Einheit«, »Bewegung« usw. durchdacht. Die in solchen Texten von Platon auf den Weg gebrachte Art von Philosophie hat in der Antike bei Plotin und in der Neuzeit bei Spinoza und danach bei den großen Denkern des deutschen Idealismus ein mehrfaches eindrucksvolles Echo hervorgerufen.

Für ein philosophisches Denken, in das der Bezug auf das integriert wäre, was wir heute als Forschungsgegenstand empirischer Naturwissenschaft bezeichnen, fände sich in der gerade skizzierten Konzeption kein Platz. Diese Situation kann uns veranlassen, hier bei der Interpretation des Dialogs einen Schritt über die wortgetreue Nachzeichnung seines Inhalts hinauszugehen und die Frage zu stellen, ob es vielleicht neben den beiden extremen Möglichkeiten der sprachlichen Darlegung von Erkenntnissen, der reinen Betrachtung »noëtischer« Gedankenbestimmungen und der doxahaften Verarbeitung von »ästhetischen« (»aisthetischen«) durch Wahrnehmung, *aisthesis*, gewonnenen Erfahrungsinhalten, eine dritte Möglichkeit gibt, die zwischen den beiden extremen Möglichkeiten vermittelt oder sie in sich vereint.

In diesen beiden Möglichkeiten wiederholt sich letztlich nur der Gegensatz zwischen den beiden Gattungen des beständig Seienden und des immer Werdenden. Mit der dritten Möglichkeit würde sich die Perspektive auf eine dritte Gattung eröffnen. In der Nachbetrachtung zu seinem Vortrag spricht Timaios tatsächlich von einer dritten Gattung, die bei ihm zunächst die Bezeichnung »das durch Notwendigkeit Entstandene« trägt und sich später als der Raum herausstellt.

Die scharfe Zuspitzung des Gegensatzes zwischen den beiden Gattungen schon in der Formulierung der Eröffnungsfrage des kleinen Proömiums könnte dem Ziel gedient haben, bei den Zuhörern des Timaios, also auch bei uns als Lesern des Dialogs von vornherein die Bereitschaft zu wecken, uns auf die Schwierigkeiten einzulassen, welche die Annahme einer dritten Gattung mit sich bringt. Und auf die Entsprechung zwischen der Beschaffenheit des Gegenstandes und der Weise seiner Erkenntnis wurde deshalb die Aufmerksamkeit gelenkt, weil für die Erfassung der dritten Gattung eine Bereitschaft erforderlich ist, ihr durch eine bestimmte – uns überraschende – Art von Erkenntnis gerecht zu werden.

Timaios kommt am Ende des kleinen Proömiums tatsächlich ausführlicher auf eine Art der sprachlichen Darlegung von Erkenntnissen zu sprechen und charakterisiert sie als »wahr-scheinlich«. (Die Schreibung mit Bindestrich wird bald bei der Interpretation der Stelle erklärt.) Man kann diese Ausführungen des Timaios als eine Variante der Beschreibung der doxahaften Darstellung von Erkenntnissen lesen, aber dann bleibt die Frage, warum das für den Gesamtzusammenhang des Kosmologie-Vortrags überhaupt erforderlich ist. Deshalb möchte ich im Folgenden den Versuch machen, diese Partie des Textes als eine Erläuterung der dritten Darstellungsart zu lesen, wobei ich zugeben muss, dass es keinen zwingenden Grund für diese Interpretation gibt.

Aber ein erster Anhaltspunkt findet sich doch in einem Sprachgebrauch, mit dem uns der Text in dieser Partie zunächst irritiert: Eigentlich verwendet Platon im *Timaios* den Begriff *lógos* als Bezeichnung für eine rechenschaftliche, auf Begründungen gestützte Darlegung von Erkenntnissen, also nicht für das unkontrollierte Reden, das der Doxa eigen ist, die sich von den wechselnden Sinneseindrücken treiben lässt. Aber in der Schlusspartie des kleinen Proömiums benutzt er die Vokabeln *lógos* und *lógoi* offenkundig in einer neutralen, auf alle Arten von Reden anwendbaren Bedeutung. Vielleicht erscheint ihm das als passend, weil er nun von einer Darstellungsart spricht, die sich der Alternative von rechenschaftlichem und doxahaftem Reden entzieht.

Um diese Darstellungsart aufzusuchen, müssen wir die beiden Gattungen und die ihnen entsprechenden Redeweisen in ein Verhältnis bringen, das irgendwie zwischen ihnen vermittelt. An dieser Stelle ist an die Semantik des Leitworts *lógos* zu erinnern, auf die in §9 hingewiesen wurde: Das Zentrum des Bedeutungsfeldes von

§17. Die Methode der Kosmologie in Platons Timaios

»*lógos*« ist die Darlegung von Verhältnissen. Auf welche Weise gelingt es einer sprachlichen Darlegung von Erkenntnissen wie etwa dem exemplarischen Vortrag des Timaios, beide Gattungen in ein ausgewogenes Verhältnis zu bringen? Man könnte annehmen, es gelinge dadurch, dass Stücke aus dem Inventar der *nóesis* und der *aísthesis* gemischt werden und dass locker abwechselnd »noëtische« und »ästhetische« Aussagen im Vortragstext auftauchen. Aber damit wäre das gesuchte Verhältnis – wenn überhaupt – nur oberflächlich gefasst. Es geht darum, dass ein und dasselbe Textstück einer sprachlichen Darlegung von Erkenntnissen geeignet sein müsste, ebenso der *aísthesis* wie der *nóesis*, also sowohl der Gattung des beständig Bleibenden als auch der des immer Werdenden zugeordnet zu werden.

Man kann den Vortragstext des Timaios tatsächlich als eine logische Stufenfolge von Bedingungsverhältnissen lesen, aber auch als eine bildliche Erzählung, die narrativ den Stadien der Einrichtung einer schönen Weltordnung durch den göttlichen Demiurgen folgt. Die einzelnen Aussagen des Textes haben dann weder einen rein noëtischen noch einen rein ästhetischen Charakter; sie erheben weder den Anspruch strenger philosophischer Verbindlichkeit noch sind sie Ansichten im Sinne der außerphilosophischen Doxa, die den schwankenden Sinneseindrücken ausgeliefert ist. Sie haben vielmehr eine eigene, nicht auf diese Charaktere zurückführbare Beschaffenheit. Diese Beschaffenheit können wir konkret beschreiben, indem wir einen Gedanken der Ideenlehre aus der mittleren Periode von Platons Denken in Erinnerung bringen, der bisher nur gestreift wurde.

Wenn wir die Vorkommnisse der Wahrnehmungswelt, die *me ónta*, mit einem gewissen Recht für seiend halten und als das ansprechen, so deshalb, weil sie durch ihre jeweilige Bestimmtheit am Sein der Bestimmtheiten-selbst, d.h. der Ideen »teilnehmen« oder »teilhaben«, allerdings so, dass sie grundsätzlich hinter deren Sein zurückbleiben. So bleibt ihnen zwar trotz dieser »Teilhabe«, *méthexis* (in späterer lateinischer Übersetzung: *participatio*), das Sein im Vollsinne dieses Begriffs verwehrt; aber auf der anderen Seite verweisen sie durch die Teilhabe auf das, woran sie »partizipieren«, auf die Ideen. Dieses Verweisen lässt uns etwas sehen von dem jeweiligen Was, also der Idee als »Sicht«, als geistigem Anblick, und insofern können wir ein Vorkommnis aus unserer Welt des Werdens als Bild, *eikón*, einer Idee bezeichnen.[87]

---

[87] Von *eikón* ist der Begriff »Ikone« abgeleitet. Zwischen den Ikonen und Platons

II. Teil: Kosmologie der Elemente von Thales bis Aristoteles

Die *eikṓn*, das als Abbild verstandene »Bild«, wird zum Schlüsselbegriff bei der methodischen Klärung des Selbstverständnisses der im *Timaios* entworfenen Kosmologie, weil Platon sich den Gleichklang dieses Substantivs mit dem Adjektiv *eikós* zunutze macht. Die übliche deutsche Übersetzung für *eikós* im Text des *Timaios* lautet »wahrscheinlich«. Sie ist nicht unbedingt falsch, aber missverständlich, weil das Wort »wahrscheinlich« doppeldeutig ist. Das lässt sich durch Rückübersetzung ins Lateinische verdeutlichen: »Wahrscheinlich« kann dasselbe bedeuten wie *probabilis*, d. h. »probabel«, was soviel meint wie »erwägenswert« (vgl. englisch *probably*); in diesem Sinne wäre der *eikós lógos* eine Aussage, die probeweise zur Erwägung steht, und die »Wahrscheinlichkeit« der Aussage wäre im Sinne der Plausibilität einer Erwartung zu verstehen.

»Wahrscheinlich« kann im Lateinischen aber auch mit *verisimilis* wiedergegeben werden; dann bedeutet es: »dem Wahren *(verum)* ähnlich *(similis)*«. So verstanden ist der *eikós lógos* eine Aussage, in der das Wahre durchscheint, aufscheint. Der Gleichklang von *eikós* mit *eikṓn* macht deutlich, dass für das »*eikós*« im *Timaios*-Text nur diese zweite Bedeutung in Betracht kommt: So wie die Sinnenwelt trotz ihrer Unbeständigkeit und Veränderlichkeit durch ihre Teilhabe an den Ideen diese als Abbild durchscheinen lässt, gibt es in Entsprechung dazu eine Rechenschaft mit dem Charakter der »Wahr-scheinlichkeit« – mit Bindestrich geschrieben –, einen *lógos*, worin die Wahrheit, nämlich das Sein der Ideen, *mittelbar* aufleuchtet. Dem *eikṓn*-Charakter unseres *kósmos* entspricht der *eikós*-Charakter unserer darauf bezüglichen Rechenschaft.

Timaios macht diese Sachlage im kleinen Proömium (29 c 3–5) klar, indem er von dem Unterschied ausgeht, der zwischen den *lógoi*, den Reden besteht, die sich auf das »Beständige und Feste«, d. h. auf die Ideen als das Sich-Immer-Gleichbleibende, beziehen, das »mit dem *noûs* zum Erscheinen zu bringen ist«, und den Reden, die sich auf das beziehen, was »jenem (den Ideen) nachgebildet, aber Abbild *(eikṓn)* ist«, also diese unsere hiesige Welt, die Sinnen- oder Wahrnehmungswelt: Die letzteren Reden können »in Entsprechung« – *aná*

Philosophie gibt es – das sei am Rande erwähnt – durch den starken Einfluss des Neuplatonismus auf das Denken der Ostkirche einen auch heute noch erlebbaren Zusammenhang: »Ikonen« sind Abbilder, in denen das jenseitige Heilige oder Göttliche in unserer irdischen Welt durchscheint und auf diese Weise den Gläubigen so präsent wird, dass sie es in unmittelbarer Zuwendung verehren können, wie ihr Verhalten in einem ostkirchlichen Gottesdienst zeigt.

§17. Die Methode der Kosmologie in Platons Timaios

lógon – zu ihrem Gegenstand, der Wahrnehmungswelt als *eikṓn*, nur »*eikós*« sein, während die ersteren Reden so »beständig und fest« sind wie das Sich-Immer-Gleichbleibende, auf das sie sich beziehen. Den ganzen einschlägigen Satz 29 c 1–3 könnte man so ins Deusche übersetzen: »Die auf das Beständige und Feste, mit dem *noûs* zum Erscheinen zu Bringende [bezogenen] Reden [sind] beständig und fest, während die auf das jenem Nachgebildete, aber Abbildhafte [bezogenen] Reden in Entsprechung zu jenen [Reden] wahr-scheinlich sind.«

Die Entsprechungen zwischen dem, was Gegenstand unserer Erkenntnis ist, und unserer sprachlichen Mitteilung der Erkenntnisse lassen nun verständlich werden, warum Timaios im kleinen Proömium auf die Entsprechungen zu sprechen kommt. Zugleich bestätigt das Auftauchen der Formel *aná lógon* in diesem Zusammenhang die These aus §9, dass die Darlegung von Verhältnis den Kern des semantischen Feldes von *lógos* bildet: Nur weil das Wort *lógos* schon »Verhältnis« bedeutet und dadurch für ein mathematisches, in weitem Sinne »rechnerisches« Verständnis seiner Bedeutung offen ist, kann die Formel *aná lógon* ein Verhältnis von Verhältnissen, eine Entsprechung von Entsprechungen, kurz gesagt eine Proportion bezeichnen. Und mit Bezug auf dieses mögliche mathematische Verständnis ist es sachlich völlig angemessen, *lógos* in diesem Zusammenhang mit »Rechenschaft« oder im Englischen »account« zu übersetzen.

Im Wörterbuch findet man die Bedeutung des altgriechischen Adjektivs *eikós* mit Vokabeln wie »glaubhaft«, »wahrscheinlich«, »passend« umschrieben. Mit genau diesem Vokabular würde man auch die Bedeutung des Adjektivs *likely* im Englischen treffen. Da sich für »Bild« oder »Darstellung« im Englischen der Begriff *likeness* verwenden lässt, konnte der bedeutende englische Platon-Kenner Francis Macdonald Cornford das griechische Wortspiel mit *eikós* und *eikṓn* dank des Vokabelreichtums seiner Muttersprache in seiner Übersetzung des entscheidenden einschlägigen Satzstücks 29 c 1–3 folgendermaßen wiedergeben: »... while an account of what is made in the image of that other, but is only a likeness, will itself be but likely, standing to accounts of the former kind in a proportion ...« (Die in den Satz eingeschobenen Wortgruppen habe ich weggelassen.)[88]

---

[88] Die Übersetzung steht in Cornfords zum Standard gewordenen Kommentar: *Pla-*

Im Deutschen können wir diese englische Übersetzung mit einem ähnlichen Wortspiel wie zwischen *likely* und *likeness* nachahmen, wenn wir den Begriff »Gleichnis« nicht von vornherein in der Bedeutung des biblischen »Gleichnisses« verstehen: Diese unsere hiesige Welt ist als *eikṓn* »Gleichnis« des Bereichs der Ideen, und unser Reden darüber ist »gleichnishaft«. In diesem Sinne könnte man das Satzstück, um das es geht, parallel zu Cornford so übersetzen: »… während eine redende Rechenschaft über das, was jenem zwar nachgebildet, aber nur Gleichnis ist, in Entsprechung zu jener Rechenschaft gleichnishaft ist.«

Wir können nun festhalten: Platon lenkt durch den Mund des Timaios unsere Aufmerksamkeit auf eine doppelte Entsprechung: 1. Der Beständigkeit der Ideen entspricht die wandellose Zuverlässigkeit unserer durch die *nóēsis* auf die Ideen bezüglichen philosophischen Rechenschaft. 2. Dem *eikṓn*-Charakter unserer Sinnenwelt entspricht der *eikós*-Charakter der darauf bezüglichen *lógoi*. Worauf sich diese zweite Entsprechung bezieht, ist nicht eindeutig: Es kann sein, dass es sich hierbei nur um eine Variante der Beschreibung des Verhältnisses der doxa-artigen Darlegung von Erkenntnissen zu ihrem Gegenstand, dem immer Werdenden, handelt, – Erkenntnissen, die durch die allgemeine außerphilosophische Empfänglichkeit für die wechselnden Wahrnehmungseindrücke möglich werden. Es ist aber nicht auszuschließen, dass die zweite Entsprechung sich auf eine dritte Gestalt der Erkenntnis-Darlegung bezieht, nämlich die weder doxahafte noch rein noëtische Darlegung von Erkenntnissen der empirischen Wissenschaft oder einer Naturphilosophie.

In der vorliegenden Interpretation habe ich mich versuchsweise für diese Option entschieden. Für sie spricht in meinen Augen auch der Umstand, dass Timaios sich ausdrücklich zur Frage der Überzeugungskraft der in seinem Vortrag entwickelten kosmologischen Welterklärung äußert. Ihre »Wahr-scheinlichkeit« kann nichts daran ändern, dass diese Welt hier veränderlich und unbeständig ist, und das muss sich auch im *eikós lógos* auswirken; er bezieht sich trotz seiner »Wahr-scheinlichkeit« auf die unzuverlässige irdische Welt und kann deshalb nicht in solcher Weise verlässlich und verbindlich sein, wie das eine rein noëtische, auf die Ideen bezogene Erörterung wäre.

---

to's Cosmology: the Timaeus of Plato *translated with a running commentary*, London 1937.

§17. Die Methode der Kosmologie in Platons Timaios

Dieser Ambivalenz entspricht unser ambivalentes Verhältnis zu der vermutlich existierenden dritten Gattung. Einerseits müssen wir annehmen, dass es sie gibt; denn wir benötigen sie in unseren Überlegungen als das, was zwischen dem Sein als uneingeschränktem Sich-gleich-Bleiben und dem Immer-Werden vermittelt. Sie steht mit dem Vergänglichen, Werdenden auf doppelte Weise in engstem Zusammenhang: Alles was in der Wahrnehmungswelt erscheint, braucht dafür in ihr einen Platz, und als das, was solchermaßen »allem, was ein Entstehen *(génesis)* hat, einen Sitz – *hédra* – gewährt«, ist die dritte Gattung unentbehrlich. So kann Timaios von ihr sagen, dass sie »den Untergang *(phthorá)* nicht an sich heranlässt« (52 a 9), also unvergänglich ist wie die Ideen. Andererseits muss sie den wahrnehmbaren Vorkommnissen unserer Welt verwandt sein; sonst könnte sie nicht der Ort sein, wo diese in der Welt des Immer-Werdenden auftreten.

Dann ist aber die Frage: Was unterscheidet diesen *eikós lógos* von den unzuverlässigen *dóxai*, den schwankenden Ansichten? Mit anderen Worten: Was hat der auf die Sinnenwelt bezogene, rudimentär bereits wissenschaftliche Erklärungsversuch der Ordnung unserer Welt, wie er im *Timaios* vorgetragen wird, den schwankenden Meinungen von Nichtphilosophen zum gleichen Thema voraus? Doxahaft bleibende Welterklärungen finden wir in reicher Fülle in den Weltentstehungs- oder Weltschöpfungsmythen der verschiedenen Menschheitskulturen. Was unterscheidet die Geschichte der Welteinrichtung im *Timaios* von solchen Mythen?

Die allgemeine Antwort kann nur lauten: Der Erzähler dieser Geschichte sieht im Unterschied zum Nichtphilosophen, der in den *dóxai* befangen bleibt, die Sinnenwelt nicht eindimensional – wie die Schatten auf der Wand im bekannten Höhlengleichnis der *Politeia* –, sondern *als* Bild, *eikón*, *in* ihrem Abbildverhältnis zu den Ideen als ihren Urbildern; das in dieser Welt des immer Werdens Erscheinende zeigt sich im *eikós lógos* in seinem Verhältnis – *lógos* – zu seinen *archaí*, den Ideen als Anfangsgründen. Die so verstandenen Ideen sind – hier sei an die Klärung in §13 erinnert – die »Ursachen«, *aitíai*, der Wahrnehmungswelt. Deshalb kann man sagen, dass das wissenschaftliche oder naturphilosophische Reden über die Sinnenwelt auf diese Weise den Charakter eines *logismós aitías* gewinnt, einer rechenschaftlichen Erörterung der Ursache, wie Platon in seiner mittleren Periode im *Menon* (98 a) formuliert hatte. Dort hatte er in diesem Zusammenhang von der Möglichkeit einer »wahren *dóxa*«

gesprochen und diese als eine Ansicht gekennzeichnet, die durch den *logismós aitías* »gebunden« wird, d. h. Stabilität erhält.

Weil die *dóxa* in diesem Sinne ihr Schwanken, ihre Unverbindlichkeit verlieren kann, gibt es die »wohlbegründeten und wahren *dóxai*«, von denen auch im *Timaios* (37 b 8) die Rede ist. Eine wahre *dóxa*, der durch den *logismós aitías* Festigkeit verliehen wurde, darf man wohl mit dem *eikós lógos* gleichsetzen. Dieser *lógos* ist nicht mehr vorphilosophisch naiv, sondern er durchschaut unsere Welt *als* Bild und versteht im Unterschied zu den traditionellen Weltentstehungsmythen der verschiedenen Kulturen unsere Welt ausdrücklich *als* eine an den Ideen teilhabende, nach ihnen als den *paradeígmata* gestaltete Ordnung.

Auf solche Weise grenzt sich dieses Reden ab von der bloß doxahaften Verständigung über die Wahrnehmungswelt, die Platon am Anfang des kleinen Prooemiums als *dóxa metá aisthéseos alógou*, als »Ansicht mit nicht-logoshafter Wahrnehmung«, bezeichnet hatte. Dort konnte es noch so scheinen, als gebe es – entsprechend der Dualität von Sinnenwelt und Bereich der Ideen – zur logoslosen *dóxa* nur die Alternative der *nóësis metá lógou*, d. h. der in den philosophischen *lógos* eingebetteten geistigen Anschauung der Ideen. Nun stellt sich – jedenfalls auf der Grundlage der von mir vorgeschlagenen Interpretation – heraus, dass es eine dritte Erkenntnismöglichkeit gibt, nämlich eine verwandelte *dóxa*, die sich zwar auf die Sinnenwelt bezieht, aber philosophisch geworden ist, weil sie diese Welt ausdrücklich von ihrem Verhältnis zur Ideenwelt her begreift.

Der *eikós lógos* als solchermaßen »wahre *dóxa*« darf den Anspruch erheben, verbindlich begründende Rechenschaft zu sein. Das ändert aber nichts daran, dass er wegen seiner Bezogenheit auf unsere hiesige Welt doxahafte Züge trägt. Konkret zeigt sich dieses doxahafte Gepräge des *eikós lógos* darin, dass er als Erzählung vorgetragen wird und dass zum Erzählen Bilder gehören. Das bildhaft-narrative Reden zeigt gerade durch seine Bildhaftigkeit, dass im *eikós lógos* das Verhältnis des Abbilds (der Sinnenwelt) zum Urbild (den Ideen) als solches zur Sprache gebracht wird. Ein solches Reden bedient sich der Bildlichkeit aber nicht naiv, sondern bewusst – in moderner Sprache können wir sagen: reflektiert. Das Erzählen und die Verwendung von Bildern werden gezielt eingesetzt, um die Transparenz der Sinnenwelt für ihren Ideen-Hintergrund aufscheinen zu lassen.

Diese reflektierte Bildlichkeit und Narrativität entspricht dem selbstbezüglichen Charakter schon der anfänglichen Philosophie und

§17. Die Methode der Kosmologie in Platons *Timaios*

verleiht dem *eikós lógos* im Vergleich mit dem üblichen doxahaften Reden eine Überlegenheit, die Timaios zunächst, am Ende des kleinen Proömiums (29 c 7/8) noch mit einer gewissen Zurückhaltung zum Ausdruck bringt: Der *eikós lógos* steht prinzipiell hinter keinem anderen Welterklärungsversuch zurück; er braucht sich sozusagen hinter keinem solchen Versuch zu verstecken. Später, in der Nachbetrachtung zu seinem Vortrag, lässt Timaios durchblicken, dass diesem *lógos* sogar eine grundsätzliche Überlegenheit gegenüber allen anderen Erklärungsweisen zugesprochen werden darf.

Da Timaios den Überlegenheitsanspruch seiner Weltschöpfungsgeschichte zunächst nur negativ formuliert, indem er behauptet, seine Erklärung werde sich als »nicht schwächer« gegenüber irgendeiner anderen Erklärung erweisen, könnte man zweifeln, ob Platon mit diesen Worten wirklich eine solche Überlegenheit des *eikós lógos* gegenüber anderen Erklärungsmöglichkeiten beansprucht wie gerade angenommen. Für diese Annahme gibt es aber einen zusätzlichen Grund: Platon, dessen ganze Spätphilosophie von der Auseinandersetzung mit Heraklit und Parmenides durchzogen ist, spielt mit der Formulierung, die er dem Timaios in den Mund legt, auf eine Stelle im Gedicht des Parmenides an, die hier in §5 schon einmal Thema war:

Wie erinnerlich behandelt der erste der beiden Hauptteile des Gedichts die Wahrheit, *alétheia*, die dem Philosophen – der Darstellung im Proömium des Gedichts zufolge – von einer Göttin offenbart wird, deren in Ichform abgefasste Rede in den beiden Hauptteilen des Gedichts wiedergegeben wird. Der zweite Hauptteil behandelt den *diákosmos*, wörtlich die »durch[gängige] Ordnung«, d. h. die »Anordnung« oder »Einrichtung«, die durchgängige Geordnetheit der Welt, und zwar so, wie sie sich darstellt in den *dóxai*, den Ansichten der Menschen (die hier noch als die »Sterblichen« bezeichnet werden). Platons Anspielung bezieht sich auf einige Verse in der Überleitung vom ersten zum zweiten Teil des Gedichts, die uns erhalten ist. Die für uns aufschlussreichen Aussagen stehen hier in zwei Versgruppen. Die erste Gruppe – ein mit dem abschließenden Rückblick auf den Wahrheitsteil des Gedichts gekoppelter Vorblick auf den Doxateil – umfasst drei Verse und lautet:

[28 B 8, 50:] Hiermit beende ich für dich die überzeugende *(pistós)* Rechenschaft *(lógos)* und Einsicht *(nóëma)*

309

[28 B 8, 51:] über die Wahrheit *(alétheia)*; von nun an lerne die »sterblichen« [= menschlichen] Ansichten *(dóxai broteíai)* kennen,

[28 B 8, 52:] indem du die täuschende Ordnung *(kósmos)* meiner Worte hörst.

Die zweite Gruppe – ein zweiter Vorblick auf den Doxateil, in dem er nun aber schon als Kosmologie angekündigt wird – umfasst zwei Verse und lautet:

[28 B 8, 60:] »Diese durchgängige Anordnung *(diákosmos)* teile ich dir als eine in ihrer Gesamtheit wahr-scheinliche *(eoikós)* mit,

[28 B 8, 61:] so dass dich niemals irgendeine Auffassung *(gnóme)* der Sterblichen überholt«.

Zwischen diesen beiden nahe beieinander stehenden und einander korrespondierenden Versgruppen besteht eine auffällige Spannung: An der ersten Stelle im Text ordnet die Göttin ihre nachfolgenden Ausführungen im Doxateil des Gedichts in den Umkreis der unzuverlässigen *dóxai* ein (»täuschende Ordnung meiner Worte«), aber an der zweiten Stelle beansprucht sie für die gleichen Worte, dass sie durch keine andere *gnóme*, keine zur festen Auffassung gewordene Meinung, übertroffen werden können. Das bedeutet: Die Göttin spricht im zweiten Teil des Gedichts die Wahrheit über die *dóxai* aus, aber so, dass ihre Darlegung sich damit auf das Feld der *dóxai* begibt und auf diese Weise in Konkurrenz mit den *dóxai* der Menschen tritt. Und genau dies erinnert schon an die mittlere, vermittelnde Stellung, die der *eikós lógos* etwa anderthalb Jahrhunderte später im *Timaios* zwischen philosophischem Wahrheitsanspruch und Doxahaftigkeit einnehmen wird.

In Konkurrenz mit den nichtphilosophischen *dóxai* beansprucht die Göttin für ihre philosophische Doxa, dass die darin dargelegte Welt-Anordnung *eoikós*, »wahr-scheinlich«, sei. Das im *Timaios* stehende *eikós* ist das gleiche Adjektiv – nur in Gestalt des in Platons Heimat Athen gesprochenen attischen Griechisch. Unverkennbar nimmt Platon mit der Kennzeichnung der Welterklärung im *Timaios* als *eikós* wörtlich den Überlegenheitsanspruch gegenüber der vorphilosophischen *dóxa* auf, den schon die parmenideische Göttin für ihre ebenso wahre wie doxahaft-unzuverlässige Erklärung der Ordnung der Welt erhoben hatte. Wir dürfen daher mit gutem Grund annehmen, dass Timaios mit seiner Behauptung, sein *eikós lógos* stehe in seinem Wahr-scheinlichkeitscharakter hinter keinem an-

§17. Die Methode der Kosmologie in Platons Timaios

deren Welterklärungsversuch zurück, andeuten will, dass dieser *lógos* gegenüber anderen Erklärungsversuchen eine ähnlich überlegene Überzeugungskraft besitzt wie die von der parmenideischen Göttin vorgetragene Erklärung der durchgängigen kosmologischen Geordnetheit der Welt.

Die Beschränktheit, die der *eikós lógos* durch seine doxahaften Züge im Vergleich mit rein auf die Ideen bezogenen Reden aufweist, wird im Schlusssatz des kleinen Proömiums (29 d 1–3) noch einmal unterstrichen, indem Timaios diese Beschränktheit auf die *phýsis* des Menschen zurückführt. Während in den bisher besprochenen Sätzen der Methodenklärung die Grenzen der philosophischen Rechenschaft über die Weltordnung auf den Gegenstand der Rechenschaft, die unstabile Wahrnehmunhgswelt, zurückgeführt wurden, wird nun die den *eikós lógos* kennzeichnende Beschränkung von seinem Vollzieher, dem Menschen, her erklärt. Das Wesen des Menschen, das an der vorliegenden Stelle mit dem Begriff *phýsis* gemeint ist, kennzeichnet seine Zwischenstellung zwischen den Ideen und der Wahrnehmungswelt. Der Mensch ist, wie Kant das später – noch immer im Geiste der Dialoge aus Platons mittlerer Periode – formuliert hat, »Bürger zweier Welten«.

Dieser Zwischenstellung des Menschen entspricht die ihm *als* Menschen mögliche *eikós*-mäßige Art des Redens, deren Charakter durch ihre Zwischenstellung zwischen *dóxa* und reiner philosophischer Rechenschaft bedingt ist. Die eigentlich menschliche Weise des philosophischen Denkens ist demnach die im *Timaios* entwickelte und nicht die reine Dialektik in anderen Spätdialogen; das dort vorgeführte dialektische Denken übersteigt in gewissem Sinne die Möglichkeiten des Zwischenwesens Mensch. Vielleicht erklärt sich daraus, warum Platon die dialektische Übung im *Parmenides* ein wenig als Spiel ironisiert.

Es lohnt sich, noch beim Schlusssatz des kleinen Proömiums zu verweilen; denn es gibt hier einen Wechsel in der »Terminologie«, den wir in Anbetracht von Platons außerordentlicher Sprachbewusstheit nicht bloß aus der Bemühung um Abwechslung in der Ausdrucksweise erklären sollten: Anstelle des vorher durchgängig verwendeten Begriffs »*eikós lógos*« ist jetzt vom *eikós mýthos* die Rede; d.h. die Erklärung der Weltentstehung und Weltordnung wird nicht mehr als *Rechenschaft*, sondern als *Erzählung* angekündigt. Das Wort *mýthos* bedeutet alltagssprachlich ebenso wie *lógos* »Rede«, aber es war gerade Platon, der die mythische, durch Bildlichkeit und

311

Narrativität gekennzeichnete Rede vom Rechenschaft gebenden *lógos* unterschieden hat.

Das Stichwort *mýthos* taucht an der Stelle im Text auf, an der auf die spezifisch menschlichen Möglichkeiten des Redens aufmerksam gemacht wird. Die Bindung des Menchen an die Sinnenwelt macht es unvermeidlich, dass die Weltordnungserklärung erzählerisch-bildliche Züge annimmt. Es sind der Gegenstand dieser Erklärung, die Wahrnehmungswelt, und der Erklärer, der Mensch, gemeinsam, welche die Möglichkeiten einer verbindlichen Rechenschaft über die Welt einschränken und es mit sich bringen, dass der *eikós lógos* auch mythische Züge trägt. Zugleich passt das Stichwort *mýthos* auch deshalb gut in den Schlusssatz, weil damit zu der Weltschöpfungserzählung übergeleitet wird, die unmittelbar danach beginnt und die tatsächlich ein Mythos ist, mit dem Platon – auf philosophische Weise – mit den zum geistigen Inventar der Doxa gehörenden Mythen der vorphilosophischen Tradition in Konkurrenz tritt.

Das Mythische der Erzählung zeigt sich sogleich in ihren ersten Sätzen, in denen auffälligerweise der Anfangsgrund der Welt, der im Proömium die Namen »Demiurg« und »Hersteller und Vater des Alls« getragen hatte, zum ersten Mal als ein »Gott« bezeichnet wird (30 a 2); »Götter« aber bildeten das Hauptthema der traditionellen Mythen. Dass Timaios die Weltschöpfungserzählung als Logos und als Mythos bezeichnen kann, wobei diese Arten der Rede nirgendwo ganz säuberlich unterscheidbar sind, ist für den Text dieses Dialogs charakteristisch: Er schwankt zwischen dem *lógos* als *logismós aitías* und dem *mýthos* als *eikós mýthos*, zwischen begrifflicher Rechenschaft über die Anfangsgründe der Weltordnung und bildhafter Erzählung von der Erschaffung dieser Ordnung durch einen göttlichen Weltbaumeister, so dass beide Kennzeichnungen auf den Text zutreffen.

In manchen Partien ist die Darlegung der Ursachen des *kósmos aisthetós* nicht bildhaft-narrativ, und hierauf scheint die Bezeichnung *lógos* eher zu passen. Andere Teile der Rede des Timaios werden als Geschichte erzählt, und sie klingen »mythisch«, wenngleich es sich immer um eine reflektierte Narrativität handelt, durch die ein Rückfall in die naive vorphilosophische Doxa vermieden wird. Ebenso wie der *Timaios* die vieldiskutierte Grenze zwischen Mythos und Logos, zwischen frommer Erzählung und begründender Rechenschaft nicht streng einhält, wird in den kosmologischen Aussagen die Trennlinie

§ 17. Die Methode der Kosmologie in Platons *Timaios*

zwischen Philosophie und Wissenschaft nicht scharf markiert. Bei vielen dieser Aussagen lässt sich kaum entscheiden, ob wir sie als frühe Formen von Naturphilosophie oder als Vorläufer empirischer Wissenschaft einzuschätzen haben. Das Verschwimmen solcher Grenzen gehört unaufhebbar zum Charakter der »Wahr-scheinlichkeit« des *eikós lógos*.

Systematisch betrachtet – im Feld der Zusammenhänge, in welche die Geburt der Philosophie eingebettet ist – nimmt die griechische Erfindung der Denk- und Redeweise, des *eikós lógos*, dessen ambivalenter, nicht mit Schärfe und Strenge zu fassender Charakter dem der Lebenswelt vergleichbar ist, eine ähnliche Position ein wie die Erfindung der Isegorie und ihre Verwirklichung in der griechischen Polis. Beide Errungenschaften der altgriechischen Kultur sind der anfangenden Philosophie strukturell ähnlich, gehören aber noch – wenngleich verwandelt – in den Bereich der Doxa, und dadurch können sie zwischen beiden Seiten vermitteln. Sie nehmen der Konfrontation zwischen dem Überlegenheitsanspruch, den die Philosophie als Episteme, als wahre Einsicht gegenüber der Doxa erhebt, und dieser als gemeinschaftlich eingespielter Gewohnheit, die als normale Denkungsart der Menschen von Hause aus keiner besonderen Rechtfertigung bedarf, ihren polemischen Charakter, und eben deshalb konnten wir von ihnen sagen, dass sie durch dieses Vermitteln die Entstehung der Philosophie flankiert haben.

Zu dieser Vermittlerrolle gehört, dass die Philosophie nicht einmal dann, wenn es lediglich darum geht, in neutraler Haltung darauf hinzuweisen, dass man den Unterschied zwischen beständig Seiendem und immer Werdendem machen kann, diesen Hinweis nicht so formulieren darf, dass er als Bestandteil einer feststehenden philosophischen Rechenschaft erscheint. Gegenüber den »Vielen«, die in der Denkungsart der Doxa verharren, muss die überlegene Einsicht die Ambivalenz ihrer Aussagen wahren, so dass sie so klingen, als seien sie nur Bekundungen einer Meinung. Auf solche Behutsamkeit stoßen wir gleich am Anfang des kleinen Proömiums, wenn Timaios in der Eingangsfrage die Alternative von beständig Seiendem und immer Werdendem mit diesen Worten präsentiert: »Es ist nämlich nach meiner Meinung – *kat'emén dóxan* – als erstes folgendes zu unterscheiden ...« (27 d 5). Durch diese Formulierung steht die ganze Schöpfungserzählung unter dem Vorzeichen der Doxa, obwohl Timaios die in ihr entwickelte Kosmologie im Stile eines rechenschaftlichen *lógos* vorträgt.

Die einleitende Wendung »nach meiner Meinung« ist mehr als eine bloße *façon de parler*. Sie erinnert daran, dass dieser kosmologische *lógos* ein *eikós lógos* bleibt, und das bedeutet, dass alle wesentlichen Gedanken des Vortrags, auch die darin entwickelte ingeniöse erste philosophische Bestimmung der Zeit und des Raumes und die daraus resultierende lebensweltliche Bestimmung der vier alteuropäischen Elemente unter dem Vorbehalt der »Wahr-scheinlichkeit« stehen. Das bleibt zu beachten, wenn wir uns nun im nachfolgenden Paragraphen der lebensweltlichen Kosmologie der Elemente und des ihnen platzgebenden Raumes bei Platon und seinem Meisterschüler Aristoteles zuwenden.

In dem Ansichts-Vorbehalt zeigt sich Platons selbstkritische Hellsicht: In unserer heutigen Sprache formuliert stellt er die radikale Frage: Ist es der philosophischen Einsicht, der *epistéme*, die sich dadurch definiert, dass sie sich über die Ansichten der Doxa erhebt, überhaupt möglich, über den Horizont des rein subjektiv Erscheinenden, die Lebenswelt als die Dimension, in der sich die *dóxa* mit ihrer Denkungsart orientiert, verbindliche Aussagen zu machen, und wenn ja, wie?

§18. Die Elemente im Raum bei Platon und Aristoteles

Auch wenn man die Philosophie als die eigentlich treibende Kraft beim Aufbruch des Denkens in der Blütezeit des antiken Griechenland betrachtet, darf man die mit ihr kulturell verwandten und sie flankierenden Kräfte nicht übersehen. Als erstes Beispiel dafür erwies sich schon in §10 die Erhebung der Isegorie zum politischen Leitbild. Als ein zweites Beispiel haben wir im vorigen Paragraphen den *eikós lógos* kennengelernt. Um seine besondere Bedeutung für die ganze Kommunikation im Umkreis der anfänglichen Philosophie zu erkennen, bedurfte es der Vergegenwärtigung der Methodenreflexion im *Timaios*, in der es um die Zuordnungsverhältnisse zwischen Denkungsart der Menschen und Erscheinen der Vorkommnisse ging.

Diese Methodenreflexion hat aber eine über diese *formale* Klärung hinausgehende Bedeutung. Wie die deutlich gegliederte Abfolge der Themen und Problemstellungen des Gesprächs im *Timaios* zeigt, liegt Platon nämlich von vorneherein ebensosehr daran, das, was *eikós lógos* bedeutet, an einem exemplarischen *Inhalt* zu veranschaulichen, und er wählt dafür mit Blick auf die fundamentale Rolle der Elemente in einer Kosmologie eben dieses Thema, das uns im II. Teil dieses Buchs primär beschäftigt.

Bisher haben wir die Einteilung des Elementaren in eine Vierzahl von Elementen und deren Identifikation mit Feuer, Wasser, Erde und Luft fast wie eine Selbstverständlichkeit vorausgesetzt. Aber nichts davon ist selbstverständlich. In anderen Kulturen stoßen wir auf etwas den alteuropäischen Elementen Vergleichbares, aber es fällt sogleich auf, dass uns hier nicht durchgängig die Vierzahl begegnet. Manchmal trifft man auf fünf Elemente, beispielsweise im alten Indien, wo das Holz zu den europäischen vier Elementen hinzutritt, oder im alten China, wo außer dem Holz auch das Metall dazugehört. Zu beachten ist außerdem, dass, wie bei Heraklit schon erwähnt, auch in Europa die Vierzahl keine von vornherein ausgemachte Sache war. Auf die Frage, warum die Griechen auf vier Elemente kamen, nicht mehr und nicht weniger, und warum es sich bei den vier Elementen gerade um *diese* vier, und nicht um irgendwelche anderen Materialien handelte, gab nach meiner Kenntnis erst Platon im *Timaios* – wahrscheinlich irgendwann in der Mitte des vierten Jahrhunderts – die erste streng systematische Antwort, auf die sein Meisterschüler Aristoteles, vielleicht nur wenige Jahre später, mit seinen Abhandlungen über die Seele und über den Himmel auf seine Weise reagierte.

In diesen Schriften beider Denker lassen sich zwei Fragenkomplexe unterscheiden, einerseits die Begründung der Art und Anzahl der Elemente und andererseits die Beschaffenheit des Raumes als desjenigen, was den Elementen Platz bietet. Die Behandlung dieser ganzen beziehungsreichen und komplexen Problematik bei beiden Philosophen zu interpretieren würde den Rahmen dieses Buchs sprengen, das keine Spezialuntersuchung der genannten Schriften ist. Deshalb werde ich mich auf folgende Aufgaben beschränken: Weil der Sachzusammenhang gebietet, mit dem Raum zu beginnen, worin die Elemente ihren Ort haben, werde ich zunächst den Raum in Platons *Timaios* erörtern, aber nur soweit, bis sich zeigt, wie die Elemente in den Raum hineingehören. Danach werde ich die Darstellung der Elemente selbst in den genannten Schriften des Aristoteles kommentieren.

Bevor ich diese Vorhaben in Angriff nehme, möchte ich auf einen bedenklichen Zungenschlag in der gerade formulierten Ankündigung aufmerksam machen. Sie könnte so klingen, als begegnete ich den genannten Schriften gleichsam mit einem philosophischen Aktenordner, der unter anderem die Abteilungen »Raum« und »Elemente« enthält. Die Interpretation der philosophischen Texte würde dazu dienen, in einem bereits definierten Aufgabenfeld des Aktenordners Ergänzungen, Modifikationen, Korrekturen usw. vorzunehmen. Zumindest in einer der Monographien, die in den letzten Jahrzehnten zum *Timaios* erschienen sind, habe ich dieses – ein wenig Spott sei erlaubt – »bürokratische« Verständnis von Philosophie angetroffen, das vor allem im Neukantianismus an der Wende vom 19. zum 20. Jahrhundert als »problemgeschichtliche« Auffassung von Philosophiegeschichte diskutiert wurde. Es gibt dazu aber auch ein erfreuliches Gegenbeispiel: das bekannt gewordene Büchlein *Chora* von Jacques Derrida.[89] Der beobachtungsreiche Text von 1985 gehört zu den Hilfen in der Literatur, die mich zu dem Wagnis angeregt haben, Teile des schwierigen Dialog auf meine Weise zu interpretieren.

Die problemgeschichtlich motivierte Interpretation der Partien zur *chóra* im *Timaios* widerspricht diametral nicht nur allgemein

---

[89] Auf Deutsch zuerst in der gut lesbaren Übersetzung von Hans-Dieter Gondek im Passagen-Verlag, Wien 1990, erschienen.

§18. Die Elemente im Raum bei Platon und Aristoteles

dem Geist des radikalen Fragens, von dem in §7 mit Blick auf die exemplarische Gestalt des Sokrates die Rede war; es verstellt auch im besonderen den Zugang zu der eigentümlichen Denk- und Redeweise, die den *Timaios* charakterisiert. Es ist nicht so, dass Timaios zu einer bereits feststehenden Problem-Abteilung »Raum« einen Beitrag liefert, sondern er weiß zu Beginn noch nicht so recht, welches die Sache ist, auf die sich seine Überlegungen beziehen. Er hat eine Vermutung oder Ahnung, dass es neben den beiden Gattungen des beständig Seienden und des immer Werdenden eine dritte Gattung geben könnte, und bei dem Versuch, diese Gattung zu finden und zu bestimmen, kommt Schritt für Schritt die *chóra* als das zum Vorschein, worum es ihm geht. Zur Gegebenheitsweise – um Husserls Sprache zu benutzen – der *chóra* gehört die Eigentümlichkeit, dass sie genau dann in vollem Umfang »da« ist, wenn sie zugunsten dessen, wofür sie Platz gibt, vollständig verschwindet. Wie schon in §6 im Vorgriff auf den *Timaios* dargelegt, hält sie den Raum für das jeweils Erscheinende – in der bevorzugten Sprache dieses Buchs die »Vorkommnisse« – dadurch offen, dass sie ganz ins Verborgene zurückweicht.

Man kann »*chóra*« kurzerhand mit »Raum« übersetzen, aber man verfehlt dabei das Gemeinte, wenn man nicht ständig beachtet, dass die *chóra* ein Geschehen ist, und zwar ein Geschehen, das sich gerade dadurch unserem Blick entzieht, dass wir das thematisieren, was bei diesem Geschehen »herauskommt«, nämlich Raum als Platz für das jeweils Erscheinende. Dieser Sachlage kann das Reden über sie, der *lógos*, ansatzweise dadurch gerecht werden, dass er zum *eikós lógos* wird. Der phonetische Gleichklang von *eikós* und *eikón*, »Bild«, deutet darauf hin, dass eine bildliche Sprache angemessen sein könnte. Deshalb benutzt Timaios Bilder, Metaphern, um sich der dritten Gattung gedanklich zu nähern, wobei aber fraglich bleibt, ob wir wirklich etwas Drittes – das wir vorerst auch nicht als Raum bezeichnen – neben dem Bereich der Ideen und der Wahrnehmungswelt annehmen dürfen. Die Frage könnte sich dadurch beantworten, dass wir bei dem Versuch, dieses Dritte näher zu bestimmen, Fortschritte machen.

Als eine erste Metapher, die andeutet, in welche Richtung die nähere Bestimmung gehen soll, wählt Platon die Bezeichnung »Aufnehmerin und Amme jeglicher *génesis*« (*Timaios* 49 a 6). Damit ist erstens gesagt, dass das, was wir nun zu bestimmen suchen, ebenso wie die erste und zweite Gattung ein Bereich ist, worin sich jeweils ein großer Teil dessen befindet, was entsteht und Gestalt gewinnt, in der Sprache dieses Buchs: viele Vorkommnisse als »Hervorkommnisse«. An erster Stelle müssen das die Elemente sein, weil alles Körperliche aus ihnen besteht. Aber hier stellt sich die Frage, ob sie von ihrer Beschaffenheit her geeignet sind, den Platz einzunehmen, der ihnen durch die Aufnahme in die dritte Gattung eröffnet wird.

Zur Zeit der Abfassung des *Timaios* dürfte die Vorstellung schon etablierte Gewohnheit geworden sein, dass die Welt aus Grundbestandteilen besteht, die man mit den Lettern des Alphabets, den *stoicheîa*, vergleichen kann und die als feste Bausteine zum Aufbau der gestalthaften Welt dienen. Aber bei genauerer Betrachtung (48 e 2 – 51 b 2) stellt sich heraus, dass die Elemente die Identität und Beständigkeit, die ihre Bezeichnung als *stoicheîa* erwarten lässt, nicht besitzen. Das Wasser beispielsweise verliert immer wieder die Grundeigenschaft, durch die es überhaupt als das Element Wasser erkennbar ist, das Flüssigsein. Indem es verdampft und auf solche Weise gasförmig wird, nimmt es die Grundeigenschaft an, die das Element Luft definiert, und verwandelt sich so in dieses Element. Aber der gleiche Prozess findet auch in der Gegenrichtung statt, und entsprechende Übergänge gibt es zwischen den Grundeigenschaften aller Elemente. So gehen sie dauernd in einem Kreislauf ineinander über, haben mithin gegeneinander keine festen Grenzen und damit keine zuverlässige Identität. Wahrscheinlich ist diese Übergänglichkeit des Kreislaufs der Elemente gemeint, wenn Timaios das »durch Notwendigkeit Entstandene« als »schweifende Ursache« bezeichnet (48 a 7, vom gleichen Verb *planáo*, »schweifen«, ist die Bezeichnung der »Planeten« abgeleitet, deren »umherschweifende« Bewegung am nächtlichen Himmel für uns schwer verständlich ist.)

Die Elemente sind keine festen Bausteine, sondern zuständliche Beschaffenheiten, Aggregatzustände: »Wasser« meint die zeitweilige Beschaffenheit des Flüssigseins überhaupt, »Erde« die des Festseins usw. Beiläufig ist hier anzumerken, dass Platon bei dieser Erörterung das Feuer, das Element Heraklits, in den Mittelpunkt rückt. Er lässt damit zum einen vielleicht durchblicken, dass ihm Heraklits tieferes Verständnis des Elementaren bekannt ist, und zum anderen deutet er damit an, dass das Feuer eine Sonderstellung einnimmt: Da es nur drei Aggregatzustände gibt, würden eigentlich die drei entsprechenden Elemente Luft, Wasser und Erde als das Gasförmige, das Flüssige und das Feste überhaupt genügen: Das Feuer in seiner Lebendigkeit und Wandlungsfähigkeit umfasst demgegenüber – wie hier schon in § 15/16 erwähnt – das Elementare in seiner Gesamtheit.

§18. Die Elemente im Raum bei Platon und Aristoteles

Als zeitweilige Beschaffenheiten sind die Elemente jeweils nur ein »so-beschaffenes«, ein »solches«, griechisch: *toioûto*, nicht hingegen ein *tóde* oder *toûto*, ein »dieses«, d. h. kein unveränderlich festes Material; es fehlt die beharrende Identität. Wenn die Elemente aber nichts anderes sind als zeitweilig auftauchende Zustände, ergibt sich eine einfache Konsequenz: Es muss dann etwas geben, was diese Zustände annimmt, einen Aufnahmebereich (49 e 7) für ihr Auftauchen, und dieser Bereich muss immer derselbe bleiben; er muss den Charakter der Identität, des »dieses« haben (50 a1). Mit dieser Folgerung aber ist nun dasjenige konkret eingeführt, das Timaios mit dem Problemtitel »dritte Gattung« und mit der Metapher »Aufnehmerin und Amme jeglicher *génesis*« angekündigt hatte.

Aus diesem Zwischenergebnis ergibt sich die Aufgabe, das Verhältnis zwischen der Identität der dritten Gattung selbst und dem Vielen, das sie als Amme aufnimmt, genauer zu bestimmen. Für die Lösung dieser Aufgabe bietet uns Timaios vier Metaphern an, die paarweise zusammengehören (50 a 4 – 51 b 2): Das erste Metaphernpaar nennt »Gold« und »Prägemasse«, das zweite »Mutter« und »Salböl«. Was zunächst das Gold betrifft, so kann es verschiedene Gestalten annehmen, z.B. indem man daraus Schmuck anfertigt. Aber was auch immer aus dem Gold geformt wird, es bleibt dabei stets dasselbe, nämlich Gold; als solches verändert es sich nicht. Das ist eine erste bildliche Beschreibung des Verhältnisses, das zwischen der dritten Gattung als etwas Identischem (*toûto*) und den verschiedenen Zuständen (*toiaûta*, Plural von *toioûto*) besteht, in denen das Elementare auftreten kann. Das Elementare ist bei diesem Bild ganz eng mit der dritten Gattung verbunden: Das Flüssige, das Feste usw. sind Zustände der dritten Gattung; sie tritt in diesen elementaren Zuständen so ähnlich in Erscheinung wie das Gold in einer Vielfalt von Schmuckstücken.

Dieses Verhältnis zwischen dritter Gattung und Elementarem soll nun durch den Vergleich mit einer »Prägemasse« noch genauer gefasst werden. Zunächst zu diesem Begriff: Mit dem griechischen Wort *ekmageîon* ist nicht eine Stoffmasse gemeint, die für eine einzuprägende Gestalt das »Zugrundeliegende« im Sinne des aristotelischen *hypokeímenon* bilden würde, sondern es geht nur darum, mit dem Bild der »Prägemasse« die Aufmerksamkeit auf das eigenartige Phänomen zu lenken, dass etwas – etwa das Gold – auf solche Weise mit sich identisch sein kann, dass es diese Identität gerade durch seine Umformbarkeit beweist. Die Identität besteht in diesem

Falle nicht in einer bei allen Umformungen bestehen bleibenden Eigenschaft, etwa der Härte des Goldes. Die »Prägemasse« ist ein Bild für ein Identisches, das die »Natur« *(phýsis)* – d. h. in diesem Kontext: die Wesensart – hat, sich in beliebig unterschiedliche Körper, griechisch *sómata*, zu verwandeln und damit ihre Körperlichkeit in die eigene aufzunehmen (50 b 6–8). Die Identität dieses jegliche Körperlichkeit Aufnehmenden besteht darin, dass es in all den Umwandlungen, die es durchlaufen kann, niemals sein Umwandlungsvermögen verliert.

Die Umwandlungen der Körperlichkeit bestehen konkret darin, dass sich die zeitweiligen elementaren Zustände ändern. Das Bild der Prägemasse soll veranschaulichen, dass die Identität der dritten Gattung in dem Vermögen besteht, in Gestalt aller Elementarzustände in Erscheinung zu treten. Als Timaios zur Erläuterung der dritten Gattung das Bild von der »Amme und Aufnehmerin« ins Spiel brachte, hatte er gesagt, sie sei etwas Identisches, das nicht nur vielerlei Körperliches in sich aufnimmt, sondern das Aufgenommene auch nährt, womit die Amme gemeint ist, die mehrere Kleinkinder mit ihrer Milch stillt. Mit diesem Bild könnte sich Timaios vielleicht darauf bezogen haben, dass die dritte Gattung das Vermögen besitzt, sich als jede der verschiedenen Elementarmaterien zu zeigen, und sie in diesem Sinne alle »nährt«.

Das zweite Metaphernpaar ist das von »Mutter« und »Salböl« (50 e 4 – 51 b 2). Das Bild der Mutter als eines Mitglieds der Familie ersetzt oder erweitert das der »Amme und Aufnehmerin«. Die »Mutter« ist die Metapher für die dritte Gattung, der »Vater« für den Bereich der Ideen und das »Kind« für die Welt des sinnlich Wahrgenommenen. Platon bleibt hier mit seiner Vorstellung im Rahmen der antiken Auffassung von Vater, Mutter und Kind, wonach ein Kind seine Prägung ausschließlich durch den Samen des Vaters bekommt, während die Rolle der Mutter sich auf das Aufnehmen beschränkt. Sie gibt im Unterschied zum Vater dem Kind keine Prägung mit; sie trägt nichts bei zu seiner gestalthaften Bestimmung.

Das Bild der »Mutter« hat einen weiteren Bedeutungsumfang als das der Amme, weil es das gerade angesprochene Moment der Unbestimmtheit in die Metaphorik miteinbezieht: Um jede elementare zuständliche Bestimmtheit annehmen zu können, darf die dritte Gattung selbst keinerlei Bestimmtheit aufweisen; sie ist zwar in ihrem Vermögen, alles aufzunehmen und ins Erscheinen freizugeben, immer mit sich identisch, aber diese Identität bzw. dieses Ver-

§18. Die Elemente im Raum bei Platon und Aristoteles

mögen beruht erstaunlicherweise nicht darauf, dass es uns einen Anblick, ein *eîdos* darböte. Es ist frei von jeder Art von Bestimmtheit, wie Platon sie hier bemerkenswert variantenreich mit den Begriffen *eîdos*, *schêma*, *morphé* und *ópsis* benennt, die sich alle u.a. mit »Gestalt« oder »Anblick« übersetzen lassen. Das Bild des Salböls bestätigt nur diese gänzliche Unbestimmtheit der dritten Gattung, welche die Voraussetzung für ihr uneingeschränktes Vermögen bildet, in beliebigen gestalthaften Bestimmtheiten zu erscheinen. Die Grundlage jedes Salböls (heute wäre das ein Parfüm) muss völlig geruchsneutral sein, damit die jeweiligen Duftnoten in dem Grundstoff ihre Wirkung entfalten können. Ein Grundstoff, der selbst schon einen bestimmten Geruch hätte, wäre nicht geeignet, jede beliebige Duftnote anzunehmen.

Die Identität von etwas zeigt sich im Horizont eines von Platon inspirierten Denkens konkret in seinem *eîdos*, seiner Wesensgestalt, seinem arthaften Aussehen. Die Identität der dritten Gattung besteht aber gerade darin, von der Bestimmung durch ein *eîdos* völlig frei zu sein. Die innere Widersprüchlichkeit einer *eîdos*losen Identität bringt Platon (in 51 a 5/6) selbst ausdrücklich zur Sprache. Er wiederholt, dass »die Mutter und Aufnehmerin alles Gewordenen weder Erde, noch Luft, noch Feuer, noch Wasser« genannt werden kann und also im Hinblick auf sie selbst betrachtet ganz und gar gestaltlos ist. Die dritte Gattung, die mütterliche Gattung – wie wir nun sagen könnten – ist fähig, in allen Erscheinungsweisen des Elementaren, die wir mit unseren fünf Sinnen wahrnehmen können, aufzutreten; sie selbst aber ist durch ihre Gestaltlosigkeit unsichtbar, sie ist den Sinnen verborgen. Trotzdem ist uns bewusst, dass sie sich immer gleich bleibt, also den Charakter der Identität hat.

Wir haben schon durch das kleine Proömium einen Bereich des nicht sinnlich Wahrnehmbaren und dabei doch Identischen im Blick: den Bereich der Ideen, die »erste Gattung«. Nun stoßen wir mit der vermutlich existierenden dritten Gattung abermals auf einen solchen Bereich, der aber etwas anderes als die Ideen sein muss und uns deshalb das Rätsel aufgibt, wie es uns möglich sein soll, ihn zu erfassen; denn wenn die dritte Gattung nicht ideenhaft ist, dann kommt auch unser geistiges Vernehmen, das *noeîn*, nicht als geeigneter Erkenntniszugang in Betracht. Mit Blick auf dieses Rätsel riskiert Platon eine zugespitzte und dadurch auch missverständliche Formulierung, wenn er (in 51 a 7–8) von der Mutter alles Gewordenen sagt, dass wir sie als »ein unsichtbares, gestaltloses, allempfängliches *eîdos*« bestimmen müssen, das aber »auf rätselhafteste Weise am geistig Vernehmbaren (*noëtón*) teilhat« und »äußerst schwer zu erfassen« ist. Platon entlässt uns an dieser Stelle aus der Erörterung der Metaphern mit der Paradoxie, dass die mütterliche Gattung wegen ihrer Unsichtbarkeit irgendwie an der Idee, am *noëtón* teilhat, aber auf eine so merkwürdige Weise, dass das für die Ideen offene *noeîn* keinen Erkenntniszugang dazu bietet.

Einerseits erscheint diese Gattung dem Timaios (52 a 9 – 52 d 1) »kaum glaubhaft«, d. h. nach seinem Eindruck lässt es sich kaum wirklich einleuchtend machen, dass es sie gibt. Andererseits müssen wir doch ihre Existenz annehmen; denn wir benötigen, wie im vorigen Paragraphen erwähnt, die dritte Gattung in unseren Überlegungen als das, was zwischen dem Sein als uneingeschränktem Sichgleich-Bleiben und dem Werden vermittelt. Diese Zwiespältigkeit unserer Erwägungen verurteilt jede Erklärung *(logismós)*, die wir von der dritten Gattung geben können (der Begriff *logismós* ist uns schon aus dem vorigen Paragraphen durch den Ausdruck *logismós aitías* bekannt), dazu, ein *logismós nóthos*, eine Bastard-Erklärung zu sein: Das Attribut *nóthos* bedeutet eigentlich »unehelich«. Die Erklärung der mütterlichen Gattung ist in diesem Sinne ein Bastard, weil sie Ideen- und Wahrnehmungsbestimmungen vermischt.

Erst im Zusammenhang dieser Gedanken führt Platon den Namen für die dritte Gattung ein: Als dasjenige, was für das Erscheinen alles Elementaren, das allem Entstehenden seinen Platz – seinen Ort im Ganzen des Kosmos – gewährt, ist die mütterliche Gattung *chóra*, »Raum« im Sinne dessen, was für etwas »Raum gibt«, also die Möglichkeit von Plätzen eröffnet. Das weist schon in die Richtung der aristotelischen Schrift über den Himmel, in der jedes Element, wie wir sehen werden, im Ganzen des *kósmos* einen seiner Wesensart entsprechenden »natürlichen Ort« einnimmt.

Durch die Mischung von Ideen- und Wahrnehmungsbestimmungen erscheint der platzgebende Raum als etwas, bei dem wir schwanken, ob es ihn gibt oder nicht. Solches Schwanken erleben wir manchmal, wenn wir träumen. Da beim Träumen die Bilder oft verschwimmen und ineinander übergehen, kann es dazu kommen, dass wir nicht in der Lage sind zu unterscheiden. Von der »Träumerei«, in der so etwas geschieht, handelt die schwierige Textpartie 52 b–c, die mit allen Details zu kommentieren wiederum im Rahmen dieses Buchs zuviel Raum beanspruchen würde. Ich greife eine Bemerkung heraus, mit der Timaios noch einmal auf den Begriff der

§ 18. Die Elemente im Raum bei Platon und Aristoteles

eikón, des Bildes, zurückkommt, wobei er den Begriff des Bildes nur in einer seiner möglichen Bedeutungen, nämlich als Abbild-von-etwas versteht. Die besagte Bemerkung bringt für die anstehende Entscheidung über die Existenz oder Nichtexistenz der *chóra* einen bisher noch nicht beachteten hilfreichen Gedanken ins Spiel. Die griechische Formulierung dieses Gedankens ist schwierig; er lässt sich aber gut am Beispiel einer (vordigitalen) Fotografie verdeutlichen:

Platon geht von der Frage aus, was eigentlich als Bestandteil zu einem Bild gehört – nehmen wir an: zur Fotografie einer römischen Wasserleitung in Südfrankreich, die ich bei einer Ferienreise gesehen habe. Die Antwort ist: Nicht einmal das Motiv, worauf sich die Fotografie bezieht, weil sie mich – wie der Begriff »Motiv« sagt – zu der Aufnahme motiviert hat, bildet einen Bestandteil des Bildes. Die Fotografie ist das, was sie ist, als Abbild-von-etwas, nämlich der fotografierten Wasserleitung. Aber das, wovon sie Abbild ist, gehört nicht als Bestandteil zur Fotografie; das Abgebildete, die Wasserleitung, ist nicht als es selbst in der Fotografie enthalten; es ist nicht in ihr zum zweiten Mal vorhanden. Gemäß der platonischen Konzeption der *méthexis*, der Teilhabe, ist alles, was uns hier in der Welt begegnet, Bild, *eikón*. Das Sein dieser Bilder besteht in überhaupt nichts anderem als darin, Erscheinung-von-etwas-Anderem – den Ideen – zu sein. Das Bild existiert *als* Bezug auf etwas Anderes; unsere Wahrnehmungswelt *ist* nichts anderes als ein einziges allumspannendes Verweisen auf Ideen.

Wenn das Sein des Bildes im Verweisen-auf-das-Abgebildete besteht, scheint das zu bedeuten, dass es in sich selbst keine Selbständigkeit und in diesem Sinne eigentlich kein Sein besitzt. Andererseits *existiert* das Bild aber doch; die Abbildung besitzt gegenüber dem Abgebildeten insofern eine Selbständigkeit, als sie offenkundig und zweifellos etwas anderes ist als das Abgebildete. Deshalb stellt sich die Frage: Was verschafft dem Bild sozusagen die Garantie für seine Selbständigkeit, was sichert ihm sein Anderssein gegenüber dem Abgebildeten? Die Antwort kann nur lauten: Die Abbildung hat einen Anhalt, eine feste Grundlage für das Abbilden, die diesem Geschehen des Abbildens Selbständigkeit verleiht. Bei der (vordigitalen) Fotografie gehörten schon das Papier und die darauf befindliche Farbemulsion zu diesen Garanten der Selbständigkeit.

Damit haben wir den Punkt erreicht, an dem sich herausstellt, dass es die *chóra* als dritte Gattung wirklich *gibt*. Aber dieser Punkt wird leicht übersehen oder verfehlt, und zwar deshalb, weil die Selbständigkeit des Bildes umso weniger in Erscheinung tritt, je besser es seine Aufgabe, Abbild zu sein, erfüllt. Je stärker das Bild die Aufmerksamkeit auf das Abgebildete lenkt, umso mehr verschwindet es selbst als Medium der Abbildung. Und umgekehrt: Eine körnige Fotografie ist darum schlecht, weil man auf sie selber, etwa auf die Emulsionsschicht, achtet. Die beste Fotografie ist diejenige, die man überhaupt nicht als sie selber bemerkt, sondern durch die man gewissermaßen hindurchblickt und sich so ungehindert auf das Motiv verweisen lässt.

So braucht das Bild als Garanten seiner Andersheit gegenüber dem Abgebildeten, metaphorisch gesprochen, einen fest mit ihm verbundenen Anker der Selbständigkeit. Aber gerade damit das Bild als Abbild etwas taugt, muss jener Anker oder Garant so weitgehend wie möglich verschwinden. Genau diesen Erfordernissen entspricht der Raum, wenn man ihn als *chóra* versteht. Der Raum ist die Dimension der Andersheit und Selbständigkeit der abbildhaften Wahrnehmungswelt gegenüber den Ideen; dadurch ist er das, was es allererst möglich macht, dass es überhaupt etwas Anderes gegenüber dem Bereich der Ideen gibt. So eröffnet die *chóra* die Dimension der Offenheit für unsere Wahrnehmungswelt, den *kósmos aisthetós*. Diese Welt ist, wie im *Timaios* immer wieder betont wird, dank der Güte des Baumeistergottes *vollkommenes* Abbild der Ideen. Wenn unsere Welt demnach ihre Abbildfunktion aufs Beste erfüllt und wenn die Freigabe von Raum für das Erscheinen nichts anderes ist als die Kehrseite des Sich-Zurückziehens ins Verborgene, dann kann das der perfekten Abbildlichkeit entsprechende Sich-Zurückziehen nur ein Verschwinden in eine so tiefe Verborgenheit sein, dass sie für uns dem Nichts gleichkommt. Und so konnte die *chóra* für lange Zeit auch aus dem Gesichtsfeld der Philosophie verschwinden.

Mit dem letzten Überlegungsgang ist in der bisher offenen Frage der Existenz des Raumes die Entscheidung gefallen: Es *gibt* den Raum als die *chóra*, aber seine Existenz ist von solcher Art, dass sie sich durch das für sie konstitutive Zurückweichen-ins-Verborgene unserem Erkennen und Erklären entzieht. Trotz des so verstandenen »Entzugs« müssen wir von den Zügen der *chóra* wenigstens soviel ans Licht bringen, dass wir die Frage beantworten können, deren Beantwortung noch aussteht: In welchem Verhältnis steht die *chóra*, wie sie nun charakterisiert wurde, zum Elementaren? Weil der Kosmologie-Vortrag des Timaios ein *eikós lógos* ist, lässt er uns die Freiheit, ihn auf zwei Weisen zu lesen: Wir können ihn narrativ als

§18. Die Elemente im Raum bei Platon und Aristoteles

Mythos auffassen, d. h. als eine Erzählung, durch die wir erfahren, wie der gute Baumeistergott seine Schöpfung Schritt für Schritt mit einer Reihe von Vollkommenheiten ausgestattet hat. Aber wir haben auch die Möglichkeit, diese Kosmologie als einen abgestuften Begründungszusammenhang zu verstehen. Diese Möglichkeit wählen wir nun, um zu einer Antwort auf die besagte Frage zu gelangen.

In der abgestuften Benennung der Gründe für die vollkommene Ideen-Abbildlichkeit des Kosmos erscheint in der Kosmologie des *Timaios* zunächst die Zeit als der am tiefsten liegende Grund der schönen Ordnung des *kósmos*, kurz gesagt als sein Fundament. Aber dann stellt sich nachträglich heraus, dass es eine noch tiefer liegende Begründungsebene gibt, den Bereich des »durch Notwendigkeit Entstandenen«, d. h. den Raum als *chóra*, worin die Elemente ihren »Sitz« haben. Wie im vorigen Paragraphen schon geklärt, gibt uns Platon mit der Nachträglichkeit dieser Erkenntnis zu verstehen, dass der Raum als *chóra* im Begründungszusammenhang dieser Kosmologie eine gänzlich andere Rolle als die Zeit spielt. Die Zeit liegt dem abgestuften Aufbau der schönen Ordnung des Kosmos deshalb zugrunde, weil sie mit ihrer rhythmischen Gliederung in messbare Perioden die erste und für alles Weitere maßgebende Gestalt von zahlhafter Bestimmtheit ist.[90] Als das ist sie eine gemäß der Gunst des guten Schöpfergottes frei gewährte Gabe.

Der Raum als *chóra* ist dies alles zunächst einmal *nicht*. Zwischen der Zeit und ihm besteht keine Kontinuität; die *chóra* als durch Notwendigkeit Entstandenes liegt außerhalb des Bereichs der Bestimmtheiten, die als Gottesgaben zur Gestaltgewinnung des schönen *kósmos* beitragen. Hierzu passt, dass Timaios programmatisch verkündet, bei der Erörterung des durch Notwendigkeit Entstandenen müsse man noch einmal radikal von vorne beginnen und alles in dem Zustand betrachten, wie es »vor der Entstehung des Himmels« (52 d 3) war. Von daher muss man eigentlich auf dieser untersten Begründungsebene mit einem gänzlichen Fehlen von Bestimmtheit rechnen; wir müssten es mit einem Bereich reiner Bestimmbarkeit zu tun haben.

Umso mehr überrascht es, an einer zentralen Stelle des Timaios-Vortrags (48 a 1–2) zu lesen, dass er erklärt, die Vernunft habe das durch Notwendigkeit Entstandene und dadurch jeder Venunftbestim-

---

[90] Vgl. v. Vf.: *Die Zeit als Bild der Ewigkeit in Platons* Timaios, in: *Platon und die Bilder*, hrsg. v. I. Männlein-Robert u. a., Tübingen 2016.

mung Vorgegebene »überredet«, alles zum Besten, d. h. zur Ordnung zu führen. Damit wird etwas höchst Erstaunliches angekündigt: Auch wenn wir den Notwendigkeitsbereich als eine Sphäre reiner Bestimmbarkeit betrachten und von allen Bestimmungen durch den *noûs* bzw. den Demiurgen abstrahieren, müssen wir anerkennen, dass trotzdem in diesem Bereich schon eine Ordnung herrscht (die wie schon vorher bei der Zeit zahlhaften Charakter hat, doch darüber später mehr). So wird das durch Notwendigkeit Entstandene, obwohl es seine Bestimmtheit nicht durch eine göttliche und von der Vernunft getragene Gestaltgebung empfängt, sich doch – narrativ formuliert – der besagten »Überredung« durch die Vernunft fügen. Damit ist in der Sprache der Aufweisung oder Rekonstruktion von Begründungszusammenhängen gesagt: Auch die Bestimmbarkeit des Elementaren kann nicht ganz ohne eine ihm von vornherein innewohnende Bestimmtheit, eine vernunfthafte Struktur gedacht werden. Diese allgemeine Behauptung wird im Kosmologie-Vortrag später konkret eingelöst durch die mathematische Erklärung der vier Elemente als regelmäßige Körper (52 d 1 ff.).

Auf dem Weg zu dieser krönenden »pythagoreischen« Bestimmung der Elemente im *Timaios* sollten wir nicht überspringen, was die Erörterung der vier Metaphern für ihre Beschreibung ans Licht gebracht hat. Bei einem kritischen Rückblick auf diese Erörterung wird man vielleicht nicht um das Eingeständnis herumkommen, dass diese Partie des Textes – (nicht durch Denkfehler Platons, sondern durch die besondere philosophische Rätselhaftigkeit der »Sache« Raum verursacht) Unklarheiten enthält, die auch durch eine eindringliche Interpretation kaum ausgeräumt werden können. Das gilt in besonderem Maße von einem Bündel von Sätzen, bei denen sich zum Teil nicht entscheiden lässt, ob sie als assertorische Aussagen oder als bloße Erwägungen gemeint sind. Sie betreffen sowohl die *chóra* als platzgebenden Raum – hier noch unter dem Titel »dritte Gattung« oder »mütterliche Gattung« – als auch die Elemente. Bei ihnen wird hervorgehoben, dass sie Körper, *sómata*, also materiell sind. Von der *chóra* heißt es, sie habe die Wesensart, unterschiedliche elementare Körper »aufzunehmen« (50 b 6–8), und in dieselbe Richtung scheint auch der im gleichen Zusammenhang auftauchende Vergleich der dritten Gattung mit einer Mutter zu weisen.

In einigen Interpretationen wird aus diesen Ausführungen der Schluss gezogen, der platzgebende Raum sei für Timaios eine alles in sich aufnehmende Urmaterie. Aber dieser Schluss ist voreilig; denn

§18. Die Elemente im Raum bei Platon und Aristoteles

Timaios betont ausdrücklich, die *chóra* selbst sei (wegen ihrer Gestaltlosigkeit) unsichtbar; wenn sie also den Sinnen verborgen ist, kann sie nichts Körperliches sein. Die *chóra* wird bei der Erläuterung der Metaphern nicht als Materie beschrieben, sondern als Möglichkeit oder Fähigkeit, als jede der elementaren Materien in Erscheinung zu treten. So kommt für eine angemessene Kennzeichnung der dritten Gattung am ehesten die Formulierung in Betracht, der platzgebende Raum sei mögliche Materie. Der Raum wird auf diese Weise nicht als ein großer leerer Behälter vorgestellt, sondern als etwas dem Leib der Mutter Ähnliches, der das, was er in sich birgt, auch wachsen lässt, wobei das In-Erscheinung-Treten bei der Geburt das Ziel des Wachstums ist.

Mit den zuletzt vorgeschlagenen Formulierungen habe ich die vorangegangenen Überlegungen in der Sprache einer narrativen Lektüre des Timaios-Vortrags festgehalten. Man kann aber die Bestimmung des platzgebenden Raumes als mögliche Materie auch in einer wissenschaftsnäheren Sprache erläutern. Hierfür wenden wir uns nun der mathematischen – genauer gesagt: stereometrischen – Begründung der Elemente zu. Bevor Timaios zu dieser Begründung ansetzt, gibt er ausdrücklich zu erkennen, dass nun eine neue Erklärung der Art und Zahl der Elemente folgt, mit der das bisher allgemein gebliebene Programm einer Kosmologie des durch Notwendigkeit Entstandenen konkret eingelöst wird (52 d 1 ff.). Hierfür greift Platon auf die mathematische Theorie der regelmäßigen Körper zurück, deren Beschränkung auf die Zahl fünf sein Zeitgenosse, der Athener Mathematiker Theaitetos nachgewiesen hat, wie uns historisch bekannt ist.[91]

Die Vierzahl der Elemente leitet Platon ab, indem er annimmt, dass die kleinsten, für unsere Augen unsichtbaren Teilchen, aus denen sich alles zusammensetzt, die Gestalt der regelmäßigen vieleckigen Körper haben. Von den fünf regelmäßigen Vielecken, die auch heute noch »platonische Körper« genannt werden: Würfel, Pyramide, Achteck, Zwölfeck (Dodekaeder) und Zwanzigeck (Ikosaeder) ist das Zwölfeck für den griechischen Geschmack der schönste, weil regelmäßigste Körper; denn es lässt sich am besten in eine Kugel einpassen. Deshalb ist diese Gestalt für das Weltganze in seiner Voll-

---

[91] Denselben Theaitetos ehrt der alte Platon, indem er ihn in dem mit diesem Namen betitelten Dialog, auf den wir in §8 zu sprechen kamen, als vielsprechenden jungen Mann auftreten lässt.

kommenheit reserviert. Die übrigen vier Körper sind die Ur-Teilchen für die Elemente.

Eine Zwischenbemerkung: Inhaltlich ist diese Theorie nur ein Stück weit zurückreichender Wissenschaftsgeschichte. Aber in der »pythagoreischen« Hochschätzung der Mathematik als Grundlage der Naturwissenschaft hat sie ihre Bedeutung nicht verloren; denn die moderne Physik ist in so hohem Maße mathematisiert, dass ihre Erkenntnisse nur mathematisch sachgerecht ausgedrückt werden können.

Platon lässt den Timaios mit Hilfe einer geometrischen Ableitung der Elemente zeigen, dass diese kleinsten Teilchen der Materie nicht »un-teilbar«, also keine »Atome« sind, wie Leukipp und sein viel bekannter gewordener Schüler Demokrit behauptet hatten. Die kleinsten Teilchen haben als »Elemente« die Gestalt der regelmäßigen Körper und sind in noch Kleineres zerschneidbar, nämlich in Dreiecke. Ob es dahinter noch kleinere Einheiten gibt, lässt Timaios ausdrücklich offen; das wisse allein der Gott und wer mit ihm befreundet sei. (Im Sinne Platons suchen also die modernen Physiker, die immer kleineren »Teilchen« noch unterhalb des Atoms auf der Spur sind, die Freundschaft Gottes.)

Mit der mathematischen Erklärung der Elemente soll der einleitende Hinweis konkret eingelöst werden, wonach der Bereich der Notwendigkeit schon vor der Erschaffung der Welt einer Überredung der Vernunft gefolgt sei. Timaios bezieht sich ausdrücklich auf diese Überredung, wenn er von der »Natur der Notwendigkeit« sagt, sie habe sich freiwillig von dem Ordnung schaffenden Gott, der alles sorgfältig von ihm zur Vollendung Gebrachte »analog« – *aná lógon*«, »nach *Verhältnis*« (!) – zusammenfügte, überreden lassen. In diesem Sinne gehört die stereometrische Erklärung der Elemente mit der Erörterung der dritten Gattung zusammen.

Mit den letzten Sätzen haben wir uns diesen Zusammenhang auf narrative Weise vor Augen geführt. Wir können uns ihn aber auch in einer wissenschaftsnäheren Sprache klarmachen. Dafür greifen wir ausgehend von der metaphorischen Beschreibung der mütterlichen Gattung noch einmal den Gedanken auf, dass der Plätze eröffnende Raum die Fähigkeit hat oder die Möglichkeit ist, als etwas Materielles in Erscheinung zu treten. Das Materielle in seiner Urgestalt sind die Elemente. Die stereometrische Erklärung ihrer Gestalt zeigt nun in der Tat, dass sie nichts anderes sind als Weisen, wie der Raum erscheint. Hierbei ist entscheidend, dass das Platzgeben ein Zurück-

§18. Die Elemente im Raum bei Platon und Aristoteles

weichen zur Kehrseite hat: Der Raum hat lebensweltlich drei Dimensionen, weil etwas, das anderem durch ein Ausweichen Platz macht, nur nach oben oder unten, nach hinten und zur Seite ausweichen kann. Mehr als diese drei Ausweichrichtungen gibt es in unserer lebensweltlichen Erfahrung nicht. (Deshalb ist die moderne Annahme eines n-dimensionalen Raumes für den vorliegenden Zusammenhang irrelevant.) Diese lebensweltlich erfahrene Dreidimensionalität kann für uns als solche zum Erscheinen kommen, indem aus dem Raum dreidimensionale Körper ausgegrenzt werden. Die vollkommensten Ausgrenzungen dieser Art sind für die Griechen die regelmäßigen Körper. Sie sind keine Materieklumpen, sondern reine mathematische Gestalten, in denen nichts anderes als der Raum in seiner Dimensioniertheit zum Vorschein kommt.

Der platzgebende Raum ist als er selbst etwas Verschwindendes; aber er tritt als materiell-Elementares in Erscheinung, indem er sich in den stereometrischen Formen, welche die Elementarteilchen sind, gleichsam kristallisiert darstellt. In diesem Sinne ist der Raum die Fähigkeit oder Möglichkeit, alle Elementarkörper zu sein. Weil diese Körper nichts anderes sind als reine stereometrische Gestalten, Ausgrenzungen aus dem »Auseinander«, das wir (im Unterschied zum »Nacheinander« der Zeit) »Raum« nennen, sind sie Weisen, wie der Raum zum Vorschein kommt. Sie sind aber Körper, »Grundstoffe« in der wörtlichen Bedeutung dieses Begriffs. Also erweist sich der Raum, indem er als diese Körper erscheint, als mögliche Materie. Damit bestätigt sich die oben vorgeschlagene Bestimmung der dritten Gattung: Raum als mögliche Materie, d. h. als die Fähigkeit, in den elementaren Urmaterien in Erscheinung zu treten. Das Bemerkenswerte an dieser Theorie ist, dass Materie hier als rein mathematisch bestimmt gedacht wird, was sich in gewissem Sinne in der modernen, rein mathematisch operierenden Physik wiederholt (weshalb es nicht verwundert, dass ein großer moderner Physiker wie Werner Heisenberg sich für den *Timaios* interessierte).

Wegen der Räumlichkeit der Elemente, die zuletzt unser Thema war, können und müssen sie »in« dem Raum, der für sie Platz gibt, in Erscheinung treten. Sie haben dort, wie Platon den Timaios formulieren lässt, eine *hédra*, einen »Sitz«. Das griechische Wort »*hédra*« hat ein ganz ähnliches Bedeutungsfeld wie das deutsche »Sitz«, das nicht nur eine Sitzgelegenheit in ihren verschiedenen Gestaltungsformen vom Sitzplatz im Theater bis zum Hochsitz des Jägers bezeichnet, sondern auch einen Ort, der dadurch besondere Bedeutung bekommt, dass an ihm eine bekannte Persönlichkeit, ein Adelsgeschlecht, eine Institution, eine Firma, und dergleichen mehr ihren »Wohnsitz«, ihren »Stammsitz« usw. hat oder in welcher Form auch immer dort »ansässig« ist. In diesem weiten Sinne hat nach dem *Timaios* auch jedes Element seinen Sitz, *hédra*, im lebensweltlichen *kósmos*. Aber diese Auskunft zieht unvermeidlich die Frage nach sich, an welchen Orten im Kosmos die einzelnen Elemente ihren Sitz haben.

Auf diese Frage gibt Aristoteles eine Antwort, die das Thema des nun noch folgenden Teils dieses Paragraphen bilden soll. Er tut dies in der Schrift *Perí ouranoú*, »Über den Himmel«, die zumeist mit der lateinischen Übersetzung des griechischen Titels zitiert wird: *De coelo*. Dass den Elementen jeweils ein bestimmter Sitz im Kosmos zugeordnet wird, entspricht, phänomenologisch gesprochen, unserer ursprünglichen, »originären« Erfahrung davon, wie sich etwas im Raum befindet. Durch die moderne Verwissenschaftlichung unserer Weltvorstellung erscheint uns der Raum als eine offene Dimension mit einer unendlichen Vielzahl von Stellen, die wir in einem Koordinatensystem darstellen und zahlenmäßig bestimmen können. Alle diese Stellen sind gleichwertig, sofern sie in ihrem Charakter neutral sind gegenüber dem, was sich an einer bestimmten Stelle befinden mag.

Ganz anders in der originären Erfahrung davon, wie das, was für unser Leben eine Bedeutung hat, im Raum unserer Lebenswelt enthalten ist: Wie Heidegger in *Sein und Zeit* gezeigt hat, nimmt das für unsere Existenz Bedeutsame im lebensweltlichen Raum einen bestimmten Platz ein. Beispielsweise sind in der Küche vieler Familien die Teile des Geschirrs und die zum Kochen, Backen usw. benötigten Geräte in bestimmten Fächern, Schubladen usw. der Schränke und Regale untergebracht, damit die Familienmitglieder wissen, wo sie die Gegenstände finden können, weil sie dort »hingehören«, wie wir im Deutschen sagen. Diese bestimmten Gegenständen zugeordneten Plätze sind keine neutralen Raumstellen wie in der modernen Naturwissenschaft, sondern Orte, die sich dadurch unterscheiden, dass jeweils dies und nicht etwas anderes dort seinen ihm eigenen Platz hat.

Dies gilt nun auch für die Elemente. Es gehört zu ihren Grundbestimmungen, dass es für ihre Plazierung im räumlichen Ganzen der Lebenswelt nicht gleichgültig ist, wo sie sich gerade befinden; es gibt jeweils einen Ort, der ihre Heimat bildet, einen Platz im Weltganzen, an dem sie gleichsam »zu Hause« sind, einen ihnen jeweils eigenen Ort, griechisch *tópos*. Das Eigene und Eigentümliche einer

Sache, das sich daraus ergibt, wo sie »zu Hause« ist, bezeichnet das Altgriechische mit dem Adjektiv *oikeîos*, das von dem Wort *oîkos*, »Haus«, abgeleitet ist. In diesem Sinne haben die Elemente im räumlichen Weltganzen einen *tópos oikeîos*, einen ihnen jeweils sozusagen »häuslich eigenen« Platz, einen »eigentümlichen Ort«, oder – diese Übersetzung steht gewöhnlich in den Philosophiegeschichten – einen »natürlichen Ort«.

Der natürliche Ort jedes der alteuropäischen Elemente ist uns aus der konkreten Gliederung der Räumlichkeit unserer Umgebung in unterschiedliche Bereiche oder »Gegenden« vertraut: Über uns befindet sich das große Ganze des Himmels – »Himmel« hier zunächst noch ohne weitere Gliederung als Bezeichnung für den ganzen Bereich verstanden, der sich oberhalb von uns auf der Erde lebenden Wesen befindet. Unter dieser oberen Weltgegend liegt das, worauf wir stehen und uns bewegen, die ohne weitere Differenzierung so benannte »Erde«. Dieser untere Bereich besteht aber nicht nur aus der Erde als dem festen Boden unter unseren Füßen, sondern der feste Grund wird unterbrochen durch verschiedenartige Flächen mit Wasser, also Bäche und Flüsse, Weiher und Seen, und vor allem das riesig weite Meer. Was diese Flächen angeht, so ist es trivial festzustellen, dass hier das Element Wasser »zu Hause« ist; ebenso wie die Aussage über die »Erde« problemlos mit dem Eindruck harmoniert, dieses Element habe seinen »natürlichen Ort« in den Landflächen, die mit den Wasserflächen abwechseln.

Dank des uns längst zur Selbstverständlichkeit gewordenen Sieges der neuzeitlichen Naturwissenschaft haben wir heute auch in unserem außerwissenschaftlichen Bewusstsein die Gewohnheit, die Bewegungen in der von uns vorgefundenen, natürlichen Lebenswelt aus der Gravitation zu erklären. Dass diese Erklärung – entgegen unserer gewohnheitlichen Überzeugung – keineswegs selbstverständlich ist, zeigt sich daran, dass Aristoteles einen vollkommen anderen Erklärungsweg einschlägt: Die Bewegtheit dessen, was uns in der lebensweltlichen Natur begegnet, lässt sich nach dem »Paradigma« des Aristoteles darauf zurückführen, dass die Elemente, wenn sie sich – durch welche Umstände auch immer – nicht an ihrem jeweiligen »natürlichen Ort« befinden, dorthin streben. Erst vor vier Jahrhunderten kam es in dieser Hinsicht zu einem »Paradigmenwechsel«.

Aristoteles sah es als eine der Aufgaben seiner Kosmologie an, den Elementen auf überzeugende Weise die zu ihnen passenden Weltgegenden zuzuordnen. Um phänomenologisch zu klären, auf welche Weise er diese Aufgabe in Angriff nehmen konnte, empfiehlt es sich als erstes, gemäß Husserls Korrelationsprinzip die Frage stellen, auf welche Weise sich innerhalb der Erfahrung der Lebenswelt solche Weltgegenden überhaupt unterscheiden lassen. Von vorneherein ist klar, dass dafür nur unsere Sinneswahrnehmung infrage kommt. Aber welche der Wahrnehmungsarten kann für diese Aufgabe »zuständig« sein?

Zunächst liegt die Antwort nahe, es sei der Gesichtssinn, aber sie genügt nicht; denn die leibhafte Wirklichkeit des von uns Gesehenen kann sich immer als ein Schein erweisen. Das klassische Beispiel dafür war die Fata Morgana in der Wüste; im Zeitalter der Digitalisierung sind es die virtuellen Gegenstände auf einem Display, einer Kinoleinwand usw. und heute schon immer mehr das dreidimensionale Hologramm. Eine belastbare Überzeugung, dass wir es mit wirklicher körperlicher Realität zu tun haben, kann sich nur auf die Wahrnehmung mit denjenigen »Werkzeugen« unseres Leibes stützen, durch die wir uns leiblich inmitten der körperlichen Realität der Lebenswelt behaupten, also »Organe« unseres Leibes wie die Hände, die Arme, der Kopf oder die Beine. Mit ihnen nehmen wir Gegenden in der Lebenswelt wahr, indem wir auf sie *zeigen*.

Die Wahrnehmung mit dem Gesichtssinn ist zwar beim Zeigen vorausgesetzt; um auf etwas zu zeigen, muss ich es *sehen*. Aber um anzugeben, *wo* ich es sehe, muss ich eine Lokalität, also einen Bereich, eine Gegend, einen Platz oder Ort innerhalb des großen Raums des Sichtbaren überhaupt ausgrenzen. Hierfür genügt es nicht, die besagte Lokalität mit einer wie auch immer gearteten Beschreibung dessen zu bestimmen, was ich von ihr *sehe*; mit der Berufung auf das Sehen bleiben wir in der Situation der Täuschbarkeit durch den bloßen Schein von körperlicher Präsenz. Nur ein mit dem eigenen Leibe vollzogenes Zeigen, das keiner sprachlichen Ausmalung oder Kommentierung bedarf, ist in der Lage, zwischen der realen Präsenz meines Leibes und der ebenso realen Präsenz des von mir Gesehenen eine Brücke zu schlagen. Dazu ist solches »sprachlose« Zeigen deshalb fähig, weil es als solches, in sich selbst, eine Unterscheidung von Gegenden des gesamten Raumes der Sichtbarkeit enthält.

Diese Unterscheidung ergibt sich von selbst daraus, dass die Bewegung des »sprachlosen« Zeigens nur in drei Richtungen weisen kann: In der Vertikalen gibt es den Unterschied von oben und unten, und in der Horizontalen haben wir die Möglichkeit, die Zeigerichtungen nach links und rechts zu variieren. Diese letztere Möglichkeit, das

§18. Die Elemente im Raum bei Platon und Aristoteles

Unterscheiden der linken und der rechten Seite des uns umgebenden Raumes, allgemeiner gesprochen das Unterscheiden von »nebeneinander« liegenden Abschnitten der Region, die mich jeweils umgibt, findet in der konkreten lebensweltlichen Erfahrung normalerweise »hier unten« statt und nur ausnahmsweise, sekundär in dem Bereich oberhalb von uns. Demgemäß eröffnen sich für das »sprachlose« Zeigen, wie in den Paragraphen 12 und 15 – aber ohne Bezug auf das Zeigen – schon angedeutet, drei Gegenden, nämlich die Weltregion oben über uns – genannt »der Himmel« – und die beiden Gegenden, die sich unterhalb des Himmels unterscheiden lassen.

Man kann sich über diese Dreiteilung der Gegenden im Kosmos, auf die wir im nächsten Paragraphen noch einmal zurückkommen müssen, in der deutschen Sprche so verständigen, dass man den Namen »die Erde« für das Ganze des unteren Bereichs reserviert und die beiden Teilregionen dieses Bereichs mit den Bezeichnungen »Land« oder »Erdboden« auf der einen Seite und »Meer« oder »Gewässer« auf der anderen Seite belegt. Das regional gegliederte Ganze dieses deiktisch erfahrenen Kosmos lässt sich auch in einer einfachen Zeichnung schematisch darstellen.

Himmel	
Land (Erdboden)	Meer (Gewässer)

Wenn wir über das »sprachlose« Zeigen hinaus weitere Hilfsmittel der Orientierung zulassen, haben wir in der unteren und der oberen Weltregion auch die Möglichkeit, Nähe und Ferne zu unterscheiden. Die dafür erforderlichen Hilfsmittel sind vor allem unsere Sprache, aber auch irgendwelche leiblichen Gesten, beispielsweise ein nach vorne oder nach oben Recken des Kopfes. Aber mit dem Einsatz solcher Hilfsmittel tragen wir irgendwelche aus vorwissenschaftlichen oder wissenschaftlichen Deutungsversuchen resultierende Vorurteile an die Sachlage heran, weil der Unterschied von Ferne und Nähe uns nicht unmittelbar beim Zeigen erscheint, sondern eine Sache der Interpretation ist.

In der geozentrischen Astronomie, für die Aristoteles sich gegen die damals bereits diskutierte heliozentrische Auffassung entschied und die von dann an bis zum Auftreten von Kepler und Galilei in Europa in Geltung war, ist der Mond – lateinisch *luna* – der unterste der Himmelskörper, die alle die Erde umkreisen. Deshalb kann Aristoteles einen oberen, jenseits des Mondes liegenden (»translunaren«) Himmel und einen unteren, unterhalb des Mondes gelegenen (»sublunaren«) Himmel unterscheiden. Uns näher ist der »sublunare« und uns ferner der »translunare« Bereich des Himmels. Wenn man das räumliche Verhältnis dieser Weltgegenden so nachzeichnet, wie sich die Lebenswelt einem »naiven« Beobachter darstellt, der noch ohne irgendwelche aus den Deutungsversuchen resultierende Vorurteile an die Sachlage herangeht, wird man nicht auf den Gedanken kommen, wegen der Unterbringung von vier Elementen vier entsprechende Weltgegenden anzunehmen, sondern man wird drei Weltgegenden mit ihren Elementen in Ansatz bringen, wie es sich zwanglos aus der oben dargestellten einfachen deiktischen Gliederung des lebensweltlich erfahrenen Kosmos ergibt.

Eben dies dürfte auch der Grund dafür gewesen sein, dass Heraklit, der wohl, wie in §12 erwähnt, als erster mehrere Vorgestalten der Elemente unterschieden hat, nicht auf den Gedanken gekommen ist, mehr als drei Elementarregionen zu unterscheiden. Nach unserer Kenntnis war es erst Aristoteles, der die Anzahl dieser Regionen auf vier erweiterte. Was ihm im Licht seiner kritischen Retrospektive von der »kompletten« Elemententheorie her in der Dreigliederung bei Heraklit gefehlt hatte, war ein unterer Bereich des Himmels, in dem er die Luft ansiedeln konnte. Indem er sozusagen zwei »Stockwerke« des *ouranós* unterschied und dadurch über die vier Weltgegenden verfügte, die er für die Beheimatung von vier Elementen brauchte, löste er das Problem der Kompatibilität von Vierzahl der Elemente und Dreizahl der deiktisch erschlossenen Weltgegenden. Aber dafür musste er sich auf den für das reine Zeigen nicht zugänglichen Unterschied von Nähe und Ferne und das Polster der damit verbundenen Deutungen stützen.

Die aristotelische Zuordnung der Elemente zu bestimmten Weltgegenden ergibt sich nun daraus, dass sie zur lebensweltlichen Natur gehören, also von sich aus bewegt sind: Sie vollziehen bestimmte für sie charakteristische Ortsbewegungen, mit denen sie den Platz anstreben, wo sie hingehören. Aristoteles beachtet den vertikalen Aufbau des Kosmos nicht nur beim Himmel mit der Annahme, dass er gleichsam zwei Etagen hat, sondern er sieht, dass überall, also auch in dem unterhalb des Himmels gelegenen Bereich der im weiten Sinne verstandenen »Erde« solche vertikalen Stufungen anzutreffen sind. Das ist von – wörtlich zu nehmender – »fundamentaler« Bedeutung für die Bewegungsrichtungen des Wassers

§18. Die Elemente im Raum bei Platon und Aristoteles

und der »Erde« im engeren Sinne als »Land« oder »Boden«. Lebensweltlich, im alltäglichen Umgang mit dem Wasser und mit Gegenständen »aus Erde«, also den festen Körpern unserer Umwelt, beobachten wir, dass das Wasser normalerweise die Tendenz hat, nach unten zu laufen und beispielsweise im Erdboden zu versickern. Aber auch die festen Gegenstände aus Erde fallen nach unten. Es ist Erde, die das Wasser – beispielsweise in einem Gefäß – trägt und sich in diesem Falle sogar unter dem Wasser befindet. Beide Elemente bewegen sich jedenfalls gleichermaßen nach unten.

Was die Luft angeht, so ist der sublunare Himmel ihr »natürlicher Ort«. Aber weil wir und die anderen auf der Erde lebenden Lebewesen die Luft zum Atmen brauchen, beginnt dieser Himmel als Heimat der Luft schon unmittelbar über dem Erdboden. Das Feuer erfüllt den Himmel in seiner lebensweltlich in der Ferne sichtbaren höheren, translunaren Region, dem Raum der Gestirne, in denen sich schon nach der Vorstellung von Heraklit das Feuer konzentriert sammelt. Die wichtigste Konzentration des Elements Feuer ist die Sonne, weil sie den Lebewesen das Leben in der »Lebens-Welt« ermöglicht, indem sie ihnen Wärme und Licht spendet. Die Richtungen, in denen sich die Elemente, falls sie sich außerhalb ihres natürlichen Ortes befinden, »heimwärts« bewegen, sind damit eindeutig vorgezeichnet: die Erde und das Wasser in ein Unten von gestufter Tiefe, die Luft »sublunar« in ein mittleres »Oben«, das Feuer »translunar« in ein Oben von äußerster Ferne.

Aber beim Feuer gibt es eine Komplikation, die sich in früheren Paragraphen schon in folgender Beobachtung ankündigte: Das Feuer strebt zwar hier unten auf der Erde in die Höhe – deshalb lodern Flammen nach oben –, aber die Bewegungsrichtung desjenigen Feuers, das sich am translunaren Himmel befindet, ist dadurch bestimmt, dass es im Kreise herumläuft. Diese Kreisläufigkeit zeigt sich konkret darin, dass die Sterne als feurige Körper gemäß der geozentrischen Astronomie die Erde umkreisen. Der Grund dieser Kreisläufigkeit ist die Vollkommenheit des Himmels, auf die hier aber nicht ausführlich eingegangen werden kann, obwohl sie bis in die neuzeitliche Philosophie hinein eine bedeutende Rolle spielte; man denke nur an Kants vielzitierte »Ehrfurcht« vor dem »bestirnten Himmel über mir« in der Einleitung zur *Kritik der praktischen Vernunft*.

Nur soviel: Weil das kreisläufig bewegte Feuer in Gestalt seiner Konzentration in den Gestirnen den oberen Himmel erfüllt, der durch seine Weite alle anderen Weltgegenden umspannt, ist es, wie in §12 schon erwähnt, das Element, worin die *phýsis* als solche, als in sich selbst gegenzügige Lebendigkeit in Erscheinung tritt. So ist die Vollkommenheit, die sich in der Kreisläufigkeit der äußersten Himmelsbewegung zeigt, letztlich die Vollkommenheit des Kosmos. Aus ihr erklärt sich die traditionell im Staunen erfahrbare Schönheit der Welt, auf die hier mehrfach hingewiesen wurde.

§ 19. Das Elementare und die *phýsis*

Die Lokalisation der Elemente im Raum,[92] die Aristoteles in *De coelo* entwickelt, hat er selbst wohl nicht für eine vollständige Darstellung dessen, was sie sind, gehalten. Zumindest zwei Fragen sind in dieser Schrift nicht beantwortet: Welches ist die innere Beschaffenheit der Elemente, und warum bemessen wir ihre Anzahl als vier? Platons erste systematische Bestimmung des Wesens der Elemente und seine mathematische Begründung ihrer Vierzahl hatten, wie es scheint, trotz ihrer »pythagoräischen« Inspiration und trotz der faszinierenden spekulativen Fantasie, die darin waltet, für seinen Meisterschüler Aristoteles nicht solche Überzeugungskraft, dass dieser sich mit dem *eikós lógos* des *Timaios* zufrieden geben konnte. Und was die Wirkungsgeschichte angeht, so dürften es weniger Platons Gedanken im *Timaios* als vielmehr die Ausführungen von Aristoteles in seinen einschlägigen Schriften gewesen sein, durch die sich in der vorneuzeitlichen Kosmologie Europas die Theorie der klassischen vier Elemente durchsetzte.

Das ist Anlass genug, uns nun der im Vergleich mit dem *Timaios* ganz anders gearteten Erörterung der Elemente-Problematik in der Abhandlung des Aristoteles *Über die Seele*, griechisch: *Perí psychés*, zuzuwenden. Auch diese Schrift, die »Psychologie« des Aristoteles, wird normalerweise eher mit der lateinischen Übersetzung des griechischen Titels – *De anima* – zitiert. Der Begriff *anima* ist hier die Übersetzung des griechischen Wortes *psyché*. Darunter ist zunächst das zu verstehen, wodurch etwas Lebendiges lebendig ist; Lebendigkeit bedeutet – auch im alten Deutsch noch – Beseeltheit (der Verstorbene ist »entseelt«). Die Seele ist der Anfangsgrund, das »Prinzip« des Lebendigen. Die »Psychologie« des Aristoteles ist keine

---

[92] Die Ausführungen in diesem und dem folgenden Paragraphen decken sich inhaltlich – und weitgehend auch in der Formulierung – mit entsprechenden Partien in meiner *Phänomenologie der natürlichen Lebenswelt*. Zwar habe ich die Gelegenheit, meine Gedanken in einem Buch mit einem vermutlich weitgehend anderen Leserkreis bekannt zu machen, genutzt, um die Darstellung zu straffen und in ihrer Sprachgestalt zu verbessern. Aber da jene Gedanken für die Abrundung der vorliegenden Untersuchungen unentbehrlich sind und auch in den Einzelschritten bruchlos in ihren Zusammenhang passen, sah ich keinen Anlass, hier zwei vollkommen neue Texte zu verfassen.

Psychologie im heutigen Sinne, sondern seine Lehre vom Lebendigen überhaupt – man könnte sagen: seine philosophische Biologie. Unter den Lebewesen befindet sich auch der Mensch, der wegen seiner Besonderheit gegenüber den übrigen Lebewesen im Mittelpunkt von *De anima* steht.

Um ohne lange Vorrede in die Erklärung der Elemente bei Aristoteles einzusteigen, sei hier in vorläufiger Form seine These formuliert: Es ist eine bestimmte Art von Wahrnehmung, die uns Menschen befähigt, die vier Elemente in ihrer Unterschiedlichkeit zu erkennen. Die Elemente werden dabei entsprechend ihrer hier schon zitierten Definition im 5. Buch der *Metaphysik* als »einfache Körper« verstanden, die im Unterschied zu den Atomen ihrer Beschaffenheit nach, d. h. in ihrer qualitativen Bestimmtheit unteilbar sind. Die Bestimmtheit der einfachen Körper besteht in einer oder mehreren nicht weiter zerlegbaren Qualitäten. Diese Qualitäten sind das, wodurch sich die Elemente unterscheiden. Aber welches sind eigentlich diese Qualitäten? Auf diese Frage, die in den bisherigen Überlegungen so noch nicht gestellt wurde, gibt Aristoteles im zweiten der drei Bücher von *De anima* die Antwort:

Die Wahrnehmungsfähigkeit bildet einen der Züge unserer menschlichen Lebendigkeit, unserer »Seele«. Aristoteles geht davon aus, dass wir dank der Wahrnehmung in der Lage sind, mit unseren Sinnen die Beschaffenheit, die Qualität von stofflich Seiendem zu erfassen. Unsere Seele ist offen für die Qualitäten des Körperlichen. Es gibt also eine Beziehung zwischen unserer Seele – dem, was uns lebendig macht – und den Qualitäten der Körper. Die Frage ist nun: Verschafft uns unsere Sinneswahrnehmung vielleicht auch einen Zugang zu den unteilbaren Qualitäten der Elemente, der in ihrer Art einfachen Körper?

Die Antwort auf diese Frage bereiten wir mit Aristoteles durch folgende Beobachtung vor: Es gibt offenkundig verschiedene Felder von Qualitäten, die uns jeweils durch bestimmte Bereiche unserer Sinneswahrnehmung erschlossen werden. Diese Bereiche unterscheiden sich durch die Organe, auf die wir bei der Sinneswahrnehmung angewiesen sind: Augen, Ohren, Nase usw. Unsere Fähigkeit der Sinneswahrnehmung ist deshalb differenziert in die »fünf Sinne«: Gesichtssinn, Gehör, Tastsinn, Geschmackssinn und Geruchssinn. Sie verschaffen uns den Zugang zu bestimmten Qualitäten, die wir nur mit Hilfe eines entsprechenden Sinnesorgans erfassen können, die Farbigkeit beispielsweise nur durch den Gesichtssinn – ein ein-

§ 19. Das Elementare und die *phýsis*

faches Beispiel für die in der ursprünglichen, Husserl'schen Phänomenologie vorausgesetzte Korrelation zwischen den verschiedenen Gegenstandsarten und ihren Gegebenheitsweisen.

Die Elemente, um die es im nunmehr erreichten Stadium unserer Überlegungen geht, sind einfache Körper. Die Qualitäten, die wir suchen, kennzeichnen diese Körper *als Körper*. Deshalb muss unsere Frage lauten: Sind alle fünf Sinne gleichermaßen geeignet, das Körperliche der Körper wahrzunehmen, oder spielt vielleicht einer dieser Sinne dabei eine besondere Rolle? Hier ist an die kritische Prüfung des Gesichtssinns zu erinnern: Weil sich gerade auch im Zeitalter der Digitalisierung die Möglichkeit nie ganz ausschließen lässt, dass das, was wir sehen, nur virtuell ein körperliches Vorkommnis ist, kann die Fähigkeit der optischen Wahrnehmung nicht dasjenige Vermögen sein, durch das wir erkennen, dass das uns Begegnende ein greifbarer Körper ist. Aber wie überzeugen wir uns dann davon, dass etwas, das unserem Gesichtssinn erscheint, wirklich einen Körper besitzt? Die Körperlichkeit eines Bildes auf einem Display oder eines Hologramms ist bloßer Schein. Wodurch können wir diesen Anschein der Körperlichkeit von der wirklichen Körperlichkeit unterscheiden?

Die Antwort ist uns aus der alltäglichen Erfahrung als eine völlige Selbstverständlichkeit vertraut: Von der wirklichen Körperlichkeit eines Körpers überzeugen wir uns dadurch, dass wir nach ihm greifen und ihn berühren und betasten, beispielsweise mit unseren Händen. Demnach ist es der Tastsinn, der uns in die Lage versetzt, einen Körper *als Körper, in* seiner Körperlichkeit wahrzunehmen. Also müssen wir uns in unserer weiteren Analyse an dieses Wahrnehmungsvermögen halten. Wenn es überhaupt einen Sinn gibt, der uns einen Zugang zu den Qualitäten der einfachen Körper verschafft, dann muss es der Tastsinn sein. Nun befähigt uns dieser Sinn in der Tat, verschiedene Qualitäten wahrzunehmen. Wenn wir Körper berühren und betasten, nehmen wir dadurch Eigenschaften wahr wie beispielsweise heiß, warm oder kalt, feucht oder trocken, schwer oder leicht, weich oder rauh, hart oder schmiegsam usw. Die Frage ist demnach: Welche von all diesen Qualitäten kennzeichnen die einfachen Körper, die Elemente?

Die zusammengesetzten Körper bestehen aus einfacheren Körpern. Den inneren Anfang, die *arché* der Zusammensetzung bildet ein Urmaterial, die ganz einfachen Körper. Auf ihnen, auf den Elementen beruht alle Zusammensetzung. Das Zusammengesetzte kann man auf das Einfachere und schließlich das Einfachste zurückführen.

Nun sind die Elemente das der Qualität nach Einfache. Also ist die Frage: Sind unserem Tastsinn einfache Qualitäten gegeben, auf die sich andere, komplexere Tastqualitäten zurückführen lassen? Wenn es solche einfachen Qualitäten gibt, müssten sie die Qualitäten der Elemente als einfacher Körper sein.

Dass in vielen Tastqualitäten einfachere Qualitäten enthalten sind, lässt sich phänomenologisch leicht zeigen. Achten wir beispielsweise darauf, wie es konkret zugeht, dass uns die Oberfläche eines Körpers als rauh erscheint. Wenn wir eine Hand über die Oberfläche gleiten lassen, besteht das Rauhe bei näherer Betrachtung darin, dass wir mit unseren Fingerspitzen auf der Oberfläche kleine harte Körner oder Krümel spüren. Nur weil unserem Tastsinn die kleinen Körner auf der Oberfläche als hart erscheinen, sind wir in der Lage, die Fläche im ganzen als rauh zu empfinden. Der Eindruck der rauhen Oberfläche besteht also genau genommen darin, dass viele Wahrnehmungen einer einfacheren Tastqualität zusammenspielen, nämlich der Qualität der Härte. Das zeigt: die Tastqualität der Rauhigkeit lässt sich auf die der Härte zurückführen.

Oder stellen wir uns konkret vor, wie uns etwas durch unseren Tastsinn als klebrig gegeben ist. Das, was uns an einem Körper als klebrig erscheint, – mag dies nur seine Oberfläche über einem nichtklebrigen Kern sein oder der Kern selbst – ist weich. Konkret ist die Klebrigkeit eine besondere Art von Weichheit. Das Besondere an dieser Art von Weichheit besteht darin, dass ein bestimmter Widerstand des Materials hinzukommt, der uns daran hindert, es von anderem Material oder von unseren Händen abzulösen. Diese Widerständigkeit ist ebenfalls eine Tastqualität. Das Klebrige lässt sich also auf die einfacheren Tastqualitäten der Weichheit und einer bestimmten Art von Widerständigkeit zurückführen.

Diese Beispiele könnte man um andere, die sich auf weitere Tastqualitäten beziehen, vermehren. Für unseren Zusammenhang genügt, dass wir damit einen Eindruck von der Vorgehensweise des Aristoteles gewonnen haben. Es reicht die Feststellung, dass bestimmte Tastqualitäten sich auf einfachere zurückführen lassen, und die einfacheren möglicherweise auf noch einfachere. Nun kann diese Rückführung aber nicht ins Endlose weitergehen. Irgendwann stoßen wir auf Tastqualitäten, die ihrerseits nicht mehr auf einfachere Tastqualitäten zurückführbar sind. Das wären die schlechthin grundlegenden Tastqualitäten, die Qualitäten der Elemente als einfacher Körper. Die Frage ist nun, um welche Qualitäten es sich hier handelt.

§19. Das Elementare und die *phýsis*

Um diese Frage zu beantworten, müssen wir die Tätigkeit des Tastsinns noch ein wenig genauer betrachten. Das Tasten verschafft uns den Zugang zu bestimmten Eigenschaften dessen, was wir betasten, also mit unseren Tastorganen – z. B. den Händen – berühren. Bei allen Wahrnehmungen sind uns die Eigenschaften dessen, was wir wahrnehmen, dadurch gegeben, dass unser Wahrnehmungsorgan einen Eindruck erleidet. Diese Art der Erfassung von Eigenschaften bezeichnet die philosophische Tradition als Empfinden. Das Empfinden ist ein »Erleiden« von Eindrücken; »Erleiden« heißt hier: dem Sinnesorgan widerfährt etwas, mit ihm »passiert« etwas. Das gilt auch für unsere Tastorgane; es widerfährt mir beispielsweise, dass es mir an meiner Hand kalt oder warm wird. Die griechische Bezeichnung *páthos* für alle solchen Widerfahrnisse, Erleidnisse wurde in §7 schon erläutert.

Das Erleiden, das Widerfahrnis bei einem Empfinden ist eine ganz eigentümliche Begebenheit: Es betrifft einerseits den Zustand meines eigenen Körpers, beispielsweise meiner Hände, die warm oder kalt werden. Aber andererseits gibt es mir zugleich Aufschluss über ein Seiendes in der Welt, auf das sich mein Empfinden bezieht; es sagt mir gleichsam etwas über die Beschaffenheit dieses Seienden; es zeigt mir etwas von der Qualität des Gegenstandes meiner Empfindung. Dies gilt auch für die Tastempfindung; auch sie offenbart mir etwas von den Qualitäten des Körpers, den ich berühre. Diese Erschließungskraft bezüglich des Seienden besitzen die Sinnesorgane gerade dadurch, dass sie etwas erleiden. Empfinden *ist* nichts anderes als diese Einheit von Erschließen und Erleiden.

Das Wort »Erleiden« oder auch »Leiden« bezeichnet ebenso wie das griechische Wort *páthos* in seiner Grundbedeutung nur die Passivität des Widerfahrnisses. Aber wenn es sich um ein Erleiden handelt, das sich bei einem Tier oder einem Menschen abspielt, kann das Widerfahrnis auch mit Schmerz verbunden sein. Diese Möglichkeit wurde in §7 noch nicht erörtert. Das passivische Erleiden kann zum schmerzvollen »Leiden« im engeren Sinne dieses Wortes werden. Dies ist auch bei der Tastempfindung möglich. Der Schmerz entsteht entweder durch ein Übermaß an Empfindungseindruck oder durch das Gegenteil davon, das Untermaß. Das beste Beispiel dafür ist die Temperaturempfindung. Das Übermaß, die extreme Temperaturerhöhung, ist eine Hitzeempfindung, die zum brennenden Schmerz wird. Den Gegenpol dazu, die extreme Temperaturverminderung, bildet die eisige Kälte, die ebenfalls zum Schmerz wird, weil sie das Empfindungsorgan erstarren lässt.

Wenn diese beiden Extremlagen erreicht werden, wird die Erschließungskraft des Empfindens zerstört. Werden Hitze oder Kälte zu stark, sagt uns das Tastempfinden nichts mehr über seinen Gegenstand in der Welt. Das Seiende zeigt sich nicht mehr in seiner Beschaffenheit, weil das Lebewesen – Mensch oder Tier – im Schmerz nur noch mit diesem seinem eigenen Zustand beschäftigt ist. Es verschließt sich und verliert die Offenheit für die Beschaffenheit dessen, was ihm in der Welt begegnet. Wenn Empfinden stattfindet, dann immer innerhalb der Grenzen der beiden möglichen Extremlagen des Schmerzes, des Übermaßes und des Untermaßes. Das Empfinden bewegt sich immer auf einer Skala, in der es sich entweder dem Übermaß oder dem Untermaß annähert. Deshalb ist auch jede Tastwahrnehmung auf einer Skala der Steigerbarkeit und Verminderbarkeit der Empfindung in Richtung auf die Extreme von Übermaß und Untermaß angesiedelt. Dadurch gibt es bei allen Tastempfindungen zwei Pole. Sie markieren den höchsten und den niedrigsten Grad der Empfindung jeweils kurz vor dem Übergang zu den Zuständen, bei deren Erreichung das Empfinden seine Erschließungskraft verliert.

Dies ist der Grund dafür, dass alle Tastqualitäten paarweise auftreten. Unser Tastempfinden hat immer gleichsam die Wahl zwischen zwei einander gegenüber liegenden Polen, beispielsweise glatt oder rauh, hart oder weich, heiß oder kalt, feucht oder trocken, schwer oder leicht usw. In unserer Tastwahrnehmung haben wir es immer mit solchen Polaritäten zu tun. Alle Qualitäten irgendeines Seienden, mit dem sich unser Tastsinn beschäftigt, liegen auf einer Skala, die durch zwei Pole bezeichnet wird, beispielsweise auf der Skala der Temperaturen zwischen den Polen heiß und kalt, der Skala der Härtegrade zwischen »butterweich« und »steinhart«, usw.

Da die Zweipoligkeit der Tastempfindungen alle Tastqualitäten überhaupt charakterisiert, kann es sich auch bei den einfachsten Tastqualitäten nur um Paare von polaren Qualitäten handeln; diese Tastqualitäten können nicht nur aus *einer* Eigenschaft bestehen, sondern sie müssen einander auf einer Skala der Steigerbarkeit und Verminderbarkeit gegenüberliegen. Diese Polarität aber erklärt sich daraus, dass es immer zwei Extreme gibt, das Übermaß und das Untermaß, bei deren Erreichung das Empfinden seine Erschließungskraft verliert. Deshalb können wir die einfachsten Qualitätenpaare nur finden,

§19. Das Elementare und die *phýsis*

indem wir noch genauer darauf achten, wann diese Extreme erreicht werden.

Eine solche Situation wurde hier schon beschrieben, als es darum ging, die Extreme von Hitze und Kälte zu charakterisieren: Das Übermaß und das Untermaß der Tastempfindung, die versengende Hitze und die eisige Kälte, gefährden die Funktionsfähigkeit des Tastorgans selbst und zerstören damit seine Existenz. Es gibt aber noch eine andere Möglichkeit einer solchen Bedrohung. Hier existiert das Tastorgan zwar weiter, aber seine Funktionsfähigkeit, seine Erschließungskraft kommt ebenfalls zum Erliegen. Diese Möglichkeit erklärt sich daraus, dass wir unsere Tastorgane betätigen, indem wir sie *bewegen*. Als Bezeichnung für dieses Phänomen griff Husserl aus der Psychologie seiner Zeit den Begriff der Kinästhese auf. Worin die Kinästhese besteht, zeigen die oben genannten Beispiele der Rauhigkeit oder Klebrigkeit: Wir empfinden diese Qualitäten, indem wir beispielsweise eine Hand über eine Oberfläche bewegen und dabei etwas spüren, die Härte der Körnchen, an der unsere Fingerspitzen bei der Gleitbewegung Widerstand erfahren, die Zähigkeit, mit der sich durch das Klebrige die Beweglichkeit unserer Hände vermindert.

Wir können durch die Beweglichkeit unserer Tastorgane etwas fühlen oder spüren, weil auch diese Beweglichkeit in einem Zwischenbereich zwischen zwei Extremen angesiedelt ist. Das eine Extrem ist ein solcher Widerstand vonseiten des Gegenstandes, dass dadurch jegliche Beweglichkeit unseres Tastorgans unmöglich gemacht wird. Dieses Extrem erfahren wir als eine Härte, die jegliches Eindringen unserer Tastorgane, vor allem der Hände, in den betasteten Gegenstand von vornherein vereitelt. Solche Härte verhindert, dass wir noch irgendetwas darüber erfahren, welche Qualitäten der Gegenstand in seinem Inneren aufweisen könnte. Unserem Empfinden kann sich nichts mehr zeigen; seine Erschließungskraft wird zu Null. Im Extremfall erleben wir diese Situation als schmerzhaft, weil wir uns an dem, was vollkommen hart ist, stoßen, prellen und verletzen können.

Das entgegengesetzte Extrem ist das vollkommene Schwinden der Widerständigkeit des unserem Tastsinn gegebenen Gegenstandes. Etwas ist so weich und durchlässig, dass sich unserem Empfinden nichts mehr anbietet; wir fühlen und spüren nichts mehr, weil unser Tastempfinden gleichsam ins Leere stößt; es gibt beispielsweise für unsere Hände überhaupt nichts mehr zu greifen. Der Tastsinn braucht irgendeinen noch so geringen Widerstand gegen seine Beweglichkeit, damit ihm irgendeine Qualität erschlossen ist. Beim völligen Schwinden der Widerständigkeit wird die Vergeblichkeit des Fassenwollens zu einer eigenen Art von Schmerz. So erfahren wir in diesen beiden Extremen die elementare Polarität von Feuchtigkeit und Trockenheit. Zu dieser Polarität führen uns die beiden Extreme der gänzlichen Widerständigkeit und der gänzlichen Widerstandslosigkeit bei der Tastempfindung als einer kinästhetischen Bewegung. Die Skala zwischen den beiden genannten Extremen liegt zwischen den Polen der Härte und der Weichheit, der Annäherung an die vollständige Undurchlässigkeit und die vollständige Durchlässigkeit.

Hier empfiehlt es sich, einen Augenblick innezuhalten und die Frage zu stellen, wie wir die Härte und die Weichheit mit diesen Überlegungen eigentlich beschrieben haben. Genau genommen haben wir sie nicht als Eigenschaften eines Gegenstandes charakterisiert, sondern als Weisen der Erfahrung, die wir mit der Beweglichkeit unserer eigenen Tastorgane machen: Wenn wir diese Organe, etwa die Hände, so bewegen wollen, dass wir in einen Gegenstand eindringen können, erleben wir, wie diese Vorwärtsbewegung mehr oder weniger stark gebremst wird. Härte und Weichheit sind also bei näherer Betrachtung zunächst keine Qualitäten des Seienden selbst, sondern Qualitäten der gerade beschriebenen Beweglichkeitserfahrung.

In dieser Erfahrung begegnet uns allerdings ein Widerstand, der uns auch über gewisse Züge der Beschaffenheit des Seienden selbst, das uns dabei begegnet, Aufschluss gibt; als Empfinden hat die Widerstandserfahrung auch eine Erschließungskraft für den Gegenstand selbst. Aber um die Eigenschaften des Gegenstandes, die uns auf diese Weise erscheinen, wirklich sachgerecht zu bezeichnen, wäre es eigentlich passender, wir würden sie zunächst nicht mit den Begriffen »hart« oder »weich« benennen, sondern dafür andere Ausdrücke benutzen, die zeigen, dass es sich um Eigenschaften des Seienden selbst handelt.

Deshalb stellt sich die Frage: Wie könnten wir das, was wir mit Blick auf die Beweglichkeit unserer eigenen Tastorgane als Härte oder Weichheit, Undurchlässigkeit oder Durchlässigkeit charakterisieren, bezeichnen, wenn wir es als Qualität des Seienden selbst auffassen? Das Durchlässige ist nichts anderes als das Flüssige. Das Gegenteil von »flüssig« ist »trocken«. Das Weiche und Durchlässige begegnet uns als Eigenschaft eines von uns betasteten Gegenstandes so, dass der Gegenstand selbst uns als feucht oder nass erscheint, und ent-

§19. Das Elementare und die *phýsis*

sprechend zeigt sich die Undurchlässigkeit der Härte am Seienden selbst als die Eigenschaft der Trockenheit. Somit können wir festhalten: Die Polarität von feucht und trocken ist uns dadurch erschlossen, dass die Beweglichkeit unserer Tastorgane zwischen den Extremen der absoluten Härte oder Weichheit angesiedelt ist. Demgegenüber ist uns die Polarität von heiß und kalt dadurch erschlossen, dass die funktionsfähige Existenz der Organe selbst nur dann aufrecht erhalten bleibt, wenn wir uns innerhalb einer Skala bewegen, in der wir uns zwar dem Übermaß und dem Untermaß der Temperatur, dem Verbrennen und Erfrieren annähern, aber sie nicht erreichen.

Die funktionsfähige Existenz und die Beweglichkeit der Tastorgane sind die beiden Grundbedingungen dafür, dass Tastempfindung überhaupt stattfinden kann. Man darf vermuten, dass dies ein Grund dafür ist, dass Aristoteles diese beiden Polaritäten, die von heiß und kalt und die von feucht und trocken, zu den beiden Paaren von Tastqualitäten erklärt, durch welche die einfachen Körper als Elemente charakterisiert sind. Die Qualitäten Hitze und Kälte, Feuchtigkeit und Trockenheit sind in der Tat einfache Qualitäten, d. h. sie lassen sich nicht auf andere Tastqualitäten zurückführen. Allerdings kann man die Frage stellen, ob es nicht vielleicht noch weitere, ebenfalls nicht auf anderes zurückführbare Tastqualitäten gibt.

Wenn es sie geben sollte – das lässt sich im Rahmen dieser Untersuchungen nicht entscheiden –, müssten sie eigentlich auch in den Katalog derjenigen Eigenschaften aufgenommen werden, durch welche die Elemente ihre Bestimmtheit erhalten. Aristoteles reserviert für die Elemente aber nur die beiden Qualitätenpaare Hitze und Kälte, Feuchtigkeit und Trockenheit. Wenn wir unterstellen, dass sich die aristotelische Beschränkung auf diese Qualitätenpaare überzeugend begründen lässt – auf dieses Problem müssen wir später zurückkommen –, so haben wir nunmehr jedenfalls die Möglichkeit, die Qualität der Elemente als einfacher Körper zu bestimmen. Diese Qualität ergibt sich jetzt auf unkomplizierte Weise aus den möglichen Kombinationen zwischen den vier Qualitäten heiß, kalt, feucht und trocken. Dabei ist klar, dass die Kombination von Hitze mit Kälte bzw. von Trockenheit mit Feuchtigkeit ausscheidet; denn diese Qualitäten liegen ja jeweils auf ein- und derselben Skala, der Skala der Temperatur und der Skala der Widerständigkeit bzw. Durchlässigkeit.

Damit bleiben vier mögliche Kombinationen übrig. Die Hitze lässt sich entweder mit der Trockenheit oder der Feuchtigkeit kombinieren und die Kälte ebenso. Es gibt also vier mögliche Paare von einfachen Tastqualitäten, und entsprechend gibt es vier Arten von einfachen Körpern. Jede dieser vier Arten erhält ihre Bestimmtheit durch ein Paar von unreduzierbaren Tastqualitäten. Auf diese Weise ergeben sich die vier Elemente. Das Feuer ist die Kombination von Hitze und Trockenheit, die Erde die von Kälte und Trockenheit. Das Wasser ist die Kombination von Kälte und Feuchtigkeit und die Luft die von Hitze und Feuchtigkeit.

Die auf solche Weise zustandekommende Kennzeichnung der Elemente entspricht solange weitgehend der alltäglichen Erfahrung der Lebenswelt, als wir dabei die Umgebung voraussetzen, in der Aristoteles, der Autor von *De anima*, die meiste Zeit seines Lebens als Erwachsener verbracht hat, also die festlandgriechische Region Attika mit den für sie in der Mitte des letzten vorchristlichen Jahrtausends charakteristischen klimatischen Lebensbedingungen. Aber für andere geographische Bereiche auf dieser Erde, etwa die Tropen oder die Wüsten Afrikas, erscheint es höchst fraglich, ob die Bewohner dieser Zonen beispielsweise die Erde als das Element des Bodens unter ihren Füßen als kalt und trocken bezeichnen würden.

Doch selbst, wenn wir methodisch von dieser Klimavielfalt absehen und uns auf die »natürliche Lebenswelt« beschränken, die wir mit dem hier für uns maßgebenden Autor Aristoteles weitgehend gemeinsam haben, stellt sich spätestens bei der Luft heraus, dass ihre Kennzeichnung der lebensweltlichen Erfahrung während der Jahreszeiten nicht entspricht; denn für den griechischen Winter mag die Kennzeichnung der Luft als feucht in der Regel noch akzeptabel sein; aber für den Winter trifft es im Normalfall keineswegs zu, dass sie heiß sei. Im Sommer am Mittelmeer ist die Luft zwar tatsächlich heiß, aber dann ist sie zugleich besonders trocken. Ebenso wie die weltweit herrschende Variabilität der klimatischen Vorbedingungen der regionalen Lebensverhältnisse bestärkt uns diese auf die Europainternen Klimaverhältnisse bezogene Beobachtung noch einmal in der während dieser ganzen Untersuchung geübten Zurückhaltung gegenüber einem Vorhaben aus Husserls Spätzeit, auf das wir schon in §4 stießen, dem Projekt einer systematischen und umfassenden Phänomenologie der Lebenswelt.

Bei den drei anderen Elementen neben der Luft haben wir zwar keine so auffällige Schwierigkeit, zuzugestehen, dass die von Aristoteles gegebene Kennzeichnung unserer lebensweltlichen Erfahrung in den verschiedenen Jahreszeiten entspricht. Aber auch bei ihnen macht sich immer wieder die Schwäche der Elemententheorie des

§19. Das Elementare und die *physis*

Aristoteles darin bemerkbar, dass die vier Qualitätenpaare, die er zur Kennzeichnung der Elemente als einfacher Körper heranzieht, nicht in jedem Falle mit unserer lebensweltlichen Erfahrung übereinstimmen. Wenn wir uns an die lebensweltlichen Gegebenheiten halten, wie wir dies auch bei der Skizze der kosmologischen Theorie der Elemente in *De coelo* getan haben, können wir uns nicht verhehlen, dass die Bestimmung des Elements Luft aus diesem Blickwinkel schon auf den ersten Blick den Verdacht einer bloßen Konstruktion erregt; und dies weckt dann auch unser Misstrauen bezüglich der Tragfähigkeit der Bestimmung der anderen Elemente.

Beiläufig sei erwähnt, dass die Bestimmung der Luft in der ganzen Geschichte der Vier-Elementen-Theorie in der Antike immer die größten Schwierigkeiten verursacht hat. Die Stoiker beispielsweise, deren Bedeutung für den Hellenismus schon erwähnt wurde, konzipierten eine neue Elementenlehre, um die aristotelischen Probleme zu vermeiden. Sie charakterisierten die Elemente jeweils nur noch durch *eine* Tastqualität. Das Feuer sollte das Heiße sein, die Erde das Trockene, das Wasser das Feuchte und die Luft das Kalte. Aber auch bei dieser Vereinfachung kehrt die Schwierigkeit mit der Luft wieder. Ob wir sie als kalt oder als warm, als trocken oder als feucht definieren, in jedem Falle ist die Beschreibung nicht sachgemäß, wenn wir unsere alltägliche lebensweltliche Erfahrung als Maßstab zugrundelegen.

Die bisherigen Beobachtungen sind ein Indiz dafür, dass die Kennzeichnung der Elemente mit Hilfe der Tastqualitäten ihren Zweck nicht ganz zureichend erfüllt. Der Tastsinn ist zumindest nicht diejenige Zugangsart zum Element Luft, durch die wir ursprünglich erfassen, was sie ist; denn es ist nicht schwer zu sehen, dass die Luft mehr mit unserem Gesichtssinn als mit dem Tastsinn zu tun hat. Sie erfüllt die offene helle Gegend über dem Erdboden, also das, was aristotelisch »sublunarer Himmel« heißen würde. Als Dimension der Helligkeit und Offenheit ist der Himmel der Bereich der Sichtbarkeit. Dass es eine so beschaffene Region unserer natürlichen Lebenswelt gibt, ist uns Menschen schon vor aller wissenschaftlichen oder philosophischen Reflexion bewusst, und ein solches vorbegriffliches Bewusstsein haben wir, wie der Aufweis der »sprachlos« deiktischen Erschlossenheit von drei Weltgegenden gezeigt hat, zumindest auch von zwei anderen Großbereichen der Lebenswelt, der Erde als dem »Land«, dem Boden unter unseren Füßen, und dem Meer.

II. Teil: Kosmologie der Elemente von Thales bis Aristoteles

Es kann hier offen bleiben, ob vielleicht auch der »translunare Himmel«, also das nächtliche Sternenzelt zu den Weltregionen zählt, »um« die wir vor aller wissenschaftlichen oder philosophischen Reflexion »wissen«. Entscheidende Bedeutung bekommt nun ein anderes Problem: Nachdem sich gezeigt hat, dass die Beschaffenheit der Luft im Rahmen der aristotelischen Elementen-Kosmologie nicht sachgerecht zur Geltung kommt, müssen wir auch für die anderen Großregionen der Lebenswelt mit ihren Elementen die Möglichkeit offen halten, dass wir auf andere Weise als bei Aristoteles »um sie wissen«. Deshalb stellt sich nun die Frage, wodurch wir überhaupt so etwas wie ein vorgegenständliches oder präreflexives Bewusstsein von der »elementaren« Gliederung unserer Lebenswelt haben.

Wenn wir versuchen, bei dieser Frage so radikal wie möglich jegliches vergegenständlichende oder reflexive Bewusstsein zugunsten der »sprachlosen« Welterschlossenheit beiseite zu lassen, stoßen wir darauf, dass sie sich für das in seiner vorgegenständlichen oder präreflexiven »Reinheit« gedachte lebensweltliche Bewusstsein von selbst beantwortet, und zwar dadurch, dass dieses Bewusstsein – wie auch immer es sich jeweils verhalten mag – jederzeit die Urerfahrung des Erscheinens als eines Hervorkommens der »Vorkommnisse« macht. Wie inzwischen hinreichend beschrieben, ist das so verstandene Erscheinen ein Geschehen, das durch die »Verschränkung« zwischen dem Sich-Zurückziehen ins Dunkel der Verborgenheit – dem »Entzug« – und dem Aufgehen von heller Offenheit gekennzeichnet ist.

Dieser Verschränkung entspricht nun aber auch das Verhältnis der lebensweltlichen Bereiche, die sich durch das Erscheinen dimensionieren, nämlich das vertikale Einander-Gegenüber der großen Weltregionen von Himmel und Erde. Der »Himmel« meint hier den Lebensraum, in dessen heller Offenheit das aus der dunklen Verschlossenheit der »Erde« Hervorkommende und Emporsteigende zum Leben gelangt. Deshalb muss er von solchen Elementen erfüllt sein, welche die Beweglichkeit des Lebendigen ermöglichen und dafür Platz lassen; das sind die Wärme des Lichts und die Durchlässigkeit der Luft, die der Bewegung den geringsten Widerstand leistet. Dieser Weltregion liegt unten die Gegend gegenüber, in der das Element »Erde« durch seine letztlich undurchsichtige Dichte und durch seine Kälte die Beweglichkeit des Lebendigen nicht zur Entfaltung kommen lässt bzw. zum Erstarren bringt. Weil diese Eigenschaften auch – wenngleich oft in abgeschwächter Form – das Wasser des Meeres

§19. Das Elementare und die *phýsis*

und der »Gewässer« überhaupt charakterisieren, gehört es zusammen mit dem Land in die untere Weltgegend.

Wir können festhalten, dass sich noch vor allen auf die Elemente und ihre Heimatregionen bezogenen Theorien der durch das Erscheinungsgeschehen als solches eröffnete Raum in mehrere ihm innewohnende Dimensionen gliedert, die uns als unterscheidbare Regionen der Lebenswelt bewusst und erfahrbar sind. In dieser präreflexiven Urerfahrung des Erscheinens zeigen sich uns diese Regionen noch nicht als Gegenden, die wir uns auch als leere Räume vorstellen könnten, deren »Füllung« die Elemente wären; vielmehr ist hier das jeweilige Elementare noch eins mit dem Raum, den es einnimmt. Nicht zufällig tragen einige der heimatlichen Weltgegenden und die ihnen zugeordneten Elemente den gleichen oder fast den gleichen Namen, im Deutschen die »Erde« und die »Gewässer«, was nicht nur in unserer Sprache, sondern auch in anderen – und sogar nicht-indoeuropäischen – Sprachen zu beobachten ist. Erst mit dem Einsetzen der Reflexion treten die Elemente und die ihnen zugehörigen Weltgegenden auseinander. Auf der damit erreichten Ebene des Denkens wird es Aristoteles möglich, in zwei voneinander getrennten Schriften einerseits – in *De coelo* – die lebensweltlichen Regionen der Elemente und andererseits – in *De anima* – die Elemente selbst in der ihnen jeweils eigenen Beschaffenheit zu untersuchen.

Trotz dieser Aufgabenteilung des ganzen Untersuchungsprojekts in zwei voneinander unabhängige Abhandlungen bilden sie sachlich eine unauflösliche Einheit. Was sie aneinander bindet, findet im Heidegger'schen Konzept der »Befindlichkeit« seinen Ausdruck, an das hier in §6 erinnert wurde. Durch die innere Einheit von räumlichem Orientierungsbefinden und leiblichem Sich-wohl-oder-unwohl-Befinden sind der »biologisch-psychologische« Gedankenkomplex von *De anima* und der »kosmologisch-astronomische« von *De coelo* miteinander verklammert: Durch sein räumliches Sich-Befinden positioniert sich der Mensch so in der Lebenswelt, dass er sich als eingespannt in das Widerspiel der Elementarräume erfährt und ineins damit von sich selbst als leiblichem Lebewesen Empfindungen hat, durch die sich ihm die unterschiedliche Beschaffenheit der Elemente erschließt.

So erscheint dem Menschen die Lebenswelt auf doppelte Weise, einerseits als schön gefügte Ordnung, *kósmos*, von Weltgegenden und andererseits als etwas, das uns in leiblichen Empfindungen gegenwärtig ist. Was in den Weltgegenden, in denen wir uns räumlich aufhalten und orientieren, vorherrscht, ist zugleich das, was wir hautnah in bestimmten Empfindungszuständen der Kälte, der Feuchtigkeit usw. wahrnehmen. Das entspricht auch dem Korrelationsprinzip der Phänomenologie: Wenn uns die Gegenden der Lebenswelt gegenständlich erscheinen, ist dies nur durch die ihnen zugehörige Gegebenheitsweise möglich, nämlich unser räumliches und empfindungsmäßiges leibliches Befinden.

Gerade in den bisher in der Philosophie viel zu wenig beachteten Analysen von *De coelo* und *De anima* ist Aristoteles ein Phänomenologe avant la lettre, und alles, was er hier schreibt, deutet darauf hin, dass der gerade skizzierte innere Zusammenhang zwischen den in *De coelo* behandelten Weltgegenden und der in *De anima* entwickelten Definition der vier Elemente durch zwei Qualitätenpaare den Horizont dieser Schriften bildet. Trotzdem lassen sich keine Äußerungen finden, mit denen er explizit eine Brücke zwischen den Gedankenwelten der beiden Schriften schlagen würde. An dieser Stelle stoßen wir auf das eigentlich Merkwürdige an den Elemententheorien des Aristoteles: Er hat die im Ansatz faszinierende Erklärung der Elemente aus der Erfahrung der einfachen Körper mit dem Tastsinn, die er in *De anima* gibt, nirgendwo ausdrücklich mit dem ebenso bedenkenswerten kosmologischen Ansatz in *De coelo* in Verbindung gebracht.

Offenbar hält Aristoteles es nicht für nötig, die Frage zu beantworten, warum die Elemente, die ihren Ort in den großen Weltgegenden des *kósmos* als Lebenswelt haben und deren Bewegungsrichtungen sich aus ihrer Beheimatung an einem jeweiligen »natürlichen Ort« ergeben, mit den Elementen identisch sind, die wir dadurch erfahren, dass wir sie als einfache Körper mit unserem Tastsinn berühren. Warum beispielsweise hat dasjenige, was hinsichtlich seiner körperlichen Qualitäten als das Trockene und Kalte bestimmt wird, die Erde, seinen Ort normalerweise in dem Lebensraum, der »unten« liegt, der Erde als Boden unter unseren Füßen? Mit diesen Fragen würden wir dann weiterkommen, wenn die Qualitäten, die wir in *De anima* als Tastqualitäten, allgemeiner gesprochen: als Grundbestandteile unserer leiblichen Erfahrung kennenlernen, auch für das räumliche Ganze der Lebenswelt, um das es in *De coelo* geht, eine Bedeutung hätten. In dieser Hinsicht aber lässt sich etwas Überraschendes und für uns überaus Aufschlussreiches feststellen: Offenbar haben die vier Qualitäten heiß, kalt, feucht und trocken von Anfang an für das philosophisch-wissenschaftliche Denken der Griechen maßgebende Bedeutung gehabt, und zwar genau deshalb, weil sie das

§19. Das Elementare und die *phýsis*

Ganze des *kósmos* als Lebenswelt bestimmen können. Schon von Anaximander aus Milet ist dies in den doxographischen Quellen ganz zuverlässig bezeugt. Unverkennbar ist zunächst, dass diese vier Elementarqualitäten die frühen Denker deshalb besonders interessiert haben, weil sie in bestimmten Jahres- und Tageszeiten vorherrschen, wobei man berücksichtigen muss, dass der Kontrast der vier Qualitäten am Mittelmeer beim Wechsel zwischen Tag und Nacht oder zwischen Sommer und Winter oft in einer sehr viel ausgeprägteren Form auftritt als in den mittel- oder nordeuropäischen Breiten, in denen der Autor dieses Buchs lebt. Auch nach einem heißen Mittelmeertag kann es in der Nacht plötzlich empfindlich kühl werden, oder die Herbststürme und Regenfälle können nach dem langen heißen und trockenen Sommer plötzlich mit einer erschreckenden Wucht einsetzen. Vor diesem Hintergrund überrascht es nicht, dass das Verhältnis von Tag und Nacht im frühen griechischen Denken ebenso wie die Jahreszeiten eine bedeutsame Rolle spielt.

Dafür, dass solche Erfahrungen des Klimawechsels nicht nur für das Denken, sondern ebenso für das Dichten des 6. und 5. Jahrhunderts eine besondere Bedeutung hatten, gibt es einen schönen Beleg in der Tragödie *Aias* von Sophokles, die in der Mitte des 5. vorchristlichen Jahrhunderts verfasst wurde. Aias sagt (Verse 646/647 und 670–673):
»Alles Unverborgene *(ádela)* lässt die lange und ungemessene Zeit *(chrónos)* hervorkommen *(phýei* – mit diesem Verb hängt *phýsis* zusammen), und sie verbirgt *(krýptei)* das Erscheinende *(phanénta* – hängt mit *phos*, »Licht« zusammen, vgl. »Fotografie«) … Winterstürme weichen vor dem früchtereichen Sommer; der düstere Kreis der Nacht entweicht, wenn das Lichtgespann des Tages hell erglänzt …«

Diese Sätze gehören zu den wenigen literarischen Zeugnissen aus der klassischen Epoche des antiken Griechenland, in denen das Erscheinen überhaupt als ein Zum-Vorschein-Kommen aus einer dunklen Herkunft zur Sprache kommt. Sophokles bringt hier das Erscheinen als ein Ans-Licht-Treten-aus-dem-Dunkel in eine enge Verbindung mit den Klima- oder Wetter-Umschwüngen, wie sie sich im Wechsel der Jahreszeiten und im Wechsel zwischen Tag und Nacht ereignen.

Von Heraklit, dessen Schrift etwa ein halbes Jahrhundert vor dem *Aias* des Sophokles verfasst sein dürfte, hat sich eine auffallend große Zahl von Fragmenten erhalten, die sich mit Tag und Nacht beschäftigen, und ebenso gibt es Fragmente, die sich augenscheinlich auf die jahreszeitlichen Klima-Umschwünge beziehen. Über diese Umschwünge ist ein bemerkenswertes Fragment eines Heraklitspruchs überliefert. Es bezieht sich auf die Jahreszeiten – *hôrai* – und kennzeichnet sie als die, »die alles bringen«: *hai pánta phérousin* (22 B 100). Ein anderes Fragment von Heraklit lautet: »Kaltes erwärmt sich, Warmes kühlt ab, Feuchtes vertrocknet, Dürres wird durchfeuchtet«, *psychrá théretai, thermá psýchetai, hygrá auaínetai, karphaléa notízetai* (22 B 126).

Wenn man vergleicht, wie die Wörter, die Heraklit in diesem Satz benutzt, sonst in der griechischen Literatur gebraucht werden, zeigt sich, dass es sich um ein Vokabular handelt, das vorwiegend im Zusammenhang der Erfahrung von Heiß- und Kaltwerden, von Feucht- und Trockenwerden in den Jahreszeiten verwendet wird. Deshalb bezieht sich der Wechsel der Qualitäten in diesem Fragment nicht primär auf irgendwelche einzelnen Gegenstände, die sich erwärmen oder feucht werden, wie wir das mit dem Tastsinn feststellen können, sondern auf das Ganze der Lebenswelt, die je nach Jahreszeit von Trockenheit, Hitze usw. beherrscht ist. Es war unter anderem der schwankende Eindruck von diesem Ganzen, der die frühe philosophisch-wissenschaftliche Kosmologie beschäftigt hat.

In Verbindung mit den Jahreszeiten standen in dieser Kosmologie von Anfang an indirekt die Elemente im Blick. Die Hitze und Trockenheit des Mittelmeersommers ist in der konkreten Erfahrung der dort lebenden Menschen nicht davon zu trennen, dass in ihm Hitze und Licht der Sonne dominieren. Das ist das Himmelselement Feuer, ohne dass es in der Frühzeit der Wissenschaftsgeschichte schon so genannt wird. Der Winter hingegen ist kalt und regnerisch und steht im Zeichen des zunächst noch nicht als *stoicheîon* bezeichneten Wassers. Man kann sagen: Fast ein Jahrhundert, bevor Empedokles in der ersten Hälfte des 5. vorchristlichen Jahrhunderts eine Vorgestalt der Vier-Elemente-Kosmologie begründete, bereitete sie sich bei den frühesten Denkern schon seit einem Jahrhundert vorher in einer Kosmologie der vier Qualitäten vor.

Die jahreszeitliche Herrschaft bestimmter Elemente hat etwas mit unserer leiblichen Erfahrung zu tun; denn im Sommer fühlen wir – zumindest am Mittelmeer, wo die Griechen der Antike zu Hause waren – mit allen Sinnen unseres Körpers vorwiegend Wärme und Trockenheit und im Winter das Gegenteil. Aber ebenso wichtig ist, dass sich mit diesen Qualitäten in jeder Jahreszeit das Ganze der

Lebenswelt verwandelt. Das zeigt: Den Brückenschlag zwischen den beiden divergierenden Ansätzen einer Erklärung der Elemente in *De anima* und *De coelo*, den wir bei Aristoteles vermissen, hat es vor ihm längst gegeben. Im Naturdenken der ersten Wissenschaftler und Philosophen gab es eine Orientierung am räumlichen Ganzen der Lebenswelt, die zugleich in der leiblich-sinnlichen Erfahrung verankert war. So dürfen wir vermuten, dass Aristoteles deshalb keinen Anlass sah, zwischen seinen beiden Elementheorien eigens eine Brücke zu schlagen, weil ihm der innere Zusammenhang zwischen dem biologisch-psychologischen und dem kosmologisch-astronomischen Verständnis der Elemente von den Anfängen des Denkens her selbstverständlich war.

Warum beherrschen gerade die vier Qualitäten Hitze und Kälte, Trockenheit und Feuchtigkeit die frühe Kosmologie? Wie der Zusammenhang mit der Erfahrung des Wechsels von Tag und Nacht und des Wechsels der Jahreszeiten zeigt, machten sich diese Qualitäten gerade nicht primär, wie Aristoteles in *De anima* annimmt, als Eigenschaften einzelner körperlicher Gegenstände bemerkbar, sondern weil sie das räumliche Ganze der Lebenswelt betreffen. Wenn wir in der deutschen Sprache im Winter oder in einer kalten Nacht sagen: »Es ist kalt«, dann beziehen wir uns mit einem solchen »impersonalen« oder »subjektlosen Satz« nicht auf dieses oder jenes Ding in unserer Umgebung. Es geht uns nicht darum, ein einzelnes solches Vorkommnis als kalt zu kennzeichnen, sondern der Satz betrifft das Ganze des Raumes unserer Lebenswelt, um das es Aristoteles in *De coelo* geht. Aber das Auffallende ist außerdem: Der Satz bezieht sich nicht nur auf jenes Ganze, sondern auf eigentümliche Weise ineins damit auch auf unseren leiblichen Zustand, den Aristoteles bei seiner Analyse unseres Tastsinns in *De anima* im Auge hat.

II. Teil: Kosmologie der Elemente von Thales bis Aristoteles

§ 20. Das Elementare in der Sprache

Das zuletzt Ausgeführte gibt uns Anlass, die schon in § 2 und dann wieder in § 14 thematisierten sogenannten »subjektlosen« oder »impersonalen« Sätze noch etwas eindringlicher als in jenen Paragraphen zu betrachten. Wie wir dort schon sahen, können wir dem, was in ihnen gesagt wird, nur durch einen Vergleich mit den gewohnten subjekthaltigen Sätzen gerecht werden. Dafür ziehen wir erneut die Schrift des Aristoteles über die Kategorien als Seins- und Aussageweisen heran und bringen aus ihr noch einmal diejenigen allgemein bekannten Gedanken kurz in Erinnerung, von denen ausgehend wir unser Verständnis des anfänglichen philosophischen Nachdenkens über das Elementare den Beobachtungen in § 19 entsprechend vertiefen können.

In unserer traditionellen, an den indoeuropäischen Sprachen orientierten Grammatik ist es üblich, Sätze wie »es ist kalt« als subjektlos zu bezeichnen, weil die Struktur solcher Sätze offenkundig nicht der Grundstruktur von Aussagen nach Aristoteles entspricht. Ihm zufolge bildet die Struktur einer einfachen Aussage, »etwas über etwas«, *ti katá tinós*, das Grundmuster für alle Aussagen. Wir sprechen in der Aussage über ein Zugrundeliegendes, ein *hypokeímenon*, *subiectum*, das wir deswegen als Subjekt bezeichnen, und sagen über dieses Subjekt etwas aus. Der einfache Aussagesatz besteht aus Subjekt und Prädikat, die wir durch die »Copula« »ist« verbinden; er ist eine »Prädikation«, die Erteilung eines Prädikats an ein Subjekt, z.B. »Der Tisch ist ein Möbelstück«.

Dieses Beispiel ist aber schon ein Aussagesatz höherer Stufe. In ihrer einfachsten grundlegenden Form beziehen sich Aussagen auf einzelnes wahrnehmbares Seiende und lauten dann »Dies ist p« oder »Dies ist ein ...«, beispielsweise »Dies ist grün« oder »Dies ist ein Tisch«. Das Subjekt tritt in solchen Elementarsätzen als etwas auf, worauf man zeigen kann. So sind die Elementaraussagen »deiktische« Sätze (von griechisch *deíknymi*, zeigen) wie z.B.: »Dies ist kalt« oder »Dies ist feucht«.

Die höherstufigen Aussagen wie »Der Tisch ist ein Möbelstück« setzen, zumeist unausgesprochenermaßen, ursprünglich deiktische Aussagen voraus. Beispielsweise könnten wir nicht verstehen, was »Möbelstück« bedeutet, wenn wir keine Beispiele für Möbelstücke kennen würden, etwa Tische. Tische aber kennen wir ursprünglich

354

§ 20. Das Elementare in der Sprache

dadurch, dass in unserer Kindheit Menschen auf einen Tisch zeigten und dazu so etwas sagten wie »Das ist ein Tisch«, also einen deiktischen Satz bildeten. Deiktische Sätze von der Form »S ist p« besitzen immer ein grammatisches Subjekt und ein auf dieses Subjekt bezogenes Prädikat, in dem Beispielsatz »Dies ist grün« beispielsweise »grün«. Demgegenüber besitzen solche auf die Jahres- oder Tageszeiten bezogenen Sätze wie etwa »Es ist kalt« kein Subjekt. Sie klingen zwar so, als käme in ihnen ein Prädikat vor, etwa im gerade genannten Beispiel »kalt«. Aber genau genommen handelt es sich bei dem Wort »kalt« in unserem Satz nicht um ein Prädikat; es dient nicht dazu, etwas Zugrundeliegendes zu kennzeichnen.

Man könnte zwar sagen, das Subjekt des Satzes »Es ist kalt« sei das Ganze der von uns erfahrenen uns umgebenden Welt, und der Satz sei eine prädikative Aussage über dieses Ganze der Lebenswelt. Man könnte den Satz so lesen, dass mit ihm gesagt wird, der Welt als dem Subjekt werde das Prädikat der Kälte zuerteilt. Aber hier ist schlicht zu beachten, dass wir den Satz nicht in dieser Weise formulieren. Wir sagen eben nicht »Die Welt ist kalt«, sondern die Formulierung lautet »Es ist kalt«. Bei seiner Analyse der Aussagen hat Aristoteles nicht berücksichtigt, dass es in seiner eigenen griechischen Sprache und in vielen anderen Sprachen solche »subjektlosen« Sätze gibt, die nicht die Struktur »etwas über etwas«, »S ist p« aufweisen.

Der Satz »Es ist kalt« betrifft zwar das Ganze unserer Lebenswelt oder, kürzer gesagt: unserer Welt, aber die Welt erscheint in diesem Satz nicht als Subjekt. Wäre sie ein Subjekt, ein *hypokeímenon*, so müssten wir sie nämlich als ein einzelnes Seiendes verstehen können, auf das wir zeigen könnten. Aber der Satz »Es ist kalt« hat keinen deiktischen Charakter. Wenn wir einem einzelnen Seienden begegnen und mit Bezug darauf einen deiktischen Satz formulieren, könnte dieser Satz beispielsweise im Falle eines Eiswürfels aus dem Kühlschrank lauten: »Dies hier ist kalt«. Die Welt im Winter ist nicht so etwas wie ein Eiswürfel, sie ist kein solches »dies hier«. Die Frage ist: Lässt sich phänomenologisch beschreiben, wie wir uns auf die Welt beziehen, wenn wir einen solchen Satz formulieren wie »es ist kalt«?

Wenn wir sagen »der Eiswürfel ist kalt«, setzen wir, ohne dies eigens zum Ausdruck zu bringen, als selbstverständlich voraus, dass der Eiswürfel ein einzelnes Seiendes ist und dass er sich als solches von anderem einzelnen Seienden unterscheidet. Indem ich mich bei meiner Aussage auf diesen Eiswürfel hier beziehe, auf den ich zeigen

355

kann, unterscheide ich ihn von anderem einzelnem Seienden. Zu diesem anderen einzelnen Seienden gehöre auch ich selbst. Auch auf mich als einzelne Person kann man zeigen. Das Zeigen auf das einzelne Seiende, das mir jeweils begegnet, beispielsweise den Eiswürfel, impliziert also die Unterscheidung von mir selbst, dem Sprecher der Aussage. Wenn ich sage »Dies ist ein Eiswürfel« oder »Dies ist kalt«, habe ich dabei unausdrücklich mitverstanden, dass der Eiswürfel und ich unterscheidbare einzelne Seiende sind.

Bei der Erfahrung, die wir mit Hilfe des Satzes »Es ist kalt« zum Ausdruck bringen, verhält es sich vollständig anders. In diesem Falle beziehe ich mich nicht auf einen Gegenstand, der semantisch von mir selbst als demjenigen, der die Erfahrung macht, unterschieden wäre. Der Satz »Es ist kalt« schließt vielmehr mich selbst mit ein. Der Satz betrifft den Zustand oder die Situation sowohl der Welt als auch meinen eigenen Zustand, meine eigene Situation. Es ist nicht nur die Kälte der Welt als meiner Umgebung, die mich veranlasst, den besagten Satz auszusprechen, sondern es geht mir bei diesem Satz gleichermaßen um meine eigene Verfassung, und zwar deswegen, weil es von vornherein nicht im Sinn dieses Satzes liegt, zwischen der Welt und mir als demjenigen, der die Welt erfährt, zu unterscheiden. Es geht in diesem Satz um eine Situation oder einen Zustand, worin die Welt und das erfahrende Ich ununterschieden sind. Beide Seiten liegen in der »Befindlichkeit«, die der Satz »Es ist kalt« zum Ausdruck bringt, wechselseitig ineinander beschlossen.

Die Lebenswelt ist hier kein Gegenstand, der mir gleichsam als ein Gegenüber entgegentritt, sondern meine Erfahrung und die Welt sind eins. Deshalb ist es unmöglich, dasjenige, worauf sich der Satz »Es ist kalt« bezieht, durch ein Wort zu bezeichnen, das in diesem Satz die Aufgabe eines grammatischen Subjekts, eines Zugrundeliegenden haben könnte. Mit jedem solchen Wort würde ich mich auf etwas beziehen, was ich durch die Benutzung eines solchen Wortes bereits von mir selbst als dem Sprecher und Vollzieher der betreffenden Erfahrung unterscheiden würde. Ich würde schon von der Voraussetzung Gebrauch machen, dass es in der Erfahrung zwei Pole gibt, zwischen denen sie sich abspielt, nämlich dem Ich als dem Vollzieher der Erfahrung auf der einen Seite und dem, was dem Ich gegenständlich begegnet, auf der anderen Seite.

Sätze wie »Es ist kalt« beziehen sich nicht auf einen dieser beiden Pole, sondern sie betreffen auf eigentümliche Weise das Ganze, das diese beiden Pole umfasst. Ihr Thema ist die Dimension, die gleich-

§ 20. Das Elementare in der Sprache

sam zwischen diesen Polen liegt, – man könnte sagen: das »Zwischen«, innerhalb dessen die gegenständlichen Erfahrungen angesiedelt sind. In den sogenannten subjektlosen Sätzen, mit denen wir solche Erfahrungen zum Ausdruck bringen, wie wir sie beim Wechsel der Jahreszeiten oder beim Übergang zwischen Tag und Nacht machen, beziehen wir uns auf die Dimension dieses Zwischen. Aristoteles war noch nicht in der Lage, der Struktur solcher Sätze wie »Es ist kalt« und dem, was in ihnen eigentlich gemeint ist, gerecht zu werden. Und so blieb die auf das einzelne Seiende bezogene Struktur *ti katá tinós*, »etwas über etwas«, wie Ernst Tugendhat schon 1958 in seinem Buch Tí kata tinós. *Eine Untersuchung zu Struktur und Ursprung aristotelischer Grundbegriffe*, treffend beobachtete, das Grundmuster seiner Analyse von Sätzen sowie davon ausgehend auch vom Seienden überhaupt.

Die Grenze der aristotelischen Analyse zeigt sich auch, wenn wir versuchen, ein Element und seine Eigenschaften unter Zugrundelegung der Struktur *ti katá tinós*, also am Leitfaden der Formel »Bestimmung des Bestimmbaren« zu charakterisieren. Wir könnten beispielsweise auf einen Klumpen Erde, also in der Sprache des Aristoteles ausgedrückt, auf ein Stück »einfacher Körper« zeigen und sagen: »Dieser einfache Körper ist kalt«. Wir würden damit einem Zugrundeliegenden, einem Stück von einem Element, eine Beschaffenheit zusprechen, nämlich eine der beiden elementaren Qualitäten Kälte und Trockenheit, die dieser Klumpen als ein Stück des »einfachen Körpers« Erde besitzt. Wenn wir die Elementarqualitäten als »Eigenschaften« der Elemente bezeichnen, meinen wir damit, dass das Element etwas Bestimmbares ist, das gemäß der Struktur *ti katá tinós* durch die eigenschaftliche Qualität eine Bestimmung erhält. Demnach wäre das Element ein *hypokeímenon*, und die Elementarqualitäten stünden zu ihm genau in dem Verhältnis, das die Formel »Bestimmung des Bestimmbaren« bezeichnet. Das scheint ganz selbstverständlich einleuchtend, aber bei näherem Hinsehen erweist es sich als unhaltbar.

Diese beiden Qualitäten Kälte und Trockenheit sind das, wodurch der vorliegende Körper das Element Erde ist; denn, wie bereits erläutert, sind alle vier Elemente definiert durch ihre jeweils zwei der Art nach unteilbaren Beschaffenheiten. Das heißt, sie *müssen* diese Beschaffenheiten besitzen, sonst wären sie keine Elemente. In diesem Sinne können wir sagen: die beiden jeweiligen Elementarqualitäten sind die *notwendigen* Eigenschaften der Elemente. Aber ist diese an der Struktur *ti katá tinós*, »Bestimmung des Bestimmbaren« orientierte Interpretation unseres Beispiels wirklich haltbar?

Als erstes sei zum Vergleich der alltägliche Normalfall eines Verhältnisses von Träger und Eigenschaft herangezogen: ein Ding mit seinen Eigenschaften. Beispielsweise schreiben wir diesem Ding hier die Eigenschaft »braun« zu, indem wir den deiktischen Aussagesatz bilden: »Diese Tür ist braun«. Gemäß der Struktur *ti katá tinós* oder »S ist p« lässt sich hier zweierlei unterscheiden: das der Aussage Zugrundeliegende, die Tür als das »*tinós*« bzw. als das S, und die darüber prädikativ ausgesagte Eigenschaft, das »braun« als das »*ti*« bzw. als das p. Es ist klar, dass diese beiden Momente, das *tinós* und das *ti*, das S und das p in der Formel »S ist p«, nicht dasselbe sind. Die Eigenschaft ist etwas anderes als ihr Träger, aber sie gehört zu dem Träger; eben darum heißt sie »Eigenschaft«.

Eigenschaft und Träger gehören zusammen, aber die Beziehung der Eigenschaft zum Träger ist nicht symmetrisch mit der Beziehung des Trägers zur Eigenschaft; die beiden Beziehungen verhalten sich nicht spiegelbildlich. Damit die Qualität »braun« eine Eigenschaft sein kann, d. h. damit ihr eigenschaftliches *Sein* stattfinden kann, bedarf sie eines Trägers. Ohne ein Zugrundeliegendes, in unserem Beispiel die Tür, hinge die Eigenschaft »braun« gleichsam in der Luft. Das Sein einer Eigenschaft setzt das Sein eines *hypokeímenon* voraus. Das gilt aber nicht umgekehrt. Die Tür kann auch ohne die Qualität »braun« existieren. Sie bleibt seiend, auch wenn sie eine andere Farbe als Eigenschaft annimmt. Eigenschaften wie beispielsweise die Farben können sich ändern, während das Zugrundeliegende – grammatisch gesprochen: das Subjekt des Satzes – bestehen bleibt.

Wenn Qualitäten als Eigenschaften auftreten sollen, setzt ihr Sein das bleibende Sein eines Zugrundeliegenden voraus. Weil letztlich alle Aussagesätze auf deiktischen Aussagesätzen beruhen, muss das Zugrundeliegende letztlich immer ein einzelnes Diesda sein. Ein Diesda als etwas bleibend Zugrundeliegendes, als etwas, was beim Wechsel der Eigenschaften als deren Träger beharrt, – das ist nun aber nichts anderes als das, was Aristoteles im Auge hat, wenn er den Begriff *ousía* benutzt, der sich schon bei der Erläuterung der Formel *génesis eis ousían* als unentbehrlich erwies und den wir üblicherweise mit »Wesen« oder lateinisch mit »Substanz« übersetzen. Eigentlich ist mit »*ousía*« von der sprachlichen Herkunft des Wortes her dasjenige gemeint, was in ausgezeichneter Weise verdient, dass wir von ihm sagen: »es *ist*«. Dort wo das Seiende sich am deutlichsten als

§20. Das Elementare in der Sprache

»seiend« zeigt, dort bekommt es bei Aristoteles die Bezeichnung *ousía*.
 Von der Sprache her erhebt vieles Anspruch darauf, Seiendes zu sein. Auch die Eigenschaften beispielsweise sprechen wir als etwas Seiendes an; wenn wir in einer indoeuropäischen Sprache sagen »Die Tür ist braun«, dann wollen damit auch sagen, dass die Eigenschaft »braun« *ist*, dass es sie gibt als eine Eigenschaft der Tür, die es ebenfalls gibt. Aber das, was im eigentlichen Sinne verdient, dass man davon sagt: »Es ist«, das in erstrangiger Weise Seiende, ist das einzelne Diesda als *hypokeímenon*. Die Erstrangigkeit seines Seins zeigt sich darin, dass es die Voraussetzung für die wechselnden Bestimmungen bildet, die es tragen kann, beispielsweise die Eigenschaften. Sie sind für ihr Sein auf das Sein der Substanz angewiesen.
 Es gibt zwar einige Eigenschaften, auf die auch die Substanz angewiesen ist. Das sind diejenigen Bestimmungen, durch die ein Diesda als das, was es ist, *definiert* ist, also die Züge, die das bleibende *eîdos* des Diesda, seinen arthaften Wesensanblick ausmachen. Bei einer Tür mag das etwa die Eigenschaft sein, dass man sie öffnen und schließen kann. Aber von solchen wesensnotwendigen und damit bleibenden Eigenschaften muss man die Eigenschaften und überhaupt diejenigen Bestimmungen unterscheiden, die wechseln können, bei der Tür etwa ihre Farbe. Die Tür bleibt eine Tür unabhängig davon, ob sie weiß oder braun ist.
 Worauf es für das Verständnis der Substanz ankommt, ist der Umstand, dass das Sein der wechselnden Bestimmungen vom Sein der *ousía*, des Wesens abhängig ist, weil es dieses Sein voraussetzt. Die Substanz ist demgegenüber diejenige Art von Seiendem, die durch Unabhängigkeit, also Selbständigkeit gekennzeichnet ist. Die Qualitäten hingegen, die als Eigenschaften auftreten, wie etwa die Farben der Tür, sind unselbständig. Sie haben ein abhängiges Sein. Das hat Aristoteles näher analysiert in der Schrift über die Kategorien. Bei ihnen muss man die bekannte grundlegende Unterscheidung machen, die gerade in Erinnerung gebracht wurde: Es gibt die »erste«, d. h. erstrangige Kategorie, welche diejenige Art von Sein bezeichnet, die den Charakter der Selbständigkeit hat, also die *ousía*, die Substanz, als zugrundeliegendes Diesda. Und davon zu unterscheiden sind die nachrangigen Kategorien, die alle die Bestimmungen bezeichnen, die nur deshalb *sein* können, weil es schon ein zugrundeliegendes Diesda gibt. Sie alle können nur stattfinden, indem sie einem Diesda, das schon da ist, in einem wörtlichen Sinne »zu-fallen«,

lateinisch *accidere*. Von der ersten und grundlegenden Kategorie, der Substanz, sind die Kategorien des »Akzidens« zu unterscheiden, also alle die wechselnden, »zu-fälligen« Bestimmungen, die das Sein einer Substanz voraussetzen.

Zu diesen akzidentellen Bestimmungen gehört u. a. die Qualität, die Beschaffenheit. Damit eine Qualität Sein besitzt, muss sie als Eigenschaft-von-etwas auftreten; dieses »etwas« aber ist ein im Wechsel der Eigenschaften verharrendes, bleibendes Diesda, in unserem Beispiel die Tür. Die Akzidenskategorie der Qualität kam schon im Zusammenhang mit den verschiedenen Arten von *kínesis*, Bewegung, in §15 zur Sprache. Als weitere Kategorien des Akzidens, denen jeweils eine bestimmte Bewegungsart zugeordnet ist, hatten sich Quantität und Ort erwiesen.

Die Kategorie der Qualität, die uns im vorliegenden Zusammenhang interessiert, betraf die Bewegungsart der *metabolé*, den Beschaffenheitswechsel. Nachdem die Bedeutung der Substanzkategorie in Erinnerung gebracht ist, können wir die *metabolé* auf folgende Weise kennzeichnen: Während die Substanz ein verharrendes Sein besitzt, verändern sich ihre Qualitäten. Würden wir beispielsweise die Tür weiß anstreichen, würde sich zwar die Farbe verändern, aber die Sache selbst, die Substanz, bliebe identisch; am Türsein der Tür, an ihrem *eîdos*, änderte sich nichts. Die *metabolé* setzt also den Unterschied zwischen der zugrundeliegenden Substanz und den von ihr getragenen veränderlichen akzidentellen Qualitäten voraus.

Damit ist das Verhältnis zwischen dem Diesda und den Qualitäten, die seine Eigenschaften bilden, soweit geklärt, dass wir nun zu den Qualitäten der Elemente zurückkehren können. Die Veränderlichkeit der Qualitäten, die *metabolé*, bildet die Voraussetzung für die *génesis eis ousían* überhaupt, die Gestaltwerdung des einzelnen veränderlichen Seienden. Die Gestaltwerdung setzt einfachste Bestandteile voraus: die Elemente als die ihrer Qualität nach einfachen Körper. Die Qualitäten der Bestandteile, aus denen etwas besteht, können sich ändern; nur deshalb sind die Bestandteile bei der Formung von etwas verwendbar. Dies muss auch für die anfänglichen Bestandteile des Gestaltwerdungsprozesses gelten, also die Elemente als einfache Körper. Auch sie sind veränderbar, beispielsweise das Element Wasser: normalerweise ist es nass; es kann aber trocken werden, wenn es gefriert.

So könnten wir zunächst den Eindruck haben, als sei das Wasser eine zugrundeliegende Substanz, die ihre Qualitäten auf gleiche Wei-

§20. Das Elementare in der Sprache

se ändern kann wie jeder andere Bestandteil beim Formungsprozess, etwa ein Ziegelstein als Bestandteil eines Hauses. Ein Ziegelstein kann rot oder auch schwarz sein, das ändert nichts an seinem Ziegelstein-*eîdos*. Er darf beispielsweise nicht weich sein, damit würde er seine Wesensart verlieren. Zu den wesensnotwendigen Eigenschaften des Ziegelsteins gehört also die Härte, nicht aber eine bestimmte Farbe.

Vergleichen wir diese Sachlage nun mit dem Wasser. Als Element im Sinne des einfachen Körpers kann Wasser ebenso Bestandteil von etwas sein wie ein Ziegelstein. Es ist aber zu berücksichtigen, dass die Feuchtigkeit oder Nässe des Wassers zu seinen wesensnotwendigen Eigenschaften gehört. Wenn das Wasser sich verändert, indem es gefriert oder verdampft, also die Gestalt von Erde oder Luft annimmt, dann kann es sich deshalb bei diesen Veränderungen nur um Abweichungen vom Normalzustand der Nässe handeln. Das sieht man in der lebensweltlichen Erfahrung – von der modernen Chemie ist hier nicht die Rede – leicht daran, dass lebensweltlich zum Grundeindruck von gefrorenem Wasser gehört, dass es unter den normalen Temperaturbedingungen in den überwiegend bewohnten Weltgegenden außerhalb der Polarregion und des Hochgebirges die Tendenz hat, zu schmelzen, d. h. zur Wesenseigenschaft der Nässe zurückzukehren, durch die es das ist, *was* es ist.

Damit sind wir auf einen eigenartigen Sachverhalt gestoßen. Obwohl die Nässe eine wesensnotwendige Eigenschaft des Wassers ist, gehört sie zu dem, was sich durch *metabolé* verändern kann. Wir haben hier also eine Qualität, die zum Wesen gehört und doch der *metabolé* unterliegt. Wenn wir damit die Eigenschaften des Ziegelsteins vergleichen, sehen wir, dass es sich bei ihm mit den Qualitäten grundsätzlich anders verhält. Diejenigen Eigenschaften, die der *metabolé* ausgesetzt sind, beispielsweise die Farbe, gehören nicht zur Wesensart, und umgekehrt: was zur Wesensart zählt, beispielsweise die Härte, kann nicht vollständig verloren gehen, solange der Ziegelstein noch das ist, was er ist. Ein Spielzeug-Ziegelstein aus Schaumstoff sieht zwar noch so aus wie ein Ziegelstein, aber er ist kein wirklicher Ziegelstein mehr, sondern er erweckt nur noch diesen Anschein. Das Wasser hingegen, das durch *metabolé* zu trockenem Eis geworden ist, besitzt immer noch die Wesensart des Wassers.

Aber wodurch hat es noch immer diese Wesensart? Dadurch, dass es wenigstens noch seine andere Eigenschaft besitzt, die Kälte. Das Wasser kann zeitweilig auch diese Eigenschaft verlieren, wenn es zu Dampf wird. Der Dampf hat mit dem flüssigen Zustand des Wassers gemeinsam, dass er für andere Körper durchlässig und nachgiebig ist. Seine Gasförmigkeit ist nur ein ins Extrem gesteigertes Flüssigsein. Das ist ein Beispiel dafür, auf welche Weise die Elemente überhaupt veränderlich sind: Die Bestimmung der Elemente mit *zwei* Qualitäten ist der einfache, aber geniale Kunstgriff, mit dem Aristoteles ihre Veränderlichkeit erklären kann. Als einfache, der Qualität nach unteilbare Körper besitzen die Elemente zwei und nur zwei Wesensbestimmungen, nämlich jeweils zwei von den Qualitäten kalt-warm und feucht-trocken. Sie unterliegen der *metabolé*, indem eine der beiden Qualitäten in ihr Gegenteil umschlägt und die andere Qualität währenddessen erhalten bleibt.

Im Unterschied dazu bleiben bei dem einzelnen Seienden, wie wir es aus dem Alltag kennen, etwa einer Tür oder einem Ziegelstein, die Wesenseigenschaften erhalten, und nur die veränderlichen Eigenschaften schlagen bei der *metabolé* in ihr Gegenteil um. Bei ihnen gibt es also immer einen Grundbestand von Eigenschaften, die von vornherein nicht von der *metabolé* betroffen sind. Wenn eine Tür oder ein Ziegelstein sich in ihrer Beschaffenheit verändern, dann bedeutet das stets, dass es bei dieser Veränderung einen Träger gibt, nämlich die in ihrer Wesensart gerade nicht veränderliche *ousía*, den stabilen Kern des jeweiligen Diesda. Ohne einen solchen Kernbestand von Wesensbeharrlichkeit im *hypokeímenon* wäre die Veränderung der Beschaffenheit bei einem solchen Seienden überhaupt nicht möglich. Ganz anders bei den Elementen. Einen solchen Kern von Beharrlichkeit besitzen sie nicht. Sie haben keine anderen Eigenschaften als die beiden Qualitäten, durch die sie definiert sind; das Wasser ist das Nasse und Kalte, dies und sonst nichts. Aber eben diese Qualitäten unterliegen der *metabolé*.

Aber wie haben wir uns dies zu denken, dass die Elementarqualitäten der *metabolé* unterworfen sind? An dieser Stelle können wir einen schon erwähnten Gedanken aus der aristotelischen Analyse der Tastqualitäten heranziehen. Die Qualitäten Heiß und Kalt einerseits und Nass und Trocken andererseits bilden jeweils das Ende einer Skala – bei Heiß und Kalt etwa der Temperaturskala –, und sie stehen sich als die einander entgegengesetzten Pole gegenüber, zwischen denen sich die Skala erstreckt. Deshalb ist »kalt« beispielsweise grundsätzlich etwas Relatives, d. h. etwas, dessen Sein sich ausschließlich aus der Beziehung zu etwas anderem bestimmt. Dieses Andere ist der Gegenpol zu »kalt«, nämlich »warm« oder »heiß«. »Kalt« be-

§ 20. Das Elementare in der Sprache

deutet deshalb immer »kälter als« oder »weniger kalt als«. Das Entsprechende gilt für die Wärme, aber ebenso auch für die Pole der anderen Elementarskala, das Feuchte und das Trockene. Wie schon erklärt, ist mit dem Nassen oder Feuchten das Durchlässig-Flüssige gemeint. »Flüssig« aber ist eine ebenso steigerbare und verminderbare Qualität wie »kalt«; etwas ist immer »relativ« flüssig, nämlich entweder flüssiger, weicher, durchlässiger als etwas relativ Härteres oder umgekehrt: es ist härter als etwas relativ Flüssigeres.

Diese Beobachtung ist für das Sein des Kalten, Feuchten usw. von großer Tragweite; denn sie zeigt, dass dieses Sein in sich nicht stabil ist; von diesem Sein gilt in wörtlichem Sinne, dass man es nicht »feststellen« kann. Wer seine Hand gerade in heißes Badewasser gehalten hat, wird »feststellen«, dass das Stück Seife kalt ist. Aber er wird ebenso feststellen, dass dasselbe Stück Seife warm ist, wenn er vorher einen Eiswürfel in der Hand hielt. Das Kaltsein ist kein stabiles Sein, sondern ein Sein, das darin besteht, in das Gegenteil des gegenwärtig angetroffenen Zustands überzugehen. Das Sein der Elementarqualitäten ist ein Übergehen ins Gegenteil; sie sind, wie sich schon in § 2 angedeuet hatte, übergängliche Qualitätszustände. Unter einem Zustand stellen wir uns normalerweise etwas Verharrendes vor. Das Sein der qualitativen Zustände der Elemente ist kein Verharren, sondern ein Übergehen ins Gegenteil; das Sein dieser Zustände *besteht in metabolé.*

Bei den Alltagsdingen betrifft eine *metabolé* nicht den Wesenskern der Sache. Sie bleibt gewissermaßen an der Oberfläche, weil die Wesensart beharrlich ist. Das, was die Wesensart ausmacht, ist von der Übergänglichkeit der Qualitäten in ihr Gegenteil nicht betroffen. Bei einem Element aber sind seine Qualitäten dasjenige, wodurch es in seiner Wesensart definiert ist; neben ihnen gibt es nichts anderes, wodurch das Element in seinem Wesen gekennzeichnet wäre. Ein Element ist nicht mehr und nicht weniger als die Vereinigung zweier Qualitäten, deren Sein darin besteht, dass sie in ihr Gegenteil übergehende Zustände sind. Wenn man sagt: »es gibt ein Element namens Wasser«, sagt man damit also: es gibt das selbständige Sein eines übergänglichen Zustandes, der durch die Qualitäten Kälte und Feuchtigkeit definiert ist.

Bei allem anderen Seienden findet die Übergänglichkeit der *metabolé* nicht im Sein der Substanz selbst statt. Das Sein der Substanz ist kein Übergänglichsein, d.h. kein Sich-Verändern, keine *kínesis.* Das übergänglich-zuständliche Sein tangiert den Wesenskern nicht. Bei den Elementen aber ist das Übergehen ins Gegenteil das, was sie *sind*, das Substantielle an ihnen. Wenn wir diese Feststellung mit dem konfrontieren, was Aristoteles grundsätzlich über die *metabolé*, den Beschaffenheitswechsel, sagt, so erscheint sie paradox; denn die *metabolé* ist, wie gesagt, gerade dadurch definiert, dass sie die Substanz des sich verändernden Seienden *nicht* betrifft; die Beharrlichkeit der substantiellen Bestimmungen war ja gerade die Voraussetzung dafür, dass die akzidentellen Eigenschaften sich ändern können. Bei den Elementen hingegen sind die substantiellen Bestimmungen selbst im Fluss.

Alle qualitativen Bestimmungen, mit denen wir normalerweise zu tun haben, sind Bestimmungen-von-etwas, nämlich von einem substantiellen Kern, der in seiner Wesensbestimmtheit vom Qualitätswechsel nicht betroffen ist. Die Qualitäten der Elemente sind in diesem Sinne keine Bestimmungen-von-etwas. Aber was soll das heißen? Man kann zunächst nur antworten: die Bestimmungen beziehen sich hier nicht auf etwas anderes, nämlich einen davon unterscheidbaren Wesenskern, sondern – auf sich selbst. Es handelt sich hier um Bestimmungen ihrer selbst. Da wir sprachlich unter Bestimmungen immer Bestimmungen-*von-etwas-anderem* verstehen – denn »bestimmen« heißt »etwas anderem eine Bestimmung verleihen« –, ist es weniger missverständlich, hier nicht von »Bestimmungen«, sondern von »Bestimmtheiten« zu sprechen. Die zuständlichen Elementarqualitäten sind, wie in §2 schon angekündigt, Bestimmtheiten ihrer selbst.

Diese eigenartigen Bestimmtheiten besitzen kein stabiles Sein, sondern sie sind in sich übergängliche Zustände. Auch Zustände kennen wir normalerweise nur als Zustände-von-etwas-anderem, nämlich dem in sich beharrlichen Zugrundeliegenden, an dem sich die *metabolé* der Zustände abspielt. Demgegenüber handelt es sich bei den Elementarqualitäten nicht um Zustände von etwas anderem, sondern wiederum um Zustände ihrer selbst. Das Reden von qualitativen Bestimmtheiten und Zuständen ihrer selbst klingt paradox und weckt den Verdacht, es sei vielleicht nur ein Gedankenprodukt der Verstiegenheit der Philosophen, die sich irgendwann von den alltäglichen Erfahrungen des Menschen verabschieden. Aber davon kann hier nicht im mindesten die Rede sein; denn dafür, dass es so etwas wie zuständliche qualitative Bestimmtheiten ihrer selbst in der wirklichen Alltagserfahrung gibt, sind die sogenannten impersonalen Sätze der offenkundige Beleg.

§ 20. Das Elementare in der Sprache

Betrachten wir einen solchen Satz wie »Es regnet«. Der Satz hat nicht die Struktur, dass einem zugrundeliegenden Bestimmbaren, einer Substanz, irgendeine Eigenschaft zugesprochen würde. Der Satz leistet vielmehr etwas ganz Einfaches: Er spricht nichts anderes aus als das Stattfinden eines Geschehens, nämlich des Regnens. Bei der deutschen Sprache sind wir in der glücklichen Lage, dass sie zwei impersonale Sätze enthält, in denen aristotelische Elementarqualitäten vorkommen: »es ist kalt« und »es ist warm«. Welches ist das Geschehen, das in diesen Sätzen zur Sprache gebracht wird? Die Antwort auf diese Frage können wir nach den letzten Überlegungen geben. Das Sein von Kälte und Wärme, so hatten wir gesehen, ist nichts anderes als ein Geschehen, eine *kínesis*, nämlich das Übergehen in ihr Gegenteil. Kälte und Wärme sind übergängliche Zustände, und das Übergehen findet nicht an etwas anderem statt, sondern an – oder besser: in – den Zuständen selbst. Wenn zeitweilig Kälte herrscht, dann ist das »Verweilen« der Kälte, das wir mit dem Wort »zeit-weilig« ansprechen, kein stabiles Verharren, sondern in sich eine Bewegung des Umschlagens ins Gegenteil.

In den impersonalen Sätzen werden Wärme und Kälte als solche in sich selbst übergänglichen qualitativen Bestimmtheiten zur Sprache gebracht; sie sprechen von dem Geschehen, das sich in der Zeitweiligkeit übergänglicher Zustände zeigt. Deshalb fehlt in diesen Sätzen der Träger der Prädikation; grammatisch ausgedrückt: es gibt kein Subjekt, weil das Subjekt nur ein Beharrliches sein könnte, das sich durch die Stabilität seines Seins von den qualitativen Bestimmungen in der *metabolé* unterscheidet. Dies können wir nun mit der Beobachtung in Verbindung bringen, die im Zusammenhang mit der Erfahrung der Jahreszeiten in der anfänglichen Kosmologie im vorigen Paragraphen unsere Aufmerksamkeit erregte, dass nämlich subjektlose Sätze wie »Es ist kalt« in unserer alltäglichen Erfahrung auf eigentümliche Weise das Ganze des lebensweltlichen Raumes betreffen.

In diesem Zusammenhang stellte sich die Frage, ob vielleicht unausgesprochenermaßen die Lebenswelt das Subjekt, das einzelne Diesda der subjektlosen Sätze sein könnte. Das würde bedeuten, dass es legitim wäre, einen Satz wie »Es ist kalt« in eine Aussage zu transformieren, die gemäß der Struktur *ti katá tinós*, »S ist p« gebaut wäre: »Die Lebenswelt ist kalt«. Nunmehr zeigt sich noch deutlicher, warum eine solche Transformation den semantischen Gehalt solcher Sätze verfehlt. Der eigentliche Grund dafür liegt darin, dass das Sein der Lebenswelt, auf das sich solche Sätze beziehen, selbst kein beharrliches Sein wie bei einer Substanz ist, sondern ein Geschehen. Dieses Geschehen hat eine im wörtlichen Sinne »elementare« Grundlage: Was in ihm stattfindet, ist das Ineinander-Übergehen, das Umschlagen von elementaren jeweils einander widerstreitenden qualitativen Zuständen wie Hitze oder Kälte, Trockenheit oder Nässe, die das Ganze der Lebenswelt beherrschen. Das Sein der Lebenswelt ist in seiner Basis nichts anderes als das Umschlagen des Elementaren.

Abschließend sei nur noch die Antwort auf eine Frage angedeutet, die sich nun stellt: In welchem Verhältnis stehen die Dinge des alltäglichen Lebens, die wir beim instrumentellen Handeln in der von Heidegger als Bewandtniszusammenhang bezeichneten Welt brauchen, die *chrémata*, zu den Elementen? Auch die Elemente sind »Dinge«, aber nicht so wie ein irgendein *chrêma*, ein Gebrauchsgegenstand, z. B. ein Werkzeug, ein Möbelstück, ein Fahrzeug usw. Sie sind vielmehr in allen diesen einzelnen Dingen gegenwärtig. In diesem Sinne können wir beispielsweise von etwas Hartem und Schweren sagen, es sei »aus« »Erde«, – vorausgesetzt, dass man das Wort »Erde« in der Bedeutung des antiken Elements versteht. Entsprechend besteht alles Feuchte vorwiegend aus dem Element »Wasser«, usw.

Wenn man von dieser Anwesenheit der Elemente in den einzelnen Dingen ausgeht, zeichnet sich von Ferne ein völlig anderer Begriff vom Ding ab, als wir ihn seit der Kategorienschrift des Aristoteles kennen. Dort werden die zum Akzidens gehörenden Eigenschaften und Zustände von dem unterschieden, was das Ding »selbst« als Träger, als »Substrat« dieser Attribute ist. Aber noch in Platons These von der Teilhabe, *méthexis*, all dessen, was uns in der Wahrnehmungswelt begegnet, scheint eine im weiten *phýsis*-Verständnis verankerte Kosmologie durch, die dieser Unterscheidung nicht bedarf, weil das einzelne Ding in ihr nicht mehr und nicht weniger ist als ein Vorkommnis, worin die Welt erscheint. Dieses Erscheinen der Welt findet konkret statt, indem im Ding ein Element vorherrscht oder mehrere Elemente »gemischt« sind; denn in den Elementen meldet sich für unsere Befindlichkeit die Weltgegend, in die sie jeweils hineingehören, und in dieser wiederum die Welt. Die Dinge sind keine Substrate mit Eigenschaften, sondern Orte, in denen sich das vielfältige Elementare in einer jeweiligen Konstellation versammelt und so zum Erscheinen kommt.[93]

---

[93] Vgl. v. Vf. *Vom Ansichsein der Dinge*, in: *Kraft der Dinge: Phänomenologische Skizzen*, hrsg. v. I. Därmann, München 2014.

§ 20. Das Elementare in der Sprache

Das Sein des einzelnen Dings ist nicht kategorial durch das Verhältnis von Substanz und Akzidens bestimmt, sondern es besteht in nichts anderem als einer Teilhabe am Elementaren, das sich in einer Mannigfaltigkeit von Elementen zeigt, die nicht die unserer alteuropäischen Tradition sein müssen. Diese Teilhabe darf man sich nicht so vorstellen, als seien die Elemente große Materiemassen, die in kleinen Portionen auf die Dinge verteilt werden. Sie sind vielmehr Weisen des Erscheinens des Ganzen der jeweils geschichtlich erfahrenen Lebenswelt. Wenn ein Ding vorwiegend aus einem bestimmten Element »besteht«, so heißt das: die entsprechende Erscheinungsweise der Lebenswelt wird in diesem Ding sichtbar.

Ein Stein beispielsweise enthält nicht ein Bruchstück aus der Materiemasse »Erde«, sondern das Element Erde – also die zuständliche Erscheinungsqualität, die wir mit »Dunkelheit«, »Verschlossenheit«, »Starre«, »Tragen und Bergen« usw. umschreiben – ist »ganz« in ihm da. Das Verhältnis der einzelnen Dinge zu den Elementen ist mit dem Verhältnis zwischen den einzelnen Räumen – dem Raum eines Zimmers, dem Raum in einem Gefäß usw. – und dem einen allumfassenden Raum des Weltganzen vergleichbar: Der »eine« Raum wird nicht auf die einzelnen Räume aufgeteilt wie ein großer Kuchen in die Kuchenstücke, sondern in jedem einzelnen Raum ist ungeteilt »der« eine Raum »da«. So sind die Elemente in jedem Einzelding ungeteilt anwesend.

Mit diesem Gedanken eröffnet sich die Möglichkeit, die *phýsis*, die Natur in ihrer ursprünglichen weiten Bedeutung auf ganz andere Weise zu bestimmen, als wir dies von Aristoteles her kennen. Er interpretiert die Lebendigkeit, das beständige Sich-Erneuern der Lebenswelt als *phýsis* von vornherein als Selbstursächlichkeit, und das führt ihn auf den Weg der Theorie der vier Uursacheweisen. Aber für uns zeichnet sich nunmehr die Möglichkeit ab, die Lebendigkeit der Lebenswelt ganz anders zu verstehen, nämlich als das gerade angesprochene Elementargeschehen, als welches das Sein des Ganzen der Lebenswelt stattfindet. Die Lebenswelt ist das im wörtlichen Sinne »elementare« Geschehen eines Umschlagens all des »Elementaren«, das wir in subjektlosen Sätzen zur Sprache bringen können.

Damit ist eine Basis gewonnen, um die Texte des frühgriechischen Denkens in neuer Weise, d.h. unabhängig von der aristotelischen Gegenüberstellung von *phýsis* und *téchne* zu interpretieren und so das ursprüngliche weite Verständnis von *phýsis* zur Sprache zu bringen. In der *Phänomenologie der natürlichen Lebenswelt*, der

II. Teil: Kosmologie der Elemente von Thales bis Aristoteles

die in den letzten beiden Paragraphen entwickelten Gedanken entnommen waren, habe ich versucht zu zeigen, wie sich der erste überlieferte Originalsatz der »Vorsokratiker«, der immer wieder neu kommentierte Satz des Anaximander und ebenso die kosmologischen Sprüche von Heraklit auf dieser Basis neu und besser verstehen lassen. Mit diesem Hinweis mögen die Überlegungen dieses Buches ein Ende finden. Kein Ende gibt es für das Fragen, dessen Beweggrund die Fraglichkeit von allem ist und das sich – verkörpert in der Gestalt des Sokrates – als Kern des anfänglichen Aufbruchs des Denkens bei den Griechen erwies.